建设工程招标投标
全流程合规实务600问

主 编 ◎ 白如银

中国建筑工业出版社

图书在版编目（CIP）数据

建设工程招标投标全流程合规实务 600 问 / 白如银主
编.-- 北京：中国建筑工业出版社, 2025.3.（2025.8重印） -- ISBN
978-7-112-31038-8

Ⅰ. D922.297.5

中国国家版本馆 CIP 数据核字第 2025PG4085 号

责任编辑：周娟华
文字编辑：孙晨淏
责任校对：张惠雯

建设工程招标投标全流程合规实务 600 问
主编　白如银
*
中国建筑工业出版社出版、发行（北京海淀三里河路 9 号）
各地新华书店、建筑书店经销
国排高科（北京）人工智能科技有限公司制版
建工社（河北）印刷有限公司印刷
*
开本：787 毫米×1092 毫米　1/16　印张：20¼　字数：471 千字
2025 年 6 月第一版　　2025 年 8 月第三次印刷
定价：**78.00** 元
ISBN 978-7-112-31038-8
（44604）

本书编委会

主　编：白如银

副主编：高逸全　袁明国　凡　一　吴振全

成　员：江　哲　沈　杰　徐　杰　赵　倩　查小云
　　　　张万忠　余灵机　高美静　俞春华　曹　阳
　　　　李晓露　郑宇洲　黄　超　李　骋　储成鹏
　　　　姜　琳　李　倩　王振鹏　万雅丽　谢琳青
　　　　樊雨鑫　李立杰　王　晗　朱丹玥　苏　静
　　　　田　伟

前 言

建设工程是招标投标重点适用的领域，受法律严格规制、政府严格监管、社会高度关注，法律风险、合规风险、廉洁风险聚集高发。在当前建设全国统一大市场、优化营商环境、对工程建设领域加强规范和监管的背景下，有必要编写一本建设工程招标投标活动依法合规实操方面的专著，为建设工程管理者提供招标投标合规指南。

本书坚持问题导向，围绕建设工程勘察、设计、施工、监理、货物及其他服务采购各环节，聚焦当前建设工程招标投标实务中的焦点、难点、热点问题，结合国家招标投标最新法律规定、政策动向和实践创新，以招标—投标—开标—评标—定标—签订合同及投诉处理等全流程为主线，将招标投标实务操作中的疑问、争议、痛点，凝结为"小案例""问答题"进行解析解答，以"一问一答"形式展现，直击难点、简要明了，精析案例、阐释法条，提出合规解决方案及法律合规依据，直接为读者答疑解惑、指导依法合规实操。

本书运用合规管理理念和技术，全面审视建设工程招标投标工作中的合规风险点，尽可能全面涵盖工作中遇到的难点、疑点。每个知识点，有不同案例、问题从不同角度阐释。"问题要旨"，用一句话概括本问题关键要旨；"问题描述"，用小案例、小问题引出设问；"问题解答"，依据现行法律依据或法理解释给出明确答案或提出措施建议。争取文字表述不艰涩，一看就能懂；提出的措施既符合法理、也符合情理，拿来就能用。

本书适合工程建设项目管理人员、监督人员、招标从业人员、法律人员以及工程勘察设计、施工、监理、咨询、制造等企业参与招标、投标的人员参阅。

法律法规全称简称对照表

序号	法律法规全称	简称
1	《中华人民共和国民法典》	《民法典》
2	《中华人民共和国立法法》	《立法法》
3	《中华人民共和国建筑法》	《建筑法》
4	《中华人民共和国公司法》	《公司法》
5	《中华人民共和国刑法》	《刑法》
6	《中华人民共和国招标投标法》	《招标投标法》
7	《中华人民共和国政府采购法》	《政府采购法》
8	《中华人民共和国招标投标法实施条例》	《招标投标法实施条例》
9	《中华人民共和国政府采购法实施条例》	《政府采购法实施条例》
10	《中华人民共和国著作权法》	《著作权法》
11	《中华人民共和国著作权法实施条例》	《著作权法实施条例》
12	《中华人民共和国行政处罚法》	《行政处罚法》
13	《必须招标的工程项目规定》（国家发展改革委第16号令）	16号令
14	《必须招标的基础设施和公用事业项目范围规定》（发改法规规〔2018〕843号）	843号文
15	《关于进一步做好〈必须招标的工程项目规定〉和〈必须招标的基础设施和公用事业项目范围规定〉实施工作的通知》（发改办法规〔2020〕770号）	770号文

序号	法律法规全称	简称
16	《关于严格执行招标投标法规制度进一步规范招标投标主体行为的若干意见》（发改法规规〔2022〕1117号）	1117号文
17	《关于进一步规范招标投标过程中企业经营资质资格审查工作的通知》（发改办法规〔2020〕727号）	727号文

目 录
CONTENTS

第 一 章

招标投标基本制度

第一节 《招标投标法》的适用

1.《招标投标法》是否适用于非依法必须招标的项目?

问 某非依法必须招标的建设工程进行招标发包,6 家公司递交投标文件,但最后公布的中标人非该 6 家公司之一。招标人答复说:该项目不属于依法必须招标的项目,不适用于招标投标法. 发包人有自由决定承包人的权利。请问:该答复是否正确?《招标投标法》是否适用于非依法必须招标的项目?

答 发包人的答复不正确,《招标投标法》同样适用于非依法必须招标的项目。

《招标投标法》第二条规定:"在中华人民共和国境内进行招标投标活动,适用本法。"该条规定了适用范围,并未将非依法必须招标项目排除在外。非依法必须招标项目一旦选择招标,发包人必须受招标投标法的规范。《招标投标法》第四十条第二款规定:"招标人根据评标委员会提出的书面评标报告和推荐的中标候选人确定中标人。招标人也可以授权评标委员会直接确定中标人。"因此,该非依法必须招标的建设工程在招标时,应当遵守《招标投标法》的上述规定,发包人应当从该 6 家投标人中被推荐的中标候选人名单内确定承包人。

2.《招标投标法》调整范围是否仅限于工程建设项目?

问 某村民委员会村部办公楼建成后,采用公开招标方式采购一批办公桌椅和视频会议系统,其招标活动适用《招标投标法》还是《政府采购法》?

答 村民委员会的招标活动,应按照《招标投标法》及其实施条例的规定执行。

村民委员会是《民法典》规定的特别法人,符合《招标投标法》第八条定义的"招标人"主体资格。《招标投标法》第二条规定:"在中华人民共和国境内进行招标投标活动,适用本法。"因此,《招标投标法》适用范围并不仅限于工程建设项目。另外,由于村民委员会不属于《政府采购法》第十五条定义的国家机关、事业单位、团体组织等政府采购主体,因此其招标投标活动不适用《政府采购法》。

本题中,村民委员会的采购对象为办公桌椅和视频会议系统,不属于《招标投标法》第三条、《招标投标法实施条例》第二条规定的依法必须招标的项目。因此,此类项目的采购方式,由村民委员会自行确定。采用招标方式的,适用《招标投标法》的规定。

3.《招标投标法》适用于民营企业招标活动吗?

问 某民营企业通过招标方式采购一台价值 500 万元的工程设备,不属于依法必须招标的项目，该招标活动是否适用《招标投标法》？

答 《招标投标法》适用于民营企业招标活动。

《招标投标法》第二条规定："在中华人民共和国境内进行招标投标活动，适用本法。"如果采购项目是以招标方式开展，采购主体就必须按照《招标投标法》的规定执行。本题中，虽然民营企业购买工程设备不属于依法必须招标的项目，但如果采用招标方式采购，则需按照《招标投标法》的规定执行。

4. 政府采购项目进行招标适用《招标投标法》还是《政府采购法》？

问 《招标投标法》第二条规定："在中华人民共和国境内进行招标投标活动，适用本法。"同时，《政府采购法》第二条规定："在中华人民共和国境内进行的政府采购适用本法。本法所称政府采购，是指各级国家机关、事业单位和团体组织，使用财政性资金采购依法制定的集中采购目录以内的或者采购限额标准以上的货物、工程和服务的行为。"请问：政府采购项目进行招标应当适用哪部法律？

答 从立法上来说，《招标投标法》是规范招标投标活动的"一般法"，《政府采购法》对招标投标活动作出特殊规定，属于规范招标投标活动的"特殊法"，按照"特殊法优于一般法"的法律适用原则，政府采购项目进行招标优先适用《政府采购法》的规定。《招标投标法实施条例》第八十三条也规定："政府采购的法律、行政法规对政府采购货物、服务的招标投标另有规定的，从其规定。"

《政府采购法》第四条规定："政府采购工程进行招标投标的，适用招标投标法。"《政府采购法实施条例》第七条规定："政府采购工程以及与工程建设有关的货物、服务，采用招标方式采购的，适用《中华人民共和国招标投标法》及其实施条例；采用其他方式采购的，适用政府采购法及本条例。"第八十四条规定："政府采购的法律、行政法规对政府采购货物、服务的招标投标另有规定的，从其规定。"由此可见，政府采购工程建设项目（含工程以及与工程建设有关的货物、服务）进行招标投标的，应适用《招标投标法》《招标投标法实施条例》及配套的相关规章。政府采购与工程建设无关的货物或服务项目进行招标投标的，优先适用《政府采购法》《政府采购法实施条例》及《政府采购货物和服务招标投标管理办法》。政府采购项目（包括政府采购工程以及与工程建设有关的货物或服务项目）采用竞争性谈判、竞争性磋商、询价、单一来源采购等非招标方式采购的，应适用《政府采购法》。另外，政府采购工程以及与工程建设有关的货物、服务，不管采用招标方式采购还是非招标方式采购，都应当执行政府采购政策。

5. 政府采购工程设计项目适用《招标投标法》还是《政府采购法》？

问 B市住房和城乡建设局实施的城市道路"白改黑"工程设计进行项目采购，

合同估算价 80 万元（财政性资金），其采购活动是否属于《政府采购法》体系调整范围？

答 属于《政府采购法》调整范围。

根据《招标投标法》第三条、《招标投标法实施条例》第二条以及《必须招标的工程项目规定》《必须招标的基础设施和公用事业项目范围规定》，本题中工程设计服务因合同估算价未达到 100 万元，不属于依法必须进行招标的工程建设项目，无须强制进行招标。同时，该项目采购主体为 B 市住房和城乡建设局，使用财政性资金采购政府采购限额标准以上的工程设计服务，属于《政府采购法》所定义的政府采购项目，依据《政府采购法实施条例》第七条"政府采购工程以及与工程建设有关的货物、服务，采用招标方式采购的，适用《中华人民共和国招标投标法》及其实施条例；采用其他方式采购的，适用政府采购法及本条例"的规定，应按照《政府采购法实施条例》第二十五条规定采用竞争性谈判等非招标采购方式进行采购，适用于《政府采购法》的规定。

6. 我国企业跨国（境）进行的招标投标活动是否适用《招标投标法》？

问 我国 A 公司（跨国企业）参加在国外举办的新能源工程设备采购项目的投标，该招标投标活动是否适用我国《招标投标法》？

答 不适用。

《招标投标法》第二条规定："在中华人民共和国境内进行招标投标活动，适用本法。"本题中，我国企业在我国境外而非境内举办招标投标活动，应适用当地的法律规定。

第二节 强制招标制度

一、强制招标制度

1. 地方政府有关部门能否制定本地区的必须招标规模标准？

问 A 省 B 市发展改革委发在该地区政府投资工程项目管理办法（征求意见稿），其中规定："施工单项合同估算价在 100 万元人民币以上，应当采用招标方式发包。"该条规定是否合适？

答 地方政府部门不得制定必须进行招标的范围和规模标准。

我国招标投标制度实行强制招标与自愿招标两种模式，《招标投标法》第三条、《招标投标法实施条例》第三条明确了依法必须招标的项目具体范围和规模标准由国务院发展改革部门会同国务院有关部门制订，报国务院批准后公布施行。2018 年国家发展改革委发布了《必须招标的工程项目规定》《必须招标的基础设施和公用事业项目范围规定》，前者规定了工程建设项目施工单项合同估算价在 400 万元人民币以上，重要设备、材料等货物的采购单项合同估算价在 200 万元人民币以上，勘察、设计、监理等服务的采购单项合同估算价在 100 万元人民币以上，应当进行招标；后者载明了必须招标的"大型基础设施、公用事业等关系社会公共利益、公众安全的项目"的具体范围。实际工作中须将上述规定结合起来判断一个工程建设项目是否属于强制招标项目。

同时，《立法法》第九十一条第二款规定："没有法律或者国务院的行政法规、决定、命令的依据，部门规章不得设定减损公民、法人和其他组织权利或者增加其义务的规范，不得增加本部门的权力或者减少本部门的法定职责。"体现了行政行为"法无授权不可为"的原则。

因此，国家发展改革委有权依法制定必须进行招标项目的范围和规模标准，但各省（自治区、直辖市）无权另行制定该项规定。国家发展改革委办公厅《关于进一步做好〈必须招标的工程项目规定〉和〈必须招标的基础设施和公用事业项目范围规定〉实施工作的通知》（发改办法规〔2020〕770 号）进一步明确："各地方应当严格执行 16 号令和 843 号文规定的范围和规模标准，不得另行制定必须进行招标的范围和规模标准，也不得作出与 16 号令、843 号文和本通知相抵触的规定。"

2. 必须进行招标的工程建设项目有哪些？

问 某国企开发商品房住宅小区，该项目是否属于依法必须招标的项目？请问必须进行招标的工程建设项目有哪些？

答 属于依法必须招标的项目。

对于依法必须招标的项目，《招标投标法》第三条第一款规定："在中华人民共和国境内进行下列工程建设项目包括项目的勘察、设计、施工、监理以及与工程建设有关的重要设备、材料等的采购，必须进行招标：（一）大型基础设施、公用事业等关系社会公共利益、公众安全的项目；（二）全部或者部分使用国有资金投资或者国家融资的项目；（三）使用国际组织或者外国政府贷款、援助资金的项目。"《必须招标的工程项目规定》第二条规定："全部或者部分使用国有资金投资或者国家融资的项目包括：（一）使用预算资金 200 万元人民币以上，并且该资金占投资额 10%以上的项目；（二）使用国有企业事业单位资金，并且该资金占控股或者主导地位的项目。"第五条规定："本规定第二条至第四条规定范围内的项目，其勘察、设计、施工、监理以及与工程建设有关的重要设备、材料等的采购达到下列标准之一的，必须招标：（一）施工单项合同估算价在 400 万元人民币以上；（二）重要设备、材料等货物的采购，单项合同估算价在 200 万元人民币以上；（三）勘察、设计、监理等服务的采购，单项合同估算价在 100 万元人民币以上。同一项目中可以合并进行的勘察、设计、施工、监理以及与工程建设有关的重要设备、材料等的采购，合同估算价合计达到前款规定标准的，必须招标。"另外，国家发展改革委印发的《必须招标的基础设施和公用事业项目范围规定》（发改法规规〔2018〕843 号）第二条规定："不属于《必须招标的工程项目规定》第二条、第三条规定情形的大型基础设施、公用事业等关系社会公共利益、公众安全的项目，必须招标的具体范围包括：（一）煤炭、石油、天然气、电力、新能源等能源基础设施项目；（二）铁路、公路、管道、水运，以及公共航空和A1级通用机场等交通运输基础设施项目；（三）电信枢纽、通信信息网络等通信基础设施项目；（四）防洪、灌溉、排涝、引（供）水等水利基础设施项目；（五）城市轨道交通等城建项目。"

判断一项工程是否必须招标，需要依据上述法律规定综合判断。国企投资的工程建设项目，不论类别为何，都属于必须招标的项目。民营企业投资的工程只有属于国家发展改革委843号文件规定范围内的五大类项目，以及虽然不在上述范围内但该工程使用预算资金200万元以上且该资金占投资额10%以上的工程建设项目，才属于必须招标项目。

因此，本题中某国企开发的商品房住宅小区项目属于必须进行招标的工程建设项目。

3. 与建筑物和构筑物新建、改建、扩建无关的单独的装修工程是否必须招标？

问 我们是一家国有企业，有一项与建筑物和构筑物新建、改建、扩建无关的单独的1000万元装修工程，是不是必须招标项目？

答 不属于必须招标项目。

根据《招标投标法实施条例》第二条规定，《招标投标法》第三条所称工程建设项目，是指工程以及与工程建设有关的货物、服务。前款所称工程，是指建设工程，包括建筑物和构筑物的新建、改建、扩建及其相关的装修、拆除、修缮等。因此，国有企业的工程与建筑物和构筑物新建、改建、扩建有关且施工单项合同估算价超过400万元的，属于依法必须招标的项目。反之，使用国有资金超过400万元的工程确实与建筑物和构筑物新建、改建、扩建无关的，则不是依法必须招标的项目。国务院原法制办公室秘书行政司《对政府采购工程项目法律适用及申领施工许可证问题的答复》（国法秘财函〔2015〕736号）也答复财政部办公厅，与建筑物和构筑物的新建、改建、扩建无关的单独的装修、拆除、修缮不属于依法必须进行招标的项目。政府采购此类项目时，应当按照《政府采购法实施条例》第二十五条的规定，采用竞争性谈判或者单一来源方式进行采购。当然，也可以用后来出台的竞争性磋商等方式进行采购。

本题中的工程项目，虽然超过400万元但确实与建筑物和构筑物新建、改建、扩建无关，则不属于《招标投标法》规定的依法必须招标项目。

4. 建设工程中的施工图审查、造价咨询、第三方监测、监测等服务是否属于依法必须招标项目范围？

问 国家发展改革委办公厅《关于进一步做好〈必须招标的工程项目规定〉和〈必须招标的基础设施和公用事业项目范围规定〉实施工作的通知》（发改办法规〔2020〕770号）第一条第三款规定："对16号令第五条第一款第（三）项中没有明确列举规定的服务事项、843号文第二条中没有明确列举规定的项目，不得强制要求招标。"请问：建设工程中的施工图审查、造价咨询、第三方监测、监测等服务，如果该工程属财政全额投资且上述服务费均估算超过 100 万元，业主单位是否可以选择不招标？

答 可以不招标。

根据国家发展改革委办公厅《关于进一步做好〈必须招标的工程项目规定〉和〈必须招标的基础设施和公用事业项目范围规定〉实施工作的通知》（发改办法规〔2020〕770 号）规定，没有法律、行政法规或国务院规定依据的，对 16 号令第五条第一款第（三）项中没有明确列举规定的服务事项，不得强制要求招标。施工图审查、造价咨询、第三方检测服务不在列举规定之列，不属于必须招标的项目，但涉及政府采购的，按照政府采购法律法规规定执行。

5. 工程建设项目达到什么规模标准需要招标？

问 如果一个使用国有资金投资的工程项目，设计内容估算价 300 万元，监理内容估算价 20 万元，设备采购单个估算价不足 80 万元但总额达到 1000 万元，是否需要招标采购？

答 设计和设备采购需要招标。

《招标投标法》第三条规定："在中华人民共和国境内进行下列工程建设项目，包括项目的勘察、设计、施工、监理以及与工程建设有关的重要设备、材料等的采购，必须进行招标：（一）大型基础设施、公用事业等关系社会公共利益、公众安全的项目；（二）全部或者部分使用国有资金投资或者国家融资的项目；（三）使用国际组织或者外国政府贷款、援助资金的项目。"《必须招标的工程项目规定》第二条规定："全部或者部分使用国有资金投资或者国家融资的项目包括：（一）使用预算资金 200 万元人民币以上，并且该资金占投资额 10% 以上的项目；（二）使用国有企业事业单位资金，并且该资金占控股或者主导地位的项目。"第五条规定："本规定第二条至第四条规定范围内的项目，其勘察、设计、施工、监理以及与工程建设有关的重要设备、材料等的采购达到下列标准之一的，必须招标：（一）施工单项合同估算价在 400 万元人民币以上；（二）重要设备、材料等货物的采购，单项合同估算价在 200 万元人民币以上；（三）勘察、设计、监理等服务的采购，单项合同估算价在 100 万元人民币以上。同一项目中可以合并进行的勘察、设计、施工、监理以及与工程建设有关的重要设备、材料等的采购，合同估算价合计达到前款规定标准的，必须招标。"

本题中，工程项目使用国有资金，且设计涉及金额 300 万元，超出上述规模标准，需要进行招标。监理未达到上述规模标准，无需进行招标。设备采购估算价虽然单价未达到上述规模标准，但总价已超出上述标准，也需要招标。

6. 如何理解《必须招标的工程项目规定》中的"合同估算价"？

问 《必须招标的工程项目规定》中提到的"勘察、设计、监理等服务的采购，单项合同估算价在 100 万元人民币以上的，必须招标。"此处的"单项合同估算价"如何理解？估算价一般指的是初步设计概算中的金额，估算价前面加了合同二字，即合同估算价要怎么理解？举个例子，监理费按照收费标准测算是 150 万元，超过了 100 万元，此时这个 150 万元是否就理解为合同估算价？再如安全影响评估费无收费标准，往往只能通过市场询价的方式来确定底价，若通过询价得到的价格是 150 万元，那这个价格是否也可以理解为是合同估算价？也就是说，合同估算价是否指的是收费标准测算后未下浮的金额或无收费标准经市场询价后未下浮的金额？

答 《必须招标的工程项目规定》中的"合同估算价"，指的是采购人根据初步设计概算、有关计价规定和市场价格水平等因素合理估算的项目合同金额。没有计价规定情况下，采购人可以根据初步设计概算的工程量，按照市场价格水平合理估算项目合同金额。

7. 对 16 号令中所指的"国有企业"如何理解？

问 《必须招标的工程项目规定》第二条："全部或者部分使用国有资金投资或者国家融资的项目包括：……（二）使用国有企业事业单位资金，并且该资金占控股或者主导地位的项目"中的"国有企业"仅指国有全资企业还是也包括国有控股企业？

答 包括国有控股企业。

"国有企业"的称谓是从"国营企业"的称呼演变而来的，是按照所有制形式划分的企业类型，是与集体企业及私营企业、民营企业相对应的称呼。随着国有企业公司制改制、混合所有制改革等一系列国企改革推进，原有的非公司制企业都逐渐改制为公司制企业，原有的国有企业也由传统的国有独资企业和国有独资公司两类，逐渐丰富其表现形式，还出现了国有控股企业、国有控股公司及国有参股企业、国有参股公司等。故国有企业的概念较宽泛，可以理解为包括国有独资企业、国有控股企业和国有控股公司。《必须招标的工程项目规定》中的"国有企业"也包括国有控股企业。

8. 770 号文中"占控股或者主导地位"如何理解？

问 国家发展改革委办公厅《关于进一步做好〈必须招标的工程项目规定〉和〈必须招标的基础设施和公用事业项目范围规定〉实施工作的通知》（发改办法规〔2020〕770 号）第（二）项中"占控股或者主导地位"，参照《公司法》第二百一十六条关于控股股东和实际控制人的理解执行，即"……出资额或者持有股份的比例虽然不足百分之五十，但依其出资额或者持有的股份所享有的表决权已足以对股东会、股东大会的决议产生重大影响的股东"应当如何理解？是否指国有企业依其投入项目的资金所享有的表决权已足以对有关项目建设的决议产生重大影响这一情形？例如，在一个国有控股企业（国有股权 51%）和外资企业共同投资的工程建设项目中，国有控股企业出资 60%，外资企业出资 40%，虽然该项目不属于国有企业投入项目的资金按国有股权的比例折算后的资金占项目总资金的 50% 以上的情形，但国有控股企业由于其出资占整个项目投资的 60%，其所享有的表决权已足以对有关项目建设的决议产生重大影响，所以该项目仍然属于必须招标的项目？

答 国家发展改革委办公厅《关于进一步做好〈必须招标的工程项目规定〉和〈必须招标的基础设施和公用事业项目范围规定〉实施工作的通知》（发改办法规〔2020〕770 号）规定，《必须招标的工程项目规定》第二条第（二）项中"占控股或者主导地位"，参照《公司法》第二百一十六条关于控股股东和实际控制人的理解执行，即"其出资额占有限责任公司资本总额百分之五十以上或者其持有的股份占股份有限公司股本总额百分之五十以上的股东；出资额或者持有股份的比例虽然不足百分之五十，但依其出资额或者持有的股份所享有的表决权已足以对股东会、股东大会的决议产生重大影响的股东"。具体到本题所举的例子中，该项目中国有资金所享有的表决权已足以对有关项目建设的决议产生重大影响，属于"国有资金占主导地位"，如其勘察、设计、施工、监理以及与工程建设有关的重要设备、材料等的单项采购分别达到 16 号令第五条规定的相应单项合同价估算标准的，该单项采购必须招标。

9. 工程总承包项目招标规模标准如何确定？

问 按现行招标投标法律法规，招标项目一般分为服务（勘察、设计、监理等）、施工和设备材料采购三大类，其招标限额分别为 100 万元、400 万元和 200 万元。请问工程总承包项目应属于哪一类，其招标限额怎么确定？

答 国家发展改革委办公厅《关于进一步做好〈必须招标的工程项目规定〉和〈必须招标的基础设施和公用事业项目范围规定〉实施工作的通知》（发改办法规〔2020〕770 号）规定，对于《必须招标的工程项目规定》第二条至第四条规定范围内的项目，发包人依法对工程以及与工程建设有关的货物、服务全部或者部分实行总承包发包的，总承包中施工、货物、服务等各部分的估算价中，只要有一项达到 16 号令第五条规定的相应标准，即施工部分估算价达到 400 万元以上，或者货物部分达到 200 万元以上，或者服务部分达到 100 万元以上，则整个总承包发包应当招标。

10. 依法必须进行招标的工程总承包项目有哪些？

问 某国有企业有一项 EPC 项目招标，其中施工部分的合同估算价为 590 万元，设计部分的合同估算价为 57 万元，请问该 EPC 项目是否需要招标？如何判断工程总承包项目是否属于依法必须进行招标的项目？

答 上述 EPC 项目依法应当招标。

国家发展改革委办公厅《关于进一步做好〈必须招标的工程项目规定〉和〈必须招标的基础设施和公用事业项目范围规定〉实施工作的通知》（发改办法规〔2020〕770 号）规定，对于《必须招标的工程项目规定》第二条至第四条规定范围内的项目，发包人依法对工程以及与工程建设有关的货物、服务全部或者部分实行总承包发包的，总承包中施工、货物、服务等各部分的估算价中，只要有一项达到 16 号令第五条规定相应标准，即施工部分估算价达到 400 万元以上，或者货物部分达到 200 万元以上或者服务部分达到 100 万元以上，则应当招标。

本题中，该 EPC 项目属于国有资金投资，且施工部分的合同估算价已经超过 400 万元的规模，根据上述规定，属于依法必须招标的项目。

11. 400 万元以下建设工程施工项目是否可以直接发包？

问 《必须招标的工程项目规定》要求：400 万元以上的建设工程项目施工必须公开招标，但 400 万元以下的工程项目如何发包，没有规定。请问：招标人是否可以直接发包，或者按财政采购的有关法律规定，采用竞争性谈判和竞争性磋商等方式发包？

答 由采购人自主选择采购方式。

国家发展改革委办公厅《关于进一步做好〈必须招标的工程项目规定〉和〈必须招标的基础设施和公用事业项目范围规定〉实施工作的通知》（发改办法规〔2020〕770 号）规定，《必须招标的工程项目规定》第二条至第四条及《必须招标的基础设施和公用事业项目范围规定》（发改法规规〔2018〕843 号）第二条规定范围的项目，其施工、货物、服务采购的单项合同估算价未达到 16 号令第五条规定规模标准的，该单项采购由采购人依法自主选择采购方式，任何单位和个人不得违法干涉；其中，涉及政府采购的，按照政府采购法律法规规定执行。

12. 国有施工企业承接的必须招标的工程项目，达到规模标准的专业分包是否必须招标？

问 A 公司为国有施工企业，中标了某必须招标的工程项目，其专业分包工程合同估算价达到 400 万元以上，是否还需进行招标？

答 可以不招标。

根据国务院办公厅《关于促进建筑业持续健康发展的意见》（国办发〔2017〕19 号）规

定，除以暂估价形式包括在工程总承包范围内且依法必须进行招标的项目外，工程总承包单位可以直接发包总承包合同中涵盖的其他专业业务。由此可知，除以暂估价形式包括在工程总承包范围内且依法必须进行招标的项目外，国有工程总承包单位可以采用直接发包的方式进行专业分包。

另外，《招标投标法实施条例》第二十九条也规定，招标人可以依法对工程以及与工程建设有关的货物、服务全部或者部分实行总承包招标。以暂估价形式包括在总承包范围内的工程、货物、服务属于依法必须进行招标的项目范围且达到国家规定规模标准的应当依法进行招标。

13. 国有施工企业非甲供物资采购是否必须招标？

问 《必须招标的工程项目规定》第五条所称的"与工程建设有关的重要设备、材料等的采购"是否包括国有施工企业非甲供物资采购？国有施工企业承接的符合该规定第二条至第四条的工程项目，由施工企业实施重要设备、材料采购的，是否必须招标？

答 根据《招标投标法实施条例》第二十九条规定，招标人可以依法对工程以及与工程建设有关的货物、服务全部或者部分实行总承包招标。以暂估价形式包括在总承包范围内的工程、货物、服务属于依法必须进行招标的项目范围且达到国家规定规模标准的，应当依法进行招标。国务院办公厅《关于促进建筑业持续健康发展的意见》（国办发〔2017〕19号）规定，除以暂估价形式包括在工程总承包范围内且依法必须进行招标的项目外，工程总承包单位可以直接发包总承包合同中涵盖的其他专业业务。据此，国有施工企业作为工程总承包单位可以采用直接发包的方式进行分包，可以自主采购设备材料，但以暂估价形式包括在总承包范围内的工程、货物、服务分包时，属于依法必须进行招标的项目范围且达到国家规定规模标准的，应当依法招标。

14. 400万元的建设工程项目是否必须招标？

问 《必须招标的工程项目规定》第五条规定："本规定第二条至第四条规定范围内的项目，其勘察、设计、施工、监理以及与工程建设有关的重要设备、材料等的采购达到下列标准之一的，必须招标：（一）施工单项合同估算价在400万元人民币以上……"请问：必须招标的条件中，施工单价合同估算价是否包含400万元人民币？还是必须大于400万元人民币？

答 包含400万元人民币。

民事法律规定中，"以上"包括本数。《民法典》第一千二百五十九条明确规定："民法所称的'以上'、'以下'、'以内'、'届满'，包括本数；所称的'不满'、'超过'、'以外',不包括本数。"因此,"施工单项合同估算价在 400 万元人民币以上"包括 400 万元人民币。

《必须招标的工程项目规定》第二条至第五条、《必须招标的基础设施和公用事业项目范围规定》(发改法规〔2018〕843 号)第二条规定范围的项目,其施工、货物、服务采购的单项合同估算价未达到 16 号令第五条规定规模标准的,该单项采购由采购人依法自主选择采购方式,任何单位和个人不得违法干涉;其中,涉及政府采购的,按照政府采购法律法规规定执行。因此,400 万元以下建设工程类项目,招标人可以直接发包,但属于政府采购项目的,按照政府采购的有关法律规定,依法采用非招标采购方式发包。

15. 资金来源全部为预算资金,合同额 310 万元的施工项目,是否属于必须招标的工程项目?

问 根据《必须招标的工程项目规定》第二条规定,使用预算资金 200 万元人民币以上,并且该资金占投资额 10%以上的项目属于必须招标范围;第五条规定,施工单项合同估算价在 400 万元人民币以上的必须招标。请问:如果某一改扩建项目总投资 360 万元,资金来源全部为预算资金,仅有一个施工合同,施工合同额 310 万元。如果按照第二条规定,该项目属于必须招标范围,按照第五条规定,该施工合同额未在必须招标限额以上,那么该项目施工是否在必须招标范围内?

答 不属于必须招标项目。

根据国家发展改革委办公厅《关于进一步做好〈必须招标的工程项目规定〉和〈必须招标的基础设施和公用事业项目范围规定〉实施工作的通知》(发改办法规〔2020〕770 号)规定,《必须招标的工程项目规定》第二条至第四条及《必须招标的基础设施和公用事业项目范围规定》第二条规定范围内的项目,其勘察、设计、施工、监理以及与工程建设有关的重要设备、材料等的单项采购分别达到 16 号令第五条规定的相应单项合同价估算标准的,该单项采购必须招标;该项目中未达到前述相应标准的单项采购,不属于 16 号令规定的必须招标范畴。因此,本题中的项目施工单项合同估算价为 310 万元人民币,在 400 万元人民币以下,不属于 16 号令规定的必须招标范畴。

16. 依法必须进行招标的建设工程项目中大型机械租赁暂估价超过 400 万元,是否属于依法必须进行招标的项目?

问 某依法必须进行招标的施工项目中,需租赁某大型施工机械,由于招标阶段该大型机械的施工方案暂未确定,便以暂估价的形式列于总承包合同中,暂估费用约 500 万元。开工后,总承包单位在建设单位的示意下,直接委托某机械租赁公司进场施工。请问:该大型机械租赁是否属于依法必须进行招标的项目?

答 不属于。

《招标投标法实施条例》第二十九条规定："以暂估价形式包括在总承包范围内的工程、货物、服务属于依法必须进行招标的项目范围且达到国家规定规模标准的，应当依法进行招标。前款所称暂估价，是指总承包招标时不能确定价格而由招标人在招标文件中暂时估定的工程、货物、服务的金额"。该条规定中的"工程"，也是形成工程实体的过程。以建筑工程为例，建筑施工是人们利用各种建筑材料、施工机械按照特定的设计蓝图在一定的空间、时间内进行的为建造各式各样的建筑产品而进行的生产活动。由此可见，利用施工机械进行施工是形成工程实体的必要条件。但租赁施工机械不属于《招标投标法实施条例》第二十九条规定的"工程"。尽管本题中该大型机械租赁服务暂估价超过 400 万元，但不属于依法必须进行招标的项目。

17. 民营房企开发的住宅项目，65%的建设资金来源于国有银行贷款，该项目是否必须招标？

问 民营房地产公司 A 拟开发某商品房住宅小区，该小区工程合同估算价 6 亿元，其中65%来自国有 B 银行贷款。A 公司员工认为：工程使用了国有银行贷款，并且该资金占主导地位，根据《必须招标的工程项目规定》第二条第二款的规定，该工程属于必须招标的项目。请问：该工程属于依法必须招标的项目吗？

答 该项目不属于依法必须招标的项目。

《必须招标的工程项目规定》第二条第二款规定的情形是"全部或者部分使用国有资金投资或者国家融资的项目"。本案项目的投资主体为 A 公司，A 公司从 B 银行贷款，并负责偿还该笔资金；B 银行属于该笔资金的债权人，而非该项目的投资人，该资金属于借贷资金而非投资资金。所以本题中使用国有银行的贷款不属于使用"国有资金投资"的情形。所谓"国家融资"，通俗讲就是国家筹集资金，强调的是国家作为融资主体（或者融资担保主体），承担还本付息（或者担保还本付息）的义务。本题融资主体是 A 公司，根据贷款合同 A 公司承担向 B 银行还本付息的义务，所以也不属于使用"国家融资"的情形。综上，虽然本案住宅小区工程65%的资金来源于国有 B 银行，但是该笔资金属于借贷资金，既不是"国有资金投资"也不是"国家融资"，因此该工程不属于依法必须招标的项目。

18. 全部使用国有资金且合同估算价超过 400 万元的市政道路、园林绿化工程施工项目，属于依法必须招标的项目吗？

问 《必须招标的基础设施和公用事业项目范围规定》第二条规定了大型基础设施、公用事业等关系社会公共利益、公众安全的项目所包含的具体范围，其中没有列举市政道路工程和园林绿化工程。那么，全部使用国有资金，且合同估算价超过 400 万元的市政道路工程和园林绿化工程施工项目，属于依法必须进行招标的项目吗？

答 属于。

根据《招标投标法》第三条第一款以及《必须招标的工程项目规定》第二条和第五条的规定，本题中工程施工项目的资金全部使用了国有资金，且项目的合同估算价超过了400万元，因此属于依法必须进行招标的项目。

19. 国有企业未纳入强制招标范围的工程项目符合哪些条件才适宜招标？

问 某国有企业，每年有大量的小型工程等采购项目不在依法必须招标的项目范围之内，但是也想通过招标方式进行采购，请问：这些项目符合哪些条件才适合招标采购？

答 采购方式有多种，招标并不适用于所有的采购项目。是否采取招标方式采购，应当从采购需求、竞争性、采购时间、采购成本等方面考虑其可行性。一般具备下列条件，可以考虑采用招标方式采购，更好地满足采购需求且达到采购效益的目标。

一是采购需求明确。即采购目标、标的功能、实现功能需求的技术条件等采购需求条件能有明确、清晰的表述。只有采购需求明确，供应商才可能准确把握招标人的采购条件，全面精准地对招标进行响应性承诺。

二是采购标的具有竞争条件。即有众多供应商愿意参与竞争。

三是时间允许。也就是给予招标人制订招标方案、编制招标文件、执行招标程序、完成中标合同签订等工作内容予以充足的时间，以确保公平竞争、科学择优。紧急采购就不适合采用招标方式采购。

四是交易成本合理。鉴于招标采购活动的程序规定和复杂性，如果招标标的金额不高，经过招标后节约的资金不足交易成本，也不适合采用招标方式采购。

未同时具备上述条件的，建议采取其他合适的采购方式。

20. 必须招标的施工项目在两次招标失败后是否可以自行决定不招标？

问 某必须招标的建设工程项目发布了两次招标公告，但每次报名都只有2家单位。招标人依据《工程建设项目施工招标投标办法》的规定，以两次招标失败为由直接决定不招标。请问该行为是否合法？

答 不合法。

《工程建设项目施工招标投标办法》第三十八条第三款规定："依法必须进行施工招标的项目提交投标文件的投标人少于三个的，招标人在分析招标失败的原因并采取相应措施后，应当依法重新招标。重新招标后投标人仍少于三个的，属于必须审批、核准的工程建设项目，报经原审批、核准部门审批、核准后可以不再进行招标；其他工程建设项目，招标人可自行决定不再进行招标。"依法必须进行施工招标的项目在两次招标失败后，如果属于必须审批、核准的工程建设项目，应报经原审批、核准部门审批、核准后方可以不再进行招标。本题中，两次招标失败后，招标人自行直接决定不招标，未报原项目核准部门核准，不符合上述法律规定。

二、强制招标制度的例外

21. 抢险救灾项目可否通过直接签署任务单方式先启动项目？

问 某乡镇因暴雨山地滑坡，造成路面坍塌，为紧急抢修路段、保障群众安全，时间紧急，来不及招标，可否不招标而预先下达任务单、先要求施工单位进场施工，并签署承诺书承诺尽快签订合同？

答 可以。

《招标投标法》第六十六条规定："涉及国家安全、国家秘密、抢险救灾或者属于利用扶贫资金实行以工代赈、需要使用农民工等特殊情况，不适宜进行招标的项目，按照国家有关规定可以不进行招标。"本题中所提项目符合该条款规定的"抢险救灾"情形，可以先不进行招标。

22. 方舱医院等需紧急使用的临建工程是否必须招标？

问 因突发疫情，为保障人民群众生命健康，某市需紧急建设方舱医院安置感染市民，该市是否必须对方舱医院建设工程进行招标？

答 可以不进行招标。

《招标投标法》第六十六条规定："涉及国家安全、国家秘密、抢险救灾或者属于利用扶贫资金实行以工代赈、需要使用农民工等特殊情况，不适宜进行招标的项目，按照国家有关规定可以不进行招标。"组织招标需要编制招标文件、发布招标公告、投标人投标、招标人组织评标与定标、签订合同等各环节，时间较长，如遇到灾情疫情，待招标采购结束，可能会对人民生命健康和财产安全造成不可估量的损失。因此，根据上述规定，涉及突发抢险救灾的特殊情况，需紧急使用的采购项目，可以不进行招标。

23. 必须招标的工程建设项目追加的附属小型工程是否需要招标？

问 某单位将文体中心建设工程通过招标方式发包给甲公司，该工程在建设过程中，需要追加附属小型工程。请问：追加的该附属小型工程是否需要招标，还是可以直接交由原承包人继续施工？

答 可以直接发包给原承包人。

《工程建设项目施工招标投标办法》第十二条规定："依法必须进行施工招标的工程建设项目有下列情形之一的，可以不进行施工招标：（一）涉及国家安全、国家秘密、抢险救灾或者属于利用扶贫资金实行以工代赈需要使用农民工等特殊情况，不适宜进行招标；（二）施工主要技术采用不可替代的专利或者专有技术；（三）已通过招标方式选定的特许经营项目投资人依法能够自行建设；（四）采购人依法能够自行建设；（五）在建工程追加的附属小型工程或者主体加层工程，原中标人仍具备承包能力，并且其他人承担将影响施工或者功能配套要求；（六）国家规定的其他情形。"本题中，某单位在建工程追加的附属小型工程，如果原承包人仍具有承包能力并且其他人承担将会影响施工的话，可以直接交由其继续施工。

24. "在建工程追加的附属小型工程"可以不进行施工招标应满足哪些条件？

问 某项小型工程已包括在原主体工程建设项目审批范围内，只是主体工程招标完成后，在施工过程中又追加了该项目，这是不是《工程建设项目施工招标投标办法》第十二条所指的"在建工程追加的附属小型工程"？

答 对可以不进行施工招标的"附属小型工程"的理解应从以下几方面把握：一是该小型工程必须是主体工程的附属工程，其与主体工程之间不具有独立性。二是该小型工程必须是在建工程的附属工程。如果主体工程已经完工，就不能适用不进行招标的规定。三是该小型工程必须是在建工程原先设计内容中本身没有包含的内容，后由于设计变更才追加进来的工程。

因此，当某项小型工程已包括在原主体工程建设项目审批、核准范围内，只是主体工程招标完成后，在施工过程中又追加的，为项目主体提供辅助或配套服务的相关小型工程，即为该条规定所指的"在建工程追加的附属小型工程"。至于"附属小型工程"的规模标准，目前没有确切的量化标准，需要根据不同的项目来核定。本题中的在建工程追加的附属小型工程，原中标人还具备承包能力（如具有该工程的施工企业资质）的，就可以不招标，直接发包给原中标人。

25. 多个供应商拥有不同技术路线的专有技术，该项目可以不招标吗？

问 某工程建设项目，需要采用专有技术，A 公司、B 公司、C 公司拥有不同路线的专有技术，都能满足该项目的功能需求，该工程可以不招标吗？

答 不可以。

根据《招标投标法实施条例》第九条第一款规定，需要采用不可替代的专利或者专有技术的工程建设项目，可以不进行招标。此处主要指的是能够完成该招标项目的供应商因采用不可替代的专利或者专有技术，仅此一家，缺乏选择性、替代性，也就不具备竞争性，所以可以不招标。本题中，该工程所需的专有技术可以使用不同专有技术替代，拥有不同技术路线，且这些专有技术都能满足该项目的功能需求，存在多家供应商参与竞争，应当进行招标。

26. 依法必须进行招标的项目，建设单位具有相应的施工资质，是否可以自行施工？

问 某市国投集团有限公司新建综合楼工程，合同估算价780万元。因该集团具有建筑工程施工总承包三级资质，经该公司董事会决策自行施工，该行为是否构成规避招标？

答 该行为不构成规避招标。

《建筑法》第二十二条规定："发包单位应当将建筑工程发包给具有相应资质条件的承包单位"，第二十六条规定："承包建筑工程的单位应当持有依法取得的资质证书，并在其资质等级许可的业务范围内承揽工程"。据此可以明确，施工单位必须具备与建设工程规模对应的建筑业企业资质等级证书。同时，根据《招标投标法实施条例》第九条规定，采购人依法能够自行建设、生产或者提供的，可以不进行招标。本题中的新建综合楼工程（合同估算价780万元），建筑工程施工总承包三级资质的企业即可承接。且因建设单位具有该资质，依法能够自行建设，故可以自行施工，不再进行招标发包。

27. "采购人依法能够自行建设、生产或提供"如何理解？

问 《招标投标法实施条例》第九条第二项规定，采购人依法能够自行建设、生产或者提供的，可以不进行招标。请问："采购人依法能够自行建设、生产或提供"如何理解，这种"能够"是否包含采购人的子公司"能够"？以某发展集团（为国有企业）为例，旗下有建筑子公司，若发展集团自筹自建项目可否不进行招标，直接委托旗下全资或控股子公司修建？

答 不可以。

对于《招标投标法实施条例》第九条第二项"采购人依法能够自行建设、生产或者提供"的规定，应符合以下要求：一是采购人指符合民事主体资格的其他法人或者其他组织，不包括与其相关的母公司、子公司，以及与其具有管理或利害关系的具有独立民事主体资格的法人、其他组织；二是采购人自身具有工程建设、货物生产或者服务提供的资质和能力；三是采购人不仅要具备相应的资质和能力，还应当符合法定要求，对于依照法律、法规规定采购人不能自己同时承担的工作事项（如监理企业不能同时承担所监理工程的施工任务），采购人应当进行招标。本条规定中的采购人是指项目投资人本身，而不是投资人委托的其他项目业主。因此，本题中，某发展集团作为国有企业，其建设工程项目属于依法必须招标项目，不能未经招标直接委托所属子公司实施。

28. 采购人的子公司能够自行生产的，可以不进行招标吗？

问 某省属国有企业因实施某项工程需采购 500 万元的工程材料，其子公司可以独立生产提供，可以不招标吗？

答 不能。

《招标投标法实施条例》第九条规定："除招标投标法第六十六条规定的可以不进行招标的特殊情况外，有下列情形之一的，可以不进行招标：……（二）采购人依法能够自行建设、生产或者提供"。这里的"自行"是指自主的、不靠外力即可完成。"采购人"限缩于采购人本身，因母公司与子公司是两个独立法人，故不包括采购人的子公司或母公司。因此，母公司不具备"自行"生产能力，即便子公司可以独立完成，也不得直接交由子公司完成，必须通过招标方式进行采购。

三、规避招标

29. 招标人"后补"招标，是否允许？

问 A 公司进行工程设备采购，直接与一家机电设备公司签订设备采购合同，此后发现该项目必须招标，即委托某招标代理公司组织设备的招标活动，并确定已签约的机电设备公司为中标人，是否允许？

答 不允许招标人对于必须招标的项目通过"后补"的方式招标。

《招标投标法》第四条规定："任何单位和个人不得将依法必须进行招标的项目化整为零或者以其他任何方式规避招标。"第四十九条规定："违反本法规定，必须进行招标的项目而不招标的，将必须进行招标的项目化整为零或者以其他任何方式规避招标的，责令限期改正，可以处项目合同金额千分之五以上千分之十以下的罚款；对全部或者部分使用国有资金的项目，可以暂停项目执行或者暂停资金拨付；对单位直接负责的主管人员和其他直接责任人员依法给予处分。"本题中，"未招先定"实际规避招标签订的合同无效，后又补办招标程序，属于虚假招标行为，均为法律所禁止。

30. 母公司可否不经招标将其工程项目直接发包给子公司？

问 A 公司欲自行建设某工程项目（属必须招标项目），但其不具备施工企业资质，而其全资子公司 B 公司具备该项目所需资质，A 公司能否将该施工项目直接发包给 B 公司？

答 A 公司不可以直接将项目发包给 B 公司，应当进行招标。

《招标投标法实施条例》第九条规定："除招标投标法第六十六条规定的可以不进行招标的特殊情况外，有下列情形之一的，可以不进行招标：……（三）已通过招标方式选定的特许经营项目投资人依法能够自行建设、生产或者提供。"本题中，A公司作为招标人，不具备自行建设该项目的资质。虽然B公司是A公司的全资子公司，但在法律性质上，两家公司均为独立法人，B公司不属于涉案项目的"采购人"，因此该项目需要招标确定施工承包人，不能直接将项目委托给B公司，否则属于规避招标。

31. 招标人化整为零规避招标应承担什么法律责任？

问　某国有企业工程项目为国有资金投资，为了加快采购速度，该企业将原本400万元的重要设备采购，拆分为三个项目，估算金额分别为120万元、100万元、180万元，并将上述三个项目直接委托给A公司，该企业的做法是否符合法律规定？

答　该企业的做法属于将必须招标的项目化整为零，规避招标。

《招标投标法》第四条规定："任何单位和个人不得将依法必须进行招标的项目化整为零或者以其他任何方式规避招标。"国家发展改革委等部门《关于严格执行招标投标法规制度进一步规范招标投标主体行为的若干意见》（发改法规规〔2022〕1117号）也强调，不得以支解发包、化整为零、招小送大、设定不合理的暂估价或者通过虚构涉密项目、应急项目等形式规避招标；不得以战略合作、招商引资等理由搞"明招暗定""先建后招"的虚假招标；不得通过集体决策、会议纪要、函复意见、备忘录等方式将依法必须招标项目转为采用谈判、询比、竞价或者直接采购等非招标方式。对于涉及应急抢险救灾、疫情防控等紧急情况，以及重大工程建设项目经批准增加的少量建设内容，可以按照《招标投标法》第六十六条和《招标投标法实施条例》第九条规定不进行招标，同时强化项目单位在资金使用、质量安全等方面责任。不得采用抽签、摇号、抓阄等违规方式直接选择投标人、中标候选人或中标人。

根据《必须招标的工程项目规定》第五条规定，本题中，某国有企业采购重要设备，项目估算金额400万元，属于依法必须招标的项目。该企业为了规避招标，将其化整为零，拆分为三个200万元以下的项目，此种做法违反上述规定。

32. 拆分工程项目规避招标应当承担什么法律责任？

问　某国有企业将优质水稻供应基地工程分成基地自然驳岸及排水工程、基地生态停车场道路工程、基地庭院装修工程，分别以竞争性谈判方式分别发包给三家公司，合同总价为562万元。后经相关职能部门核实，该单位将必须招标项目化整为零规避招标，违法行为属实。请问：该单位应当承担什么法律责任？

答　应根据《招标投标法》第四十九条规定承担法律责任。

项目单位违反法律规定，必须进行招标的项目而不招标，将必须进行招标的项目化整为零或者以其他任何方式规避招标的，根据《招标投标法》第四十九条规定，责令限期改正，可以处项目合同金额千分之五以上千分之十以下的罚款；对全部或者部分使用国有资金的项目，可以暂停项目执行或者暂停资金拨付；对单位直接负责的主管人员和其他直接责任人员依法给予处分。本题中，某国有企业将一项应当进行招标的工程分成 3 项工程并通过竞争性谈判方式发包，属于化整为零规避招标的行为，应按照上述规定承担法律责任。

33. 依法必须招标的建设工程施工项目"应招未招"合同效力如何？

问 某施工单位，通过谈判与项目建设单位签订了施工合同，后得知该项目为依法必须招标的项目，请问该施工合同是否有效？

答 属于依法必须招标的项目，当事人不得规避招标程序，如果应当招标而未招标，将导致签订的建设工程施工合同无效。

其法律依据是《民法典》第一百五十三条和《最高人民法院关于审理建设工程施工合同纠纷案件适用法律问题的解释（一）》第一条。《民法典》第一百五十三条第一款规定："违反法律、行政法规的强制性规定的民事法律行为无效。但是，该强制性规定不导致该民事法律行为无效的除外。"从该条款的表述看，有两个"强制性规定"，其中前一个强制性规定指的就是效力性强制性规定，违反的后果是导致合同无效。基于此，《最高人民法院关于审理建设工程施工合同纠纷案件适用法律问题的解释（一）》第一条明确规定："建设工程施工合同具有下列情形之一的，应当依据民法典第一百五十三条第一款的规定，认定无效：……（三）建设工程必须进行招标而未招标或者中标无效的。"显然，依法必须招标的项目，应当进行招标而未招标，将导致建设工程施工合同无效。同理，依法必须招标的工程勘察设计、监理及货物采购项目应招标但未招标的，都将导致合同无效。

第三节 公开招标和邀请招标

一、公开招标

1. 国有企业的建设工程施工项目应当选择公开招标还是邀请招标？

问 某国有企业办公楼大楼建设工程施工项目，国有资金 100% 投资，该项目欲进行招标，应当选择公开招标还是邀请招标？

答 应当选择公开招标。

《招标投标法》第十一条规定："国务院发展计划部门确定的国家重点项目和省、自治区、直辖市人民政府确定的地方重点项目不适宜公开招标的，经国务院发展计划部门或者省、自治区、直辖市人民政府批准，可以进行邀请招标。"《招标投标法实施条例》第八条规定，"国有资金占控股或者主导地位的依法必须进行招标的项目，应当公开招标；但有下列情形之一的，可以邀请招标：（一）技术复杂、有特殊要求或者受自然环境限制，只有少量潜在投标人可供选择；（二）采用公开招标方式的费用占项目合同金额的比例过大。"本题中，某国有企业办公楼建设工程施工项目属于全部由国有资金投资的项目，如无法律规定可以邀请招标的特殊情形，该项目依法必须公开招标。

2. 市政府投资建设的市政工程应否公开招标？

问 A市政府进行的实施造价超过1000万元的市政工程进行招标，可否不公开招标？

答 该工程应依法公开招标。

根据《招标投标法》第三条及《必须招标的工程项目规定》第二条规定，该市政工程由A市政府以国有资金投资建设，属于必须招标的工程建设项目。而且，《招标投标法》第八条规定："国有资金占控股或者主导地位的依法必须进行招标的项目，应当公开招标；但有下列情形之一的，可以邀请招标：（一）技术复杂、有特殊要求或者受自然环境限制，只有少量潜在投标人可供选择；（二）采用公开招标方式的费用占项目合同金额的比例过大。"故本题中的市政工程一般应当公开招标。

3. 能否采用议标方式进行招标？

问 国际上招标采购方式除了公开招标、邀请招标，也包含议标。我国工程建设项目能否采用议标方式进行招标？

答 不能。

所谓议标，是采购人和供应商之间围绕合同内容、价格进行谈判并确定中标人从而最终达成交易实现采购目的的一种采购方式，相当于谈判采购。议标与招标的区别在于：（1）程序不同。招标投标活动程序繁杂严苛，评标中不允许评标委员会成员与投标人直接接触，投标截止时间后不允许招标人和投标人对合同进行实质性谈判，而议标对程序没有特别要求，既可以一对一逐个谈判，也可同时与所有竞争者谈判。（2）竞争方式不同。招标具有采用书面方式、一次性报价、在保密环境下评标等特点，而议标则不具有这些明显的特点。（3）对谈判的限制不同。谈判运用于议标采购的全过程，招标则严格限制谈判。

考虑议标通常是在非公开状态下谈判进行的，实践中存在的问题比较多，我国《招标投标法》没有规定议标方式（引自1999年4月26日第九届全国人大常委会第九次会议《关于〈中华人民共和国招标投标法〉（草案）的说明》）。因此，议标不属于我国《招标投标法》规定的招标方式。强制招标项目如果采用议标方式，就属于未履行招标投标程序，为规避招标，违反效力性强制性规定，所签订合同无效。

但对于非依法必须招标项目而言，其采购方式并没有法律作出强制性规定，可以采用公开招标或邀请招标方式，也可以采用议标方式或者其他非招标方式采购。

二、邀请招标

4.技术复杂、潜在投标人少的工程能否邀请招标？

问 A 公司为国有控股公司，其投资的某铁路隧道工程建设项目需通过招标方式确定施工总承包单位，该项目地质情况复杂，仅有为数不多的几家工程公司可以承担，A 公司可否采取邀请招标方式？

答 该工程项目技术复杂，可以邀请招标。

《招标投标法实施条例》第八条规定，国有资金占控股或者主导地位的依法必须进行招标的项目，应当公开招标；但有下列情形之一的，可以邀请招标：（一）技术复杂、有特殊要求或者受自然环境限制，只有少量潜在投标人可供选择；（二）采用公开招标方式的费用占项目合同金额的比例过大。本题中，某铁路隧道工程建设项目地质情况复杂，具备承担该项目能力的潜在投标人为数不多，符合前述可以邀请招标的条件，项目建设单位可以在办理项目核准手续时一并申请项目核准部门认定同意采取邀请招标方式。

5.民营企业投资的依法必须进行招标的项目，能否邀请招标？

问 某民营企业投资的风电厂建设项目，合同估算价达 9000 万元，拟采用邀请招标方式进行发包，这种行为是否允许？

答 可以邀请招标。

根据《招标投标法》第十一条和《招标投标法实施条例》第八条规定，国务院发展改革部门确定的国家重点项目和省、自治区、直辖市人民政府确定的地方重点项目及国有资金占控股或者主导地位的依法必须进行招标的项目，一般应当公开招标。言下之意，对于民营企业投资的依法必须进行招标的项目，没有要求必须要公开招标，可以邀请招标。

本题中，民营企业投资的风电厂建设项目，虽然属于依法必须进行招标的项目，但并非国有资金占控股或主导地位的依法必须进行招标的项目，在不涉及国家或地方重点项目的前提下，可以邀请招标。

6.非依法必须招标的项目如何选择招标方式？

问 我公司有一项建设工程决算审计服务采购项目，合同估算价 120 万元，请问可以采用邀请招标方式进行采购吗？

答 可以邀请招标。

根据《招标投标法》第十条规定，招标分为公开招标和邀请招标。公开招标，是指招标人以发布招标公告的方式邀请不特定的法人或者其他组织投标并从中选择中标人的招标方式。邀请招标，是指招标人以发送投标邀请书的方式邀请特定的法人或者其他组织投标并从中选择中标人的方式，采用邀请招标方式的，应当向三个及以上具备承担招标项目的能力、资信良好的特定法人或其他组织发出投标邀请书。相对而言，公开招标是一种能够在最大限度内选择投标人、竞争性强的采购方式。但公开招标由于投标人众多，一般耗时较长，需花费的成本也大，对于采购标的较小的项目来说，不宜采用公开招标方式。另外还有些专业性较强的项目，由于有资格承接的投标人较少，也不宜采用公开招标方式。

《招标投标法》第十一条、《招标投标法实施条例》第八条对依法必须招标项目的招标方式作了规定。一般情况下应当公开招标，不适宜公开招标的，经项目审批、核准部门批准或核准后方可进行邀请招标。但对于非依法必须招标的项目，并未限定其采购方式，由招标人自主决定公开招标还是邀请招标。

7. 邀请招标应向几个潜在投标人发出邀请书？

问 A 公司拟组织环保工程监理服务邀请招标，应向几个潜在投标人发出投标邀请书？

答 应向 3 个及以上潜在投标人发出投标邀请书。

依据《招标投标法》第十七条规定，招标人采用邀请招标方式的，应当向三个以上具备承担招标项目的能力、资信良好的特定的法人或者其他组织发出投标邀请书。投标邀请书应当载明本法第十六条第二款规定的事项。虽然是邀请招标方式采购，竞争范围有限，但基于投标人在相对范围内能够充分竞争，法律对采用邀请招标方式采购工程、货物、服务的投标人数作了最低限定，即应向 3 个及以上潜在投标人发出投标邀请书。

第四节 自行招标和招标代理

一、自行招标

1. 建设工程项目的招标人是否可以自行开展招标？

问 某国有企业要建设一工程项目，必须委托招标代理机构组织招标活动，还是可以自行组织招标活动？

答 满足法律规定的条件，可以自行组织招标。

《招标投标法》第十二条规定："招标人有权自行选择招标代理机构，委托其办理招标事宜。任何单位和个人不得以任何方式为招标人指定招标代理机构。招标人具有编制招标文件和组织评标能力的，可以自行办理招标事宜。任何单位和个人不得强制其委托招标代理机构办理招标事宜。依法必须进行招标的项目，招标人自行办理招标事宜的，应当向有关行政监督部门备案。"

《工程建设项目自行招标试行办法》第四条进一步规定了招标人自行招标的具体要求，即"招标人自行办理招标事宜，应当具有编制招标文件和组织评标的能力，具体包括：（一）具有项目法人资格（或者法人资格）；（二）具有与招标项目规模和复杂程度相适应的工程技术、概预算、财务和工程管理等方面专业技术力量；（三）有从事同类工程建设项目招标的经验；（四）设有专门的招标机构或者拥有 3 名以上专职招标业务人员；（五）熟悉和掌握招标投标法及有关法规规章。"

本题中，某国有企业建设工程项目属于依法必须进行招标的项目，其具有编制招标文件和组织评标能力的，可以自行办理招标事宜，但应当向行政监督部门备案；也可以委托招标代理机构组织招标。

2. 非依法必须招标的项目是否允许招标人自行招标？

问 A 公司（民营企业）欲采购一批建筑材料进行招标，是否允许其自行招标？

答 满足规定条件的可以自行招标。

根据《招标投标法》第十二条规定，招标人有权自行选择招标代理机构，委托其办理招标事宜。招标人具有编制招标文件和组织评标能力的，可以自行办理招标事宜；依法必须进行招标的项目，招标人自行办理招标事宜的，应当向有关行政监督部门备案。因此，本题所述民营企业采购建筑材料项目属于非依法必须招标的项目，如果招标人具备编制招标文件和组织评标能力，即可以自行办理招标事宜；如果不具备相应的条件，应当委托招标代理机构办理招标事宜。

二、委托招标

（一）招标代理机构的选择

3. 如何选择招标代理机构？

问 在招标投标活动中，招标人决定委托招标代理机构办理招标事宜，应如何选择代理机构？

答 《招标投标法》第十二条第一款规定："招标人有权自行选择招标代理机构，委托其办理招标事宜。任何单位和个人不得以任何方式为招标人指定招标代理机构。"据此，招标投标活动中，招标人有权自行选择招标代理机构，任何单位和个人不得非法干涉。需要注意的是，法律并未规定选择招标代理机构需要采取招标等方式。实务中，招标人可采取招标、竞争性谈判、竞争性磋商、询价等方式自行选择招标代理机构。

4. 政府部门是否可以指定建设工程项目的招标代理机构?

问 某国企一项建设工程项目必须招标,当地政府指定应选择本地的招标代理机构。请问:建设工程项目招标,政府部门能否指定必须由本地招标代理机构代理?

答 不能。

根据《招标投标法》第十二条规定,招标人有权自行选择招标代理机构,委托其办理招标事宜。任何单位和个人不得以任何方式为招标人指定招标代理机构。因此,招标人在确定招标代理机构上属于完全自主行为,不受任何其他单位和个人干涉。国家发展改革委等部门《关于严格执行招标投标法规制度进一步规范招标投标主体行为的若干意见》(发改法规规〔2022〕1117号)也强调,任何单位和个人不得以任何方式为招标人指定招标代理机构,不得违法限定招标人选择招标代理机构的方式,不得强制具有自行招标能力的招标人委托招标代理机构办理招标事宜。因此,严格禁止任何单位和个人为招标人强制指定招标代理机构或强制具有自行招标能力的单位必须委托招标代理机构组织招标活动。

5. 招标人能否自主建立代理机构备选库,从中选择代理机构办理招标采购事宜?

问 某地经济技术开发区通过公开征集组建招标代理机构备选名单,根据招标项目情况,分类通过抽签、顺序轮候、竞价以及直接选择等方式确定具体项目的代理机构,征集过程中收到匿名检举,提出该行为与财政部关于清理供应商名录库有关规定相违背,该检举是否成立?

答 招标人有权自行选择招标代理机构,委托其办理招标事宜,包括自主建立代理机构备选名单或代理机构库。

《招标投标法》第十二条明确招标人有权自主选择代理机构,不受其他单位和个人限制,这是法律赋予招标人的合法权益,选择方式包括招标人决策同意采用的直接选定、抽签、竞价等任何方式,包括招标人自主建立的代理机构备选库模式。法律禁止的是其他单位和个人以行政管理等强制手段,在违背招标人自主意愿的前提下为其指定代理机构或划定选择代理机构的范围和方式。

本题中,财政部开展的政府采购备选库、名录库、资格库专项清理,其清理范围是纳入集采目录或采购限额标准以上的政府采购项目,代理机构库不在前述专项清理范围之列。

6. 招标代理从业人员是否必须具备有关执业(职业)资格证书?

问 B市政务服务局建立了中介服务超市系统,开放勘察、设计、造价、代理、环评等中介服务机构入驻,供招标人就小额零星的政府投资工程选择服务机构,其中代理机构入驻部分,能否要求从业人员须具备造价师或招标师或工程类注册职业资格?

答 该要求并不合理,招标采购领域从业人员资质有关规定均已取消,其他证书可作为从业人员的个人执业水平、业务能力的参考因素。

根据国家"放管服"改革精神,2016 年国家已取消招标师职业资格,同时国家也逐批取消了政府采购代理、工程建设项目以及中央投资项目等招标代理机构企业资质。2018 年住房和城乡建设部发布《关于废止〈工程建设项目招标代理机构资格认定办法〉的决定》,原办法中关于工程建设项目关于技术经济负责人须具有相应职称或注册执业资格的规定也戛然而止。《招标投标法》及其实施条例关于招标代理资质的规定也完成了修法调整。由此可见,招标代理行业目前处于"双放开"状态,从事招标代理行业的企业,不需要进行资质资格申报,相关人员也无须通过从业资格考试即可从业。

(二)招标代理服务费

7. 招标文件规定由中标人支付招标代理服务费是否合理?

问 某工程招标项目的招标代理合同与招标文件中均载明由中标人支付招标代理服务费。投标人 A 对此提出异议,认为招标代理服务费应由招标人承担。请问:招标文件是否可以要求中标人承担招标代理服务费?

答 招标文件可以规定由中标人承担招标代理服务费。

原《招标代理服务收费管理暂行办法》提出"谁委托,谁付费"的原则。国家发展改革委办公厅《关于招标代理收费有关问题的通知》(发改办价格〔2003〕857 号)又提出,将《招标代理服务收费管理暂行办法》第十条中的"招标代理服务实行'谁委托谁付费'"修改为"招标代理服务费用应由招标人支付,招标人、招标代理机构与投标人另有约定的,从其约定"。但是上述二文件已被《关于废止部分规章和规范性文件的决定》(国家发展改革委令第 31 号)废止。2021 年 5 月 27 日,国家发展改革委对招标代理费支付主体问题作出答复:"目前国家层面对招标代理服务费的支付主体未作强制性规定。招标代理服务费应由招标人、招标代理机构与投标人按照约定方式执行"。由此可见,当前招标代理服务费的支付主体并不局限于招标人,允许当事人约定。故招标文件规定的由中标人承担招标代理服务费(或称"中标服务费")并无不合理之处。约定由中标人支付的,应在招标文件中明确说明并载明收费金额或计算标准。

8. 招标文件未载明"招标代理服务费由中标人支付"时,应由谁支付招标代理服务费?

问 招标人 A 公司与招标代理机构 B 公司签订招标代理服务合同,并约定招标代理服务费由中标人支付,但未在招标文件中规定该项内容,中标人 C 公司拒绝支付招标代理服务费，B 公司可否向 C 公司主张要求支付该项费用？

答 不可以。

招标人与招标代理机构可以在招标代理合同中约定由中标人支付招标代理费，同时应当在招标文件中就此项安排作出明确约定，告知各投标人。投标人一旦投标，就视为接受中标后支付招标代理服务费（有的称"中标服务费"）的合同条件。但本题中，招标人只与招标代理机构约定由中标人支付招标代理费，但未在招标文件中作出明确的约定，视为默认招标人自行支付该项费用。因此，根据合同相对性原则，中标人不受招标人与招标代理机构签订的招标代理合同关于"中标人支付招标代理服务费"的约定的约束，故不应承担支付招标代理服务费的义务。

9. 招标代理服务费应当按照什么标准收取？

问 招标投标活动中，招标代理服务费应当按照什么标准收取？

答 由招标人、招标代理机构和投标人等自行协商议定。

国家发展改革委《关于进一步放开建设项目专业服务价格的通知》（发改价格〔2015〕299 号）规定："……全面放开以下实行政府指导价管理的建设项目专业服务价格，实行市场调节价……（三）招标代理费，指招标代理机构接受委托，提供代理工程、货物、服务招标，编制招标文件、审查投标人资格，组织投标人踏勘现场并答疑，组织开标、评标、定标，以及提供招标前期咨询、协调合同的签订等服务收取的费用……"根据《关于废止部分规章和规范性文件的决定》（国家发展改革委第 31 号令），原《招标代理服务收费管理暂行办法》（计价格〔2002〕1980 号）、国家发展改革委办公厅《关于招标代理服务收费有关问题的通知》（发改办价格〔2003〕857 号）和国家发展改革委《关于降低部分建设项目收费标准规范收费行为等有关问题的通知》（发改价格〔2011〕534 号）均予以废止。

据此，招标代理服务费实行市场调节价，完全由招标人、招标代理机构和投标人协商议定，但应明确在委托代理合同和招标文件中，以免后期产生纠纷。此外，实务中仍可参考上述计价格〔2002〕1980 号文、发改办价格〔2003〕857 号文等文件约定计算标准。

10. 地方政府能否制定招标代理服务费标准？

问 A 市公共资源交易监管局官网交流互动板块收到热心市民留言，建议出台该市的招标代理服务费定价标准，对于该建议应否采纳？

答 目前，招标代理服务费实行市场调节价，不适宜由政府有关部门制定收费标准。

原国家计委于 2002 年发布过招标代理服务收费的指导文件，即《关于印发招标代理服务收费管理暂行办法的通知》，该办法明确了收费标准、计算方式及支付主体，然后随着国家"放管服"改革的深入推进，2015 年国家发展改革委出台《关于进一步放开建设项目专业服务价格的通知》，全面放开工程咨询费、勘察设计费、招标代理费、工程监理费、环境影响咨询费等原实行政府指导价管理的建设项目专业服务价格，实行市场调节价，这一举措也是为了激发市场活力，优化代理机构专业水平，以提升市场竞争力。随后，2016 年国家发展改革委发布第 31 号令，废止原国家计委《招标代理服务收费管理暂行办法》以及国家发展改革委办公厅《关于招标代理服务收费有关问题的通知》等涉及代理服务费用收取的有关文件。

实践中招标人可以通过市场调查，重点考虑代理机构人员业务水平、类似项目代理情况、行政监督部门考评、社会信誉等要素，择优选择代理机构。在招标代理服务费方面，可结合类似项目收费情况与其商定合理的费用，也可以参考原国家计委《关于印发招标代理服务收费管理暂行办法的通知》中的有关收费标准，结合项目实际和单位内控制度，确定费用支付方式、标准等内容。

11. 招标代理服务费收费标准引用已经废止的文件规定是否合适？

问 某招标代理机构在制定企业内部招标代理服务费管理文件以及对外签订合同时，引用已经废止的国家发展改革委办公厅《关于招标代理服务收费有关问题的通知》（发改办价格〔2003〕857 号）。该代理机构的做法是否合适？

答 只要不违反法律法规的强制性规定，应为有效。

就招标代理服务的收费标准来说，国家发展和改革委员会《关于废止部分规章和规范性文件的决定》（国家发展改革委第 31 号令）实现了招标代理服务费由政府指导价到市场调节价的转变过程。既然招标代理费实行市场调节价，那么，作为市场主体的企业在内部文件规定招标代理费参照《招标代理服务收费管理暂行办法》执行并无不妥之处；对外签订合同时，只要双方达成一致，也无不合理之处。

（三）招标代理机构行为规范

12. 招标代理机构应遵守哪些执业纪律？

问 根据《招标投标法》的规定，在招标投标活动中，招标代理机构需要遵守哪些执业纪律？

答 招标代理机构需要遵守的执业纪律主要体现在《招标投标法》及其实施条例等相关规定中。

《招标投标法》第十四条规定："招标代理机构与行政机关和其他国家机关不得存在隶属关系或者其他利益关系。"第十五条规定："招标代理机构应当在招标人委托的范围内办理招标事宜，并遵守本法关于招标人的规定。"《招标投标法实施条例》第十三条规定："招标代理机构不得在所代理的招标项目中投标或者代理投标，也不得为所代理的招标项目的投标人提供咨询"。国家发展改革委等部门《关于严格执行招标投标法规制度进一步规范招标投标主体行为的若干意见》（发改法规规〔2022〕1117号）规定："招标代理机构及其从业人员应当依法依规、诚信自律经营，严禁采取行贿、提供回扣或者输送不正当利益等非法手段承揽业务；对于招标人、投标人、评标专家等提出的违法要求应当坚决抵制、及时劝阻，不得背离职业道德无原则附和；不得泄露应当保密的与招标投标活动有关的情况和资料；不得以营利为目的收取高额的招标文件等资料费用；招标代理活动结束后，及时向招标人提交全套招标档案资料，不得篡改、损毁、伪造或擅自销毁；不得与招标人、投标人、评标专家、交易平台运行服务机构等串通损害国家利益、社会公共利益和招标投标活动当事人合法权益"。招标代理机构在承揽业务、开标、评标、定标、资料保存等各个环节，均应遵守上述规定。

13. 招标代理机构能否作为投标人的代理人办理投标事宜？

问　A公司是一家招标代理机构，在代理B公司的招标项目时，A公司是否可以为该项目的潜在投标人C公司代理进行投标，赚取B公司、C公司双倍佣金？

答　不能。

招标代理机构是受招标人委托，依法设立、具有一定资产、从事招标业务服务的社会中介组织。招标人和招标代理机构签订的合同属于委托代理合同，招标代理机构作为代理人应忠实、勤勉地履行代理义务，对同一招标项目实行"双向代理"违反诚信原则和利益冲突回避原则，容易危害到招标人和其他潜在投标人的利益，也违反《民法典》第一百六十八条第二款"代理人不得以被代理人的名义与自己同时代理的其他人实施民事法律行为，但是被代理的双方同意或者追认的除外"的规定。基于此，《招标投标法实施条例》第十三条第二款规定："招标代理机构代理招标业务，应当遵守招标投标法和本条例关于招标人的规定。招标代理机构不得在所代理的招标项目中投标或者代理投标，也不得为所代理的招标项目的投标人提供咨询"。因此，招标代理机构应在招标人委托范围内代理招标事务，不得双向代理。

14. 招标人的代理机构能否代理中标人的分包项目招标业务？

问　某招标代理机构为某招标人代理招标活动结束后，中标人欲将其中标项目的部分分包项目委托该代理机构招标采购。该代理机构可以接受中标人的委托吗？

答　该招标代理机构可以代理中标人的分包项目的招标采购。

《招标投标法》第十二条第一款规定："招标人有权自行选择招标代理机构，委托其办理招标事宜。任何单位和个人不得以任何方式为招标人指定招标代理机构。"该条款强调了招标人在选择招标代理机构方面享有自主权。

因招标代理机构代理的第一个招标项目已经结束，且两次招标的招标范围、技术标准和要求、合同等并不一样，加之招标代理机构是在招标人授权范围内从事代理业务。故该代理机构可以接受中标人的委托，代理其分包项目的招标业务。

第 二 章

招标阶段法律合规实务

招标项目应满足的先决条件

一、招标基本条件

1. 招标人启动工程建设项目招标程序，需具备哪些必要条件？

问 某县水利局投资的合同估算价 2100 万元的拦河水坝工程项目，招标人已落实资金来源，完成建设地点土地征迁工作，初步设计及概算已经主管部门批准，请问还需具备哪些条件才能启动招标程序？

答 根据《招标投标法》第九条及《招标投标法实施条例》第七条规定，无论是施工项目还是工程货物、服务项目，首先，如属于需要履行项目审批、核准手续的，应当先经项目审批、核准部门审批、核准。其次，需要履行项目审批、核准手续的依法必须进行招标的项目，其招标范围、招标方式、招标组织形式也应当报项目审批、核准部门审批、核准。最后，招标人应当有进行招标项目的相应资金或者资金来源已经落实，并应当在招标文件中如实载明。

在满足上述条件基础上，不同类型的招标项目还须达到相应的项目启动条件，如《工程建设项目施工招标投标办法》第九条规定了施工项目招标的基本条件，主要包括：（一）招标人已经依法成立；（二）初步设计及概算应当履行审批手续的，已经批准；（三）有相应资金或资金来源已经落实；（四）有招标所需的设计图纸及技术资料。对于工程货物以及工程勘察设计项目，则以《工程建设项目货物招标投标办法》第八条、《工程建设项目勘察设计招标投标办法》第九条规定为准落实招标启动条件。

本题中的拦河水坝工程项目属于依法必须招标的项目，应对照上述规定办理启动招标所需的相关手续。

2. 招标人将项目审批、核准手续和招标活动同时进行，是否允许？

问 A 公司为加快项目推进，将项目审批、核准手续和招标活动同时进行，也就是边审批核准、边招标，是否允许？

答 对于按照国家规定需要履行项目审批、核准手续的项目，不允许 A 公司将项目审批、核准与招标活动同时进行。

《招标投标法》第九条规定："招标项目按照国家有关规定需要履行项目审批手续的，应当先履行审批手续，取得批准。"《招标投标法实施条例》第七条规定："按照国家有关规定需要履行项目审批、核准手续的依法必须进行招标的项目，其招标范围、招标方式、招标组织形式应当报项目审批、核准部门审批、核准。"因此，需要办理项目审批、核准的项目，招标人应当在项目审批、核准后再进行招标。根据《工程建设项目申报材料增加招标内容和核准招标事项暂行规定》，工程建设项目因特殊情况需要在报送可行性研究报告或者资金申请报告、项目申请报告前先行开展招标活动的，应当事先报经项目审批、核准部门审批、核准同意。

3. 国企投资基础设施项目立项应当审批还是备案？

[问] 地方的国有资本投资运营集团有限公司拟投资建设城市基础设施项目，应当按照政府投资项目审批，还是按照企业投资项目核准或备案？

[答] 按企业投资项目办理。

根据《政府投资条例》《企业投资项目核准和备案管理条例》等规定，政府采取直接投资或以资本金注入方式使用预算安排的资金的项目，为政府投资项目，实行审批制。企业使用自筹资金的项目，以及使用自己筹措的资金并申请使用政府投资补助或贷款贴息的项目为企业投资项目，按照规定进行核准或备案。

本题中，地方国有资本投资运营集团有限公司通常使用自筹资金进行投资，这些项目按照企业投资项目进行核准或备案。

4. 落实工程建设项目资金是否是工程建设项目招标的前提条件？

[问] 某单位在还未落实工程建设项目资金的情形下对该工程进行招标，后期在办理施工许可证时因建设项目资金未落实，当地住房和城乡建设部门没有颁发施工许可证。请问：工程建设项目资金是否是该工程招标或者开工的前提条件？

[答] 落实项目资金或资金来源是开展招标活动的必备前提条件之一。

《工程建设项目施工招标投标办法》第八条规定："依法必须招标的工程建设项目，应当具备下列条件才能进行施工招标：……（三）有相应资金或资金来源已经落实。"《保障农民工工资支付条例》第二十三条也规定，建设单位应当有满足施工所需要的资金安排。没有满足施工所需要的资金安排的，工程建设项目不得开工建设；依法需要办理施工许可证的，相关行业工程建设主管部门不予颁发施工许可证。因此，为确保工程建设的顺利进行，应当首先满足施工所需要的资金或资金安排，只有落实了相应资金才具备招标条件。

5. 应履行项目核准手续的建设工程项目未核准而开始招标程序，后因未予核准而终止招标，招标人是否承担赔偿责任？

[问] A 公司有一项必须履行项目核准手续的建设工程项目，因工期紧张，在还未履行核准手续的情况下先开展了招标活动，后因为项目未核准通过，遂终止招标，请问该情形下招标人是否承担赔偿责任？

答 应当承担赔偿责任。

《招标投标法》第九条第一款规定："招标项目按照国家有关规定需要履行项目审批手续的，应当先履行审批手续，取得批准。"《招标投标法实施条例》第七条规定："按照国家有关规定需要履行项目审批、核准手续的依法必须进行招标的项目，其招标范围、招标方式、招标组织形式应当报项目审批、核准部门审批、核准。项目审批、核准部门应当及时将审批、核准确定的招标范围、招标方式、招标组织形式通报有关行政监督部门。"本题中，A 公司在该项目未履行核准手续的情形下先履行招标程序，在招标过程中因项目未核准而终止招标，违反了上述规定，也违背了《民法典》规定的诚信原则，应当按照承担缔约过失责任，赔偿给投标人造成的实际损失，还应当及时退还投标人的投标保证金及银行同期存款利息等。

二、工程项目招标实施条件

6. 依法必须招标的工程建设项目，应当具备哪些条件才能进行施工招标？

问 某单位代理了一个依法必须招标的工程施工项目，设计院设计深度不足，建设单位提供的图纸、清单、技术规范等资料并不完全满足招标要求，而建设单位因工期紧张等缘由，坚持马上发布招标公告进行招标。请问：工程施工项目应当具备哪些条件才可以启动招标？如果条件不完全符合会存在哪些问题？

答 根据《招标投标法》第九条、《工程建设项目施工招标投标办法》第八条的规定，建设工程项目施工招标的前提条件一般是：①招标人已经依法成立；②项目已经按照国家规定履行了审批或核准手续，招标方案已经核准；③资金或资金来源已经落实；④确定了初步设计和概算；⑤具有满足招标的技术条件，有招标所需的设计图及技术资料。这些是启动施工招标工作的基本条件，尤其具备清单、图纸等技术资料是保证招标活动顺利进行的必要前提。如果在不具备招标条件的情况下发布公告进行招标，将导致招标工作从一开始就存在不确定因素，如清单和图纸不能一一对应或设计深度不够，这些因素可能导致中标价格不能真正反映工程实际情况，从而在工程施工过程中出现较大的变动甚至出现返工，为违约或一方遭受损失埋下隐患。

7.《工程建设项目施工招标投标办法》中"有招标所需的设计图纸及技术资料"如何理解？

问 《工程建设项目施工招标投标办法》第八条规定了依法必须招标的工程建设项目应当具备相应条件才能进行施工招标，其中第四项条件是"有招标所需的设计图纸及技术资料"，那么该条文"设计图纸"指什么设计深度的图纸，初步设计图

纸还是施工图设计图纸？在施工图设计文件未经审查批准时，工程建设项目采用
初步设计图纸招标是否符合该条规定？

答 根据《建设工程勘察设计管理条例》第二十六条的规定，编制初步设计文件，
应当满足编制施工招标文件、主要设备材料订货和编制施工图设计文件的需要。
因此，编制施工图设计文件，应当满足设备材料采购、非标准设备制作和施工的
需要，并注明建设工程合理使用年限。《工程建设项目施工招标投标办法》对"设
计图纸"的设计深度未作具体规定，招标人可根据项目所属行业的有关规定以及
项目实际需要采用初步设计图纸或施工图设计文件进行招标。

8. 部分单位工程图纸缺失的大型建设项目该如何招标？

问 某依法必须招标的工程建设项目，涉及专业多，施工情况较为复杂，为便于
管理，招标人拟采用施工总承包的方式进行招标。由于该项目工期紧，招标工作
迫在眉睫，但设计单位部分专业的施工图纸还迟迟未出。招标人计划根据现有的
图纸先招标。请问，没有施工图纸的工程项目该怎么办理招标？

答 《工程建设项目施工招标投标办法》第八条规定："依法必须招标的工程建设
项目，应当具备下列条件才能进行施工招标：……（四）有招标所需的设计图纸
及技术资料。"该条中的"招标所需要的图纸"不一定是施工图，也没有规定是全
部项目的设计图纸。事实上，一些大型建设项目，由于工期紧，其施工招标多数
在初步设计之后，招标图纸是初步设计图纸，不可能具备所有招标项目施工图纸
的条件。

本题中，招标人可采取两种方案，一是采用施工总承包的方式，将该项目图纸缺失的
工程内容设定为专业工程暂估价，包含在整个施工总承包项目的总价中。二是采用平行发
包的方式，将该建设项目分为若干个标段进行招标，目前已有图纸的部分设为一标段，先
招标；待后续图纸设计完之后，将剩余的项目再分成若干标段另行招标。由于本项目较为
复杂，管理难度较大，如果采用此方式，则需要确定一家单位对本项目实施施工现场的项
目管理，项目管理方可以由招标人自行承担或委托项目管理单位承担。

9. 国有企业所有施工项目均须履行概算审批手续以后才可以招标吗？

问 某国有企业集团，每年有大量工程建设项目招标，请问是不是所有施工项目
均须履行概算审批手续以后才可以招标？

答 《工程建设项目施工招标投标办法》第八条规定："依法必须招标的工程建设
项目，应当具备下列条件才能进行施工招标：……（二）初步设计及概算应当履
行审批手续的，已经批准"。需要注意的是：该法条使用的表述是"应当履行审批

手续的，已经批准"。也就是说，只有按照国家有关规定需要履行项目审批手续的工程项目，其初设及概算才须向本级政府投资管理部门（或行政监督部门）报批。

对于未纳入依法必须招标范围的项目，或纳入依法必须招标范围的企业投资项目，相关法律并未要求该类项目必须履行审批手续。相关经办人员要求该类项目须履行概算审批手续才可以招标的做法是不正确的。

第二节 招标公告

一、招标公告的内容

1. 招标公告应具备哪些内容？

问 建设工程招标应当发布招标公告，那么招标公告应当具有哪些内容？

答 招标人采用公开招标方式的，应当发布招标公告。《招标公告和公示信息发布管理办法》第五条规定："依法必须招标项目的资格预审公告和招标公告，应当载明以下内容：（一）招标项目名称、内容、范围、规模、资金来源；（二）投标资格能力要求，以及是否接受联合体投标；（三）获取资格预审文件或招标文件的时间、方式；（四）递交资格预审文件或投标文件的截止时间、方式；（五）招标人及其招标代理机构的名称、地址、联系人及联系方式；（六）采用电子招标投标方式的，潜在投标人访问电子招标投标交易平台的网址和方法；（七）其他依法应当载明的内容。"非依法必须招标项目的招标公告内容可以参照。

招标人采用邀请招标方式的，应当向三个以上具备承担招标项目的能力、资信良好的特定的法人或者其他组织发出投标邀请书。投标邀请书应当载明的事项同招标公告。

2. 在招标公告中可否就投标人下载招标文件设置前置条件？

问 某工程招标项目采用电子招标，招标公告载明，"凡有意购买招标文件的潜在投标人，需先上传以下材料的扫描件：营业执照复印件或法人证书复印件、法人授权委托书原件（如有）、企业资质证书，待招标人审核通过后方可支付费用下载招标文件。"请问：该招标公告的内容是否合规？

答 上述招标公告的内容违反有关法律规定，也不符合国家优化营商环境的政策要求。

《电子招标投标办法》第二十条规定："除本办法和技术规范规定的注册登记外，任何单位和个人不得在招标投标活动中设置注册登记、投标报名等前置条件限制潜在投标人下载资格预审文件或者招标文件。"《工程项目招标投标领域营商环境专项整治工作方案》（发改办法规〔2019〕862 号）将"没有法律法规依据设定投标报名、招标文件审查等事前审批或者审核环节"作为专项整治的 18 项问题之一。本题中，招标人要求潜在投标人购买招标文件前先上传相关材料供其审核，就属于变相地设置了某种形式的"资格预审"，属于法律禁止的情形，应予以取缔。

二、招标公告的发布

3. 招标公告应在哪些媒体发布？

问 某依法必须招标的工程项目招标，招标人只在自己公司的官网上和本地一个不知名的小报上发布了招标公告，这种做法是否合法？

答 不合法。

《招标投标法》第十六条第一款规定："招标人采用公开招标方式的，应当发布招标公告。依法必须进行招标的项目的招标公告，应当通过国家指定的报刊、信息网络或者其他媒介发布。"《招标公告和公示信息发布管理办法》第八条规定，依法必须招标项目的招标公告和公示信息应当在"中国招标投标公共服务平台"或者项目所在地省级电子招标投标公共服务平台发布。本题中，该依法必须招标的工程项目只在招标人公司官网和本地报刊发布招标公告，违反上述法律规定。

4. 依法必须进行招标的政府采购工程，其招标公告应当在什么媒介发布？

问 A 市某区实验小学新建工程实施公开招标，资金来源为财政性资金，总预算达 880 万元。招标文件发售期间，行政监督部门发现该项目招标公告已在当地公共资源交易网上发布，但未能及时推送至省电子招标投标公共服务平台。那么招标人是否需要及时整改？

答 需要。

本项目招标人为国家机关，资金来源为财政性资金，属于政府采购工程，依据《政府采购法》第四条及《政府采购法实施条例》第七条规定，适用于招标投标法体系。而《招标投标法》第十六条和《招标投标法实施条例》第十五条均明确规定招标公告须在国务院发展改革部门依法指定的媒介发布。《招标公告和公示信息发布管理办法》第八条规定："依法必须招标项目的招标公告和公示信息应当在'中国招标投标公共服务平台'或者项目所在地省级电子招标投标公共服务平台（以下统一简称'发布媒介'）发布"。故本题中招标公告仅在当地公共资源交易网发布，明显违背了上述规定。从本题背景看，发现该问题时仍处于招标文件发售期，尚未开标，可以通过在指定媒介发布招标公告、相应延长招标文件发售期等方式加以整改。否则，招标人和招标代理机构将承担《招标投标法》第四十九条、第五十一条、《招标投标法实施条例》第六十三条及《招标公告和公示信息发布管理办法》第十八条规定的法律责任。

5.非依法必须招标的工程建设项目的招标公告仅在当地招标投标网上发布，是否影响招标公正性？

问 某县一国有企业员工宿舍建设项目（合同估算价 252 万元）。评标期间，投标人 A 公司提出该项目招标公告未在省电子招标投标公共服务平台发布，不符合国家规定且受众有限，影响了其他公司参与竞争，要求终止此次评标。该要求是否合理？

答 该要求并不合理。

《招标投标法实施条例》第十五条第三款规定："依法必须进行招标的项目的资格预审公告和招标公告，应当在国务院发展改革部门依法指定的媒介发布"。《招标公告和公示信息发布管理办法》第八条进一步明确了依法必须进行招标项目信息的指定发布媒介，即"中国招标投标公共服务平台"或者项目所在地省级电子招标投标公共服务平台。本题中，该房屋建筑工程的合同估算价不足 400 万元，不属于必须进行招标的项目，而法律仅规定了依法必须进行招标项目的公告发布媒介。根据"法无禁止即可为"原则，招标人可以自行确定此类项目的招标公告发布媒介。

6.在不同媒介发布的招标公告内容不一致是否合法？

问 A 公司进行一乡村道路施工招标，分别在当地报纸和中国招标投标公共服务平台发布招标公告，由于 A 公司员工工作失误，两个招标公告对施工工期的规定不一致，是否合法？

答 不合法。

《招标投标法实施条例》第十五条第二款规定："在不同媒介发布的同一招标项目的资格预审公告或者招标公告的内容应当一致。"根据《招标公告和公示信息发布管理办法》第十六条、第十八条规定，依法必须招标的项目在两家以上媒介发布的同一招标项目的招标公告和公示信息内容不一致的，招标人发现后应当进行修改；潜在投标人可以要求招标人或其招标代理机构予以澄清、改正、补充或调整；有关行政监督部门也有权责令其改正，并可视情形依照《招标投标法》第五十一条规定进行处罚。

7.不同媒介发布的招标公告出现时间不一致如何处理？

问 某招标代理公司就同一招标项目在两个平台发布招标公告，由于平台审核所需时间不同，造成在不同平台发布时间不同。公司内部网站发布时间为 11 月 17 日，而在中国招标投标公共服务平台发布时间为 11 月 16 日。请问发布时间不同，是否影响招标公告的效力？

答 不影响招标公告的效力。

《招标投标法实施条例》第十五条第三款规定："依法必须进行招标的项目的资格预审公告和招标公告，应当在国务院发展改革部门依法指定的媒介发布。在不同媒介发布的同一招标项目的资格预审公告或者招标公告的内容应当一致。指定媒介发布依法必须进行招标的项目的境内资格预审公告、招标公告不得收取费用。"由于发布媒介需要核验确认招标公告，可能造成不同的发布媒介公告发布时间不一致，且招标公告发布时间不属于招标公告必须载明内容。仅从法条理解，保证不同媒介发布的招标公告内容保持一致即可，并未限定发布时间也必须一致，故本题中仅仅发布时间略有不同，不影响招标公告的效力。

第三节 资格审查

一、资格审查方式

1. 资格预审和资格后审有何区别？

问 工程建设项目招标，资格预审和资格后审两种方式怎么选择？资格预审及资格后审的优缺点是什么？

答 资格审查是指招标人对资格预审申请人或投标人的经营资格、专业资质、财务状况、业绩、信誉等方面评估审查，以判定其是否具有参与项目投标和履行合同的资格及能力的活动，资格审查方式分为资格预审和资格后审。资格预审是指招标人在发出投标邀请书或者发售招标文件前，按照资格预审文件确定的资格条件、标准和方法对潜在投标人订立合同的资格和履行合同的能力等进行的审查。未通过资格预审的申请人，不具有投标资格。资格后审是指开标后由评标委员会按照招标文件规定的标准和方法进行的资格审查。对资格后审不合格的投标人，应当否决其投标。

资格预审一般适用于技术难度较大或者投标文件编制费用较高，或潜在投标人数量过多的招标项目。资格后审则比较适合潜在投标人数量不多，具有通用性、标准化的招标项目。

资格预审和资格后审的优缺点：资格预审可以在一定程度上减少评标的工作量，但会延长招标投标过程。资格后审中，参与的投标人相对数量多、选择余地相对较大，但在投标人为数众多的情况下，会增加评标的时间和成本。因此，应当考虑工程项目的性质、竞争状况，在对比两者优缺点后，综合考量选择最优资格审查方式。

2. 进行过资格预审的招标项目就不能再进行资格后审了吗？

问 某招标项目已进行过资格预审，但由于预审到正式评标之间的时间间隔太长，招标人是否可以再进行资格后审？

答 进行过资格预审的招标项目可以再进行资格后审。

在资格预审结束后和正式评标之间，通过资格预审的潜在投标人的资格状况有可能发生变化而不满足资格审查标准的要求。因此，在资格预审后应再进行资格后审。当然，一般情况下，资格预审后招标人也可不再进行资格后审。

3. 在同一个招标项目中，资格后审的审查标准与资格预审的可以不一致吗？

问　某招标项目先进行了资格预审，后编制招标文件时招标人要求再进行一次资格后审。在设置资格后审标准时，招标人觉得资格预审入围的潜在投标人太多，于是要求提高投标人资格门槛，以达到减少投标人数量的目的。请问：在同一个招标项目中，资格后审与资格预审的审查标准可以不一致吗？

答　同一项目的资格预审和资格后审的标准应当保持一致。

资格预审和资格后审是一次招标的两次审查，唯一区别就是两次审查的时间点不同；从整个招标投标活动来说，这是一场完整、连续进行的活动，招标人先后发布的资格预审文件和招标文件都是围绕同一个招标项目开展的，当招标标的、招标范围、技术标准和要求等不变的情况下，两次审查的资质要求、人员要求、业绩要求等审查标准也应当是一致的，为了实现这一目标，资格预审文件的主要内容不得与已经发布的资格预审公告矛盾，招标文件的主要内容也不得与已经发布的资格预审文件或者招标公告冲突；进行资格预审的项目，招标文件中关于资格审查的规定须与资格预审文件资格审查办法中的详细审查标准保持一致。

综上，如果本题中的招标人需要改变资格后审的标准，应视作重新招标，需重新发布招标公告。

二、资格预审

4. 采用"有限数量制"的资格预审项目，合格的投标申请人数量是多少比较合适？

问　某建筑工程施工项目招标，考虑到市场上具备资质的施工企业数量众多，为了减少评审工作量，计划采用"有限数量制"的资格预审方法。请问：在资格预审文件中设定合格的投标申请人数量为多少比较合适？

答　资格预审方法有合格制和有限数量制两种。资格预审采用有限数量制的，依据资格预审文件规定的审查标准和程序，确定通过资格预审的申请人。《招标投标法》和《招标投标法实施条例》没有规定通过资格预审的申请人数量，招标人可在资格预审文件中根据招标项目具体特点和实际需要确定，确保具有足够的竞争性，但至少有 3 家合格的投标申请人。对于房屋建筑工程项目，可按照建设部《关于加强房屋建筑和市政基础设施工程项目施工招标投标行政监督工作的若干意见》（建市〔2005〕208 号）的规定执行，即"依法必须公开招标的工程项目的施工招标实行资格预审，并且采用综合评估法评标的，当合格申请人数量过多时，一般采用随机抽签的方法，特殊情况也可以采用评分排名的方法选择规定数量的合格申请人参加投标。其中，工程投资额 1000 万元以上的工程项目，邀请的合格申请人应当不少于 9 人；工程投资额 1000 万元以下的工程项目，邀请的合格申请人应当不少于 7 人。"

5. 是否所有工程建设项目的资格预审都须成立 5 人以上的资格预审委员会？

问 N 市一个 1240 万元的私营企业投资的厂房建设工程项目，资格预审结束后，收到未通过资格审查的投标申请人的投诉，称该项目资格预审委员会不足 5 人，审查主体不合规，要求重新组织资格预审活动。该诉求是否成立？

答 不成立。

《招标投标法实施条例》第十八条规定："国有资金占控股或者主导地位的依法必须进行招标的项目，招标人应当组建资格审查委员会审查资格预审申请文件。资格审查委员会及其成员应当遵守招标投标法和本条例有关评标委员会及其成员的规定"。从本法条来看，国有资金占控股或主导地位的依法必须进行招标项目是调整约束的重点，应当组成资格审查委员会进行资格审查，而且该资格审查委员会应当符合《招标投标法》第三十七条关于依法必须进行招标的项目评标委员会的组建的规定执行，比如评标委员会由招标人的代表和有关技术、经济等方面的专家组成，成员人数为五人以上单数，其中技术、经济等方面的专家不得少于成员总数的三分之二。但对于其他招标项目，并没有这些规定。因此，本题中，项目资金来源为私营企业投资，是否组建资格审查委员会不受上述法律规定约束，招标人可以自行决策。即使组建资格审查委员会，其成员组成、选拔标准及人数可以由招标人结合项目和人员资源情况综合考虑、自主决定。

6. 工程建设项目的投标申请人较多，在资格预审程序中是否允许通过抽签或摇号等方式来筛选投标人？

问 A 公司在工程建设项目勘察设计招标过程中采取资格预审方式，但由于申请资格预审的潜在投标人过多，决定用抽签的形式来筛选合格的投标人，是否允许？

答 不允许。

《工程建设项目勘察设计招标投标办法》第十四条规定："凡是资格预审合格的潜在投标人都应被允许参加投标。招标人不得以抽签、摇号等不合理条件限制或者排斥资格预审合格的潜在投标人参加投标。"同时，根据该办法第五十三条规定，招标人以抽签、摇号等不合理的条件限制或者排斥资格预审合格的潜在投标人参加投标，对潜在投标人实行歧视待遇的，责令改正，可以处一万元以上五万元以下的罚款。如果招标人预测到投标申请人过多，可以采用有限数量制的资格预审方式。

7. 招标人资格预审文件没有列明的因素和标准能否作为资格审查或评标的依据？

问 A 公司机组检修施工项目招标，需进行资格预审。在发布的资格审查文件的资格审查办法前附表中未要求潜在投标人须具备水利水电工程施工总承包三级以上资质，但资格审查委员会以不具有该资质为由认定 B 公司资格预审不合格，是否合法？

答 合法。

《〈标准施工招标资格预审文件〉和〈标准施工招标文件〉暂行规定》第八条规定："'资格审查办法前附表'和'评标办法前附表'用于明确资格审查和评标的方法、因素、标准和程序。招标人应根据招标项目具体特点和实际需要，详细列明全部审查或评审因素、标准，没有列明的因素和标准不得作为资格审查或评标的依据。"因此，招标人资格预审文件中未列明的因素和标准不得作为资格审查或评标的依据，但是该工程项目需要水利水电工程施工总承包三级以上资质，该资质属于法定的资格条件。《招标投标法》第十八条第一款规定："招标人可以根据招标项目本身的要求，在招标公告或者投标邀请书中，要求潜在投标人提供有关资质证明文件和业绩情况，并对潜在投标人进行资格审查；国家对投标人的资格条件有规定的，依照其规定。"第二十六条规定："投标人应当具备承担招标项目的能力；国家有关规定对投标人资格条件或者招标文件对投标人资格条件有规定的，投标人应当具备规定的资格条件。"因此，B 公司因不满足法定的资格条件，即使资格审查文件未作出该资质方面的要求，前述资质也应作为该项目投标人应当具备的资格条件及资格审查和评审的依据。

8. 逾期提交的资格预审申请文件能否接收？

问 某工程施工招标采取资格预审方式，资格预审申请文件递交截止时间已经届满，还能不能接收迟到的资格预审申请文件？

答 《招标投标法》和《招标投标法实施条例》均未对资格预审申请文件递交截止时间届满后是否应当接收投标申请人的资格预审申请文件作出明确规定。但是，招标项目在资格预审文件中明确规定了资格预审申请文件递交的截止时间，即意味着在截止时间过后，不再受理该项目的资格预审申请。在资格预审活动中，资格预审文件实际上就是招标文件的一部分，不但对投标申请人具有约束力，对招标人也具有约束力。因此，招标人应当遵守公开发布的资格预审文件的规定，对于截止时间之后送达的申请文件，不得接收和评审，这也是《招标投标法》中诚实信用原则的要求。招标人可以在资格预审文件中规定：资格预审申请文件的提交截止时间即为资格审查委员会开始评审的时间，对于逾期提交的资格预审申请文件，招标人拒绝接收。

9. 资格预审的结果是否需要公示?

问 资格预审结束,通过资格预审的投标申请人名单能否像评标结果一样在媒体上公示?

答 根据《招标投标法实施条例》第十九条规定,实行资格预审的招标项目,招标人负有向全体资格预审申请人告知申请人资格审查结果的义务。但是,资格预审结果通知应当注意保密要求。

《招标投标法》第二十二条规定:"招标人不得向他人透露已获取招标文件的潜在投标人的名称、数量以及可能影响公平竞争的有关招标投标的其他情况。"根据这一规定精神,通过资格预审的申请人名单和数量在投标截止时间之前应当保密,招标人不应像公示评标结果一样在媒体上公示通过资格预审的申请人名单"广而告之",防止投标人串通投标。

因此,招标人发出的资格预审结果通知书,应当是"一对一"的书面通知,而且除告知该通知书中载明的特定的投标申请人是否已通过资格预审以外,不得泄露已通过资格预审的其他申请人的名称和数量。对于未通过资格预审的投标申请人,招标人也应当"一对一"向其发出资格预审结果通知书,以便该申请人终止后续投标准备工作。

10. 资格预审结果是否要告知未通过的投标申请人?

问 某工程建设项目货物招标,资格预审结束后,招标人是否可以只通知通过资格预审的投标申请人,而对于未通过资格预审的投标申请人,招标人不予通知且不告知未通过的理由?

答 不可以。

《招标投标法实施条例》第十九条规定:"资格预审结束后,招标人应当及时向资格预审申请人发出资格预审结果通知书。未通过资格预审的申请人不具有投标资格。通过资格预审的申请人少于 3 个的,应当重新招标。"《工程建设项目货物招标投标办法》第二十条规定:"经资格预审后,招标人应当向资格预审合格的潜在投标人发出资格预审合格通知书,告知获取招标文件的时间、地点和方法,并同时向资格预审不合格的潜在投标人告知资格预审结果。"因此,招标人应将资格预审结果及时通知所有参加资格预审的投标申请人,但招标人无需提交证据或解释未通过预审的理由和原因。

11. 资格预审合格的潜在投标人资格条件发生变化如何处理?

问 通过资格预审的潜在投标人,在投标截止时间前发生公司分立导致资格条件发生变化时,应当如何处理?

答 招标投标活动需要一定时间,在这个过程中通过资格预审的潜在投标人有可能其组织机构、财务能力、信誉情况等资格条件发生变化,也可能发生公司合并、分立、破产等重大变化。这些重大变化进而会影响投标资格，有的会导致投标人的资格条件不再满足资格预审文件规定的标准，有的尽管没影响投标人的资格条件，但是因该重大变化会影响招标的公正性（如因企业合并成为另一投标人的控股子公司，依据《招标投标法实施条例》第三十四条规定不能同时投标），则该潜在投标人的投标无效。当然也有一些变化不影响投标资格，如因企业改制，企业类型由全民所有制变更为有限责任公司。通过资格预审的潜在投标人在投标截止时间前发生前述变化的，应当在第一时间书面通知招标人。由招标人对其投标资格进行审核，经审核不影响其投标资格的，其仍有资格参与投标；经审核其资格条件不合格或者因该重大变化影响招标公正性的，其投标不能被招标人所接受。对此，《招标投标法实施条例》第三十八条规定："投标人发生合并、分立、破产等重大变化的，应当及时书面告知招标人。投标人不再具备资格预审文件、招标文件规定的资格条件或者其投标影响招标公正性的，其投标无效。"

根据《公司法》规定，公司分立后新成立公司可能的变化是：注册资本减少、主要人员变动、经营范围变化、公司资质变化。潜在投标人分立时，招标人应当组织资格审查委员会对分立后拟参与本项目投标的申请人重新组织资格审查。

12. 非必须招标项目中通过资格预审的申请人少于 3 人，要重新招标吗？

问　民营企业 A 公司有一项 190 万元的小型基建项目，采取招标方式，通过资格预审的申请人少于 3 人，A 公司需要重新招标吗？

答　可以重新招标，也可以不招标。

《招标投标法实施条例》第十九条第二款规定："通过资格预审的申请人少于 3 个的，应当重新招标"。该条款是针对必须招标项目的规定。对于非依法必须招标的项目，本来可以不招标，当通过资格预审的投标申请人少于 3 个时，招标失败，此时招标人既可以选择重新招标，也可以采取其他非招标采购方式进行采购。如果继续选择招标方式采购，既可以重新进行资格预审也可以不进行资格预审而直接进行招标。因此，本题中 A 公司可以重新招标也可以不招标。

第四节　资格预审文件和招标文件

一、资格预审文件和招标文件的内容

1. 资格预审文件应包含哪些内容？

问　工程建设项目的资格预审文件应当如何编写？一般需要包含哪些内容？

答 根据《招标投标法实施条例》第十五条第四款规定，编制依法必须进行招标的项目的资格预审文件和招标文件，应当使用国务院发展改革部门会同有关行政监督部门制定的标准文本。国家发展改革委组织编制的《中华人民共和国标准施工招标资格预审文件》内容包括：资格预审公告、申请人须知、资格审查办法、资格预审申请文件格式及项目建设概况等。

《房屋建筑和市政基础设施工程施工招标投标管理办法》第十五条第二款也规定："资格预审文件一般应当包括资格预审申请书格式、申请人须知，以及需要投标申请人提供的企业资质、业绩、技术装备、财务状况和拟派出的项目经理与主要技术人员的简历、业绩等证明材料。"

因此，工程项目建设项目资格预审文件可以依据上述规定和标准文件增加相关内容、提出需要投标人提供的企业资质、业绩等相关证明材料清单等要求。

2. 招标文件的内容一般有哪些？

问 工程建设项目招标，编制招标文件应当包含哪些内容？

答 招标文件一般应当包括投标须知、招标的技术要求、投标函的格式、合同主要条款等。工程施工项目区别于其他工程建设项目，为确保投标人详细了解工程量，还需将工程量清单、设计图纸等列入招标文件。

《工程建设项目施工招标投标办法》第二十四条规定："招标人根据施工招标项目的特点和需要编制招标文件。招标文件一般包括下列内容：（一）招标公告或投标邀请书；（二）投标人须知；（三）合同主要条款；（四）投标文件格式；（五）采用工程量清单招标的，应当提供工程量清单；（六）技术条款；（七）设计图纸；（八）评标标准和方法；（九）投标辅助材料。"

《房屋建筑和市政基础设施工程施工招标投标管理办法》第十七条规定："招标人应当根据招标工程的特点和需要，自行或者委托工程招标代理机构编制招标文件。招标文件应当包括下列内容：（一）投标须知，包括工程概况，招标范围，资格审查条件，工程资金来源或者落实情况，标段划分，工期要求，质量标准，现场踏勘和答疑安排，投标文件编制、提交、修改、撤回的要求，投标报价要求，投标有效期，开标的时间和地点，评标的方法和标准等；（二）招标工程的技术要求和设计文件；（三）采用工程量清单招标的，应当提供工程量清单；（四）投标函的格式及附录；（五）拟签订合同的主要条款；（六）要求投标人提交的其他材料。"

《招标投标法实施条例》第十五条第四款规定，编制依法必须进行招标的项目的资格预审文件和招标文件，应当使用国务院发展改革部门会同有关行政监督部门制定的标准文本。当前，国家发展改革委已经会同相关部门印发了《标准施工招标文件》等9个标准文件，依法必须招标项目应当采用这些文本来编写招标文件，其他项目也可以参照这些文本来确定招标文件的内容。

3. 是否可以约定招标公告和招标文件的效力优先层级？

问 在招标投标流程中，招标公告和招标文件通常是前后分开发布的，难免会出现前后内容矛盾之处，为解决此问题，是否可以约定招标公告和招标文件的效力优先层级？

答 不可以约定招标公告和招标文件的效力优先层级。

招标公告和招标文件是由招标人或其委托的招标代理机构在招标阶段统一编制的，若有需要澄清或修改的内容时，也可以通过发布澄清公告的方式，消除不一致的内容，故确保招标公告内容和招标文件其他章节内容的一致性是可控的。以标准招标文件为例，招标公告作为招标文件的一个章节，招标人应当保证各个章节内容的前后一致性，约定它们之间的效力层级确实没有必要。

4. 招标公告与招标文件内容是否可以不一致？

问 某招标项目，招标公告要求的投标人资格条件为"接受法人或其他组织投标"，但招标文件中要求"仅接受法人投标"，影响评标活动无法继续进行。请问：招标公告与招标文件内容是否可以不一致？如果不一致，应当怎么处理？

答 招标公告与招标文件内容应保持一致。

一般来说，招标公告是招标文件的一部分，而作为一个整体，招标公告的内容和招标文件的其他章节的内容应当保持一致。如果发现招标公告和招标文件的其他章节内容相悖，导致评标活动无法继续进行的，可参照《政府采购货物和服务招标投标管理办法》第 65 条"评标委员会发现招标文件存在歧义、重大缺陷导致评标工作无法进行，或者招标文件内容违反国家有关强制性规定的，应当停止评标工作，与采购人或者采购代理机构沟通并作书面记录。采购人或者采购代理机构确认后，应当修改招标文件，重新组织采购活动"的规定办理。

5. 对于招标文件的内容存在两种以上解释和理解的，应如何处理？

问 A 市招标人 B 发布的招标文件中规定：投标单位应出具无拖欠农民工工资承诺书。经评标 C 为第一中标候选人，D 质疑 C 有严重拖欠农民工工资行为，不符合招标文件规定条件。B 认为，招标文件关于无拖欠农民工工资的承诺要求无时间限制，应解释为从未发生过拖欠工资行为。C 自认 10 年前在某项目中存在拖欠农民工工资行为但已结清欠款，近三年并无该记录，招标文件中没有明确年限，应按常规理解为近三年的记录。就此问题反映到 A 市招标办，也存在两种不同认识：一种观点认为 B 的解释不违背法律规定；而另一种观点则认为 B 的解释虽然不违法，但是有悖常理且明显不公。请问哪种观点有道理？

答 根据《民法典》《招标投标法》的诚信原则，在对招标文件类似的前后矛盾问题进行解释时，需要注意平衡各方权利、义务的关系，做到公平合理，同时也要考虑实践中的交易习惯。招标文件通常是由招标人自行或其委托的招标代理机构拟定的格式性文书，当其内容存在歧义而引发争议时，根据《民法典》第四百九十八条"对格式条款的理解发生争议的，应当按照通常理解予以解释。对格式条款有两种以上解释的，应当作出不利于提供格式条款一方的解释。格式条款和非格式条款不一致的，应当采用非格式条款"的规定，对招标文件中的格式条款有两种以上解释的，应当作出不利于提供格式条款一方即招标人的解释。也就是说，对招标文件的理解存在分歧、争议的，一般采取按照有利于投标人，不利于招标人的原则进行解释。如《重庆市招标投标条例》第二十一条规定："对资格预审文件或者招标文件的评标标准和方法，以及资格审查和否决投标条款理解有争议的，应当作出不利于招标人的解释，但违背国家利益、社会公共利益的除外。对投标文件理解有争议的，应当作出不利于提交该投标文件的投标人的解释。"

本题中，因 B 拟定招标文件，投标期间未对不明确的条件作出及时澄清和修改，评标委员会也未尽审慎义务，且实践中存在招标人通常仅要求投标人近三年无拖欠农民工工资行为的惯例，而且招标人存在拖欠农民工工资的情形距今已达十年，对本项目合同的履行不会产生实质性影响。故在 C 已经中标且公示的情况下，应当按照有利于投标人 C 的原则进行解释，不宜认定 C 投标无效。

6. 招标文件可否要求投标人必须提供建筑业企业资质证书等证书原件以供招标人核查？

问 投标人提供虚假的营业执照、建筑业企业资质证书、试验报告、质量体系认证证书等资格证明文件参加投标的现象比较普遍，为了打击这种弄虚作假行为，招标人可否要求投标人在投标文件中收录证书复印件，同时要求在投标时提交这些证书原件以供招标人进行核查？

答 住房和城乡建设部《关于规范使用建筑业企业资质证书的通知》（建办市函〔2016〕462 号）载明："新版建筑业企业资质证书包括 1 个正本和 1 个副本，每本证书上均印制二维码标识。为切实减轻企业负担，各有关部门和单位在对企业跨地区承揽业务监督管理、招标活动中，不得要求企业提供建筑业企业资质证书原件，企业资质情况可通过扫描建筑业企业资质证书复印件的二维码查询。"

因此，对于建筑业企业资质证书，甚至包括其他认证证书、试验证书等政府部门、事业单位、认证机构等颁发的各类证书，只要通过公开网站能够查询的，都只能要求投标人提交复印件、打印件或网址，不得要求其提供原件。评标委员会在评审过程中，可依据复印件刊载的二维码或者直接登录相关官方网站自行查询，以减轻投标人负担，也可防止投标人在纸质证明文件上造假，提高评审准确率和客观性。如全国建筑市场监管公共服务平台可对建筑工程施工许可证电子证照进行查询；各省市住房和城乡建设部门户网站中的建筑市场监管服务系统可查询建筑企业资质、专业类别及等级；中国合格评定国家认可委员会官网可查询已获认可的检验机构及实验室。

7. 招标文件可否要求投标人提供无诉讼证明?

问 诉讼情况往往会影响企业的正常经营和财务状况，可能增大合同违约的概率。很多企业在投标时都曾被要求提交近几年（一般为三年）内未发生相关诉讼的证明，该证明通常需由投标人的外聘律师出具，并作为投标资格条件之一。请问：招标人在招标文件中要求投标人提供无诉讼证明是否合理?

答 招标文件要求投标人提供无诉讼证明的做法不合理。

曾经或正在参与诉讼案件并不一定会影响企业参加投标及履行合同，有些诉讼案件反而是企业为了维护自身合法权益而主动起诉的，这属于生产经营中的正常情况。只有案件终审结果认定企业有严重违约、失信行为或其他违法行为，或者可能对该企业将来履行合同产生不利影响，才可以适当考虑列入否决投标的条件或在评审时予以扣减相应分值处理。实践中，有的投标人如有结果不利的诉讼案件信息也往往不会在其投标文件中如实提供，评标委员会进行核实和评审也存在实际困难。

综上所述，建议招标人在招标文件中不要简单地将是否涉诉作为投标资格条件，可以考虑将未及时履行法院或仲裁机构的生效判决或裁定，也就是具有失信被执行人信息作为否决投标的条件之一，也可要求投标人自行承诺是否有违约案件、行贿犯罪记录或失信行为，同时规定如果投标人进行虚假承诺，招标人有权取消其在特定期限内的投标资格，更具有操作性。

8. 合理设置招标文件资格条件应考虑哪些因素?

问 编制招标文件时，在供应商资质、业绩等资格条件的设定上，如何做到设定的投标人资格条件能够优中择优，又不对部分投标人构成歧视或倾向性?

答 对投标人的资质、类似业绩、技术能力、项目负责人及主要管理人员要求、财务状况等资格条件的设定，一定要与招标项目的内容与实际需要相适应，同时全面考虑资质、业绩等因素设置对竞争公平性的影响，如不得要求投标人在特定地点注册、不得要求投标人在招标项目所在省或相关行业有类似工程业绩等。有些项目由于自身特点对于投标人在特定地域的工作能力确有要求，可以采取将地域要求转化为技术要求的方式进行规定，例如在青海等海拔高地区的工程，可要求投标人具有一定海拔高度以上地区的工程施工业绩，而不是直接规定投标人必须具有某一地区的工程施工业绩；又如在资质业绩中要求具备充足优质的项目人员，该设定不够客观量化，可能导致评标中打分差别过大，这就需要对人员数量、专业结构、经验业绩等提出具体要求。

9. 是否允许招标人指定建材品牌或者供应商？

问 A 公司在招标文件中明确要求："投标人必须购买××品牌的建筑材料"，是否允许？

答 不允许招标人指定建材品牌或者供应商。

《招标投标法》第二十条规定："招标文件不得要求或者标明特定的生产供应者以及含有倾向或者排斥潜在投标人的其他内容。"根据《招标投标法实施条例》第三十二条规定，招标人限定或者指定特定的专利、商标、品牌、原产地或者供应商属于以不合理条件限制、排斥潜在投标人或者投标人。《建筑法》第二十五条规定："按照合同约定，建筑材料、建筑构配件和设备由工程承包单位采购的，发包单位不得指定承包单位购入用于工程的建筑材料、建筑构配件和设备或者制定生产厂、供应商。"因此，本题中 A 公司在招标文件中指定品牌的内容属于以不合理条件限制、排斥潜在投标人或者投标人。

10. 招标文件能否推荐参考品牌？

问 某依法必须招标的星级酒店装修工程项目，为了确保装修质量和应有的档次，使投标人投标有参照系，招标文件推荐了 5 个品牌，这样的规定可以吗？

答 原则上，招标人不得指定品牌，限制投标人的竞争。但是，《工程建设项目货物招标投标办法》第二十五条还规定，如果必须引用某一生产供应者的技术标准才能准确或清楚地说明拟招标项目的技术标准时，则应当在参照后面加上"或相当于"的字样。

本题中，本装修工程在编制招标文件时，当遇到技术规格难以描述清楚的情况时，允许引用某些供应商的技术标准为例说明技术规格要求，但同时必须在参考品牌后面加上"或相当于"的字样，比如规定"参照××、××、××品牌或相当于/不低于上述品牌同等技术规格/标准的产品"，用来表达招标人对拟招标项目的技术要求，优化供应商选择。而且引用的货物品牌在市场上具有可选择性，具有足够的竞争性，同时明确投标单位可选用推荐品牌或不低于推荐品牌质量标准的其他品牌，则不属于前述以不合理的条件限制竞争。

11. 招标文件限定或者指定特定的原产地是否合规？

问 A 公司在编制接地铜绞线采购项目招标文件时，在项目特征表中注明原产地为太原市，A 公司的做法是否合适？

答 不合适。

《工程建设项目货物招标投标办法》第二十五条第二款规定："招标文件中规定的各项技术规格均不得要求或标明某一特定的专利技术、商标、名称、设计、原产地或供应者等，不得含有倾向或者排斥潜在投标人的其他内容。如果必须引用某一供应者的技术规格才能准确或清楚地说明拟招标货物的技术规格时，则应当在参照后面加上'或相当于'的字样。"本题中，A 公司作为招标人，在招标文件中明确要求原产地，违反上述法律规定。

12. 投标人参加现场踏勘能否作为招标文件的评审因素之一？

问 工程建设项目的招标人能否在招标文件中将投标人参加现场踏勘规定为评审因素，如"参加得 3 分，不参加得 0 分"？

答 投标人参加现场踏勘不能作为招标文件的评审因素。

《招标投标法》第十八条第二款规定："招标人不得以不合理的条件限制或者排斥潜在投标人，不得对潜在投标人实行歧视待遇"。《招标投标法实施条例》第三十二条规定："招标人不得以不合理的条件限制、排斥潜在投标人或者投标人。招标人有下列行为之一的，属于以不合理条件限制、排斥潜在投标人或者投标人：……（二）设定的资格、技术、商务条件与招标项目的具体特点和实际需要不相适应或者与合同履行无关"。投标人参加现场踏勘是其权利，而非义务。投标人不参加现场踏勘并不影响其投标。因此，投标人是否参加现场踏勘与合同履行无关，招标人将投标人参加现场踏勘作为评审因素，根据上述规定，属于以不合理条件限制、排斥潜在投标人或者投标人。

13. 招标文件能否将国家已取消的资质设置为投标资格条件？

问 某市对城市绿地公园进行大规模扩建，已发出的招标文件要求投标人需具备与从事工程建设活动相匹配的专业技术管理人员、技术工人、资金、设备等条件，并具备住房城乡建设部门核发的城市园林绿化企业资质。投标截止时间前，招标人收到潜在投标人对此提起的异议，该如何处理？

答 该要求不妥，应当修改招标文件。

目前在推进"放管服"改革及减轻企业负担、优化营商环境等政策要求下，国家陆续取消了一部分企业资质。对于国家已明确取消的行政许可事项，在相关行业领域已不再是从事经营活动必须具备的要件，均不能设置为投标资格，否则对于新进入企业和新入行的从业人员不公平，属于《招标投标法》第十八条规定的以不合理的条件限制或者排斥潜在投标人。国家发展改革委等八部委《工程项目招标投标领域营商环境专项整治工作方案》明确禁止"将国家已经明令取消的资质资格作为投标条件、加分条件、中标条件；在国家已经明令取消资质资格的领域，将其他资质资格作为投标条件、加分条件、中标条件"。因此，招标人及其委托的代理机构编制招标文件时，应掌握政策更新，避免"踩雷"，类似城市园林绿化企业资质已经被取消，不应再将其设置为投标人资格条件。

14. 招标文件能否规定投标人变更项目经理的，须以项目所在地相关网站网上变更信息为准？

[问] 某市政道路工程项目中标候选人公示期内，招标代理机构收到第二中标候选人提交的书面异议，称经网上查询，第一中标候选人承诺的项目负责人也是 B 市城市道路"白改黑"工程的项目经理，该工程尚在建设阶段，且在项目所在地相关网站未查到网上变更信息，按照招标文件规定，变更项目经理的，以网上变更信息为准，因此认为第一中标候选人拟派项目负责人有在建工程情形，提出取消其中标资格的诉求。该诉求是否成立？

[答] 该诉求并不成立。

住房和城乡建设部《注册建造师执业管理办法》第十条明确了包括"发包方同意更换项目负责人的"在内的三种允许更换项目负责人情形，在完成办理书面交接手续后，实际上即已完成了更换项目负责人手续，未在网上变更信息只能说明该公司未及时向主管部门报备更换项目负责人情况，并不能改变客观事实。住房和城乡建设部《关于〈注册建造师执业管理办法〉有关条款解释的复函》则进一步阐明，建设工程合同履行期间变更项目负责人的，经发包方同意，应当予以认可，同时明确企业未在 5 个工作日内报主管部门及时进行网上变更的，由项目所在地主管部门按有关规定予以纠正。

15. 政府采购工程是否需要落实促进中小企业发展政策？

[问] 某市住房和城乡建设局实施的旧城区市政管网工程项目（合同估算价 630 万元），招标文件发出后收到某潜在投标人的书面异议，提出评标标准中规定"投标人经营年限 5 年以上的得 3 分以及所有投标人中纳税额由高到低排序前三名的，分别得 3 分、2 分、1 分"，对小微企业不利。其要求修改上述评标标准的诉求是否成立？

[答] 政府采购工程亦须落实包括促进中小企业在内的政府采购政策，因此招标人应及时修改对中小企业构成限制或排斥的评标标准。

《招标投标法实施条例》第四条第三款规定："财政部门依法对实行招标投标的政府采购工程建设项目的政府采购政策执行情况实施监督"；《政府采购法实施条例》第七条第三款规定："政府采购工程以及与工程建设有关的货物、服务，应当执行政府采购政策"。而政府采购政策的范围和内容依据《政府采购法实施条例》第六条规定，包括节约能源、保护环境、扶持不发达地区和少数民族地区、促进中小企业发展等目标。

本题中，招标文件规定的评标标准涉及企业成立年限和纳税额等因素，从财政部发布的

《政府采购促进中小企业发展管理办法》第五条规定及国家发展改革委等八部委发布的《工程项目招标投标领域营商环境专项整治工作方案》来看，设立规模标准对中小企业构成差别待遇。《中华人民共和国中小企业促进法》第四十条则进一步规定："政府采购不得在企业股权结构、经营年限、经营规模和财务指标等方面对中小企业实行差别待遇或者歧视待遇"。

除此之外，根据财政部《政府采购促进中小企业发展管理办法》第九条规定，政府采购工程还需要通过预留份额专门面向中小企业采购；对于非专门面向中小企业采购的项目，则需要对小微企业报价给予 3%～5%的扣除，用扣除后的价格参加评审，适用招标投标法的政府采购工程建设项目，采用综合评估法但未采用低价优先法计算价格分的，评标时应当在采用原报价进行评分的基础上增加其价格得分的 3%～5%作为其价格分。

16. 对失信被执行人可以采取哪些联合惩戒措施？

问 对于失信被执行人，在招标投标活动中招标人可以采取哪些联合惩戒措施？

答 可以采取以下几方面措施：

（1）限制失信被执行人的投标活动。依法必须进行招标的工程建设项目，招标人应当在资格预审公告、招标公告、投标邀请书及资格预审文件、招标文件中明确规定对失信被执行人的处理方法和评标标准。在评标阶段，招标人或者招标代理机构、评标专家委员会应当查询投标人是否为失信被执行人，对属于失信被执行人的投标活动依法予以限制。两个以上的自然人、法人或者其他组织组成一个联合体，以一个投标人的身份共同参加投标活动的，应当对所有联合体成员进行失信被执行人信息查询。联合体中有一个或一个以上成员属于失信被执行人的，联合体视为失信被执行人。

（2）限制失信被执行人的招标代理活动。招标人委托招标代理机构开展招标事宜的，应当查询其失信被执行人信息，鼓励优先选择无失信记录的招标代理机构。

（3）限制失信被执行人的评标活动。依法建立的评标专家库管理单位在对评标专家聘用审核及日常管理时，应当查询有关失信被执行人信息，不得聘用失信被执行人为评标专家。对评标专家在聘用期间成为失信被执行人的，应及时清退。

（4）限制失信被执行人招标从业活动。招标人、招标代理机构在聘用招标从业人员前，应当明确规定对失信被执行人的处理办法，查询相关人员的失信被执行人信息，对属于失信被执行人的招标从业人员应按照规定进行处理。

17. 招标文件是否必须针对"失信被执行人"明确相应的查询网址、认定、处理方法及评标标准？

问 某依法必须进行招标的城市桥梁建设工程，其招标公告中明确投标人不得处于"失信被执行人"状态，但未说明对"失信被执行人"如何处理。评标时评标委员会除在招标文件规定的"信用中国"查询网站外，通过"天眼查"网站查询到某投标人为法院案件被执行人，以此为由否决其投标是否合规？

答 该投标人不属于"失信被执行人"，且"天眼查"非招标文件明确的信用查询网址，不应否决其投标。

《招标投标法实施条例》第四十九条规定："评标委员会必须按照招标文件规定的评标标准和方法，客观、公正地对投标文件提出评审意见。招标文件没有规定的评标标准和方法不得作为评标的依据"。本题中招标文件明确了投标人不得为"失信被执行人"，也明确了信用查询网址，但法院案件被执行人并非等同于"失信被执行人"，国家发展改革委等24部门发布的《关于对公共资源交易领域严重失信主体开展联合惩戒的备忘录》（发改法规〔2018〕457号）规定，依法限制失信企业参与工程建设项目招标投标。国家发展改革委、最高人民法院发布的《关于在招标投标活动中对失信被执行人实施联合惩戒的通知》（法〔2016〕285号）明确规定："依法必须进行招标的工程建设项目，招标人应当在资格预审公告、招标公告、投标邀请书及资格预审文件、招标文件中明确规定对失信被执行人的处理方法和评标标准，在评标阶段，招标人或者招标代理机构、评标专家委员会应当查询投标人是否为失信被执行人，对属于失信被执行人的投标活动依法予以限制"。因此，只有被人民法院确定为"失信被执行人"，且在"信用中国"网站公示，才能在依法必须招标的项目中被限制投标。

18. 招标文件中需要明确限制哪些失信行为？

问 某依法必须进行招标的政府采购工程，招标公告中规定出售招标文件阶段，招标人及代理机构须查询潜在投标人是否属于"失信被执行人"和"政府采购严重违法失信行为记录名单"。某潜在投标人对此提出异议，认为该进行招标的政府采购工程适用于《招标投标法》体系，不应查询是否列入"政府采购严重违法失信行为记录名单"，该异议是否成立？

答 招标文件可以在应当查询的"失信被执行人"基础上，增加其他予以限制的投标人失信行为类别，并注明查询网址和具体限制方式及评标标准，该异议并不成立。

诚实信用是招标投标活动的基本原则之一。在招标投标活动中对失信被执行人开展联合惩戒，有利于规范招标投标活动中当事人的行为，促进招标投标市场健康有序发展，对建立健全"一处失信，处处受限"的信用联合惩戒机制，推进社会信用体系建设有着积极作用。国家有关部门陆续出台了招标投标、政府采购、纳税、支付农民工工资、安全生产等领域失信行为限制有关文件。对于依法必须进行招标的政府采购工程项目，须按《拖欠农民工工资"黑名单"管理暂行办法》《关于在招标投标活动中对失信被执行人实施联合惩戒的通知》《关于对重大税收违法案件当事人实施联合惩戒措施的合作备忘录》等有关规定，在招标文件中规定，评标委员会将在"信用中国"、国家企业信用信息公示系统等网站查询投标人或者投标人及其法定代表人、其他责任人是否被列入"失信被执行人""重大税收违法案件当事人""拖欠农民工工资"等失信名单，对属实的失信主体依法否决其投标。

依法必须进行招标的政府采购工程虽然适用于《招标投标法》体系，但在失信行为查询方面可以提出更全面的查询路径和要求，即可以对被列入财政部门公布的"政府采购严重违法失信行为记录名单"的企业进行限制。《关于对政府采购领域严重违法失信主体开展联合惩戒的合作备忘录》亦明确，被列入"政府采购严重违法失信行为记录名单"的，应当依法限制其参加政府投资工程建设项目投标活动。

19. 可否以被列入招标人的供应商黑名单为由拒绝参加投标？

问 某项目招标文件中规定："根据《××公司供应商不良行为处理管理细则》的规定，投标人存在导致其被暂停中标资格或取消中标资格的不良行为，且在处理有效期内的，将被否决投标。"这种规定是否合法？

答 合法。

招标人作为民事主体之一，在民事活动中有权设定合理的投标人资格条件和限制中标条件，有权拒绝具有不良履约行为的投标人参与投标。为此，近年来，越来越多的招标人，尤其是大的企业集团都颁布实施了供应商管理制度，其中很重要的一项内容是供应商评价机制，根据供应商管理制度规定的方法和标准，对有交易往来的供应商进行评价，对具有严重违约、失信行为记录的供应商采取一定的投标限制措施，如根据情节轻重取消其一至三年时间不等的中标资格，约束其诚信履约。如果某些单位因违约被列入不合格供应商名单（即黑名单）的，则其无权参加其招标活动，即使参加，招标人亦将予以拒绝。这种做法也得到了一些标准招标文件的认可。如《河北雄安新区标准通用招标文件（2020年版）》"投标人资格要求"中的信誉要求：对近3年内（从提交投标文件截止之日起倒算）曾被本项目招标人评价为履约不合格的投标人（采用或不采用）否决性惩戒方式；对近2年内（从提交投标文件截止之日起倒算）在本项目招标人实施的项目中存在无正当理由放弃中标资格、拒不签订合同、拒不提供履约担保情形的投标人（采用或不采用）否决性惩戒方式。

企业依据黑名单制度对不良供应商进行否决性惩戒，第一，应当有具体详尽的供应商评价及不良履约行为惩戒措施；第二，供应商评价制度在招标文件中事前告知投标人，要求投标人按照招标文件要求签署相关承诺文件或者在其投标文件中认可，以避免发生争议甚至引起投标人的投诉；第三，对不良供应商的评价结果及作出的否决性惩戒措施应及时告知该供应商。企业对合作伙伴作出后评价列入黑名单的，以后该投标人投标时，即可以决定暂停投标资格或中标资格。

同理，项目业主在项目管理过程中，根据供应商管理办法规定，对评级为优秀的企业，可以在评分时予以奖励，可以规定投标时不用递交投标保证金或降低投标保证金金额。

20. 招标文件可以将经营范围设置为投标人资格条件吗？

问 实践中，有的招标人要求投标人的经营范围必须涵盖招标项目与之相符，否则认定其投标资格不合格。请问：招标文件可以将经营范围设置为投标人资格条件吗？

答 经营范围不应作为投标人资格条件，理由如下。

第一，国家发展改革委办公厅、市场监管总局办公厅联合印发的《关于进一步规范招标投标过程中企业经营资质资格审查工作的通知》（发改办法规〔2020〕727号）规定了"三个不得"，即：不得以营业执照记载的经营范围作为确定投标人经营资质资格的依据，不得将投标人营业执照记载的经营范围采用某种特定表述或者明确记载某个特定经营范围细项作为投标、加分或者中标条件，不得以招标项目超出投标人营业执照记载的经营范围为由认定其投标无效。

第二，《民法典》第五百零五条规定："当事人超越经营范围订立的合同的效力，应当依照本法第一编第六章第三节和本编的有关规定确定，不得仅以超越经营范围确认合同无效"，对市场主体超越经营范围从事经营活动持肯定立场，只要市场主体不违反法律、行政法规的强制性规定，即可参与投标竞争，签订合同，不能再以经营范围限制投标人的资格，否则涉嫌以不合理的条件排斥、限制投标人竞争。

第三，实践中审查投标人的经营范围既无必要，也有操作难度。一是依据经营范围并不能客观判断市场主体的履约能力，依据历史业绩、主要设备条件等进行衡量更具证明力。二是企业法人可以随时增减、变更经营范围，再限定投标人的经营范围起不到预定作用。三是有的地方营业执照登记的经营范围非常宽泛甚至无所不包，个别地方已经不再载明经营范围。招标文件中如再限定经营范围是否还具有必要性，需重新考量。四是登记的经营范围与招标项目描述不可能——完全对应，评标专家审查经营范围是否涵盖招标项目存在客观困难。

21. 投标人经营范围不限制是否意味着也不需要相应行政许可？

问 国家发展改革委办公厅市场监管总局办公厅《关于进一步规范招标投标过程中企业经营资质资格审查工作的通知》（发改办法规〔2020〕727号）的出台，取消了审查投标人经营范围的内容，那么是否意味着没有起重机械制造许可证的经营企业都可以生产该类设备？如果招标文件没有明确规定，是否意味着所有企业也都可以生产起重机械？如果是这样，那要起重机械制造的行政许可和监管还有什么意义？

答 《关于进一步规范招标投标过程中企业经营资质资格审查工作的通知》（发改办法规〔2020〕727号）规定，招标项目对投标人经营资质资格有明确要求的，应当对其是否被准予行政许可、取得相关资质资格情况进行审查。该文件的出台并非意味着没有起重机械制造经营许可的企业都可以生产起重机械。对于依法需取得行政许可或备案方能从事的特定行业，应当先取得相关许可或完成备案。

22. 注册资本金是否可以作为评标因素？

问 某招标项目中，招标人为防止皮包空壳公司前来投标，决定将企业注册资本金作为详评的评分标准之一。请问：以注册资本金高低作为评分标准是否妥当？

答 将企业注册资本金作为评分因素不妥。

根据国务院《关于印发注册资本登记制度改革方案的通知》（国发〔2014〕7 号）规定，注册资本实行"认缴登记制"，公司登记时，无需提交验资报告等。可见，企业注册资本金高低无法直接证明其"规模与实力"的强弱。

企业注册资本金的高低与采购需求没有直接关系。虽然企业的规模与其生产产品的质量、技能水平等也存在一定的联系，而仅凭注册资本金高低来认定企业规模和实力具有片面性。供应商的资产规模与注册资本金没有对应关系，总资产包括净资产，它还包括所有负债资金形成的资产，体现为企业的所有货币性资产、实物资产、无形资产等。由此可见，供应商的注册资本金不能全面、客观、准确衡量其规模与实力及科技实力与技能水平。

23. 专业工程项目单独发包时仅接受专业承包资质单位投标，是否限制和排斥了具有包含该专业工程内容的施工总承包资质的单位？

问 某专业工程施工项目，招标人对其单独组织招标，招标文件资格条件要求仅接受具有该专业承包资质的单位投标，但某施工单位认为，其施工总承包资质允许承包的范围涵盖了该专业工程内容，招标人此举涉嫌排斥、限制其投标。请问：招标文件的投标人资格要求是否合理？

答 招标文件的资格要求符合国家的有关规定。

根据《建筑业企业资质标准》"总则"第三节"业务范围"中规定，施工总承包工程应由取得相应施工总承包资质的企业承担。取得施工总承包资质的企业可以对所承接的施工总承包工程内各专业工程全部自行施工，也可以将专业工程依法进行分包。对设有资质的专业工程进行分包时，应分包给具有相应专业承包资质的企业。由此可知，拥有施工总承包资质的企业不能承揽专业工程项目。

24. 施工招标项目招标文件是否可以要求施工单位具备施工总承包资质同时兼具施工总承包资质包含的专业工程承包资质？

问 某四星级酒店升级改造工程的施工涉及主体结构改造加固、室内装饰装修等，招标人根据项目特点和要求将投标人资质要求设定为房屋建筑施工总承包一级。但考虑到整个项目重点在四星级的室内装饰装修部分，招标人是否可以要求投标人应同时具备建筑装饰装修工程专业承包一级资质？

答 不能同时要求投标人具备施工总承包资质和该资质包含的专业承包资质。

《建筑法》第二十六条第一款规定，承包建筑工程的单位应当持有依法取得的资质证书，并在其资质等级许可的业务范围内承揽工程。《建筑业企业资质管理规定》第六条规定，建筑业企业资质标准和取得相应资质的企业可以承担工程的具体范围，由国务院住房城乡建设主管部门会同国务院有关部门制定。《建筑业企业资质标准》（建市〔2014〕159号）"总则"中要求："取得施工总承包资质的企业可以对所承接的施工总承包工程内各专业工程全部自行施工，也可以将专业工程依法分包"。同时，该标准的第1.4条承包工程范围"注"中规定："建筑工程内容包括装修装饰工程"，故而招标人要求投标人具备建筑工程施工总承包一级的同时，再要求投标人同时具备建筑装饰装修工程专业承包一级资质，属于以不合理的条件排斥或限制潜在投标人的行为。

25. 工程设计招标项目中，招标人欲给在本地设有分公司的投标人加分是否妥当？

问 某工程设计招标项目中，为确保中标人可及时提供编制招标技术规范书、设计交底、现场工代等服务，招标人在评标办法中是否可以给在本地设有分公司的投标人加分？

答 给在本地设有分公司的投标人加分不妥。

《工程项目招标投标领域营商环境专项整治工作方案》（发改办法规〔2019〕862号）文件规定："要求投标人在本地注册设立子公司、分公司、分支机构，在本地拥有一定办公面积，在本地缴纳社会保险等"属于不合理的限制和壁垒，应予以清理和纠正。

在本地设有分公司与能及时提供现场服务之间并不存在必然的联系。对本土化服务有要求的，招标人可在技术规范书中，对现场服务响应时间、内容、质量、方式、人员配置等提出具体要求，要求投标人对此逐一作出响应。

26. 招标人可以在招标文件中规定中标人必须采购指定的工程材料吗？

问 某工程建设项目，招标人与某材料供应商长期合作，认为其提供的材料价廉物美，于是在招标文件中要求中标人必须采购该材料供应商的工程材料，招标人的做法是否允许？

答 招标人不得指定中标人定向采购工程材料。

《建筑法》第二十五条规定："按照合同约定，建筑材料、建筑构配件和设备由工程承包单位采购的，发包单位不得指定承包单位购入用于工程的建筑材料、建筑构配件和设备或者指定生产厂、供应商"。《招标投标法》第二十条规定："招标文件不得要求或者标明特定的生产供应者以及含有倾向或者排斥潜在投标人的其他内容。"

27. 招标人可以将自己公司有关部门签发的专业作业资格证书设为资格条件吗？

问 某煤矿自建输变电工程运维项目，招标文件的"发包人要求和技术规范"中要求"维保单位至少分别各有一名已取得招标人安质部确认的变电第二种工作票签发人资格和工作票负责人资格的人员"，并用特殊符号标记成了实质性要求和条件。这样的条款设置合理吗？

答 这样的条款设置不合理，涉嫌以不合理的条件限制或者排斥潜在投标人。

《招标投标法》第十八条规定，"国家对投标人的资格条件有规定的，依照其规定。招标人不得以不合理的条件限制或者排斥潜在投标人，不得对潜在投标人实行歧视待遇。"资格审查标准设置的投标人资质要求和关键人员资格要求，均应该是国家强制性法律要求，如国家规定的建筑业企业施工资质、设计资质等。

本题中，将招标人安质部自己确认的"变电第二种工作票签发人资格和工作票负责人资格"作为投标人资格条件，属于以不合理的条件限制或者排斥潜在投标人。

28. 在输变电工程施工招标项目投标人资格条件设置中，除对"项目经理"提出要求，是否还可以对其他岗位人员提出要求？

问 在输变电工程施工招标项目投标人资格条件设置中，除了对"项目经理"要求需具备建造师执业资格外，还有一些"特种作业人员"，如高压电工、登高架设工等，按《国家职业资格目录（2021年版）》规定也属于准入类资格，是否可以和"项目经理"一样，将"特种作业人员必须拥有相应的特种作业证书"设置为投标人资格条件？

答 招标人不宜将"特种作业人员必须拥有相应的特种作业证书"设置为投标人资格条件。

《招标投标法》第十八条规定："招标人可以根据招标项目本身的要求，在招标公告或者投标邀请书中，要求潜在投标人提供有关资质证明文件和业绩情况，并对潜在投标人进行资格审查；国家对投标人的资格条件有规定的，依照其规定。"招标人对投标人资格条件的审查内容主要是投标人的资质、生产经营状况、业绩等。

《标准施工招标文件（2007版）》和《简明标准施工招标文件（2012版）》之"投标人资格条件"对"项目经理"提出资格要求，一方面基于项目经理的重要性。项目经理是指受企业法定代表人委托，对工程项目施工过程全面负责的项目管理者，是建筑施工企业法定代表人在工程项目上的代表人。另一方面是需要满足建造师执业管理的要求。根据《注册建造师管理规定》规定，大中型施工项目的项目经理必须由取得注册建造师执业资格的自然人担任。注册建造师必须在其注册企业从事执业活动，执业证书不得外借。

相较于项目经理，特种作业人员则显得并不那么重要。以高压电工来讲，虽然涉电作业需要持证上岗，其只是分部分项作业的要求，并不能影响施工项目全局；高压电工人员可以不是施工企业的员工，施工企业也可以通过劳务外包的方式补齐缺口。因此，招标人在技术规范书（或发包人要求）中要求投标人的相关岗位必须具备此类证书即可，而作为投标人资格条件则不太适宜。

29. 招标文件规定"不同投标人高级管理人员之间存在交叉任职、人员混用或者亲属关系的，其投标应予以否决"合理吗？

问 某工程类招标项目，招标文件载明"不同投标人高级管理人员之间存在交叉任职、人员混用或者亲属关系的，其投标应予以否决"，该规定是否合理？

答 不合理。

《招标投标法实施条例》第三十四条第二款规定："单位负责人为同一人或者存在控股、管理关系的不同单位，不得参加同一标段投标或者未划分标段的同一招标项目投标"，明文禁止的投标人之间的关联关系仅限于"单位负责人为同一人"或者"存在控股、管理关系"，不包括上述招标文件规定的情形。国家发展改革委等部门《关于严格执行招标投标法规制度进一步规范招标投标主体行为的若干意见》（发改法规规〔2022〕1117号）指出"加大违法投标行为打击力度，重点关注投标人之间存在关联关系、不同投标人高级管理人员之间存在交叉任职、人员混用或者亲属关系、经常性'抱团'投标等围标串通投标高风险迹象"，也未直接规定该类情形应予否决或限制投标。因此，招标人擅自将法律未禁止的情形当作禁止性规定来限制投标人参与投标，不符合法律规定。

30. 招标文件设置"承诺放弃投标保证金利息"的选项有效吗？

问 某大型国企采购项目的招标文件将投标保证金利息的处理方式设置为选择项，交由投标人自行选择。选项一：直接放弃投标保证金利息；选项二：投标人应在收到投标保证金本金 20 个工作日内提交利息发票，倘若在规定时间内未提交发票，视为放弃利息。请问：招标人的该种处理方式是否有效？是否合规？

答 《招标投标法实施条例》第五十七条第二款规定："招标人最迟应当在书面合同签订后 5 日内向中标人和未中标的投标人退还投标保证金及银行同期存款利息。"该条款明确了招标人应当退还的款项范围：不仅包括投标保证金本身，还包括银行同期存款利息。可见，本招标文件有关投标保证金利息的处理违反了《招标投标法实施条例》的规定。

国家发展改革委等部门《关于完善招标投标交易担保制度进一步降低招标投标交易成本的通知》（发改法规〔2023〕27号）指出，"为降低招标投标市场主体特别是中小微企业交易成本，保障各方主体合法权益，优化招标投标领域营商环境，各相关主体要按照'谁收取、谁清理、谁退还'的原则，督促招标人、招标代理机构以及其他受委托提供保证金代收代管服务的平台和服务机构全面清理投标保证金、履约保证金、工程质量保证金等各类历史沉淀保证金，做到应退尽退"。

31. 可行性研究咨询项目招标可以将工程咨询单位资信评价等级证书设为资格条件吗？

问 国务院已经于 2017 年 9 月取消了工程咨询单位资格认定，并停止发布工程咨询资格证书，可行性研究咨询项目的招标文件中已经不能将工程咨询资格证书设为资格条件。同年 11 月，国家发展改革委又发布了《工程咨询行业管理办法》，其中提出了工程咨询单位资信评价证书，那么该证书可以设为可行性研究咨询项目招标文件的资格条件吗？

答 工程咨询单位资信评价证书不能设为可行性研究咨询项目招标文件的资格条件。

工程咨询单位资信评价是由国家发展改革部门指导有关行业组织开展的行业自律性质的评价，由国家发展改革委牵头组织，全国和地方工程咨询协会具体实施。该证书分为甲级和乙级两个等级，证书的颁发单位为全国或地方工程咨询协会，因此该证书属于行业自律性证书，不具有强制性。

《工程咨询行业管理办法》第二十六条第二款规定："行业自律性质的资信评价等级，仅作为委托咨询业务的参考。任何单位不得对资信评价设置机构数量限制，不得对各类工程咨询单位设置区域性、行业性从业限制，也不得对未参加或未获得资信评价的工程咨询单位设置执业限制。"根据上述规定，招标文件中不得将工程咨询单位资信评价等级证书设为资格条件，否则违反上述规定。另一方面，国家发展改革委等十三部门发布的《关于严格执行招标投标法规制度进一步规范招标投标主体行为的若干意见》也规定："依法必须招标项目不得提出注册地址、所有制性质、市场占有率、特定行政区域或者特定行业业绩、取得非强制资质认证、设立本地分支机构、本地缴纳税收社保等要求"。

综上，虽然可行性研究咨询项目不属于依法必须进行招标的项目，但如果招标文件中将工程咨询单位资信评价证书这样的非强制资质认证设为资格条件，是违反上述文件精神的，不值得提倡。

32. 招标文件载明"为了保证投标保证金及时到达，便于评标委员会评审，投标人应于投标截止时间前一天递交投标保证金"是否合适？

问 某招标文件载明的投标截止时间为 2022 年 12 月 2 日 9 时。同时，招标文件明确"为了保证投标保证金及时到达,便于评标委员会评审,投标人应于投标截止时间前一天递交投标保证金"。后招标代理机构将2022年12月1日18时前投标保证金递交情况一览表反馈给评标委员会。评标委员会遂依据该表进行评审。某投标人的投标保证金于2022年12月2日7时递交,评标委员会以投标保证金递交超时为由否决其投标,投标人因此提出异议。请问:招标人和评标委员会的做法是否合规?

答 招标人和评标委员会的做法不符合规定,投标人的投标文件不应因此否决。

《招标投标法实施条例》第二十六条规定:"投标保证金有效期应当与投标有效期一致。"第二十五条规定:"投标有效期从提交投标文件的截止之日起算。"可见,投标保证金的有效期也自提交投标文件的截止之日起算,投标保证金递交的截止时间应与投标文件递交截止时间一致。本题投标截止时间为12月2日9时,投标人于12月2日7时递交投标保证金符合法律规定。12月1日18时仅仅是招标代理机构内部审核时间,并非投标截止时间,故评标委员会以此时间为限认定投标人递交的投标保证金超时不符合法律规定。

考虑到实际招标活动中业务量大的问题,为了提高审查效率、减少或避免投标人异议,建议招标人或招标代理机构分两批次审查投标保证金,先于投标截止时间前进行第一轮审查,再以投标截止时间为限进行第二轮审查。

33. 招标人能否事先在招标文件中规定:"开标前投标人未递交投标文件的,投标保证金将不予退还"?

问 《招标投标法实施条例》规定了招标人退还投标保证金的几种法定情形,能否在招标文件中增加一项,即"开标前投标人未递交投标文件的,投标保证金将不予退还",制约投标人购买招标文件后必须参加投标?

答 不可以。

一方面,《招标投标法实施条例》第三十五条明确规定,投标人撤回已提交的投标文件,应当在投标截止时间前书面通知招标人。招标人已收取投标保证金的,应当自收到投标人书面撤回通知之日起5日内退还。因此,投标人开标前撤回投标文件属于法律赋予投标人的权利。既然撤回已经递交的投标文件是投标人的权利,那么,投标人不予递交投标文件亦应当属于自身权利。招标文件关于投标人开标时未递交投标文件则投标保证金不予退还的要求,存在强制交易以及不当妨害投标人权利的嫌疑,明显不符合前述法条的规定,不应得到支持。

另一方面,从招标投标法律法规设置投标保证金制度的意义进行分析,要求投标人提交投标保证金,目的在于规范已经递交投标文件且没有在规定时间依法撤回而正式参与投标活动的投标人的投标以及签约行为,比如根据《招标投标法实施条例》第七十四条规定,中标通知书发出后,中标人放弃中标项目的,或者无正当理由不与招标人签订合同的,或者在签订合同时向招标人提出附加条件或者更改合同实质性内容的,或者拒不提交所要求的履约保证金的,投标保证金就不予退还。并不是要求投标人一旦获取招标文件、提交投标保证金后就必须参与投标。

34. 对工程总承包单位资质条件的要求究竟是"工程设计资质和施工资质",还是"工程设计资质或者施工资质"?

问 2019 年 12 月 23 日,住房和城乡建设部、国家发展改革委联合发布的《房屋建筑和市政基础设施项目工程总承包管理办法》第十条规定"工程总承包单位应当同时具有与工程规模相适应的工程设计资质和施工资质,或者由具有相应资质的设计单位和施工单位组成联合体"。让人不禁要问:房屋建筑与市政基础设施之外的其他行业的建设项目,对工程总承包单位资质条件的要求究竟是"工程设计资质和施工资质",还是"工程设计资质或者施工资质"?

答 《房屋建筑和市政基础设施项目工程总承包管理办法》(建市规〔2019〕12 号)由住房城乡建设部、国家发展改革委联合发布,国家发展改革委参与制定,除了房屋建筑和市政基础设施项目工程总承包项目,对其他类型的工程建设项目也应参照执行。工程总承包项目的发包范围中,同时包含了工程设计和工程施工内容,设计和施工均有明确的资质要求,故投标人应当同时具备工程设计和施工资质。考虑到同时具有两项资质的单位相对较少,建议该类项目接受联合体投标。

35. 取消园林绿化资质后,对于绿化工程、人工造林工程如何对投标人的资格进行要求?

问 住房和城乡建设部取消园林绿化资质后,同时要求不得以任何方式强制要求将城市园林绿化企业资质或市政公用工程施工总承包等资质作为承包园林绿化工程施工业务的条件。对于绿化项目施工招标的招标人,都采用经营范围内含"园林绿化"对投标人进行要求。国家发展改革委的 727 号文又要求不能对经营范围进行限定。那么对于绿化工程、人工造林工程,如何对投标的资格进行要求?

答 《关于进一步规范招标投标过程中企业经营资质资格审查工作的通知》(发改办法规〔2020〕727 号)规定,招标项目对投标人的资质资格有明确要求的,应当对其是否被准予行政许可,取得相关资质资格情况进行审查,不应以对营业执照经营范围的审查代替,或以营业执照经营范围明确记载行政许可批准件上的具体内容作为审查标准。对于不实行资质管理的行业,比如绿化工程、人工造林工程,目前在取消园林绿化资质后,招标人可根据实际需要,从业绩等方面对投标人提出要求。

36. 哪些企业必须具备安全生产许可证才具备投标人资格?

问 某房屋建筑工程项目施工招标,招标文件规定:"投标人须具有住房和城乡建设部门颁发的安全生产许可证",A 建筑工程有限公司参与投标,但其未提供安全生产许可证,投标资格是否合格?在招标投标活动中,哪些企业必须具备安全生产许可证?

答 A 建筑工程有限公司未提供安全生产许可证,不具备合格的投标资格。

根据《安全生产许可证条例》规定,为了严格规范安全生产条件,进一步加强安全生产监督管理,防止和减少生产安全事故,国家对矿山企业、建筑施工企业和危险化学品、烟花爆竹、民用爆炸物品生产企业实行安全生产许可制度。上述企业未取得安全生产许可证的,不得从事生产活动。企业也不得转让、冒用安全生产许可证或者使用伪造的安全生产许可证。因此,安全生产许可证是矿山企业、建筑施工企业和危险化学品、烟花爆竹、民用爆炸物品生产企业从事生产、参加投标、进入市场的法定必备的资格证件。

招标文件应当将安全生产许可证明确为投标人资格条件,招标文件未作规定的,评标委员会发现投标人应当提供但未提供安全生产许可证的,也应当依法否决其投标。自 2020 年 3 月 1 日起,应急管理部启用了新版安全生产许可证,增加二维码功能,通过扫描,可以实现与各地电子证照系统对接。

因此,本题中,因 A 建筑工程有限公司不具备安全生产许可证,其投标资格不合格,评标委员会应当否决其投标。

37. 被吊销营业执照的企业还能否参加投标?

问 某项目招标文件"投标人资格条件"要求"投标人不得存在破产清算、被吊销营业执照、被责令停业等情形"。评标委员会查询国家企业信用信息公示系统,发现某公司因"企业逾期不参加年检手续"被市场监督管理部门吊销营业执照。请问该公司能否参加投标?

答 该公司无资格参加投标。

《民法典》第五十九条规定:"法人的民事权利能力和民事行为能力,从法人成立时产生,到法人终止时消灭。"根据该法第七十七条、第七十八条规定,营利法人经依法登记成立;依法设立的营利法人,由登记机关发给营利法人营业执照,营业执照签发日期为营利法人的成立日期。也就是说,对于有限责任公司、股份有限公司和其他企业法人等营利法人来说,营业执照是营利法人资格的证明。只有办理营业登记、取得营业执照,法人才正式成立,才取得民事权利能力和民事行为能力,方可以作为合格的民事主体从事经营活动,参与投标竞争。但是领取营业执照后,由于违法经营,市场监督管理部门也会对有违法经营行为情节严重的企业法人吊销其营业执照,如《招标投标法》第五十三条、第五十四条规定了投标人串通投标、弄虚作假情节严重的,市场监督管理部门可以吊销营业执照。吊销营业执照属于一种行政处罚,其后果是强制停止其经营活动,也就失去投标资格。本题中,某公司营业执照已经被吊销,被限制从事市场经营,也就失去参加投标的资格。

38. 购买招标文件的潜在投标人不足三家时，通过降低资质要求来争取更多潜在投标人是否合适？

问　某工程施工项目发布招标公告，进行公开招标。招标人发现至招标文件发售截止前一天，购买了招标文件的潜在投标人仍不足 3 家，为使项目顺利开展，招标人决定立即发出补充招标文件降低资质要求，以争取更多的潜在投标人参与。请问：此种做法是否合适？

答　不合适。

招标文件如果改变了招标公告的采购标的和投标人资格要求，可能会使原本依据招标公告规定的资格条件经权衡放弃投标的潜在投标人失去公平参与投标的机会，对其不公平，因此招标人应该修改招标公告、重新招标。况且，若原招标文件规定的资质等级根据项目本身的特点和需求已是最低，现以降低资质要求来换取投标人数量的行为，面临触犯《建筑法》第六十五条第一款规定"发包单位将工程发包给不具有相应资质条件的承包单位的，或者违反本法规定将建筑工程肢解发包的，责令改正，处以罚款"的风险。

39. 招标文件能否将拟委任的关键技术人员的职业资格设定为投标人资格条件？

问　某大型国有企业综合办公楼工程设计招标，招标文件规定："总设计师需取得二级及以上注册建筑师资格。"A 投标人提供了总设计师过往承接的项目业绩，未提供注册建筑师职业资格证。请问：在招标文件中，能不能将拟委任的关键技术人员职业资格设置为投标人的资格条件？

答　可以设置为投标人的资格条件。

职业技术资格是指劳动者具有从事某种职业必备的学识与技能证明，是劳动者从事相应工种的资格证明，常见的职业技术资格有注册会计师、律师、注册建筑师、注册建造师、注册安全工程师等。这些职业技术资格，是专业技术人员从事相应专业工作岗位职业必备的资格，否则其不得从事该专业工作。如《建筑法》第十四条规定："从事建筑活动的专业技术人员，应当依法取得相应的执业资格证书，并在执业资格证书许可的范围内从事建筑活动。"既然是法律规定的专业技术人员必备的职业技术资格，招标文件就应当将其作为投标人的资格条件。

其中，从事房屋建筑设计的人员必须依据《中华人民共和国注册建筑师条例》规定取得注册建筑师资格证书，方可以从事设计工作。该条例第二十六条规定："国家规定的一定跨度、路径和高度以上的房屋建筑，应当由注册建筑师设计"。因此，对于房屋建筑工程施工设计项目而言，设计师应取得注册建筑师的职业资格，这属于法律强制性规定，不满足该要求的，执业行为违法。

本题中，取得注册建筑师资格方可以从事设计工作，招标文件也要求总设计师应具有二级及以上注册建筑师资格，因此，投标人无法提供相应资格证明的，视为不具有承接该项目的资格。

40. 施工招标，是否可以将"具备特定数量的施工人员"作为投标人资格要求？

问 某新建铁路供电工程施工招标项目，由于工期紧、任务重，为确保施工项目的顺利完成，招标人是否可以将"具备不少于 80 名中级及以上等级电工"作为投标人资格要求？

答 不可以将具备特定数量的施工人员作为投标人资格要求。

《招标投标法》第十八条规定："招标人可以根据招标项目本身的要求，在招标公告或者投标邀请书中，要求潜在投标人提供有关资质证明文件和业绩情况，并对潜在投标人进行资格审查；国家对投标人的资格条件有规定的，依照其规定"。可见，资格审查的范围主要是投标人的资质和业绩。实务上，对投标人的资格审查侧重于投标人的"既往"，审查因素主要包括：企业资质、项目负责人执业资格、业绩、财务、信誉及不得存在禁止投标的情形等，审查目的是排除掉不满足资格要求的潜在投标人。而对于"未来"实施项目的具体要求，比如"具备不少于 80 名中级及以上等级电工"，应当在招标文件的技术规范书或合同条款中提出，不宜将其列入投标人资格条件。

41. 施工项目招标人能否将设计费作为暂估价列入合同价款，实施时再将设计工作分包？

问 某依法必须招标的居民小区配电工程项目，招标金额约 650 万元，资格条件为电力工程施工总承包三级及以上且同时具有承装和承试五级及以上资质。招标人将本项目的设计服务以暂估价 13 万元的形式列入报价清单，包含在本次招标范围内。同时，在合同中规定承包商将该设计内容分包给具有相应设计资质的单位。请问：此做法是否合适？

答 若发包范围包括设计服务，那么该项目招标不是施工招标而是工程总承包招标（DB 模式）。《房屋建筑和市政基础设施项目工程总承包管理办法》第十条规定："工程总承包单位应当同时具有与工程规模相适应的工程设计资质和施工资质，或者由具有相应资质的设计单位和施工单位组成联合体。"显然，招标文件中原有对投标人资质的要求不符合国家有关部门对工程总承包资质的相应规定。

《招标投标法实施条例》第二十九条规定："暂估价，是指总承包招标时不能确定价格而由招标人在招标文件中暂时估定的工程、货物、服务的金额。"其适用应限于因招标人需求未明确、设计深度不够或者招标人规定进行专业分包和专项供应的，暂时无法纳入招标竞争的工程、货物和服务。本项目既然是施工招标，从招标金额和资质设置来看，设计需求和内容应该是明确的，没有采用暂估价的理由。

　　施工招标的前提条件之一是有招标所需的设计图纸及技术资料。居民配电小区工程施工招标的图纸通常是完备的施工图或者是达到一定施工图深度的招标图。本题中的合同安排不符合基本的建设程序，经不起推敲。

42. 多个专业工程合并发包时，投标人的资质如何设置？

　　问　某招标人计划改造升级其办公大楼，升级改造内容包括：大楼内部装饰装修、消防改造，招标人计划将上述两个专业工程合并发包，投标人资质条件应如何设置？

　　答　投标人应同时具备建筑装修装饰工程、消防设施工程两个专业承包资质或具备建筑工程施工总承包资质。

　　由于《建筑业企业资质标准》对施工总承包没有进行明确定义，涉及多个专业工程合并发包时是否属于施工总承包存在疑问。参照北京市住房和城乡建设委员会发布的《关于进一步落实招标人主体责任加强招标投标服务监管有关工作的通知》（京建发〔2022〕79号）的规定，"同一专业承包工程，涉及两个专业资质的，招标人可以要求投标人同时具备两个专业资质或组成联合体进行投标，也可以以施工总承包形式进行招标；涉及三个（含）以上专业资质的，招标人应当以施工总承包方式进行招标"。本题属于两个专业工程合并发包，可要求投标人同时具备两个专业承包资质或建筑工程施工总承包资质。

43. 招标文件中设定的技术标准和要求有哪些？

　　问　招标文件中一般有哪些技术标准和要求？在招标文件中，技术标准和要求包括哪些类？各类项目之间有何区别？

　　答　法律法规规定招标文件中必须要包含"技术标准和要求"。

　　《招标投标法》称为"招标项目的技术要求""招标项目的技术、标准"，《招标投标法实施条例》称为"技术标准和要求"。习惯上，我们称之为技术规范书。"技术标准和要求"和"工程量清单（货物或服务清单）""设计图纸""合同条款"等一起，全面描述招标项目需求，既是招标投标活动的依据，也是合同文件的构成内容，彼此应保持一致，不能矛盾。

　　招标项目的"技术标准和要求"千差万别，但可以归成工程、货物和服务三类。招标项目的"技术标准和要求"指的是招标项目的性能特点、质量、规格等技术标准和实施要求。由于招标项目包括工程、货物和服务，各自品类繁多，要求千变万化，所以具体的"技术标准和要求"也是千差万别，标准招标文件还做了一些规定。技术规范必须结合招标项目的具体特点和招标人的要求来编写，但必须符合国家的强制性标准的要求。比如《中华人民共和国标准设计施工总承包招标文件（2012年版）》"发包人要求"一章规定了11项要求和12项发包人要求附件清单。《招标采购代理规范》（ZBTB/T A01—2016）工程分则、货物分则和服务分则对"技术标准和要求"分别作了规定。比如工程分则的"技术标准和要求"一般应包括：（1）项目范围；（2）总体技术要求；（3）国家标准、规范、规程名称以及编码；（4）项目实施条件，如环境、外部条件和建设条件。

44. 投标有效期如何确定？

问 投标文件规定的投标有效期，有什么有的规定为不少于 60 天，有的规定不少于 120 天，有什么限制性要求吗？

答 根据《招标投标法》第二十九条规定，招标文件应当规定一个适当的投标有效期，以保证招标人有足够的时间完成评标和与中标人签订合同。投标有效期从投标人提交投标文件截止之日起计算。这里明确了投标有效期开始时间为"提交投标文件截止之日"。

二、资格预审文件、招标文件的发售与下载

45. 电子化招标，招标文件可供下载时长不得少于几日？

问 某非依法必须进行招标的项目，招标人选择自愿招标，并采用电子化方式进行。在招标文件可供下载时长设置上，是否需要遵循《招标投标法》及其实施条例的规定？

答 非依法必须招标的项目自愿招标的，也应当遵循《招标投标法》及其实施条例的规定。

《招标投标法实施条例》第十六条第一款规定："资格预审文件或者招标文件的发售期不得少于 5 日"，该条适用于所有招标项目，包括依法必须进行招标项目和自愿招标项目。故，本题中招标文件可供下载时长不得少于 5 日。

46. 获取招标文件时间是否可以不作出限制？

问 《招标投标法实施条例》规定招标文件的发售期不得少于 5 日，自招标文件开始发出之日起至投标人提交投标文件截止之日止，最短不得少于二十日。由于现在我们都实行电子招标，招标文件都是潜在投标人自己在网上交易平台获取，也不收费，我们就有一个想法，就是不限制投标文件获取时间，投标截止时间前潜在投标人都可以从网上交易平台获取招标文件，但是从潜在投标人可以获取招标文件之日起到投标截止时间仍然要求不少于二十日。这样做法合法不？

答 合法。

《招标投标法实施条例》第十六条规定招标文件发售期不得少于 5 日，是为了保证潜在投标人有足够的时间获取招标文件，以保证招标投标的竞争效果。因此，为了更多地吸引潜在投标人参与投标，招标人在确定具体招标项目的资格预审文件或者招标文件发售期时，

应当综合考虑节假日、文件发售地点、交通条件和潜在投标人的地域范围等情况，在招标公告中规定一个不少于 5 日的合理期限，该期限并没有上限的限制。

47. 招标文件发售期限的首日及最后一日能否为节假日？

问 某房屋建筑工程项目采取线下纸质招标方式发包。评标期间收到未提交投标文件的企业 A 的书面投诉，认为招标公告载明的招标文件发售期首日及最后一日均为周末，影响其获取招标文件。那么招标文件发售期限的首日及最后一日能否为节假日？

答 招标文件发售期限的首日可以为节假日，最后一日如遇节假日的，结束之日应顺延至节假日结束的第二天。

《招标投标法实施条例》第十六条规定："资格预审文件或者招标文件的发售期不得少于 5 日"。从该法条的立法本意来看，是为了保证投标人能够合理获取招标文件而设置的一个最短期限，实践中招标文件发售期不少于 5 日即可，最长可以至投标截止时间为止。招标文件在节假日开始发售，因为周期性特点，并不影响潜在投标人后续获取招标文件，因此，法律对此并未加以限制。但发售期最后一日为节假日，如果招标人、代理机构未安排员工加班，或潜在投标人当日也正常休假，将很有可能直接影响招标文件的发售及获取。《民法典》第二百零三条规定："期间的最后一日是法定休假日的，以法定休假日结束的次日为期间的最后一日。期间的最后一日的截止时间为二十四时；有业务时间的，停止业务活动的时间为截止时间"。第二百零四条规定："期间的计算方法依照本法的规定，但是法律另有规定或者当事人另有约定的除外。"综上，招标文件发售期的最后一日如为节假日，则延迟到节假日结束的次日为宜。当然，招标文件另作出约定的，从其约定；如最后一日为节假日，应安排员工加班正常发售招标文件。

48. 投标人最后一天才购买招标文件，招标人是否应当也给予其编制文件的时间不少于 15 天？

问 《招标投标法》第二十四条规定："依法必须进行招标的项目，自招标文件开始发出之日起至投标人提交投标文件截止之日止，最短不得少于二十日。"某项目招标文件的售卖时间为 7 天，最后一天购买招标文件的某投标人，编制投标文件的时间不足 15 天。招标人是否应当也给予其编制文件的时间不少于 15 天？

答 《招标投标法实施条例》第二十一条约制的是招标人的行为，要求招标人应当留给投标人足够的投标准备时间。对于依法必须进行招标的项目，该时间自招标文件开始发出之日起最短不得少于二十日。如投标人在出售招标文件的最后一天购买文件，其投标准备时间不足 15 日，属投标人自身原因所致，招标人无须为此承担责任。

49. 能否以投标报名、资质证书原件审核等作为获取招标文件的前置条件？

问 2020 年 11 月 A 省住房和城乡建设厅派出工作组赴各地调研建筑市政工程项目招标投标领域营商环境指标。经抽取项目、座谈交流及调阅档案，发现 B 市开发区管委会园区实验学校教学楼工程项目公开招标项目，电子招标系统设定了"报名"程序，同时招标公告第三条明文规定潜在投标人需先履行"网上报名"程序，未报名的将无法下载招标文件。该要求是否存在问题？

答 该要求不合法。

在我国公共采购领域仅规定招标（采购）文件的提供（发售）期限，并无"报名"程序和概念。在法定程序之外要求潜在投标人报名时提供相关资格证明材料、业绩等，作为获取招标（采购）文件的前置条件，人为地将资格预审程序前移，增加了潜在投标人参与招标活动的成本和投入。对此，国务院办公厅转发国家发展改革委《关于深化公共资源交易平台整合共享指导意见的通知》（国办函〔2019〕41 号）给出了答案，即"系统梳理公共资源交易流程，取消没有法律法规依据的投标报名、招标文件审查、原件核对等事项"；《工程项目招标投标领域营商环境专项整治工作方案》也将"没有法律法规依据设定投标报名、招标文件审查等事前审批或者审核环节"列入应清理、排查、纠正的不合理限制情形和壁垒。

另，本项目实行电子招标投标，《电子招标投标办法》第二十条规定："除本办法和技术规范规定的注册登记外，任何单位和个人不得在招标投标活动中设置注册登记、投标报名等前置条件限制潜在投标人下载资格预审文件或者招标文件"。

综上，无论是人为设置没有法律依据的报名程序，还是以其他所谓登记、资质验证、投标许可等名目，在潜在投标人获取招标（采购）文件时实行资格审查，均违反国家有关规定。

50. 投标人处于禁止投标的行政处罚阶段，招标人是否可以拒售其招标文件？

问 某招标项目中，投标人 A 在购买招标文件时，仍处于禁止投标的行政处罚阶段，恰巧到投标文件递交截止时间之前，处罚期正好届满。但，招标人以投标人在招标文件发售期仍处于禁止投标的行政处罚阶段为由，拒绝发售招标文件给投标人 A。请问：投标人处于禁止投标的行政处罚阶段，招标人是否可以拒售其招标文件？

答 不可以。

一般情况下，招标公告中会载明投标人的资格条件，通常会明确"投标人被依法暂停或者取消投标资格"不具有投标资格。潜在投标人应结合招标的时间安排和行政处罚的终止期限，自行判断是否需要购买招标文件。招标人不得以任何理由拒售，也无需在投标前考虑潜在投标人是否具备投标人资格。

法律法规并未对购买或下载招标文件有任何限制性规定。但是，国家发展改革委等部门《关于严格执行招标投标法规制度进一步规范招标投标主体行为的若干意见》（发改法规〔2022〕1117 号）"（三）规范招标文件编制和发布"中规定："严禁设置投标报名等没有法律法规依据的前置环节"。显然在本题中，招标人在招标文件发售阶段增加购买人的资格审查，违反上述规定。

51. 恶意利用招标文件发售期会承担什么法律责任？

问　A公司一工程勘察项目招标，为减少竞争范围，使意向投标人中标，公开发布招标公告，定于4月29日—5月3日（劳动节假期）发售文件，导致很多投标人没有足够时间获取文件，A公司可能会承担什么法律责任？

答　由有关行政监督部门责令改正，可以处10万元以下的罚款。

《招标投标法实施条例》第六十四条规定："招标人有下列情形之一的，由有关行政监督部门责令改正，可以处10万元以下的罚款：……（二）招标文件、资格预审文件的发售、澄清、修改的时限，或者确定的提交资格预审申请文件、投标文件的时限不符合招标投标法和本条例规定"。

本题中，A公司确定招标文件发售期为5日，却恶意利用法定节假日发售招标文件，限制、排斥潜在投标人，违背了诚实信用原则，可能面临行政处罚。

52. 发售招标文件时其所附的设计图纸是否应当收取费用？

问　建设工程施工招标文件是否应当包含图纸？发售招标文件可以向潜在投标人收取印刷费、邮寄费等费用，那么对于设计图纸是否也应当收取这些费用？

答　此招标文件应当包含图纸，招标人对图纸可以酌收押金。

根据《工程建设项目施工招标投标办法》第二十四条规定，招标文件包括的内容中包括设计图纸，只有提供了设计图纸，投标人才可能编制出满足工程建设项目实质性要求的投标文件。《招标投标法实施条例》第十六条第二款规定："招标人发售资格预审文件、招标文件收取的费用应当限于补偿印刷、邮寄的成本支出，不得以营利为目的"，但这里所规定的招标文件发售费用并不包括图纸等资料的押金。《工程建设项目施工招标投标办法》第十五条第三款明确规定："对招标文件或者资格预审文件的收费应当限于补偿印刷、邮寄的成本支出，不得以营利为目的。对于所附的设计文件，招标人可以向投标人酌收押金；对于开标后投标人退还设计文件的，招标人应当向投标人退还押金。"因此，对于工程建设项目施工而言，对招标文件所附的设计文件，招标人可以向投标人酌收押金。开标后投标人退还设计文件时，招标人应当退还该押金。

三、招标文件的澄清与修改

53. 招标文件发出后能否修改？

问　某房屋拆迁工程施工招标，招标人在发出招标文件后，发现文件有错误或内容有误是否可以进行修改？修改有无时间限制？

答 确有必要，招标人可以对招标文件进行澄清或修改。澄清或者修改的内容可能影响投标文件编制的，应当在投标截止时间至少 15 日前书面通知所有收受文件的投标人。

法律依据是《招标投标法实施条例》第二十一条规定："招标人可以对已发出的资格预审文件或者招标文件进行必要的澄清或者修改。澄清或者修改的内容可能影响资格预审申请文件或者投标文件编制的，招标人应当在提交资格预审申请文件截止时间至少 3 日前，或者投标截止时间至少 15 日前，以书面形式通知所有获取资格预审文件或者招标文件的潜在投标人；不足 3 日或者 15 日的，招标人应当顺延提交资格预审申请文件或者投标文件的截止时间。"

54. 对于非依法必须招标的项目，招标人可否通过澄清、修改的方式，改变招标文件中的资质要求？

问 对于依法必须进行招标的项目，若招标文件中资质选用错误，招标人应修改招标文件后重新招标。那么，对于非依法必须招标的项目，招标人是否可以通过澄清、修改的方式，改变招标文件中的资质要求呢？

答 不可以。

《招标投标法实施条例》第二十一条规定："招标人可以对已发出的资格预审文件或者招标文件进行必要的澄清或者修改。"上述规定未限定可澄清或者修改的内容范围。对资质要求的修改，影响的是"潜在投标人的范围"，影响的是本次招标的竞争范围以及最终结果，如仅告知已获取招标文件的潜在投标人，则属于《招标投标法实施条例》第三十二条第一款规定的"就同一招标项目向潜在投标人或者投标人提供有差别的项目信息"，是以不合理条件限制、排斥潜在投标人或者投标人，故如要改变投标人的资质要求，以重新发布招标公告、重新组织招标活动为宜。

55. 招标文件的澄清与修改可以变更其实质性内容吗？

问 《招标投标法》规定了招标人可以对已发出的招标文件进行必要的澄清、修改，那么招标文件的澄清、修改可以变更其实质性内容吗？

答 可以对实质性内容进行澄清、修改。

《招标投标法》第三十二条规定："招标人对已发出的招标文件进行必要的澄清或者修改的，应当在招标文件要求提交投标文件截止时间至少十五日前，以书面形式通知所有招标文件收受人。该澄清或者修改的内容为招标文件的组成部分。"《招标投标法实施条例》在此基础上，强调了"澄清或修改的内容可能影响投标文件编制的，招标人应在投标截止时间至少 15 日前，以书面形式通知招标文件的潜在投标人，不足 15 日，应当顺延投标文件的截止时间。"一般理解，可能影响投标文件编制的澄清或者修改情形，包括但并不限于对拟采购工程、货物或服务所需的技术规格，质量要求，竣工、交货或提供服务的时间，投标担保的形式和金额要求，以及需执行的附带服务等内容的改变。不难看出，招标文件的澄清与修改是可以变更其实质性内容的，只是要为投标人重新编制投标文件留足时间。

56. 招标文件未明确要求技术参数，招标人应该如何处理？

[问] A 公司的某工程建设项目通过公开招标的方式采购项目所需的设备，招标文件中对于参数要求表达不明确，投标单位 B 公司发现问题后向 A 公司进行反馈，A 公司应该如何处理？

[答] 应当核实修改。

《招标投标法实施条例》第二十一条规定，在资格预审文件、招标文件发出之后、开标之前，招标人可以对其进行澄清或修改，但澄清或者修改的内容可能影响资格预审申请文件或者投标文件编制的，招标人应当在提交资格预审申请文件截止时间至少 3 日前，或者投标截止时间至少 15 日前发出澄清；不足 3 日或者 15 日的，招标人应当顺延提交资格预审申请文件或者投标文件的截止时间。据此，招标人在资格预审文件、招标文件发出之后，如果发现资格预审文件、招标文件中存在表述不清、规则不明确、前后矛盾有歧义，或者存在与招标项目实际不吻合、与法律规定有偏差错误的内容，需要修改资格预审文件、招标文件内容、调整招标采购需求的，或者投标人向招标人反映存在上述问题的，可以发起澄清、修改进行补救。

本题中，招标文件未明确要求技术参数，影响后续招标投标活动正常进行，A 公司应当在招标文件要求提交投标文件截止时间 15 日前对招标文件进行必要澄清或者修改，并以书面形式通知所有招标文件收受人。

57. 招标人澄清修改招标文件是否都需要推迟投标截止时间？

[问] 某工程项目包工不包料，招标文件规定不支付预付款，在法定时限内潜在投标人针对这一问题提出疑问，需要招标人进行澄清。此时距开标已不足 15 天，请问是否需要推迟开标时间？

[答] 澄清内容并不影响投标文件的编制的，无需推迟开标时间。

《招标投标法实施条例》第二十一条规定："招标人可以对已发出的资格预审文件进行必要的澄清或修改。澄清或者修改的内容可能影响资格预审申请文件或者投标文件编制的，招标人应当在提交资格预审申请文件截止时间至少 3 日前，或者投标截止时间至少 15 日前，以书面形式通知所有获取资格预审文件或者招标投标文件的潜在投标人；不足 3 日或者 15 日的，招标人应当顺延提交预审申请文件或者投标文件的截止时间。"这里的"可能影响投标文件编制"的澄清或者修改情形，包括但不限于对拟采购工程、货物或服务所需的技术规格，质量要求，竣工、交货或提供服务的时间，以及需执行的附带服务等内容的改变。这些改变将给潜在投标人编制投标文件带来大量额外工作，故必须给予潜在投标人足够的时间。而本题中因澄清内容不影响投标文件编制，故可以不推迟开标时间。

58. 招标人修改资格预审文件内容，是否需要延长提交资格预审申请文件的截止时间？

问 某县城管局停车场及周边排水管道工程项目的资格预审文件发出后，招标人发现资格预审文件中载明的递交资格预审申请文件地址错误，便对文件内容进行了修改，并通过电子交易系统及电子邮件的方式通知所有获取文件的潜在投标人，但并未顺延递交资格预审申请文件的截止时间，该行为是否存在不妥之处？

答 该行为并无不妥，是否顺延递交资格预审申请文件的截止时间，主要以修改内容是否影响潜在投标人编制该文件为判断要素。

《招标投标法实施条例》第二十一条规定："澄清或者修改的内容可能影响资格预审申请文件编制的，招标人应当在提交资格预审申请文件截止时间至少 3 日前，以书面形式通知所有获取资格预审文件的潜在投标人；不足 3 日的，招标人应当顺延提交资格预审申请文件的截止时间"。换而言之，并非所有对资格预审文件的修改都将导致提交申请文件截止时间的顺延。本题中的修改内容仅涉及提交资格预审申请文件的地址问题，且通过合法有效的方式通知了潜在投标人，不存在信息不对称的情况，也不影响潜在投标人编制资格预审申请文件，故无需延期相应的提交资格预审申请文件截止时间。

四、对资格预审文件和招标文件的异议

59. 投标人对资格预审文件内容不满意，如何补救？

问 某公司消防工程项目招标，A 公司欲投标，但对招标人发布的资格预审文件内容有异议，是否可以向招标人提出？提出异议有无时间要求？

答 A 公司作为潜在投标人，对资格预审文件内容有异议，可以向招标人提出，并应当在提交资格预审申请文件截止时间 2 日前提出。法律依据是《招标投标法实施条例》第二十二条规定："潜在投标人或者其他利害关系人对资格预审文件有异议的，应当在提交资格预审申请文件截止时间 2 日前提出；对招标文件有异议的，应当在投标截止时间 10 日前提出。招标人应当自收到异议之日起 3 日内作出答复；作出答复前，应当暂停招标投标活动。"

60. 若投标人对招标文件提出异议，招标人在收到异议之日后、回复前，招标活动仍然继续，是否允许？

问 A 公司在投标时，对招标代理公司发出的招标文件提出异议，招标代理公司在收到异议之日起 3 日内作出了回复，在处理异议期间，招标活动正常进行，是否合法？

答 招标人在收到异议之日起、作出答复之前，招标活动应当暂停。

《招标投标法实施条例》第二十二条规定："潜在投标人或者其他利害关系人对招标文件有异议的，应当在投标截止时间 10 日前提出。招标人应当自收到异议之日起 3 日内作出答复；作出答复前，应当暂停招标投标活动。"因此，本题中处理异议期间未暂停招标活动的做法是错误的。

第五节 终止招标

1. 招标人是否有权终止招标活动？

问 根据《招标投标法实施条例》第三十一条规定，招标人有权终止招标活动；而《工程建设项目施工招标投标办法》第十五条规定，招标人在发布招标公告、发出投标邀请书后或者售出招标文件或资格预审文件后不得擅自终止招标。请问，上述两个法条是否存在冲突？招标人到底能不能终止招标？

答 《招标投标法实施条例》第三十一条规定："招标人终止招标的，应当及时发布公告，或者以书面形式通知被邀请的或者已经获取资格预审文件、招标文件的潜在投标人。已经发售资格预审文件、招标文件或者已经收取投标保证金的，招标人应当及时退还所收取的资格预审文件、招标文件的费用，以及所收取的投标保证金及银行同期存款利息。"从该法条内容来看，法律虽然赋予招标人有终止招标的权利，但招标人一旦使用了该权利，就得承担相应的法律义务。除非有正当理由，招标人启动招标程序后不得擅自终止招标。

作为《招标投标法实施条例》的下位法，《工程建设项目施工招标投标办法》第十五条对允许招标人终止招标的情形做了补充和完善，规定除不可抗力原因外，招标人在启动招标程序后，不得终止招标。从这个意义上看，两个法条的立法目的是一致的，不存在矛盾和冲突之处。

综上，招标人可以终止招标的特殊情形主要有两类：一是招标项目所必需的条件发生了变化；二是因不可抗力因素。除此情形之外，则属于擅自终止招标。

2. 招标人可否因疫情终止工程建设项目招标投标活动？

问 招标人可否因疫情终止工程建设项目招标投标活动？招标投标活动终止的，

招标人需履行怎样的义务？

答 应当承担赔偿责任。

《工程建设项目施工招标投标办法》第十五条第四款规定："除不可抗力原因外，招标人在发布招标公告、发出投标邀请书后或者售出招标文件或资格预审文件后不得终止招标。"因此，招标人应结合疫情严重程度、政府管控措施等因素综合考虑疫情对招标投标活动所构成的影响和阻碍程度，确定疫情影响的因果关系，进一步判断疫情是否构成不可抗力。如疫情构成不可抗力，使得招标投标活动不能正常进行，招标人可以终止招标投标活动。反之，如疫情并未使招标投标活动受到严重影响，亦不影响招标投标活动开展的，招标人不能随意终止招标投标活动。《招标投标法实施条例》第三十一条规定："招标人终止招标的，应当及时发布公告，或者以书面形式通知被邀请的或者已经获取资格预审文件、招标文件的潜在投标人。已经发售资格预审文件、招标文件或者已经收取投标保证金的，招标人应当及时退还所收取的资格预审文件、招标文件的费用，以及所收取的投标保证金及银行同期存款利息。"因疫情导致招标活动终止的，招标人需履行以下义务：一是及时发布终止招标公告或书面通知潜在投标人；二是及时退还已收取的文件费用、投标保证金及银行同期存款利息。

3. 终止招标的法定程序是什么？

问 某单位建设一项工程，已经就其施工项目和设备采购进行公开招标，发布了招标公告，现因投资计划调整，需要暂停该工程，能否终止招标，应办理什么手续？

答 招标人发布资格预审公告、招标公告或者发出投标邀请书，招标投标程序由此正式启动。按照《民法典》《招标投标法》中的诚实信用原则，招标人在向潜在投标人发出要约邀请后，没有正当、合理的理由不得无故终止招标程序。因此，终止招标须有合适的理由。但是，在非招标人原因无法继续招标活动的一些特殊情况下，《招标投标法》并未一概禁止终止招标。

《招标投标法实施条例》第三十一条对此专门规定："招标人终止招标的，应当及时发布公告，或者以书面形式通知被邀请的或者已经获取资格预审文件、招标文件的潜在投标人。已经发售资格预审文件、招标文件或者已经收取投标保证金的，招标人应当及时退还所收取的资格预审文件、招标文件的费用，以及所收取的投标保证金及银行同期存款利息。"因此，招标人终止招标的，应履行书面通知、退还费用等义务。

4. 招标人在开标前擅自终止招标是否承担赔偿责任？

问 A 公司就某项建设工程用生产设备委托某招标代理机构进行公开招标，B 施工单位参与了本次招标并交纳了 20 万元的投标保证金，开标前因 A 公司资金链中断决定暂停工程建设，终止招标，请问招标人是否承担赔偿责任？

答　根据《工程建设项目货物招标投标办法》第十四条规定，除不可抗力原因外，招标人在发出招标文件或资格预审文件后不得擅自终止招标。因此，除非发生不可抗力事件，招标人在发出招标文件后终止招标的，依据《民法典》第五百条规定，系因招标人自身行为导致，违背诚信原则，无正当理由终止招标给投标人造成损失的，应就此承担缔约过失责任，赔偿投标人的实际损失。本题中，招标人因资金中断而终止招标应属擅自终止招标情形，因此给潜在投标人或者投标人造成损失的，应负相应的赔偿责任。

5. 招标文件规定招标人终止招标不承担法律责任的条款是否有效？

问　招标人为了规避终止招标的法律风险，经常在招标文件中规定类似以下内容："招标人有权在授标之前拒绝任何投标或终止招标程序，不承担由于招标终止而产生的任何责任。"上述规定是否有效？

答　关于终止招标的行政法律责任是由行政法规作出的强制性规定，招标文件中关于招标人终止招标不承担法律责任的规定与行政法规冲突，是无效的。

关于招标人终止招标是否需要承担民事责任的问题，目前理论界尚无统一的答案。有人认为，如果投标文件对于招标文件的上述规定未提出偏差，则视为同意招标文件的要求，招标人在终止招标时，即无需承担民事法律责任，包括缔约过失责任和违约赔偿责任。笔者认为，该招标文件中的免责规定涉嫌违反《民法典》第四百九十七条的规定，提供格式条款一方不合理地免除或者减轻其责任、加重对方责任、限制对方主要权利或者提供格式条款一方排除对方主要权利的，该格式条款无效。故上述招标文件的规定不影响招标人单方终止招标时所需承担的民事责任。

6. 招标人不认可评标结果，是否可以不定标、不发出中标通知书？此时是否承担法律责任？

问　在依法必须招标的工程货物采购项目中，如果中标候选人公示期结束之后，发出中标通知书之前，招标人因自身采购计划变更或单纯地不认可评标结果，是否可以不定标、不发出中标通知书？

答　招标人没有正当理由不定标、不发出中标通知书属于擅自终止招标，此种做法不符合法律规定。《工程建设项目货物招标投标办法》第十四条第四款规定："除不可抗力原因外，招标文件或者资格预审文件发出后，不予退还；招标人在发布招标公告、发出投标邀请书后或者发出招标文件或资格预审文件后不得终止招标。招标人终止招标的，应当及时发布公告，或者以书面形式通知被邀请的或者已经获取资格预审文件、招标文件的潜在投标人。已经发售资格预审文件、招标文件或者已经收取投标保证金的，招标人应当及时退还所收取的资格预审文件、招标文件的费用，以及所收取的投标保证金及银行同期存款利息。"

招标人自身采购计划变更不属于不可抗力，此类因招标人自身原因终止招标的操作违反了上述规定，应当承担相应的法律责任。《工程建设项目货物招标投标办法》第五十八条第一款规定："依法必须进行招标的项目的招标人有下列情形之一的，由有关行政监督部门责令改正，可以处中标项目金额千分之十以下的罚款；给他人造成损失的，依法承担赔偿责任；对单位直接负责的主管人员和其他直接责任人员依法给予处分：（一）无正当理由不发出中标通知书……"依据上述规定，招标人有可能承担被责令改正、罚款、赔偿损失以及相关责任人被行政处分等法律责任。

7. 非依法必须招标项目终止招标是否也要承担行政责任？

问 《招标投标法实施条例》第七十三条规定，无正当理由不发出中标通知书或者无正当理由不与中标人订立合同的，对于依法必须进行招标的项目，招标人将承担以下行政责任：由有关行政监督部门责令改正，处中标项目金额10‰以下的罚款；对单位直接负责的主管人员和其他直接责任人员依法给予处分。那么，请问：非依法必须招标项目终止招标是否也要承担这些行政责任？

答 从上述规定可以看出，因终止招标导致未发出中标通知书或不与中标人订立合同时，只有依法必须招标的项目，招标人才需承担相应的行政责任。

对于非依法必须招标的项目，在招标人终止招标时，无论是《招标投标法》《招标投标法实施条例》，还是配套的部委规章，均未规定需承担行政责任。但是需要注意的是，对于施工、货物和勘察设计招标，在招标文件或招标公告发出后终止招标的，均属违法行为（因不可抗力原因终止招标的除外），对于招标人来说，即使不会受到行政处罚，也可能面临审计风险。

投标阶段法律合规实务

第一节　投标人的主体资格

一、投标主体资格

1. 分公司可以投标吗？

问　很多公司为了营业的需要设立了若干分公司，这些分公司有没有投标的资格？

答　除需要资质的项目（如工程施工），一般招标项目允许分公司投标。

《招标投标法》第二十五条规定："投标人是响应招标、参加投标竞争的法人或者其他组织。依法招标的科研项目允许个人参加投标的，投标的个人适用本法有关投标人的规定。"根据《最高人民法院关于适用〈中华人民共和国民事诉讼法〉的解释》第五十二条规定，其他组织是指合法成立、有一定的组织机构和财产，但又不具备法人资格的组织，包括依法设立并领取营业执照的法人的分支机构。因此，分公司属于其他组织范畴，其有资格以自己的名义参加投标。

2. 分公司能否参与有资质证书要求的项目投标活动？

问　建设工程项目不论是勘察设计，还是施工、监理，都需要承包人具备建筑业企业资质，请问：分公司能否参与这些有资质证书要求的项目投标活动？

答　分公司不能参与有建筑业企业资质证书要求的项目投标活动。

《公司法》第十三条规定，公司可以设立分公司。分公司不具有法人资格，其民事责任由公司承担。因此，分公司不具备独立的法人资格，它是总公司的分支机构，分公司可以从事与公司相同经营范围的业务，但其在经营业务过程中产生的民事责任由公司承担。根据建筑法规定，只有企业法人方可申请工程勘察设计、施工和监理类资质，勘察设计、施工、监理类企业的分公司不具有独立的法人资格，不满足领取前述法定资质的条件，也就不具有参加工程勘察设计、施工和监理项目的投标资格，但可以参加无资质证书要求的项目的投标。

3. 监理公司的分公司可以独立承揽监理业务吗？

问　某工程监理公司旗下设立一分公司，为简化公司内部管理程序，总公司给分公司发了一份授权委托书，载明"总公司授权分公司在其资质范围内独立承揽业务，并根据自身财务、承载力独立签订合同"。请问：监理公司的分公司可以独立承揽监理业务吗?

答 不可以。

《工程监理企业资质管理规定》第七条关于工程监理企业的资质等级标准认定条件中,"综合资质""专业资质"部分都规定:"资质申请人应具有独立法人资格",《公司法》第十三条中明确了"分公司不具有法人资格,其民事责任由公司承担",由此可知监理公司的分公司无法获得监理资质。《工程监理企业资质管理规定》第三条规定:"从事建设工程监理活动的企业,应当按照本规定取得工程监理企业资质,并在工程监理企业资质证书许可的范围内从事工程监理活动",因监理公司的分公司无法获得监理资质,故其并不具备独立承揽工程监理项目的主体资格。

4. 母公司可以使用子公司资质投标吗?

问 A 公司为 B 公司的母公司,某工程项目公开招标,B 公司拥有招标文件要求的资质,A 公司能否使用 B 公司的资质投标?

答 不能。

根据《公司法》第十三条第一款的规定,公司可以设立子公司,子公司具有法人资格,依法独立承担民事责任。《招标投标法实施条例》第四十二条第一款规定,使用通过受让或者租借等方式获取的资格、资质证书投标的,属于招标投标法第三十三条规定的以他人名义投标。在本题中,A、B 均为独立企业法人,应各自投标,故 A 公司不能使用 B 公司的资质投标,否则应属于以他人名义投标。

5. 投标期间项目经理能否有在建工程?

问 某依法必须招标的建设工程,A 公司拟派项目经理甲在投标期间有在建工程,这种情况是否允许?

答 根据《注册建造师管理规定》第二十一条第二款规定,注册建造师不得同时在两个及两个以上的建设工程项目上担任施工单位项目负责人。同时,《注册建造师执业管理办法(试行)》第九条对此规定了三种例外情形:(一)同一工程相邻分段发包或分期施工的;(二)合同约定的工程验收合格的;(三)因非承包方原因致使工程项目停工超过 120 天(含),经建设单位同意的。据此,除上述三种例外情形外,项目经理不得同时在两个建设工程项目上担任项目负责人。

从立法目的来说,对项目经理在建工程进行限制的本质目的在于保障项目负责人在工程开工后具备真实的履约能力。然而,招标与工程的实际建设间存在一定的时间差,且在参与投标期间,投标人能否中标并不确定,也就意味着在确定中标候选人、发出中标通知书前,招标项目不得视作投标人拟派项目经理的在建工程,故投标期间投标人拟派项目经理仍可有在建工程。

另外，若地方立法禁止投标单位以存有在建工程的项目经理参与投标，或招标文件中要求项目经理不得有在建工程，则应当依据地方规定或招标文件的约定执行。

6. 自然人是不是适格的投标主体？

问 在招标投标活动中，自然人可以投标吗？

答 除特殊情况外，不允许自然人投标。

《招标投标法》第二十五条规定："投标人是响应招标、参加投标竞争的法人或者其他组织。依法招标的科研项目允许个人参加投标的，投标的个人适用本法有关投标人的规定。"因此，只有法人或其他组织是招标投法的适格主体。除依法招标的科研项目外，不允许自然人参加投标活动。

7. 个体工商户能否参与投标？

问 A 公司某项工程服务项目招标，个体工商户甲进行投标，是否有效？

答 若非政府采购项目，则个体工商户甲投标无效。

个体工商户在法律上的地位相当于"自然人"。自然人能否参与投标在《政府采购法》和《招标投标法》有不同的规定。《政府采购法》第二十一条规定："供应商是指向采购人提供货物、工程或者服务的法人、其他组织或者自然人。"《招标投标法》第二十五条规定："投标人是响应招标、参加投标竞争的法人或者其他组织。依法招标的科研项目允许个人参加投标的，投标的个人适用本法有关投标人的规定。"《民法典》第五十四条规定："自然人从事工商业经营，经依法登记，为个体工商户。个体工商户可以起字号。"个体工商户不属于法人或其他组织，属于自然人范畴。因此，政府采购项目个体工商户（自然人）可以投标；非政府采购项目招标时，在招标文件允许的情况下，自然人只能参与科研项目的投标，其他投标均无效。

8. 依法必须进行招标的项目，可否对投标人注册地作出地区的限制？

问 A 单位发布某必须进行招标的建设工程项目招标公告，为了增加本地市的GDP，在发布公告中强调投标公司注册地必须是本市所辖范围内注册的，或者在本地市设有分公司，该条款是否符合《招标投标法》的规定？

答 不符合。

根据《招标投标法》第六条规定，依法必须进行招标的项目，其招标投标活动不受地区或者部门的限制。任何单位和个人不得违法限制或者排斥本地区、本系统以外的法人或者其他组织参加投标，不得以任何方式非法干涉招标投标活动。《招标投标法实施条例》第三十二条规定："招标人不得以不合理的条件限制、排斥潜在投标人或者投标人。招标人有下列行为之一的，属于以不合理条件限制、排斥潜在投标人或者投标人：……（二）设定的资格、技术、商务条件与招标项目的具体特点和实际需要不相适应或者与合同履行无关；（三）依法必须进行招标的项目以特定行政区域或者特定行业的业绩、奖项作为加分条件或者中标条件"。《公平竞争审查制度实施细则》（国市监反垄规〔2021〕2号）规定："不得排斥或者限制外地经营者参加本地招标投标活动，包括但不限于：1. 不依法及时、有效、完整地发布招标信息；2. 直接规定外地经营者不能参与本地特定的招标投标活动；3. 对外地经营者设定歧视性的资质资格要求或者评标评审标准；4. 将经营者在本地区的业绩、所获得的奖项荣誉作为投标条件、加分条件、中标条件或者用于评价企业信用等级，限制或者变相限制外地经营者参加本地招标投标活动；5. 没有法律、行政法规或者国务院规定依据，要求经营者在本地注册设立分支机构，在本地拥有一定办公面积，在本地缴纳社会保险等，限制或者变相限制外地经营者参加本地招标投标活动；6.通过设定与招标项目的具体特点和实际需要不相适应或者与合同履行无关的资格、技术和商务条件，限制或者变相限制外地经营者参加本地招标投标活动"。《招标投标领域公平竞争审查规则》第六条、第七条也规定了对外地企业参加投标进行歧视、排斥的一些禁止情形。

本题中，要求投标人必须是本地企业或者在本地设立分支机构，明显违背上述规定。故而，对于依法必须招标的项目，不得以任何形式违法限制或排斥本地区以外的投标人参与投标。

9. 参与前期设计的单位是否可以成为工程总承包单位？

问 A公司为B项目（政府投资的工程项目）的前期设计单位，初步设计完成后公开了设计文件，后续B项目开始公开招标，A公司是否可以参与投标，成为该工程的总承包单位？

答 A公司已经公开了初步设计文件，可以成为该工程总承包单位。

根据《房屋建筑和市政基础设施项目工程总承包管理办法》（建市规〔2019〕12号）第十一条规定，工程总承包单位不得是工程总承包项目的代建单位、项目管理单位、监理单位、造价咨询单位、招标代理单位。政府投资项目的项目建议书、可行性研究报告、初步设计文件编制单位及其评估单位，一般不得成为该项目的工程总承包单位。政府投资项目招标人公开已经完成的项目建议书、可行性研究报告、初步设计文件的，上述单位可以参与该工程总承包项目的投标，经依法评标、定标，成为工程总承包单位。

10. 投标人没有购买或下载招标文件，可以参加投标吗？

问 投标人A购买了招标人M的招标文件，但是阅读完招标文件后，投标人A觉得这个标不值得投，于是把招标文件转让给了投标人B，自己退出该项目的投标。投标人 B 就没有到招标人 M 指定的地点购买招标文件。最终，投标人 B 向招标人 M 递交投标文件，招标人 M 没有查到投标人 B 购买招标文件的记录，就拒收了投标人 B 的投标文件。投标人 B 不服，向行业主管部门提出了投诉，认为招标公告和招标文件中并没有规定没有购买招标文件的投标人不得参与投标，自己符合投标人资格要求，招标人不应当拒收自己的投标文件。如何处理？

答 应当接收该投标文件。

招标人 M 的做法看似很合情合理，但是并无依据。有关的法律法规和部委规章，并没有未从招标人或招标代理处购买或下载招标文件就拒绝接收投标文件的规定。商务部在 2014 年发布的《机电产品国际招标标准招标文件（试行）（第一册）》第一章"投标人须知"第 2.1 条中规定："任何未在招标人或招标机构处领购招标文件的法人或其他组织均不得参加投标"。但是该文件不属于法律规定，不具有法律意义上的强制性和可参照性，只有机电产品国际招标且招标文件中使用了该范本的项目才能按照上述规定执行。本题中，招标人的招标公告和招标文件也没有规定没有购买招标文件的投标人不得参与投标。因此，招标人不能拒收投标人 B 的投标文件。

为减少争议，招标人应该在招标公告或文件中明确招标文件的获取途径，且明确不从规定途径购买或者下载获取招标文件的投标人不得参与投标，招标人不接受其投标。

11. 投标人分立后不再具备原有资质，其投标是否有效？

问 某工程施工项目招标，A 公司提交投标文件。在投标过程中，A 公司分立为 A 公司与 B 公司，此时 A 公司不再具备招标文件要求的资质，其投标还继续有效吗？

答 A 公司投标无效。

《招标投标法实施条例》第三十八条规定："投标人发生合并、分立、破产等重大变化的，应当及时书面告知招标人。投标人不再具备资格预审文件、招标文件规定的资格条件或者其投标影响招标公正性的，其投标无效。"本题中，分立后的 A 公司已经不再具备该项目招标文件规定的资格条件，因此其投标无效。

12. 未被邀请但合乎要求的企业可否自荐参与投标？

问 某建设单位为国企，对某专业工程施工进行发包，该专业工程拟发包金额未达到依法必须进行招标的项目的标准，要求为二级专业承包资质。该建设单位负责招采的部门根据需求单位的推荐,向特定的 3 家二级资质企业发出投标邀请书，但一个合乎要求的一级资质企业也想参与投标，是否可以自荐？

答 邀请招标是《招标投标法》规定的一种招标方式，《招标投标法实施条例》也规定了邀请招标的适用范围。但是，关于拟邀请的潜在投标人的产生方式，上述法律法规没有作出规定。《政府采购货物和服务招标投标办法》第十四条规定了确定邀请参加投标的潜在投标人的程序分为两个步骤，第一是确定备选供应商库，第二是随机抽取确定拟邀请的潜在投标人。非政府采购项目的邀请招标选择拟邀请的潜在投标人也可以考虑借鉴其做法。

本题中，招标人向特定的三家企业发出投标邀请书，未被邀请的供应商不能投标，但该一级资质企业自荐，招标人可以考虑向其发出投标邀请。

13. 某招标项目不在公司营业执照经营范围内，参与投标是否允许？

问 投标人 A 公司的营业执照载明的经营范围不包含拟投标的招标项目，其是否可以投标？

答 可以。

法律依据是国家发展改革委办公厅、市场监督总局办公厅发布的《关于进一步规范招标投标过程中企业经营资质资格审查工作的通知》（发改办法规〔2020〕727 号）规定，"招标人在招标项目资格预审公告、资格预审文件、招标公告、招标文件中不得以营业执照记载的经营范围作为确定投标人经营资质资格的依据，不得将投标人营业执照记载的经营范围采用某种特定表述或者明确记载某个特定经营范围细项作为投标、加分或者中标条件，不得以招标项目超出投标人营业执照记载的经营范围为由认定其投标无效。"

14. 招标人限制以往投标活动中具有不良行为的投标人参与新项目投标是否合法？

问 A 公司是大型国有企业，为提高投标质量，建立了不良行为投标人信息库，在库内的供应商在一定期限内不能参与 A 公司工程项目的投标，是否合法？

答 该情况不属于以不合理条件限制、排斥潜在投标人的行为，不存在违法之处。

一般招标人是不愿与具有违法、失信行为记录，以往履约信誉不良的供应商进行合作，可以依据法律规定或者自主约定一些限制投标的惩戒措施，比如招标人自建"黑名单"，建立自己的征信系统，根据供应商以往履约情况，进行供应商评价，对于履约失信的供应商，也可以自主约定进行投标限制。如《河北雄安新区标准设备采购招标文件（2020 年版）》规定的"信誉要求"中可以选择对以下情形的企业否决性惩戒，禁止投标：（1）近 3 年内曾被本项目招标人评价为履约不合格的投标人；（2）近 2 年内在本项目招标人实施的项目中存在无正当理由放弃中标资格、拒不签订合同、拒不提供履约担保情形的投标人；（3）近 3 年内受到雄安新区政府有关部门警告、罚款等行政处罚，达到××次或累计罚款××元的投标人；（4）本项目对因违反工程质量、安全生产管理规定，或者因串通投标、转包、以他人名义投标或者违法分包等违法行为，正在接受雄安新区政府有关部门立案调查的投标人。前面的期限从提交投标文件截上之日起倒算。这个规定值得借鉴。

一些国企有专门的供应商不良行为处理管理制度，招标文件中也都有类似"不良行为"要否决投标的内容，考虑非常全面。当然一定要注意，招标文件规定的投标人不得有的"违法行为记录"，必须与合同的履行有关联性，才可以作为资格条件。比如投标人单位公车在高速上超速，就有了违法行为记录，但是与合同履行没有太大关系（如归属于运输服务项目才有关联性），一般不能以此为由否决投标。再如，施工招标项目出现质量、安全问题引起的违法行为记录，就属于与合同履行相关。

二、投标主体资格的限制情形

15. 施工招标项目的投标人在哪些情形下因"与招标人存在利害关系"可能影响招标公正性而不具备投标资格？

问 在工程建设项目施工招标投标活动中，投标人不得与招标人存在利害关系影响招标工作的公正性，目前招标投标法律法规因此限制哪些情形下的投标人资格？

答 《工程建设项目施工招标投标办法》第三十五条对于施工招标项目的投标人条件作出了限制规定："招标人的任何不具有独立法人资格的附属机构（单位），或者为招标项目的前期准备或者监理工作提供设计、咨询服务的任何法人及其任何附属机构（单位），都无资格参加该招标项目的投标。"

根据前述规定，参照《标准施工招标资格预审文件》，施工招标项目的投标人不得存在下列情形：（1）招标人的任何不具有独立法人资格的附属机构（单位）。（2）为招标项目的前期准备或者监理工作提供设计、咨询服务的任何法人及其任何附属机构（单位），都无资格参加该项目的投标，但设计施工总承包的除外。（3）为本标段的监理人。（4）为本标段的代建人。（5）为本标段提供招标代理服务的。（6）与本标段的监理人或代建人或招标代理机构同为一个法定代表人的。（7）与本标段的监理人或代建人或招标代理机构相互控股或参股的。（8）与本标段的监理人或代建人或招标代理机构相互任职或工作的。

16. 母公司对建设工程项目进行招标，子公司能否投标？

问 B 公司为 A 公司的全资子公司，A 公司有一建设工程项目进行招标，请问 B 公司是否可以投标？

答 可以。

《招标投标法实施条例》第三十四条第一款规定："与招标人存在利害关系可能影响招标公正性的法人、其他组织或者个人，不得参加投标。"本条没有一概禁止与招标人存在利害关系的法人、其他组织或者个人参与投标，构成本条第一款规定情形需要同时满足"存在利害关系"和"可能影响招标公正性"两个条件。即使投标人与招标人存在某种"利害关系"，但如果招标投标活动依法进行、程序规范，该"利害关系"并不影响其公正性的，就可以参加投标。

17. 国有企业下属参股子公司能否参与该国有企业组织的招标？

问 国有企业下属参股子公司能否作为投标人，公平参与国有企业组织的招标项目的投标活动？

答 在不影响公正性的情况下，可以参加投标。

《招标投标法实施条例》第三十四条第一款规定，与招标人存在利害关系可能影响招标公正性的法人、其他组织或者个人，不得参加投标。本条没有一概禁止与招标人存在利害关系法人、其他组织或者个人参与投标，构成本条第一款规定情形需要同时满足"存在利害关系"和"可能影响招标公正性"两个条件。母公司与子公司存在的股权投资关系就属于"利害关系"之一，但只有其"可能影响招标公正性"的，才不得参加投标。即使投标人与招标人存在某种"利害关系"，但如果招标投标活动依法进行、程序规范，该"利害关系"并不影响其公正性的，就可以参加投标。

因此，招标人与投标人为母子公司关系，母公司招标，子公司可以参加投标，但前提是要保证招标过程公开透明、公平公正。

18. 企业能否参加隶属于同一集团的子公司的招标项目？

问 招标人隶属于母公司一级子公司（科研单位），投标人属于母公司另一级子公司（建筑单位）的二级子公司，其能否参加投标？该投标是否属于串通投标行为？

答 可以投标。

在招标人与投标人同属于一家公司控股的情况下，并未禁止投标人参与投标，但依据《招标投标法实施条例》第三十四条第一款的规定，如果投标人与招标人存在利害关系可能影响招标公正性的，则不得参加投标。招标人与投标人是否构成串通投标，需要依具体行为进行认定。

19. 关联公司能否同时投标？

问 A 公司，甲占股 70%，乙占股 30%，法定代表人为张某；B 公司，甲占股 40%，乙占股 60%，法定代表人为李某。若现在有一电站需建业主营地，对外发出招标公告后，A 公司和 B 公司可否同时投标？若 A 中标，是否有效？

答 在不影响招标活动公正性的前提下，A、B 公司可以同时参与投标。

《招标投标法实施条例》第三十四条第二款规定："单位负责人为同一人或者存在控股、

管理关系的不同单位，不得参加同一标段投标或者未划分标段的同一招标项目投标。"根据本条规定，单位负责人为同一人，或者存在控股关系、管理关系的不同单位（如有控股、管理关系的母子公司等），才不能参加同一标段投标或者未划分标段的同一招标项目投标。本题中，虽然 A、B 公司存在关联关系，但不存在该条规定的单位负责人为同一人或者存在控股、管理关系的情形，故 A、B 两家公司仍可同时投标，其投标有效。

20. 具有关联关系的投标人是不是都不能同时投标？

问　除了《招标投标法实施条列》第三十四条第二款规定的三种情形外，具有其他关联关系（如同一母公司的多家子公司同时参与同一项目的投标，或者两家部分股东相同，或者两个投标人的负责人存在交叉任职情形，如 A 投标人的董事同时也是 B 投标人的监事，或者 A 投标人的股东同时也是 B 投标人的股东，或者两个投标人的法定代表人存在夫妻、父子等亲属关系）的投标人能否参与同一项目的投标？

答　并未禁止其投标。

目前，《招标投标法实施条例》第三十四条第二款仅仅规定了两个以上投标人之间单位负责人为同一人、存在控股关系、存在管理关系这三种情形的，不得参加同一标招标项目投标，并没有规定存在其他关联关系的不同投标人不得参加同一标招标项目的投标。因此，根据"疑罪从无"原则，不能因为投标人之间具有上述关联关系就一概推断他们之间可能存在串通投标，应当禁止其投标，缺乏法律依据。当然，由于投标人之间存在的这种特殊关系，更容易发生事先沟通、协同串通投标等情形，实践中同一人投资几家公司同时投标实现围标的情形确实并不少见。故此，在评标阶段应该更加审慎，严格按照法律法规规定的串通投标的情形进行评审，如可以着重核对投标人的投标文件是否存在异常雷同、投标文件是否为同一人编制、投标保证金是否从同一账户汇出、是否由同一单位或同一人办理投标事宜等，如没有确凿证据证明投标人之间存在串通投标，则不应否决其投标。有鉴于此，可以事前在招标文件中规定"不同单位的法定代表人、负责人、董事或监事有夫妻、直系血亲关系的，应主动向招标人告知，否则事后一经查实，属于弄虚作假，已经中标的则取消中标资格并承担相应法律责任"等。

21. 两个公司有多个股东相同，是否可以参加同一建设工程项目的投标？

问　A 公司有 8 位股东，B 公司有 9 位股东，其中各自有 5 位股东是一致的，请问 A、B 公司是否可以同时参加同一建设工程项目的投标？

答　可以。

《招标投标法实施条例》第三十四条第二款规定："单位负责人为同一人或者存在控股、管理关系的不同单位，不得参加同一标段投标或者未划分标段的同一招标项目投标"。该条款限制的是两个以上投标人的单位负责人为同一个人或者其相互之间存在控股、管理关系时的投标资格。本题中，A 公司和 B 公司之间仅是少数股东保持一致，相互之间不存在控股、管理关系，不属于依法不得参加同一项目投标的情形，不影响其参加同一招标项目的投标资格。

22. 控股股东为同一人的两个投标人共同投标是否允许？

问 某招标项目在中标候选人公示期间接到投标人异议：第一中标候选人 A 与第二中标候选人 B 存在共同控股人 C，应取消中标候选人资格。该投标人的异议是否成立？

答 两投标人控股股东为同一人的，可以投一个标。

《招标投标法实施条例》第三十四条第二款规定："单位负责人为同一人或者存在控股、管理关系的不同单位，不得参加同一标段投标或者未划分标段的同一招标项目投标。"该条款旨在限制两类投标人之间的关联关系，其一，单位负责人为同一人；其二，存在控股、管理关系。单位负责人，是指单位法定代表人或者法律、行政法规规定代表单位行使职权的主要负责人。根据《公司法》对控股股东的定义，控股股东不是单位负责人。控股股东为同一人也不表明投标人之间存在控股、管理关系，故不属于上述法条限制投标的情形。

23. 母公司与子公司是否可以对同一建设工程项目进行投标？

问 B 公司为 A 公司的全资子公司，A、B 公司能否同时参加同一建设工程项目的投标？

答 不可以。

《招标投标法实施条例》第三十四条规定："与招标人存在利害关系可能影响招标公正性的法人、其他组织或者个人，不得参加投标。单位负责人为同一人或者存在控股、管理关系的不同单位，不得参加同一标段投标或者未划分标段的同一招标项目投标。违反前两款规定的，相关投标均无效。"这种控股关系，根据《公司法》第二百六十五条规定，控股股东，是指其出资额占有限责任公司资本总额超过百分之五十或者其持有的股份占股份有限公司股本总额超过百分之五十的股东；出资额或者持有股份的比例虽然低于百分之五十，但依其出资额或者持有的股份所享有的表决权已足以对股东会的决议产生重大影响的股东。因此，本题中，母公司和子公司之间存在控股关系，不得在同一个标段或未划分标段的同一招标项目中投标，否则两家公司投标均无效。

24. 存在控股关系的不同投标人，可以同时参加某批次招标的不同标包的投标吗？

问 某批次集中招标活动中，招标人在借用"天眼查"对投标人之间关联关系进行比对时发现 A、B 公司之间存在控股关系，经过进一步核对发现，两家公司并未同时出现在同一标包中。请问：存在控股关系的不同投标人，可以同时参加某批次招标的不同标包的投标吗？

答 可以。

本题中，两家公司可以参加该批次投标，但不得同时参加同一标包的投标。

《招标投标法实施条例》第三十四条规定："与招标人存在利害关系可能影响招标公正性的法人、其他组织或者个人，不得参加投标。单位负责人为同一人或者存在控股、管理关系的不同单位，不得参加同一标段投标或者未划分标段的同一招标项目投标。违反前两款规定的，相关投标均无效。"该条款并没有限制也没有必要限制存在控股关系的不同投标人同时参加不同标包的投标。

25. 存在间接控股关系的两家单位同投一个标是否允许？

问 A 公司与 B 公司之间为母子关系，B 公司与 C 公司之间为母子关系，那么 A 公司与 C 公司可以同投一个标吗？

答 允许 A、C 公司同投一个标。

《招标投标法实施条例》第三十四条第二款规定："单位负责人为同一人或者存在控股、管理关系的不同单位，不得参加同一标段投标或者未划分标段的同一招标项目投标。"该条款是为了维护投标公正性而对投标作出的限制性规定，但并未明确此处的"控股"是直接控股还是间接控股。《政府采购法实施条例》第十八条则明确规定："单位负责人为同一人或者存在直接控股、管理关系的不司供应商，不得参加同一合同项下的政府采购活动。"从两部法律的立法精神看，将此处的控股关系理解为直接控股更符合公平竞争的原则。故，为了确保投标的竞争性，应当允许 A 公司与 C 公司投标。

26. 资格预审阶段是否需要审查资格预审申请人之间的"关联关系"？

问 《招标投标法实施条例》第三十四条规定了招标人与投标人、投标人之间存在特殊"关联关系"的，相关投标均无效。虽然资格预审不是正式的投标，但其审查的结果最终要运用到正式的投标中去。请问：资格预审阶段是否需要审查资格预审申请人之间的"关联关系"？若审查发现资格预审申请人之间存在《招标投标法实施条例》第三十四条规定的情形，该如何应对？

答 资格预审阶段并不是正式的投标阶段，故而《招标投标法实施条例》第 34 条并不适用。也就是说，资格预审阶段并不需要审查资格预审申请人之间的"关联关系"。所以，《标准施工招标资格预审文件（2007 年版）》第二章申请人须知 1.4.3 款列举了申请人不得存在的 12 种情形，并不包括《招标投标法实施条例》第三十四条规定的情形。

资格预审阶段，招标人应接收所有投标申请人的资格预审申请文件，资格审查委员会应严格按照资格预审文件的规定进行审核。因资格预审的结果最终要运用到正式的投标中去，故对通过资格预审且存在《招标投标法实施条例》第三十四条规定情形的投标申请人，应予以关注。如果此种情形的潜在投标人参加投标，其投标均属无效。基于此，在进入正式投标阶段之前，建议可对存在《招标投标法实施条例》第三十四条情形的资格预审合格的投标申请人进行约谈或提醒，告知其只能有一家参与该项目的投标，让其自行抉择；或者事先在资格预审文件中约定，存在《招标投标法实施条例》三十四条情形的投标申请人如何"内部"PK，选出唯一的申请人"晋级"正式投标阶段。

27. 邀请招标项目中，受邀投标人之间被审计发现存在法定禁止的投标人"关联关系"，导致招标失败，后续应如何处理？

问 审计小组在抽查某正在进行的邀请招标项目中发现，中标候选人 A 与该招标项目中另一投标人 B 存在直接控股关系，该情形违反《招标投标法实施条例》第三十四条第二款规定，审计小组责令招标人改正。事后，招标人以投标人 A、B 在投标阶段故意隐瞒彼此之间的关联关系为由，取消中标候选人 A 的中标资格，并将其全部列入公司采购黑名单。请问：邀请招标项目中，受邀投标人之间被审计发现存在法定禁止的投标人"关联关系"，导致招标失败。请问：此事责任在谁，后续应如何处理？

答 开标之前，被邀请的投标人名单应当保密，投标人彼此之间并不知情，不存在故意隐瞒。《招标投标法》第二十二条第一款规定："招标人不得向他人透露已获取招标文件的潜在投标人的名称、数量以及可能影响公平竞争的有关招标投标的其他情况"，邀请的投标人名单由招标人负责抽取并严格保密，受邀请人彼此之间理应不知共投一标，故本题中"投标人 A、B 在投标阶段故意隐瞒彼此之间的关联关系"无从说起。即便投标人 A、B 明知共投一标，其本身并无过错，招标人发现后应当取消 A 的中标资格，但将投标人 A、B 列入公司采购黑名单失之武断，既无依据，也不公平。

在邀请招标项目中，招标人负责确定邀请名单，应对选取的结果负首要责任。《招标投标法》第十七条规定："招标人采用邀请招标方式的，应当向三个以上具备承担招标项目的能力、资信良好的特定的法人或者其他组织发出投标邀请书"，由此可知，邀请名单由招标人负责确定，招标人应对受邀请人进行资格预审，审查的范围理应包括《招标投标法实施条例》第三十四条第二款规定的情形。故本题中，在中标候选人公示阶段才发现投标人 A、B 存在禁止性"关联关系"的，招标人应负首要责任。

招标文件要求评标委员会进行资格后审的，评标委员会也应承担评审失误之责。一般情况下，进行资格预审的无需再进行资格后审，此种情形下，中评标委员会不承担任何责任。若本题中，招标文件要求评标委员会进行资格后审，即使招标人存在预审失误，评标委员会也应根据招标文件和法律规定，在评标阶段发现投标人 A、B 之间的关联关系，否决其投标。

28. 同一企业的两家分公司可否同时投标？

问 同一企业的 A、B 两家分公司能否参加同一标段或者未划分标段的同一招标项目的投标？

答 不能同时投标。

《民法典》第七十四条规定："法人可以依法设立分支机构。法律、行政法规规定分支机构应当登记的，依照其规定。分支机构以自己的名义从事民事活动，产生的民事责任由法人承担；也可以先以该分支机构管理的财产承担，不足以承担的，由法人承担。"根据《公司法》和《市场主体登记管理条例》，公司设立的分公司为法人的有机组成部分，其法律行为后果即为公司的法律行为。同一企业的两家分公司归属于同一个法人，同时投标实质上构成了同一个企业法人投了两次标，违背每个投标人均等投标机会的精神，根据《招标投标法实施条例》第五十一条"有下列情形之一的，评标委员会应当否决其投标：……（四）同一投标人提交两个以上不同的投标文件或者投标报价，但招标文件要求提交备选投标的除外"的规定。本题中，同一企业的 A、B 两家分公司同时投标，等同于"同一投标人提交两个以上不同的投标文件或者投标报价"，应当否决这两家分公司的投标。

29. 公司的非控股股东和公司能否同时参加同一标段的投标？

问 A 公司与其所属的参股子公司 B 公司能否同时参加同一标段的投标？

答 可以。

根据《招标投标法实施条例》第三十四条规定，存在控股关系的母、子公司不得参加同一标段或者未划分标段的同一招标项目的投标。本题中，A 公司与其所属的参股子公司 B 公司并不存在控股关系，所以不在上述禁止同时投标的范围之列。也就是说，非控股股东的公司和公司同时参加同一标段，不受上述限制，可以同时参与投标。

30. 母子公司同投一个标，开标后其中一公司撤销投标，另一公司的投标如何处理？

问 某招标项目开标后，母公司 A 发现其控股子公司 B 也参加了该项目的投标。A 觉得母子公司同时参加投标不妥，于是申请撤销投标。请问：A 公司此时撤销投标，其子公司 B 的投标有效吗？

答 A公司及其控股子公司B的投标均无效。

《招标投标法实施条例》第三十四条规定："……单位负责人为同一人或者存在控股、管理关系的不同单位，不得参加同一标段投标或者未划分标段的同一招标项目投标。违反前两款规定的，相关投标均无效"。这里的"无效"，是指自始无效。只要存在本条前两款规定的情形，不论于何时发现，相关投标均应作无效处理；"自始无效"，参照投标有效期的概念，可以理解为这里的"始"点为"投标截止时间"。故而，一旦开标，母、子公司投标均无效，即使其中一个公司撤销了投标，另一个公司的投标也应判定无效。

31. 具有管理关系的两家单位能否同时投标？

问 如果我们管理的一家单位（无控股关系），和我们一起参与同一个招标项目的投标，是否可行？

答 不能同时投标。

《招标投标法实施条例》第三十四条第二款规定："单位负责人为同一人或者存在控股、管理关系的不同单位，不得参加同一标段投标或者未划分标段的同一招标项目投标。"因此，如果两个投标主体存在管理关系，即使不存在控股关系或单位负责人不为同一人，因其共同参与同一个项目投标可能影响项目的公平公正性，故禁止其同投一标。

32. 单位负责人为夫妻关系的两个单位之间必然存在管理关系吗？

问 某工程设备采购活动，招标人采用邀请招标的方式向三个供应商发出投标邀请，经过竞标，甲公司中标并与招标人依法签订了合同。合同履行完毕3年后，招标人以其内部审计为由提起诉讼，称甲乙公司之间存在管理关系，故中标合同无效。经查明：招标投标期间，甲公司的股东为田某，一人持股100%，乙公司的股东为田某、王某，二者为夫妻关系，且王某为单位负责人。请问：存在这种情形的两个单位之间必然存在管理关系吗？

答 不是必然存在管理关系。

《招标投标法实施条例》第三十四条规定："……与招标人存在利害关系可能影响招标公正性的法人、其他组织或者个人，不得参加投标。单位负责人为同一人或者存在控股、管理关系的不同单位，不得参加同一标段投标或者未划分标段的同一招标项目投标。违反前两款规定的，相关投标均无效。"所谓管理关系，是指不具有出资持股关系的其他单位之间存在的管理与被管理关系，如一些事业单位。值得注意的是，该条款禁止的关联关系是存在控股、管理关系的不同单位，而非单位股东。

本题中，甲公司为田某一人持股，单位负责人亦为田某，乙公司股东为田某与王某，王某为单位负责人。分析来看，一方面甲乙公司单位负责人并非同一人，另一方面仅仅凭借王某与田某之间的夫妻关系就想当然认为两个公司之间存在管理关系，过于武断，并无法律依据。

33. 两个潜在投标人的法定代表人之间为夫妻关系，是否可以在开标前劝退其一？

问 某招标项目潜在投标人 A 与潜在投标人 B 的法定代表人为夫妻关系并且都购买了该项目的招标文件，为避免这样的特殊关系招致其他投标人的不满，招标人是否可以劝退其一？

答 招标人不得劝退任一投标人投标。

《招标投标法实施条例》第三十四条第二款规定："单位负责人为同一人或者存在控股、管理关系的不同单位，不得参加同一标段投标或者未划分标段的同一招标项目投标"，夫妻关系并不属于上述三种情形之一。与本题所述情形类似的还有，法定代表人之间为父子关系、兄弟关系等等，招标人都不能禁止其同时参与投标，劝退任一投标人均无法律依据。

34. 两家单位法定代表人均为同一人可否参加同一项目的投标？

问 A 公司与 B 公司在法律关系上并无关联，但两家单位法定代表人均为王某。请问：A、B 两家公司可否同时参加同一工程施工项目的投标？

答 A、B 两家公司不可以同时参加同一标段或未划分标段的同一项目的投标。

《招标投标法实施条例》第三十四条规定："单位负责人为同一人或者存在控股、管理关系的不同单位，不得参加同一标段投标或者未划分标段的同一招标项目投标。"

本题中，A 公司和 B 公司两家单位负责人为同一人，若参加同一标段或者未划分标段的同一项目的投标，会影响招标活动的公正性。但 A、B 公司可以分别参加同一项目不同标段的投标。

35. 法定代表人为同一人的不同投标人可以参加同一招标项目的资格预审吗？

问 某建设工程施工项目招标，招标人选择采用资格预审的方式对潜在投标人进行资格审查。在开展评审的过程中，资格审查委员会发现申请人 A 和申请人 B 的法定代表人为同一人，直接判定为不通过。请问这样是否可行？

答 资格预审申请人 A 和 B 均不应被直接判定为不通过资格预审。

《招标投标法实施条例》第三十四条第二款规定："单位负责人为同一人或者存在控股、

管理关系的不同单位，不得参加同一标段投标或者未划分标段的同一招标项目投标。"上述法条针对的是投标行为，只对投标人产生拘束力。在资格预审阶段，对资格预审申请人，即便彼此之间存在上述法条所限定情形，也不能直接判定有这种情形的申请人不能通过资格预审。至于有这类情形的投标是否合格，应根据资格预审文件中的资格审查办法对申请人的申请文件进行审查，决定其是否通过资格预审。

36. 施工承包人下属的监理公司能否在本工程监理项目中投标？

问 某公寓建设项目监理招标文件规定："投标人不得存在下列情形之一：……（10）与本招标项目的施工承包人以及建筑材料、建筑构配件和设备供应商有隶属关系或者其他利害关系"。投标人之一的 A 公司为本招标项目施工总承包人的下属单位，请问 A 公司能否参加该监理项目的投标？

答 不能参加该项目投标。

《建筑法》第三十四条规定："工程监理单位与被监理工程的承包单位以及建筑材料、建筑构配件和设备供应单位不得有隶属关系或者其他利害关系。"《建设工程质量管理条例》第十二条规定："实行监理的建设工程，建设单位应当委托具有相应资质等级的工程监理单位进行监理，也可以委托具有工程监理相应资质等级并与被监理工程的施工承包单位没有隶属关系或者其他利害关系的该工程的设计单位进行监理。"第三十五条规定："工程监理单位与被监理工程的施工承包单位以及建筑材料、建筑构配件和设备供应单位有隶属关系或者其他利害关系的，不得承担该项建设工程的监理业务。"

工程监理人应当依照法律法规及有关技术标准、设计文件和建设工程承包合同，对施工质量实施监理并承担监理责任。如果监理人与施工承包人存在隶属关系或其他利害关系，则类似于"既当裁判又当运动员"，影响监理的中立性，其出于利益考虑可能疏于职守，不能按要求公正独立履行监理职责，故应当杜绝该情况。

国家发展改革委发布的《标准监理招标文件》也明确规定，工程建设项目监理招标的投标人不得与本招标项目的施工承包人以及建筑材料、建筑构配件和设备供应商有隶属关系或者其他利害关系。

本题中，投标人 A 公司为本招标项目施工总承包人的下属单位，根据上述法律规定和招标文件的约定，其投标资格不合格。

37. 为本招标项目编制过技术规范还能否参加设备采购项目的投标？

问 某新建城际轨道交通项目（信号）调度集中系统采购项目招标，其招标文件规定："投标人不得存在下列情形之一：……（5）为本招标项目提供过设计、编制技术规范和其他文件的咨询服务"。某公司为该招标项目编制过技术规范，还能否参加这个项目的投标？

答 不能参加本项目投标。

工程建设项目设备采购活动中，招标人一般会在招标文件中提出符合项目实际的产品需求，如设备技术规格、参数及其他要求，筛选出最符合条件的投标人。招标人自己没有能力设计或提出专业技术条件的，可咨询或直接委托专业的第三方机构提供咨询服务。如果该机构参与投标，因其参与过招标文件的前期咨询或技术规范编制服务，更加了解采购需求，相对于其他投标人掌握信息不对称，有先天竞争优势，将会造成对其他投标人的不公平竞争，故有必要限制其投标资格。国家发展改革委发布的《标准设备采购招标文件》中就明确规定，工程建设项目设备采购的投标人不得是为本招标项目提供过设计、编制技术规范和其他文件的咨询服务的单位，一般招示项目的招标文件可将该内容设定为投标人资格条件。

本题中，某投标人为该招标项目编制过技术规范，根据招标文件约定，其投标资格不合格。

38. 可行性研究报告编制单位能否参加工程设计施工总承包项目的投标？

问 某大型公路建设工程设计施工总承包项目招标，该项目的可行性研究报告编制单位 A 公司参加投标，评标委员会就其有无资格参加投标产生分歧。请问：可行性研究报告编制单位能否参加工程设计施工总承包项目投标？

答 《工程建设施工项目招标投标办法》第三十五条规定："招标人的任何不具独立法人资格的附属机构（单位），或者为招标项目的前期准备或者监理工作提供设计、咨询服务的任何法人及其任何附属机构（单位），都无资格参加该招标项目的投标"。

《房屋建筑和市政基础设施项目工程总承包管理办法》第十一条规定："工程总承包单位不得是工程总承包项目的代建单位、项目管理单位、监理单位、造价咨询单位、招标代理单位。政府投资项目的项目建议书、可行性研究报告、初步设计文件编制单位及其评估单位，一般不得成为该项目的工程总承包单位。政府投资项目招标人公开已经完成的项目建议书、可行性研究报告、初步设计文件的，上述单位可以参与该工程总承包项目的投标，经依法评标、定标，成为工程总承包单位。"

《公路工程设计施工总承包管理办法》第六条第四项规定："总承包单位（包括总承包联合体成员单位，下同）不得是总承包项目的初步设计单位、代建单位、监理单位或以上单位的附属单位"。

上述法律规定不尽一致，由于本题中涉及的是大型公路建设工程设计施工总承包项目，笔者倾向于认为只要招标人公开可行性研究报告，所有投标人得到的信息对等，不会构成对其他投标人的不公平竞争，可行性研究报告编制单位即可以参与该项目投标。

39. 同一品牌同一型号的货物的数个代理商能否参与同一项目的投标？

问 A 公司是某知名品牌机电设备的制造商，B 公司、C 公司是其授权代理商。

D 公司招标采购一批机电设备且明确允许授权代理商投标。B 公司和 C 公司是独立法人，不存在关联关系，能否以 A 公司品牌的代理商身份以同一型号参加 D 公司的招标活动？

答 不能。

《工程建设项目货物招标投标办法》第三十二条第四款规定："一个制造商对同一品牌同一型号的货物，仅能委托一个代理商参加投标。"一个制造商对同一品牌的货物可以通过合法授权方式同时委托数个代理商，以畅通货物销路。若允许同一品牌同一型号的多个代理商参加同一标包或未划分标包的同一项目的竞标，使同一制造商产品的中标概率成倍上升，违反公平原则，扰乱市场竞争秩序。因此，本题中，B 公司和 C 公司不能同时参与同一项目投标。

40. 同一品牌同一型号产品的制造商和授权的代理商能否参加同一项目的投标？

问 A 公司是某知名品牌电气设备的厂商，B 公司是其授权代理商。双方拟共同参加 C 公司电气设备项目的投标，法律是否允许？

答 目前法律无明确规定，基于公平原则，应不允许投标。

《工程建设项目货物招标投标办法》第三十二条第四款规定："一个制造商对同一品牌同一型号的货物，仅能委托一个代理商参加投标。"同一品牌的制造商和代理商是否可同时参加同一项目投标，目前法律对此无明确规定。基于公平原则，应确保各个投标人机会平等。同一制造商和代理商的产品仍然是由同一家厂商提供，如果允许制造商和代理商同时以同一品牌同一型号的产品投标，相当于"一标多投"，对其他投标人的竞争不公平。实践中，招标人为避免投标争议，可在招标文件明确规定不允许同一品牌的制造商和代理商以同一型号货物参加同一项目的投标。

第二节 投标前期决策

1. 招标人能否只接受潜在投标人固定人员办理招标文件购买事宜？

问 某地交通运输局出台关于该地区交通水运工程招标投标管理的规范性文件，要求招标人须在招标公告（文件）中载明，仅接受潜在投标人在该地区备案登记的投标办理员办理招标文件购买事宜，该要求是否妥当？

答 是否投标，如何投标，以及委托谁办理投标事宜，均是潜在投标人的经营自主权，不应由行政主管部门以"红头文件"的形式加以干涉。

本题中,某地交通运输局规定仅接受在本地区备案人员购买招标文件,实际上已在法定的招标投标程序外新增所谓登记、备案等变相审批程序,限制了市场主体内部人员分工和职责安排。如该所谓登记、备案人员患病负伤,或劳务关系转移等因素导致无法办理投标事宜的,将直接或间接影响潜在投标人参与竞争。市场监管总局等五部门颁布的《公平竞争审查制度实施细则》中明确:"在招标投标、政府采购中设定其他不合理的条件排斥或者限制经营者参与招标投标、政府采购活动;不得设置没有法律、行政法规或者国务院规定依据的审批或者具有行政审批性质的事前备案程序"。因此,某地交通运输局出台的规范性文件与优化营商环境及公平竞争审查制度存在冲突,应调整其内容并经公平竞争审查后,再行实施。

2. 招标人是否一定要组织现场踏勘?

问 在工程建设项目招标活动中,招标人是否必须组织投标人踏勘现场?招标人未组织潜在投标人进行现场踏勘是否违规?

答 招标人可以组织现场踏勘,也可以不组织现场踏勘,不组织现场踏勘并不违反法律规定。

《招标投标法》第二十一条规定:"招标人根据招标项目的具体情况,可以组织潜在投标人踏勘项目现场。"《工程建设项目施工招标投标办法》第三十二条规定:"招标人根据招标项目的具体情况,可以组织潜在投标人踏勘项目现场,向其介绍工程场地和相关环境的有关情况。潜在投标人依据招标人介绍情况作出的判断和决策,由投标人自行负责。招标人不得单独或者分别组织任何一个投标人进行现场踏勘。"因此,对于是否必须要组织投标人踏勘现场,法律上并没有强制性规定。

3. 招标代理机构是否可以组织部分潜在投标人踏勘项目现场?

问 A 公司某建设工程项目确定潜在投标人后,B 公司作为招标代理机构组织潜在投标人踏勘项目现场,但因疫情影响,外地的潜在投标人无法到达现场,于是B 公司组织本市的潜在投标人踏勘项目现场,是否可行?

答 不可行,招标代理机构可以组织潜在投标人踏勘项目现场,但不得只组织部分潜在投标人现场踏勘。

《工程建设项目施工招标投标办法》第二十二条第二款规定,招标代理机构也可以在招标人委托的范围内,承担组织投标人踏勘现场事宜。第三十二条规定,招标人根据招标项目的具体情况,可以组织潜在投标人踏勘项目现场,向其介绍工程场地和相关环境的有关情况。潜在投标人依据招标人介绍情况作出的判断和决策,由投标人自行负责。招标人不得单独或者分别组织任何一个投标人进行现场踏勘。《招标投标法实施条例》第二十八条进一步明确规定,招标人不得组织单个或者部分潜在投标人踏勘项目现场。

4. 对于潜在投标人针对招标文件的疑问，招标人以书面方式进行回复，是否允许？

问 某建设项目的潜在投标人 A 在现场踏勘的过程中就招标文件的内容提出疑问，招标人以书面形式通知该提出疑问的潜在投标人，是否允许？

答 允许招标人以书面形式解答疑问，但需同时将书面解答通知所有招标文件收受人，不能只回复疑问提出者。如《工程建设项目勘察设计招标投标办法》第十七条规定："对于潜在投标人在阅读招标文件和现场踏勘中提出的疑问，招标人可以书面形式或召开投标预备会的方式解答，但需同时将解答以书面方式通知所有招标文件收受人。该解答的内容为招标文件的组成部分。"

5. 招标人组织现场踏勘或投标预备会如何对潜在投标人的信息保密？

问 招标人组织潜在投标人到招标项目现场进行踏勘，或者在投标预备会议上，能否在潜在投标人报到后进行点名、安排签到以确认潜在投标人是否到场？这种做法是否会泄露潜在投标人信息？

答 不能集中点名、签到，否则有泄漏潜在投标人信息的风险。

《招标投标法》第二十二条规定："招标人不得向他人透露已获取招标文件的潜在投标人的名称、数量以及可能影响公平竞争的有关招标投标的其他情况。"也就是说，在开标之前，潜在投标人的名称、数量都应当保密，防止串通投标，这是招标人的法定义务。在组织踏勘现场或在投标预备会议上，如果点名或组织潜在投标人签名，都可能泄露潜在投标人的名称、数量等，违反上述保密规定。因此，招标人在组织踏勘现场或在投标预备会议上不得点名或组织集中签名。如确有必要确认潜在投标人是否到场，招标人可以逐一要求到场的潜在投标人单独报到或签名。

6. 投标人参加投标发生的费用应由谁承担？

问 投标人参加投标，不一定能中标，投标失败后这些投标成本就打了水漂，请问这些投标成本应当由谁承担合适？能否由招标人承担？

答 投标人的投标费用，应自行承担。

投标费用是投标人必要的管理成本，通常做法是以投标人自行承担投标费用为原则，以招标人补偿投标费用为例外。根据《工程建设项目勘察设计招标投标办法》第十五条、《建筑工程设计招标投标管理办法》第十条、《建筑工程方案设计招标投标管理办法》第三十八条等规定，工程建设项目设计、建筑工程方案设计招标项目可考虑对投标费用给予补偿。招标人是否补偿投标费用，应在招标文件中明确表述。如《标准施工招标文件》第 1.5 条规定："投标人准备和参加投标活动发生的费用自理"。因此，实践中，常见招标文件约定"投标人参加本次招标投标项目所支出的成本和费用，不论中标与否，均由其自行承担"，不违反法律规定，也符合交易惯例。当然，法律也不禁止招标人对投标人的投标成本予以补偿。

第三节 投标文件

一、投标文件的编制

1.联合体签订的共同投标协议格式和内容需要满足哪些要求？

问 某工程建设项目施工招标接受联合体投标，并要求联合体成员应按照招标文件提供的格式签订共同投标协议，其中应明确牵头单位和其他各成员单位的职责分工。A、B、C 三家公司组成联合体参与投标，但提供的共同投标协议由三家公司自行起草，其中未明确三家单位的职责分工。请问：这份协议是否满足招标文件要求？

答 上述共同投标协议不满足招标文件要求。

联合体共同投标协议是投标文件的有效组成部分，其内容一般包括：一是约定各方承担的专业工作和相应责任；二是明确联合体一方为牵头人，接受联合体所有成员的授权，负责投标和合同履行、项目组织和协调等工作；三是约定联合体各方都应当按期完成所承担的项目任务，及时向其他各方通报所承担项目的进展和实施情况；四是约定共同履行投标义务，向招标人承担连带责任等。未按招标文件提供的格式签订共同投标协议或者有限制、免除联合体成员连带责任的内容的，都属于共同投标协议内容存有瑕疵，属于"重大偏差"，该投标可能因"没有对招标文件的实质性要求和条件作出响应"而被否决。

本题中，招标文件提供了共同投标协议格式，要求联合体成员应按照招标文件提供的格式签订，但 A、B、C 三家公司组成的联合体自行起草格式签订了共同投标协议，并且缺少了职责分工内容，影响评标委员会对联合体的资质资格、履约能力进行评审，属于未对招标文件的实质性要求和条件作出响应，依据《招标投标法实施条例》第五十一条规定，该联合体的投标应当被否决。

2.投标人能否在招标文件规定的格式之外自行制作投标文件格式？

问 某公司工程设备安装项目招标文件规定："投标人应当按照招标文件规定制定投标文件，不得改变投标文件格式，否则按否决投标处理。"某投标人投标分项报价表格式自拟，只有分项价格而未显示总价，且根据该分项报价计算出的实际总价与投标一览表所载明的投标报价不一致，无法判断其准确的投标报价。请问：投标人能否自行制作投标文件格式？

答 不能。

根据《招标投标法》第二十七条规定，投标人应当按照招标文件的要求编制投标文件，对招标文件提出的实质性要求和条件作出响应，其中包括按照招标文件中明确设定的投标文件格式和内容编写投标文件。评标委员会评审投标文件，主要针对投标文件内容是否符合招标文件要求和条件，逐一进行审核与评价。投标文件的格式如果与招标文件拟定的投标文件格式不一致，内容也有删减或修改，从中无法区分、辨别评审所需的必要信息，影响评标专家正常评标，或者导致投标文件内容不符合招标文件的实质性要求和条件的，都可以否决投标。当然，投标人对投标文件格式的调整，如果涉及评审因素的内容无缺漏，实质性响应招标文件要求，且并不影响评审工作的，可以不否决投标，宜作评审减分处理。

因此，招标文件给定投标文件格式的，投标文件应当按照此格式编写，不要擅自变更其中实质性内容；如果没有给定格式，投标人可以根据自己的理解来编写。本题中，投标人未按照招标文件规定的格式、内容制定投标文件，而是自行制定投标文件格式，导致前后报价不一致，评标委员会无法判断真实的投标报价，影响评标，根据招标文件规定，应当否决该投标。

3. 投标人是否可以采用扫二维码查看的方式提供投标文件中有关设备的技术参数等技术资料？

问 某招标项目评审过程中，评标专家发现，投标人 A 的投标文件中没有记载所投设备的相关技术资料，仅是提供一个二维码，并备注："请扫描二维码获取设备参数信息"。请问：投标人可以通过这种方式提供设备的技术参数吗？

答 不可以采用扫二维码查看的方式提供投标文件的有关内容。

招标投标过程本质上是合同订立的过程，根据《民法典》第四百七十二条规定，要约是希望与他人订立合同的意思表示，该意思表示应当符合内容具体确定，投标文件就是投标人向招标人发出的要约。据此，投标文件的内容应当是具体确定的；同时，根据《招标投标法》规定，投标截止时间后，投标文件的内容不能修改。本题中，投标人 A 提供的二维码本身并不包含设备技术参数信息，仅是一个数据链接，而链接引导下载的文件源是由投标人自定的，存在随时被修改的可能，这违背了上述《民法典》和《招标投标法》的有关规定。再者，评标的环境不容许这样的递交方式，《招标投标法》第三十八条规定："评标应当在严格保密的环境下进行"，这种通过访问互联网获取投标文件内容的方式，在评标现场是严格禁止的。

4. 抄袭他人的投标文件中的技术方案是否构成侵犯著作权?

问　甲公司发现乙公司竞标 B 中学污水处理工程时递交的投标文件的技术方案、施工方案等内容与该公司在 A 中学污水处理工程所使用的投标文件存在雷同和相似之处,基本完全一致,认为乙公司侵犯其著作权而提出索赔请求,乙公司对此未能给出合理释释。请问,抄袭他人投标文件是否涉嫌侵犯著作权?

答　是。

《著作权法实施条例》第二条规定:"著作权法所称作品,是指文学、艺术和科学领域内具有独创性并能以某种有形形式复制的智力成果。"独创性是作品获得著作权保护的必要条件。一般来讲,独创性也称原创性或初创性,是指一部作品经独立创作产生而具有的非模仿性(非抄袭性)和差异性。独创性是仅就作品的表现形式而言的,不涉及作品中包含或反映的思想、信息和创作技法。著作权法要求的作品独创性,只要该作品是作者独立创作完成,而不是抄袭他人或来自公知公用领域,就能够满足独创性的要求。本题中,甲公司对投标文件的编排制作,特别是其中的技术方案、施工方案等内容,系采用独特、具有个性特征的表达形式,是其智力活动的产物,具有独创性和可复制性,符合《著作权法》关于"作品"的构成要件。因此,甲公司对其投标文件拥有著作权。乙公司的投标文件中的技术方案与甲公司的投标文件雷同,对此乙公司又未能证明系自己独立完成或来自公有领域,根据《著作权法》第四十八条规定可以认定乙公司侵犯了甲公司的著作权。

5. 除了投标文件模板中明确要求盖章的地方,投标文件其他页面是否仍有必要每页都加盖印章?

问　在招标投标活动中,除了投标文件模板中明确要求盖章的地方,投标文件的其他页面(如技术方案、业绩证明文件等)是否仍有必要每页都加盖印章?

答　没必要每页都加盖印章。

《招标投标法实施条例》第五十一条规定,"投标文件未经投标单位盖章和单位负责人签字"的,评标委员会应当否决该投标。要求投标文件经单位盖章或法定代表人(授权代表)签字的目的,是证明投标文件是该投标人编制提交的,对该投标人具有法律约束力。投标文件的签字盖章要求主要是针对投标函的。投标函是投标文件最重要的组成部分,一般均作为合同文件的内容。如果将签字盖章要求泛化到投标文件的各个部分,会导致无谓的和过多的否决投标,不符合鼓励交易的原则。从这点来说,纸质化招标也好,电子化招标也罢,除了招标文件明确要求盖章的地方,其他页面并不需要加盖印章或签字。

6. 投标文件加盖投标专用章有法律效力吗?

问　A 公司办公楼装修项目招标,B 公司投标文件盖章为投标专用章,该投标文件是否具有法律效力？

答 在投标文件无特别说明的情况下，该投标文件无效。

《招标投标法实施条例》第五十一条规定："有下列情形之一的，评标委员会应当否决其投标：（一）投标文件未经投标单位盖章和单位负责人签字……"此处"投标单位盖章"指的应是投标单位行政公章，不得以投标专用章或其他任何印章代替。若投标人在投标文件中书面说明"投标专用章（或合同专用章）与单位公章具有同等效力"，可以认定投标文件有效。若投标文件无特别说明并加盖本单位公章，该投标文件无效，应否决其投标。

7. 投标人为何要采取不平衡报价方式？招标人应如何应对？

问 某施工单位投标某生产车间新建土建工程，经评标委员会评审排名第一，推荐为中标候选人。某造价咨询单位进行中标报价合理性分析时，将该投标单位投标报价与最高投标限价进行对比分析，发现该工程采用总价合同，有完整的施工图、招标工程量清单；与最高投标限价相比，该单位投标总价合理，但各子目综合单价有高有低。突出表现为，在进行"挖一般土方""挖坑槽土方"等清单子目综合单价组价时，对定额人工及机械费用进行系数调整，人工乘以 5，机械乘以 4，以抬高综合单价；而在进行墙体抹灰等装饰工程综合单价组价时，也对定额人工及机械费用进行了系数调整，人工乘以 0.2，机械乘以 0.1，以降低综合单价。造价咨询单位认为，投标单位很可能采用了"前重后轻型"不平衡报价方式，提请招标人在签订合同时注意。请问：投标人为何要采取这种不平衡报价方式？招标人应如何应对？

答 本题中，"土石方工程"位于工程进度前期，"装饰工程"位于工程进度后期。由于货币具有时间价值，投标人在总价不变的情况下调高能够早日结算项目的报价，调低后期施工项目的报价，有利于资金周转，增加收益。另外，在收入大于支出的"顺差"状态下，工程的主动权将掌握在承包人自己的手中，从而提高索赔的成功率和风险的防范能力。

本题总价合同中采用"里程碑付款"结算方式。里程碑付款是发承包双方约定按单项工程或单位工程的形象进度划分不同阶段进行结算。该建筑工程可以划分为土石方、基础、结构、装饰、设备安装等几个阶段，每阶段工程完工后再进行结算。此种结算方式下，采用"前重后轻型"不平衡报价将使投标人获益。

对于不平衡报价，招标人应当注意以下几点：一是招标图纸是招标人编制最高投标限价、投标人投标报价的重要依据，应当提高招标图纸的设计深度和质量，尽量采用施工图招标，提高工程量清单的编制质量，避免因招标工程量本身的"前重后轻"给投标人不平衡报价带来机会。二是招标人应确定清单重点子目以及综合单价的合理价格区间。可在广泛收集工程招标投标与结算造价数据的基础上，开展造价分析，挖掘数据价值。通过已有招标投标数据与结算数据对比分析，确定招标工程量清单中的重点清单，以及综合单价合理价格区间，以识别畸高或畸低的不平衡报价。三是评标时应对报价明细进行甄别。一些工程采用"综合评估法"评标，即报价分（50 分）+ 技术分（40 分）+ 商务分（10 分，其中报价质量评价占 20%）的评标模式，这种"重总价、轻明细报价"的模式忽视了投标报价明细质量甄别，投标人往往在保持总价不变的情况下采用不平衡报价的策略，比如本题。评标时应重点关注土方等重点项目清单，同时可将工程进度款结算方式作为投标人投标内容之一，评标时进行评审。四是合同签订阶段可采取措施避免不平衡报价的影响。招标人在签订合同前应开展中标报价合理性分析，深化评标阶段清标内容，详细判断投标报价明细质量，预警报价风险，指导合同签订。

二、投标文件的送达与接收

8. 招标文件发售期最后一日为休假日需要顺延的，投标截止时间需要同步顺延吗？

问 某依法必须进行招标的项目招标文件发售期最后一日恰巧为休假日，根据《民法典》第二百零三条规定："期间的最后一日是法定休假日的，以法定休假日结束的次日为期间的最后一日"，顺延后，招标文件发售期实际为 6 日。《招标投标法》第二十四条中规定："依法必须进行招标的项目，自招标文件开始发出之日起至投标人提交投标文件截止之日止，最短不得少于二十日"，《招标投标法实施条例》第十六条中规定："资格预审文件或者招标文件的发售期不得少于 5 日"，招标人综合上述两条规定认为：招标文件发售期原计划为 5 日，实际为 6 日，顺延了 1 日，受此影响，投标截止时间也应顺延 1 日。请问：招标文件发售期最后一日为休假日需要顺延的，投标截止时间需要同步顺延吗？

答 《招标投标法》第二十四条中规定："依法必须进行招标的项目，自招标文件开始发出之日起至投标人提交投标文件截止之日止，最短不得少于二十日"。可见投标文件截止时间与招标文件的发售时间相关，与招标文件的发售截止时间无关，本题中招标文件发售期因节假日顺延，投标截止时间并不需要同步顺延。

《招标投标法》第二十四条和《招标投标法实施条例》第十六条分别规定了"等标期"和"招标文件发售期"的时长，这是两个完全独立的规定，互不干扰；巧的是两个时间同属一个起点，会让人误以为它们存在时间上的前后程序关系，彼此牵制；实则不然，它们其实是各自独立的，各自满足规定时长即可。

9. 招标人在收到投标文件后，立即开启查看，是否允许？

问 招标人在收到投标文件后，以查看投标文件格式是否正确或材料是否齐全为由，立即开启查看，是否允许？

答 不允许招标人在收到投标文件后立即开启。

《招标投标法》第二十八条规定："招标人收到投标文件后，应当签收保存，不得开启"，第三十六条规定："开标时，由投标人或者其推选的代表检查投标文件的密封情况，也可以由招标人委托的公证机构检查并公证；经确认无误后，由工作人员当众拆封，宣读投标人名称、投标价格和投标文件的其他主要内容。"因此，投标文件应当在招标文件中确定的提交投标文件截止时间的同一时间公开进行，在开标时检查其密封情况后再当众拆封。

10. 建设工程项目招标人拒收投标文件的情形有哪些？招标人将应当拒收的投标文件接收后应当承担什么法律责任？

问 某建设工程项目投标人在递交投标文件时，未将投标文件进行密封而递交给招标代理机构，招标代理机构工作人员未经检查即接收该投标文件，请问招标代理机构能否接收未按照要求密封的投标文件？接收了会受到什么处罚？

答 根据《招标投标法》第二十八条、《招标投标法实施条例》第三十六条及《工程建设项目施工招标投标办法》相关规定，招标人在以下情形下应当拒收投标文件：（一）在招标文件要求提交投标文件的截止时间后送达的投标文件；（二）未通过资格预审的申请人提交的投标文件；（三）不按照招标文件要求密封的投标文件。招标人接受应当拒收的投标文件的，根据《招标投标法实施条例》第六十四条规定，由有关行政监督部门责令改正，可以处 10 万元以下的罚款，对单位直接负责的主管人员和其他直接责任人员依法给予处分。

11. 关联单位的投标文件是否可以拒收？

问 A 招标代理机构在接收投标文件的时候，发现有几家公司存在关联关系，有的是母子公司同时参加投标，有的是同一集团公司下属的不同子公司同时参加投标。针对这种不正常投标情形，是否可以拒收关联企业的投标文件？

答 不可以。

根据《招标投标法实施条例》第三十六条第一款规定，未通过资格预审的申请人提交的投标文件，以及逾期送达或者不按照招标文件要求密封的投标文件，招标人应当拒收。本题所述情形不属于依法可以拒收投标文件的情形。凡有意向的供应商都可以投标，至于其关联关系是否影响投标的有效性，则待开标之后由评标委员会评审认定。

12. 投标人未按招标文件规定提交投标保证金的，其投标文件能否直接拒收？

问 H 县市政管理局停车场及周边雨水分流设施扩建项目，投标截止时间前招标代理机构发现某投标人提交的投标保证金未及时到账，以此为由拒收其投标文件，该行为是否妥当？

答 未按招标文件要求提交投标保证金不属于法定的拒收投标文件的情形，不应擅自拒收其投标文件。

对于投标人依法提交且符合法律法规有关规定的投标文件，招标人、招标代理机构应当按程序接收、登记。只有出现了法定的拒收情形时，才应当依法拒收投标文件。对此，《招标投标法实施条例》第三十六条规定："未通过资格预审的申请人提交的投标文件，以及逾期送达或者不按照招标文件要求密封的投标文件，招标人应当拒收"。其中并没有投标文件存在重大偏差而可以拒收的规定。招标文件要求投标人提交投标保证金的，实践中应作为实质性条件由评标委员会进行"响应性评审"，而不宜作为直接拒收投标文件的理由。

13. 开标时经检查，密封存在问题的投标文件是否予以拒收？

问 某房建工程招标项目开标现场投标文件密封检查环节，A 公司提出 B 公司文件封面存在一定的轻微破损，要求招标人拒收其投标文件，该诉求是否合理？

答 该诉求不合理，投标截止时间前接收的所有投标文件，开标时都应当当众予以拆封、宣读。

关于投标文件的密封、检查与拒收，应结合有关法条联系理解，而不能孤立、割裂地片面理解。《招标投标法》第三十六条第一款规定："开标时，由投标人或者其推选的代表检查投标文件的密封情况，也可以由招标人委托的公证机构检查并公证；经确认无误后，由工作人员当众拆封，宣读投标人名称、投标价格和投标文件的其他主要内容"。这里的开标时检查密封情况，目的在于核实己方前期已提交的投标文件，在提交后、投标截止时间前这段时间是否被接收方擅自提前开启，是否存在泄露关键信息。第三十六条第二款规定："招标人在招标文件要求提交投标文件的截止时间前收到的所有投标文件，开标时都应当当众予以拆封、宣读"，阐明了接收投标文件的具体时间为投标截止时间前。《招标投标法实施条例》第三十六条规定："不按照招标文件要求密封的投标文件，招标人应当拒收；招标人应当如实记载投标文件的送达时间和密封情况，并存档备查"，进一步明确投标截止时间前的接收投标文件环节，接收方须核实投标文件密封情况，并做好有关情况的记录，对密封不合格的，该阶段就应予以拒收，不存在所谓开标现场再拒收投标文件的情况。

14. 招标人对于未通过资格预审的申请人提交的投标文件或者逾期送达的投标文件，一律签收，是否允许？

问 招标人为维护公司之间的友好来往，对于未通过资格预审的申请人提交的投标文件或者逾期送达的投标文件，一律签收，是否允许？

答 不允许招标人签收逾期送达或者未通过资格预审的申请人提交的投标文件。法律依据是《招标投标法实施条例》第三十六条规定，"未通过资格预审的申请人提交的投标文件，以及逾期送达或者不按照招标文件要求密封的投标文件，招标人应当拒收。"

三、投标文件的补充、修改、撤回和撤销

15. 投标后，投标人能否撤回投标文件？

问 A 公司在 B 公司工程水工设施运维建设项目中投标后，发现工作人员错把之前为 C 公司项目制作的投标文件提交给 B 公司，A 公司能否撤回错误的投标文件？

答 A 公司应及时发出撤回投标文件的书面通知，通知自投标截止时间前到达 B 公司。

《招标投标法实施条例》第三十五条规定："投标人撤回已提交的投标文件，应当在投标截止时间前书面通知招标人。招标人已收取投标保证金的，应当自收到投标人书面撤回通知之日起 5 日内退还。投标截止后投标人撤销投标文件的，招标人可以不退还投标保证金"。该条款的设定，充分尊重了市场主体自由选择、交易、退出竞争的市场规则，允许投标人在投标截止时间之前撤回、修改投标文件。若在投标截止时间后撤销投标文件，基于诚实信用原则，防止恶意投标，赋予招标人选择是否扣留投标人的投标保证金的权利，保证投标的稳定性和招标投标后续工作的顺利开展。综上，A 公司可在投标截止时间前书面撤回投标文件。

16. 投标人撤回投标文件时需注意哪些事项？

问 一水利工程项目，开标前 10 分钟，某投标人代表口头提出撤回投标文件，招标代理机构以临近投标截止时间为由拒绝其要求，有关人员操作有何不妥？

答 招标代理机构拒绝其撤回理由不妥，投标截止时间前投标人有权撤回其投标文件，前提是投标人撤回投标文件应通过书面形式提出。

投标截止时间前，投标人可以根据项目竞争、投标决策等因素，自行决定撤回其提交的投标文件，这是《招标投标法》第二十九条赋予招标人的自主经营权。但需要注意的是，撤回投标文件必须以书面形式提出，仅仅口头提出并不符合规定程序，招标人和招标代理机构应当拒绝。投标人依法撤回投标文件的，招标人也应在收到书面撤回通知之日起 5 日内退还其投标保证金。投标截止时间作为是否允许投标人撤回（销）投标文件的分水岭，投标截止后投标人撤销投标文件的，招标人可以不退还投标保证金。

17. 是否允许投标人通过修正或者撤销投标文件中不符合要求的条款,使之成为合格的投标?

问 A 公司参加某建设项目的招标活动,将招标文件中的打星号的实质性内容的条款有遗漏,未在投标文件中予以回应。投标文件提交后,想修正投标文件,是否允许?

答 不允许。

《工程建设项目施工招标投标办法》第五十二条明确规定:"投标文件不响应招标文件的实质性要求和条件的,招标人应当拒绝,并不允许投标人通过修正或撤销其不符合要求的差异或保留,使之成为具有响应性的投标。"

18. 投标截止时间后,投标人能否撤销投标文件,对该行为如何处理?

问 某工程物资采购项目招标文件规定:"在投标截止时间以后,不能修改或撤销其投标文件,否则取消其投标资格并不予退还其投标保证金。"投标时间截止后,招标代理机构收到 K 公司的函件,内容为:"由于本公司工作人员失误,本次投标报价低于生产成本,继续参与投标可能对本公司利益造成极大损失,本公司请求撤销投标文件。"请问:投标人能否撤销其投标文件,对其行为如何处理?

答 投标人投标与否由其自主决定,在投标截止时间之前可以提交投标文件也可以撤回其投标文件,但是在投标截止时间之后禁止将其投标文件撤销,否则有悖诚信原则,损害招标人的信赖利益。因此,《招标投标法》第二十九条、《招标投标法实施条例》第三十五条第一款、《工程建设项目施工招标投标办法》第三十九条均规定,投标人在投标截止时间之后不可再撤销投标文件。《民法典》第四百七十六条也作出了有关承诺期限内要约不得撤销的规定,故投标人不得在投标有效期内撤销其投标。

《招标投标法实施条例》第三十五条第二款进一步规定:"投标截止后投标人撤销投标文件的,招标人可以不退还投标保证金"。

本题中,投标人在投标截止时间后才通知招标人要撤销其投标文件,根据招标文件"在投标截止时间以后,不能修改或撤销其投标文件,否则取消其投标资格并不予退还其投标保证金"的规定,投标人 K 公司的投标将被否决,且还将要付出投标保证金不予退还的代价。

19. 提供虚假材料谋取中标,如果撤销了投标文件,投标人还应当接受处罚吗?

问 某公开招标项目,有五家公司通过资格和符合性审查,最终进入评分环节,评标委员会最终确定了得分最高的 A 公司为中标供应商，并在法定媒体上予以公告。公告发布后，排名第三的 C 公司，对排名第一的 A 公司和排名第二的 B 公司提出了质疑，质疑 A 公司的有关认证资料无效，质疑 B 公司的有关认证资料涉嫌提供虚假材料。经调查核实：A 公司的认证资料为有效，质疑不属实；B 公司的认证资料涉嫌提供了虚假材料。这样 B 公司则可能面临着提供虚假材料谋取中标的处罚，这时，B 公司则提出，我公司的投标还在投标有效期内，要撤销投标文件。该投标供应商还应当接受处罚吗？

答 该投标供应商应当接受处罚。

《招标投标法实施条例》第三十五条规定，投标人撤回已提交的投标文件，应当在投标截止时间前书面通知招标人。招标人已收取投标保证金的，应当自收到投标人书面撤回通知之日起 5 日内退还。投标截止后投标人撤销投标文件的，招标人可以不退还投标保证金。本题中，B 公司不是中标人，但已核实到其涉嫌提供虚假材料谋取中标的情况，其提出撤销投标文件后，对其投标保证金并不予退还。此外，B 公司撤销投标文件的行为不能改变其违法事实，因而其依法还需要承担提供虚假材料谋取中标的法律责任。

第四节 联合体投标

一、联合体的组建

1. 招标人能否拒绝联合体投标？

问 招标人不接受联合体投标，可否在招标文件中明确规定："本项目不接受联合体投标"？

答 可以。

《招标投标法》第三十一条规定，"两个以上法人或者其他组织可以组成一个联合体，以一个投标人的身份共同投标。"《招标公告和公示信息发布管理办法》第五条规定："依法必须招标项目的资格预审公告和招标公告，应当载明以下内容：……（二）投标资格能力要求，以及是否接受联合体投标"。也就是说，是否接受联合体投标，由招标人自主决定，并在资格预审公告和招标公告进行明确规定，一般应根据项目的不同、进度要求、标段划分、潜在投标人参与程度等因素综合考虑是否接受联合体投标。法律没有明确规定必须采用联合体投标，也没有规定招标人必须接受联合体投标，招标人在不影响竞争程序的情况下，有权拒绝联合体投标，该行为并不属于以不合理的条件限制潜在投标人的行为。国家发展改革委颁布的标准招标文件中也都在"投标人须知前附表"中要求招标人对"是否接受联合体投标"的选项选择"接受"还是"不接受"。

2. 招标人可否要求潜在投标人组成联合体？

问 某工程项目公开招标，有 A、B、C、D 四家单位参加投标，由于该项目技术比较复杂，各家技术实力和专业优势有所不同，B、D 两家综合实力相当，A、C各有其弱项但如果联合起来则实力占优。招标人向 A、C 暗示如果不组成联合体投标，则投标优势不明显。A、C 为了获得该项工程，同意组成联合体投标。请问招标人的这种做法是否合适？

答 不合适。

《招标投标法》第三十一条规定："两个以上法人或者其他组织可以组成一个联合体，以一个投标人的身份共同投标。……招标人不得强制投标人组成联合体共同投标，不得限制投标人之间的竞争。"依据这一规定，两个及以上供应商可以依法组成联合体投标实现强强联合、优势互补。对于投资规模大、技术复杂、管理难度大的招标项目，允许联合体投标是比较合适的选择。

但是，是否组成联合体投标、选择与谁组成联合体投标，是投标人自主经营权的范畴，招标人不得干涉。本项目招标人暗示 A 和 C 组成联合体投标，已经有了倾向性，影响其他投标人的公平竞争，这种做法是不合适的。

3. 招标文件应对联合体投标提出哪些要求？

问 在编写某招标项目的招标文件时，该项目涉及两个行业，根据市场情况，能够独自承担本项目的潜在投标人数量过少，因此决定允许联合体投标，那么在招标文件中规定哪些内容为宜？

答 首先，招标文件应明确接受联合体投标。本项目由于能够独自承担的潜在投标人数量过少，不接受联合体投标可能对竞争格局带来不利影响，招标人应当在招标文件中明确规定"本项目接受联合体投标"。

其次，招标文件应明确联合体各方必须具备的承担招标项目的相应资格条件。由同一专业的单位组成的联合体，按照资质等级较低的单位确定资质等级。

最后，招标文件应对联合体的组成方式提出要求。联合体投标必须提交联合体协议书，以明确联合体牵头人及各成员方的权利、义务和各自拟承担的项目内容。采取资格预审方式的项目，联合体应当在提交资格预审申请文件前组成，资格预审后联合体增减、更换成员的，其投标无效。联合体各方在同一招标项目中不得以自己的名义单独投标或者参加其他联合体投标，否则相关投标无效。

4. 联合体应当在何时组建？

问 某大型水利工程施工项目招标，接受联合体投标，A、B、C 三家公司欲组成联合体投标,那么该联合体应当在何时组成?

答 招标人一般会在资格预审公告或招标公告中写明是否接受联合体投标。《招标投标法实施条例》第三十七条规定:"招标人应当在资格预审公告、招标公告或者投标邀请书中载明是否接受联合体投标。招标人接受联合体投标并进行资格预审的,联合体应当在提交资格预审申请文件前组成。资格预审后联合体增减、更换成员的,其投标无效。"因此,接受联合体投标并进行资格预审的,联合体应当在提交资格预审文件前组成;不进行资格预审的,联合体在投标截止前组成并共同投标即可。

5. 单位负责人为同一人或存在控股、管理关系的两家单位能否组成联合体参加投标?

问 A、B 公司系母子公司,A 公司为 B 公司的控股子公司,这两家公司能否组成联合体参加投标?

答 可以组成联合体投标。

《招标投标法实施条例》第三十四条第二款规定,单位负责人为同一人或存在控股、管理关系的不同单位,不得参加同一标段投标或者未划分标段的同一招标项目投标。主要考虑,在此情形下,因其具有利益上的关联关系,这些投标人之间可能相互协商串通、一致行动,影响招标公正性,有必要对其参与同一项目的投标资格进行限制,以防止利益冲突,维护招标公正性。但是,如果这些具有利益冲突的两个单位组成联合体投标,是以一个投标人身份参与投标的,此情形下不会产生利益冲突,也就没有限制该联合体投标的必要。因此,单位负责人为同一人或存在控股、管理关系的两家单位可以组成联合体参加投标。

6. 联合体部分成员与招标人存在利害关系或者彼此之间存在关联关系,还能继续参与投标吗?

问 某联合体由 A、B、C 三个法人组成,其中 A 公司是招标人的子公司,B、C 公司的法定代表人为同一人。此时,A、B、C 公司还能继续组成联合体参与投标吗?

答 ABC 可以继续组成联合体参与投标。

尽管《招标投标法实施条例》第三十四条规定:"与招标人存在利害关系可能影响招标公正性的法人、其他组织或者个人,不得参加投标。单位负责人为同一人或者存在控股、管理关系的不同单位,不得参加同一标段投标或者未划分标段的同一招标项目投标。"但需注意,该条款的规制对象是独立参与投标的投标人。

就联合体参与投标活动而言，身份独立的是联合体，而非联合体各成员单位。因此，尽管 A 公司与招标人存在利害关系，只要不影响招标公正性，就可以参与投标；B、C 公司之间虽存在关联关系，但是 A、B、C 仅仅是联合体的组成成员，并非独立的投标人。因此，该种情形并不受《招标投标法实施条例》第三十四条的限制，A、B、C 可以继续组成联合体参与投标。

7. 联合体其中一名成员为失信被执行人的，是否影响联合体的投标资格？

问 A 公司因不执行生效判决被人民法院认定为失信被执行人，后 A 公司与 B 公司组成联合体进行投标，A 公司的失信行为记录是否会影响联合体的投标资格？

答 该联合体投标资格不合格。

根据《关于在招标投标活动中对失信被执行人实施联合惩戒的通知》（法〔2016〕285号）规定，在评标阶段，招标人或者招标代理机构、评标专家委员会应当查询投标人是否为失信被执行人，对属于失信被执行人的投标活动依法予以限制。两个以上的自然人、法人或者其他组织组成一个联合体，以一个投标人的身份共同参加投标活动的，应当对所有联合体成员进行失信被执行人信息查询。联合体中有一个或一个以上成员属于失信被执行人的，该联合体视为失信被执行人，其投标资格即不合格。

8. 资格预审后联合体变更成员，投标是否有效？

问 某招标项目接受联合体投标，并进行资格预审。A 公司、B 公司、C 公司组成联合体提交了资格预审申请文件，并通过了资格预审后，C 公司因自身原因决定不再参与联合体投标，A 公司、B 公司决定将 C 公司更换为 D 公司，该联合体投标是否有效？

答 无效。

《招标投标法实施条例》第三十七条第一款、第二款规定："招标人应当在资格预审公告、招标公告或者投标邀请书中载明是否接受联合体投标。招标人接受联合体投标并进行资格预审的，联合体应当在提交资格预审申请文件前组成。资格预审后联合体增减、更换成员的，其投标无效。"本题中，因 A 公司、B 公司、C 公司组成联合体已通过资格预审，在资格预审后更换成员 C 公司为 D 公司，该联合体成员发生变化，此联合体非彼联合体，并未经过资格预审合格，故其投标无效。

9. 工程施工项目招标，联合体职责分工可以约定其中一家负责施工，另一家负责管理吗？

问 某新建大型综合楼宇建筑工程采用施工总承包方式进行发包，投标人资质要求为建筑工程施工总承包特级，由于施工难度高、体量大，决定接受联合体进行投标。A公司资质为建筑工程施工总承包特级，但鉴于公司当前的施工承载力已接近饱和，于是想通过联合体的方式将施工作业任务分工给合作对象，自己仅负责工程管理任务。请问：A公司如此分工是否合法合规？

答 A公司的分工设想并不违法。

《招标投标法》第三十一条规定："两个以上法人或者其他组织可以组成一个联合体，以一个投标人的身份共同投标。联合体各方均应当具备承担招标项目的相应能力；国家有关规定或者招标文件对投标人资格条件有规定的，联合体各方均应当具备规定的相应资格条件。由同一专业的单位组成的联合体，按照资质等级较低的单位确定资质等级"，据此可知，法律对联合体应如何分工并没有明确规定，更没有禁止上述A公司的分工设想。按照"法无禁止皆可为"的原则，同时在招标文件没有禁止A公司如此分工计划的情形下，A公司的分工是可行的。

10. 联合体投标未附联合体投标协议的，是否允许？

问 A、B公司欲组成联合体参加C公司组织的招标活动。在提交投标文件时未将共同投标协议一并提交，是否允许？

答 不允许。

《招标投标法》第三十一条第三款规定："联合体各方应当签订共同投标协议，明确约定各方拟承担的工作和责任，并将共同投标协议连同投标文件一并提交招标人。"《招标投标法实施条例》第五十一条规定："有下列情形之一的，评标委员会应当否决其投标：（二）投标联合体没有提交共同投标协议……"因此，联合体各方应当将共同投标协议连同投标文件一并提交招标人，否则其投标将被否决。

11. 中标合同签订后，联合体各方变更联合体协议是否有效？

问 联合体投标必须签订联合体协议，载明联合体各方职责分工并提交给招标人。请问：中标合同签订后，联合体各方变更联合体协议是否有效？

答 可以变更联合体协议，但未经招标人同意的变更内容对招标人无约束力。

我国现行法律法规并未就联合体各方能否变更联合体协议作出明确的规定，根据"法无禁止皆可为"的原则，联合体各方可以在协商一致的基础上变更联合体协议，其效力在不违反《民法典》及其他法律法规的强制性规定的情况下应当认定为有效。联合体协议是联合体之间关于权利义务的约定，仅具有约束联合体成员各方的效力，并不及于协议外的第三方，因此联合体各方变更联合体协议，属于联合体内部权利义务的调整，不对中标合同的效力和履行及建设单位的权利造成影响，也不影响其共同对招标人承担的连带责任。实践中，有的招标文件中规定"联合体协议经发包人确认后作为合同附件。在履行合同过程中，未经发包人同意，不得修改联合体协议。"该约定并不能作为判定变更后的联合体协议的效力的依据，只是表明未经招标人同意的变更对招标人无约束力。

二、联合体投标的资质

12. 同一专业单位组成联合体投标的资质如何界定？

问 某公司具有建筑工程施工总承包三级资质，准备和一家具有一级资质的企业合作组成联合体，参与一个工程施工总承包项目的投标。这个项目要求的资质是建筑工程施工总承包二级，请问我们组成联合体后是否可以满足项目要求？

答 不满足。

《招标投标法》第三十一条规定，两个以上法人或者其他组织可以组成一个联合体，以一个投标人的身份共同投标。联合体各方均应当具备承担招标项目的相应能力；国家有关规定或者招标文件对投标人资格条件有规定的，联合体各方均应当具备规定的相应资格条件。由同一专业的单位组成的联合体，按照资质等级较低的单位确定资质等级。

根据上述规定，对于同一专业的工程内容，联合体的资质以联合体各方资质等级较低单位的资质进行确定。可见贵公司如与具备建筑工程施工总承包一级资质的企业组成联合体投标，则该联合体的资质按照"就低不就高"的原则，应按照贵公司所持资质等级确认为建筑工程施工总承包三级，不符合本项目资质等级要求。

13. 3500 万元的装饰装修施工项目可以由两个二级资质的施工企业组成联合体承包吗？

问 某装饰装修专业工程施工单独发包，工程估算价为 3500 万元，招标文件中资质要求为装饰装修工程专业承包一级，同时接受联合体投标。投标人 A、B 两家施工企业都只有装饰装修工程专业承包二级资质，并不满足招标文件要求，但投标人 A、B 合议：我们可以通过联合体协议进行分工，各自承担 1750 万施工任务，如此二级资质不就满足了。请问：3500 万元的装饰装修施工项目，可以由两个二级资质的施工企业组成联合体承包吗？

答 不可以。

联合体是一个临时性组织，其本身并不具备资质条件，在评标时，评标委员会首先应根据联合体协议分工审核联合体成员是否具备完成分工任务的资质能力，主要是根据《招标投标法》第三十一条规定确定其资质等级，该条中规定"由同一专业的单位组成的联合体，按照资质等级较低的单位确定资质等级。"本题中，投标人 A、B 同属装饰装修工程专业承包资质，根据上述法律规定，两家公司组成的联合体的资质应确定为装饰装修工程专业承包二级资质，故而不满足招标文件的要求，应当否决该联合体的投标。

14. 由不同专业的单位组成的联合体的资质如何认定？

问 某工程施工项目要求施工单位应同时具备建筑工程总承包二级和市政工程总承包二级两项资质，接受联合体投标。甲、乙两家公司组成联合体，其中甲公司具备建筑工程施工总承包二级资质，乙公司具备市政工程施工总承包二级资质，联合体协议载明，由甲公司负责建筑工程施工，由乙公司负责市政工程施工，请问该联合体的资质是否合格？

答 该联合体的投资资格是合格的。

根据《招标投标法》第三十一条规定，联合体协议约定同一专业分工由两个及以上单位共同承担的，按照"就低不就高"的原则确定联合体的资质。但是对于由不同专业的单位组成的联合体的资质，需要根据承担不同专业工作的联合体成员的专业资质分别认定。如本题中，工程施工项目要求施工单位应同时具备建筑工程总承包二级和市政工程总承包二级两项资质，甲、乙公司组成联合体，联合体协议约定由具备建筑工程施工总承包二级资质的甲公司负责建筑工程施工，由具备市政工程施工总承包二级资质的乙公司负责市政工程施工，则该联合体的资质应确定为建筑工程总承包二级（即以甲公司资质为准）和市政工程总承包二级（即以乙公司资质为准）。再从合理性角度分析，要求不承担建筑工程施工任务的企业具备建筑施工资质是不合理的；同样的道理，要求不承担市政工程施工任务的企业也应具备市政资质，也属于不合理要求。因此，投标联合体各方都只要具备各自所承担的那部分工作内容的相应资质即可。

三、联合体的禁止行为

15. 联合体一方是否可以与其他单位组成多个联合体对同一项目投标？

问 A 公司与 B 公司组成联合体参加某房屋建筑工程施工项目投标，A 公司为增加中标概率，又与 C 公司组成联合体参加该项目投标，A 公司的做法是否合法？

答 不合法。

《招标投标法实施条例》第三十七条第三款规定："联合体各方在同一招标项目中以自己名义单独投标或者参加其他联合体投标的，相关投标均无效。"可见，出于保护各个投标人中标机会公平的初衷，同一招标项目中只能投标一次，法律禁止一个供应商与其他多个供应商各自组成不同的联合体在同一项目中投标，否则任何一方的投标均无效。

16. 是否允许联合体其中一方单独以自己名义参加同一个招标活动?

问 某工程勘察设计项目招标,A 公司与其他公司组成联合体投标,同时 A 公司又单独以自己名义投标,是否允许?

答 不允许。

《招标投标法实施条例》第三十七条第三款规定:"联合体各方在同一招标项目中以自己名义单独投标或者参加其他联合体投标的,相关投标均无效"。《工程建设项目勘察设计招标投标办法》第二十七条规定:"以联合体形式投标的,联合体各方应签订共同投标协议,连同投标文件一并提交招标人。联合体各方不得再单独以自己名义,或者参加另外的联合体投同一个标。"因此,本题中,A 公司与其他公司组成联合体投标,同时又单独以自己名义投标,违背上述法律规定。

17. 招标人禁止联合体投标,两公司私底下签订协议,以一方名义参加投标,并约定中标后中标工程的一部分交由另一方施工,该情形应当如何认定?

问 某工程施工招标,建设单位在招标文件中明确拒绝联合体投标,A 公司与 B 公司签订《合作投标协议书》,约定双方以 A 公司名义参加投标,如工程中标则 A 公司为中标工程总承包方,与招标人签订承包主合同;A 公司将全部中标工程的 49% 交由 B 公司实施;B 公司同意向 A 公司交纳施工总金额的 1% 作为项目管理费。请问该情形如何认定?

答 该情形属于违法分包。

《招标投标法》第五十八条规定:"中标人将中标项目转让给他人的,将中标项目肢解后分别转让给他人的,违反本法规定将中标项目的部分主体、关键性工作分包给他人的,或者分包人再次分包的,转让、分包无效,处转让、分包项目金额千分之五以上千分之十以下的罚款;有违法所得的,并处没收违法所得;可以责令停业整顿;情节严重的,由工商行政管理机关吊销营业执照。"《最高人民法院关于审理建设工程施工合同纠纷案件适用法律问题的解释(一)》(法释〔2020〕25号)第一条第二款规定,承包人因转包、违法分包建设工程与他人签订的建设工程施工合同,应当依据民法典第一百五十三条第一款及第七百九十一条第二款、第三款的规定,认定无效。《建筑工程施工发包与承包违法行为认定查处管理办法》第十一条规定,本办法所称违法分包,是指承包单位承包工程后违反法律法规规定,把单位工程或分部分项工程分包给其他单位或个人施工的行为。第十二条规定了违法分包的具体情形,如:施工总承包单位将施工总承包合同范围内工程主体结构的施工分包给其他单位(钢结构工程除外)。

本题中,因本项目禁止联合体投标,故 A 公司与 B 公司在明知的情况下签订合作投标协议,该协议形式上为项目合作,实际上是为了规避建设单位的要求签订的工程分包协议,该分包行为未经建设单位认可,违反法律强制性规定,属于违法分包。

四、联合体签订合同与责任

18. 联合体投标后，牵头单位能否代表联合体和招标人签订合同？

问 A 公司和 B 公司作为联合体中标 C 公司的施工污水处理工程，因 B 公司距离 C 公司较远，A 公司能否作为联合体牵头单位代表联合体与 C 公司签订中标合同？

答 不能。

《招标投标法》第三十一条规定："联合体各方应当签订共同投标协议，明确约定各方拟承担的工作和责任，并将共同投标协议连同投标文件一并提交招标人。联合体中标的，联合体各方应当共同与招标人签订合同，就中标项目向招标人承担连带责任。招标人不得强制投标人组成联合体共同投标，不得限制投标人之间的竞争。"联合体在中标后，其成员各方应共同与招标人签订合同，并对合同执行情况承担连带责任。

19. 联合体中标后，联合体成员之间可以协商改变投标时的职责分工吗？

问 某装饰装修施工项目招标，招标文件规定接受联合体投标。中标联合体系由母子两家公司组成，均具备招标文件要求的承担相应工作内容的施工资质，联合体协议职责分工明确，并联合组成项目部管理班子。但招标人发现施工现场的项目部管理人员为母公司派遣，而一线的施工班组全为子公司派遣，并未按联合体协议分工执行。经问询得知，中标后，母子公司就如何完成该施工项目做了重新部署，母公司负责资金筹措和现场管理，子公司则听命于母公司的调遣，负责具体干活。请问：联合体中标后，联合体成员之间可以协商改变投标时的职责分工吗？

答 联合体中标后不得改变成员的职责分工。

《招标投标法》第三十一条规定："联合体各方应当签订共同投标协议，明确约定各方拟承担的工作和责任，并将共同投标协议连同投标文件一并提交招标人"，联合体通过签订联合体协议方式成立，并以一个投标人的身份参与投标，中标后应根据联合体协议约定分工履行合同，若职责分工发生改变，实质上改变了合同的履约主体，违反了合同的约定。而且，改变投标联合体成员职责分工后，实际履约的联合体成员可能不再满足招标文件的要求，不再符合资质规定，不再具备合同履约能力。本题中，中标联合体成员通过协商改变原协议的职责分工，从而实质上改变了合同的履约主体，违反了合同的约定。

20. 联合体成员能否单独要求解除合同？

问 A 公司、B 公司、C 公司组成联合体中标 D 公司的某建设工程项目，合同约定 A 公司承担勘察工作，B 公司承担设计工作，C 公司承担施工工作。因 A 公司进场勘察滞后，B 公司因自身原因未进行工程设计，致 C 公司无法按时进场施工，问 C 公司能否单独要求解除合同？

答 联合体一方成员不能单独要求解除合同。

《招标投标法》第三十一条规定，两个以上法人或者其他组织可以组成一个联合体，以一个投标人的身份共同投标。联合体各方应当签订共同投标协议，明确约定各方拟承担的工作和责任，并将共同投标协议连同投标文件一并提交招标人。联合体中标的，联合体各方应当共同与招标人签订合同，就中标项目向招标人承担连带责任。工程总承包项目中，联合体协议及总承包合同中均会对各成员的履约内容进行约定。各方成员以"一个投标人的身份"参与投标并中标，应当作为一个整体与招标人进行总承包合同的磋商、签订与履行，并对招标人承担连带责任。联合体一方成员对合同的解除均不具备单独的请求权，无法单独要求解除合同。

21. 联合体成员之间应当承担何种责任？

问 施工单位和设计单位组成联合体对某建设工程项目投标，中标后共同与建设单位签订合同，后因施工单位原因导致工期节点目标未实现，发包方依法追究违约责任，请问设计单位是否承担连带责任？

答 应承担连带责任。

根据《招标投标法》第三十一条第三款规定，联合体中标的，联合体各方应当共同与招标人签订合同，就中标项目向招标人承担连带责任。因此，本题中，在联合体投标中，因施工单位原因导致违约，设计单位应当承担连带责任。设计单位为避免该风险，可以和施工单位在联合体协议中约定在承担连带责任后向无过错的另一方追偿。

第五节　投标担保

一、投标担保的提交

1. 除投标保证金，能否要求投标人提交其他性质的担保？

问 B 市轨道交通工程弱电智能化安装项目合同估算价 7000 万元，其招标文件要求，投标截止时间前投标人须提交投标保证金 80 万元、入场设备安装质保金 200 万元，并预留结算工程价款结算总额的 3% 作为工程质保金，上述要求是否允许？

答 招标人不得要求投标人提交所谓入场设备安装质保金，且工程质保金比例设置不妥，应及时纠正。

目前在国家"放管服"改革和优化营商环境、减轻企业负担、促进经济发展、激发市场竞争活力等政策的要求下，无论是招标投标还是政府采购领域，都不能设置没有法律法规依据的保证金。2016 年以来，国务院、工业和信息化部、财政部、住房和城乡建设部相继发布了国务院办公厅《关于清理规范工程建设领域保证金的通知》《关于开展涉企保证金清理规范工作的通知》等文件，要求取消没有法律法规依据或未经国务院批准的保证金，建立保证金目录清单制度，清单之外的保证金一律不得收取（执行）。2017 年 9 月 21 日工业和信息化部、财政部发布《关于公布国务院部门涉企保证金目录清单的通知》，保证金目录清单制度正式确立。最新的《国务院涉企保证金目录清单（2024 版）》中涉及公共采购和工程建设领域的保证金，只有投标保证金、政府采购投标（竞争性谈判、询价，竞争性磋商、框架协议等）保证金以及履约保证金、工程质量保证金和工资保证金。本题要求投标人除投标保证金之外还需同时提供 200 万元的设备购置保证金，缺乏法律法规依据，更不在保证金目录清单之列。另外，《建设工程质量保证金管理办法》第六条规定，在工程项目竣工前，已经缴纳履约保证金的，发包人不得同时预留工程质量保证金。采用工程质量保证担保、工程质量保险等其他保证方式的，发包人不得再预留保证金。

2. 国企采购工程设备可以设置设备质量保证金吗？

问 国务院办公厅《关于清理规范工程建设领域保证金的通知》（国办发〔2016〕49 号）规定，"对建筑业企业在工程建设中需缴纳的保证金，除依法依规设立的投标保证金、履约保证金、工程质量保证金、农民工工资保证金外，其他保证金一律取消"，但是目前很多国有企业在进行设备采购时，也是要收取质量保证金的，这种做法是否违反了上述文件的规定？

答 国有企业采购工程设备可以收取质量保证金，但应结合合同情况综合考虑预留比例，不宜设置过高比例。

《国务院办公厅关于清理规范工程建设领域保证金的通知》的有关规定仅是针对建设工程，收取的主体是建筑企业，相应合同属于建设工程合同。国有企业的设备采购，即便是与工程建设有关的设备，其合同都属于买卖合同，合同的相对人也不是建筑企业。因此，上述通知文件并不能对设备采购合同的质量保证金收取予以规制。

3. 称为"保证金"的工程担保是不是定金担保？

问 住房和城乡建设部等部门《关于加快推进房屋建筑和市政基础设施工程实行工程担保制度的指导意见》（建市〔2019〕68 号）提出，"工程担保是转移、分担、防范和化解工程风险的重要措施，是市场信用体系的主要支撑，是保障工程质量安全的有效手段"，采用"投标保证金""履约保证金""工程质量保证金"和"农民工工资支付保证金"的称谓。那么这些"保证金"是不是属于定金？

答 现以履约保证金为例做一个粗略的分析。

所谓履约保证金，是指中标人向招标人提供的用以保障其履行合同义务的担保，倘若中标人未依约履行义务，将承担该履约保证金不予退还的责任。担保通常情况下以货币、履约保函等形式存在，如果以货币形式存在，履约保证金则作为预先支付款项在合同签订前递交给招标人。

结合《民法典》第五百八十六条、第五百八十七条对定金担保的规定，定金是指由双方当事人约定的，一方向对方预先给付的不超过主合同标的额 20% 的货币作为债权担保的形式。定金担保具有以下特征：第一，定金具有预先给付性；第二，定金具有数额限制性，不得超过主合同标的额的 20%；第三，定金在形式上限于货币类型；第四，定金具有双向担保性，根据《民法典》第五百八十七条规定，给付定金一方根本违约，所付定金不予退还；接受定金一方根本违约，应双倍返还定金。

综上，尽管从外观形式看，以货币形式递交的履约保证金作为一种工程担保，似乎比较接近定金担保，但是履约保证金实则属于一种单向担保，即该担保只约束支付履约保证金的中标人，而招标人并不受此约束。因此，从这一层面讲，履约保证金并不是定金，履约担保并非定金担保。同理，前述投标保证金、工程质量保证金、农民工工资支付保证金均不属于定金担保。

4. 建设工程施工项目投标保证金形式有哪些？

问 A 公司招标大坝钢筋混凝土面板渗漏水下处理工程项目，招标文件没有要求投标保证金的形式，投标人是否必须提交足额现金？

答 投标人可自由选择，除现金外，可提交有效的银行保函、保兑支票、银行汇票或现金支票等多种形式的投标担保。

投标保证金，是为保证投标行为的合法性、约束投标人在招标活动中的诚信行为，保证招标活动正常进行而设置的担保措施。国家为鼓励中小企业发展，减轻中小企业资金负担，减少资金占用，鼓励以各种保函、保险、支票等方式替代现金。《工程建设项目施工招标投标办法》第三十七条第一款规定："招标人可以在招标文件中要求投标人提交投标保证金。投标保证金除现金外，可以是银行出具的银行保函、保兑支票、银行汇票或现金支票。"因此，投标人应按照招标文件要求的形式从基本账户支付投标保证金。

国家发展改革委等部门《关于完善招标投标交易担保制度进一步降低招标投标交易成本的通知》（发改法规〔2023〕27 号）规定："鼓励招标人接受担保机构的保函、保险机构的保单等其他非现金交易担保方式缴纳投标保证金、履约保证金、工程质量保证金。投标人、中标人在招标文件约定范围内，可以自行选择交易担保方式，招标人、招标代理机构和其他任何单位不得排斥、限制或拒绝。鼓励使用电子保函，降低电子保函费用。任何单位和个人不得为投标人、中标人指定出具保函、保单的银行、担保机构或保险机构。"

5. 是否所有工程建设招标项目的投标保证金，都应当从其基本账户转出？

问 某地政府招商引资的企业，在工业园区投资 300 万元新建员工宿舍一栋，该项目招标文件投标保证金部分，未要求投标人以现金或支票等形式提交的投标保证金必须从基本账户转出，该项内容是否需要修改？

答 不需要修改。

《招标投标法实施条例》第二十六条第二款规定："依法必须进行招标的项目的境内投标单位，以现金或者支票形式提交的投标保证金应当从其基本账户转出"。该条关于投标保证金应从投标人基本账户转出之规定，是有具体前提条件的，且须同时满足。首先，在项目属性方面，须为依法必须进行招标的项目，自愿招标项目不在约束范围之内；其次，投标人须为境内单位；最后，保证金是通过现金或支票形式提交。而本题中项目资金来源为企业资金，且施工单项合同估算价不足 400 万元，不属于依法必须进行招标的项目，故并未强制要求其投标保证金必须从投标人的基本账户转出。

6. 开标时间推迟，投标保证金递交的截止时间是否相应推迟？

问 某公路改建工程招标，招标文件规定：投标文件递交截止时间 2024 年 5 月 23 日 9:00，投标保证金提交截止时间也是 2024 年 5 月 23 日 9:00，如采用转账或电汇，投标保证金必须在 2024 年 5 月 23 日 9:00 前从投标人基本账户一次性汇入招标人指定银行账号，否则其投标担保无效。该工程后因各种原因延至 2024 年 5 月 31 日开标。某公司于 2024 年 5 月 29 日 15:21 转账至指定账户。请问某公司转账时间是否超过提交招标投标保证金的截止时间？

答 首先需要厘清三个时间概念，开标时间、投标截止时间、投标保证金递交截止时间。

《招标投标法》第三十四条规定："开标应当在招标文件确定的提交投标文件截止时间的同一时间公开进行"，可知开标时间与投标截止时间是一致的。《招标投标法实施条例》第二十五条规定："招标人应当在招标文件中载明投标有效期。投标有效期从提交投标文件的截止之日起算。"第二十六条规定："投标保证金有效期应当与投标有效期一致。"可知，投标保证金的有效期应从投标截止之日起算，相应的，投标人最迟应当在投标截止时间递交投标保证金。也就是说，投标保证金递交的截止时间与投标截止时间也是一致的。

综上，开标时间、投标截止时间与投标保证金递交截止时间，三者实际上是一致的，只是各自强调的内容不同。因此，本题中，招标人将开标时间推迟至 2024 年 5 月 31 日，应当认为，投标截止时间与投标保证金递交的截止时间同步相应推迟，招标人应在发布推迟通知时对各时间点加以重新调整，这样才能保证招标投标活动的公平公正。

7. 投标保证金的生效时间应为投标截止时间吗？

[问] 某招标项目招标文件规定："为了保证投标保证金及时到达，便于评标委员会评审，投标人应于投标截止时间前一天递交投标保证金"，某投标人在投标截止时间当天递交（未超过投标截止时间），该投标保证金是否有效？

[答] 该投标保证金有效。

《招标投标法实施条例》第二十六条规定："投标保证金有效期应当与投标有效期一致。"第二十五条规定："投标有效期从提交投标文件的截止之日起算。"可见，投标保证金的有效期也自提交投标文件的截止之日起算。

招标文件要求投标人于投标截止时间前一天递交，目的在于及时审查投标保证金递交情况，但是该时间节点并非投标截止时间。故，评标委员会不得以该时间点作为判定投标保证金生效的依据，只要投标保证金于投标截止时间前足额递交，就应当认定为有效。

8. 开标后，能否补交投标保证金？

[问] 某招标项目，投标人因工作疏忽，开标后才发现投标保证金没有递交，于是在开标后立刻就将漏缴的投标保证金补交上，此时递交的投标保证金是否有效？

[答] 投标人递交的投标保证金无效。

《招标投标法实施条例》第二十五条第二款规定，投标有效期从提交投标文件的截止之日起算；第二十六条第二款规定，投标保证金有效期应当与投标有效期一致。可知，投标保证金应在递交投标文件截止时间前递交成功，因投标文件递交截止时间和开标时间属于同一时间，故本题中投标人后补的投标保证金无效。

9. 投标保证金有效期长于招标文件规定的期限如何处理？

[问] A 公司参与 B 公司工程货物采购项目的投标。B 公司招标文件明确投标保证金有效期为 90 日，A 公司投标文件载明投标保证金有效期为 150 日，A 公司投标是否会因未响应招标文件实质性要求而被否决？

[答] 不应否决。

投标保证金有效期是为保证投标人的投标文件在一定期限内有效，对双方具备法律约束力，维护招标投标领域的正常秩序设定的期间，具体由招标人在招标文件中予以确定。投标保证金有效期超过招标人规定的期间，则对应投标人的投标文件对投标人法律约束期间更长，对招标人更有利。因此，从稳定交易秩序角度来看，投标保证金有效期长于招标文件规定的期限不属于未响应招标文件的实质性要求和条件，其实际上已经涵盖了实质性要求，并作出更有利招标人的让渡，故其投标保证金是有效的，不应否决其投标。

二、投标保证金的金额

10. 非政府采购项目投标保证金比例在法律上如何规定？

问 工程建设施工、勘察设计、物资设备采购、监理等非政府采购项目投标保证金比例是多少？

答 不超过招标项目估算价的 2%。

《招标投标法实施条例》第二十六条规定："招标人在招标文件中要求投标人提交投标保证金的，投标保证金不得超过招标项目估算价的 2%。"同时，工程建设项目施工和货物采购不得超过 80 万元人民币；勘察设计招标不得超过 10 万元人民币。一方面，法律明确规定招标人收取投标保证金的比例上限，以避免占用中小企业过多资金，促进资金自由流动，激发市场经济活力；另一方面，必须设置一定比例或金额的投标保证金，确保在投标、评标、定标、接收中标通知书及签订合同各环节投标文件的有效性，正常开展招标投标活动。因此，招标人可以要求投标人提交投标保证金，但不能超过法律规定的限额。

11. 投标保证金的上限有无具体金额约束？

问 某大型城市通信基础设施工程设计服务项目（设计合同估算价 610 万元），招标文件规定的投标保证金收取比例为合同估算价的 2%。该比例设置有无不妥？

答 该比例设置不妥，计算后已超出 10 万元，应及时纠正。

在投标保证金设置上，不仅要符合《招标投标法实施条例》第二十六条明确的"不得超过招标项目估算价的 2%"的要求，还要根据招标项目类别结合相应部门规章的补充规定去执行。根据《工程建设项目勘察设计招标投标办法》第二十四条规定，勘察设计招标项目的投标保证金最多不超过 10 万元人民币，故本题中以设计合同估算价 610 万元为计算基础，按 2% 计算后为 12.2 万元，已经超出 10 万元的最高上限，故应及时修改招标文件相应条款。

另外，《工程建设项目施工招标投标办法》第三十七条、《工程建设项目货物招标投标办法》第二十七条除规定保证金形式外，也规定了工程施工和货物招标项目的投标保证金最高金额不得超过 80 万元人民币。

12. 投标人多交投标保证金是否会影响其投标资格？

问 某采购项目合同估算价为 30 万元。招标文件要求投标人交纳投标保证金

5000 元。参加本次投标的供应商共四家，其中有两家多交了保证金，一家交了 50000 元，另一家交了 7000 元（原因是看错了小数点或者人为失误）。该两家投标人多交保证金的行为是否会导致该项目按无效投标处理？

答 两家投标人多交保证金的行为不会导致该项目按无效投标处理。

《招标投标法实施条例》第二十六条第一款规定，招标人在招标文件中要求投标人提交投标保证金的，投标保证金不得超过招标项目估算价的 2%。投标保证金有效期应当与投标有效期一致。这里规定的"招标项目估算价的 2%"，是招标人可以设置的投标保证金金额的上限，只能少不能多；同时也是投标人应当缴纳的投标保证金的下限，只能多不能少。投标保证金的作用是约束供应商的投标行为，保护采购人利益。投标人多交保证金并没有削弱保证金应有的作用，即使多交了，也可看作投标人对自己提出了更高要求。只有未提供保证金或保证金交纳不足，才应按照无效投标处理。

13. 招标文件规定的投标保证金数额高于法定限额的，是否有效？

问 某工程建设项目施工招标，估算价为 1 亿元，招标文件要求投标保证金数额为 300 万元，投标人中标后无正当理由拒不签署合同，招标人扣留全部的 300 万元投标保证金，投标人能否要求招标人退还 220 万元投标保证金？

答 可以要求招标人退还。

《招标投标法实施条例》第二十六条规定："招标人在招标文件中要求投标人提交投标保证金的，投标保证金不得超过招标项目估算价的 2%"。在此基础上，《工程建设项目施工招标投标办法》《工程建设项目货物招标投标办法》《工程建设项目勘察设计招标投标办法》还规定施工、货物招标项目投标保证金最高不得超过 80 万元人民币，勘察设计招标项目投标保证金最高不得超过 10 万元人民币。《房屋建筑和市政基础设施工程施工招标投标管理办法》规定依法必须进行招标的房屋建筑和市政基础设施工程的投标保证金最高不得超过 50 万元。可见，工程建设项目的投标保证金金额受前述交纳比例及最高金额的双重限制。对其他招标项目，尚未见有对投标保证金具体金额的限制。上述关于投标保证金金额的限制性规定属于强制性法律规定，故投标保证金超出限额的部分，因违背强制性法律规定而不能得到法律的支持。招标人占有该多余部分的投标保证金缺乏正当性，理应返还投标人。

本题中，按规定招标人最多应收取 80 万元保证金，多收取的 220 万元保证金应当退还。

14. 招标文件要求超出限额交纳投标保证金应当承担哪些法律责任？

问 A 公司某建设工程项目进行施工招标，在招标文件中按招标项目估算价的 2% 要求投标人支付 120 万元的投标保证金，该做法是否符合法律规定？若违反法律，应当承担哪些法律责任？

答 根据《招标投标法实施条例》第二十六条、《工程建设项目施工招标投标办法》第三十七条规定，建设工程施工项目投标保证金最高不可超过招标项目估算价的2%，并且金额不能超过80万元，该单位要求支付120万元的投标保证金，违反上述法律规定。根据《招标投标法实施条例》第六十六条的规定，招标人超过规定的比例收取投标保证金，由有关行政监督部门责令改正，可以处5万元以下的罚款；给他人造成损失的，依法承担赔偿责任。

三、投标保证金的退还与不退还

（一）投标保证金的退还

15. 投标人要求公共资源交易中心与招标人共同承担投标保证金的返还义务，合理吗？

问 某工程项目，招标文件规定由某公共资源交易中心（以下简称"交易中心"）代为收取和退还本项目的投标保证金。投标人A在投标截止时间前申请撤回投标文件。按照招标文件规定，招标人应该在收到书面撤回通知之日起5日内退还投标保证金。因资金使用需要，投标人A欲尽快收到该笔款项，遂认为，该笔投标保证金是交易中心收取的，那么其必然具有与招标人同等的返还义务。请问：投标人要求公共资源交易中心与招标人共同承担其投标保证金的返还义务是否合理？

答 在无另有规定的情形中，该要求不合理。

《民法典》第九百二十二条规定："受托人应当按照委托人的指示处理委托事务。"招标人与交易中心之间为委托关系，招标人为委托人，交易中心为受托人，基于该委托关系，招标人授予交易中心代理权，要求交易中心代为收取/退还本项目的投标保证金。需注意的是，交易中心代理权的行使范围仅限于按照招标人的指示收取与退还投标保证金。至于什么时间开始收取/退还、收取/退还的数额为多少、向谁收取/退还等均由招标人决定，交易中心无权过问。

就本题而言，虽然从结果上看投标保证金确实是由交易中心收取的，但这仅仅是交易中心基于招标人的授权行使的代理行为，投标保证金最终的收取/退还义务主体还是招标人，而非交易中心。简言之，交易中心仅与招标人之间存在法律关系，与投标人之间不存在任何法律关系，故没有明确规定交易中心负责退还投标保证金的情形下，投标人要求交易中心与招标人共同承担投标保证金的返还义务没有法律依据。

16. 投标人按照招标文件约定向招标代理机构支付投标保证金，投标人未中标，应向招标代理机构还是向招标人请求返还投标保证金？

问 A公司受招标人B公司委托代理招标，招标文件规定投标保证金的收款人为

A 公司，也由 A 公司负责退还投标保证金。H 公司投标后未中标，向 A 公司请求返还投标保证金未果，H 公司应如何得到救济？

答 可以向招标人 B 公司及招标代理机构 A 公司请求返还投标保证金。

根据《招标投标法实施条例》第五十七条第二款规定，招标人最迟应当在书面合同签订后 5 日内向中标人和未中标的投标人退还投标保证金及银行同期存款利息。因此，招标人作为投标保证金的受益者，是当然的投标保证金退还主体。

根据《招标投标法》第八条、第十二条、第十五条的规定，招标代理机构所从事的一切招标活动都是代招标人实施的，本质上是一种代理行为。根据《民法典》第一百六十二条规定，代理人在代理权限内，以被代理人名义实施的民事法律行为，对被代理人发生效力。因此，即便是招标代理机构代为收取投标保证金，也应当由招标人退还。实践中，如果招标文件规定投标保证金的收款人为招标代理机构，并由招标代理机构负责退还投标保证金，则该约定约束招标人、投标人和招标代理机构，招标代理机构也有合同义务退还投标保证金。

本题中，B 公司作为招标人，有义务退还投标保证金；招标文件也约定了由招标代理机构 A 公司退还投标保证金，则投标人 H 未中标，其既可以依据法律规定向 B 公司、也可以依据招标文件约定向 A 公司请求返还投标保证金。B 公司退还投标保证金的，可以对 A 公司行使追偿权。

17. 投标人以银行保函形式提交投标保证金，招标人需向其退还保证金利息吗？

问 招标人 A 以公开招标的方式采购某工程设计项目，投标人 B 以银行保函形式提交了投标保证金，最终 B 未中标，于是 B 以《招标投标法实施条例》第五十七条第二款为依据向 A 提出退还保证金利息的申请。那么，招标人需向其退还保证金利息吗？

答 此种情形下招标人无需退还利息。

《招标投标法实施条例》第五十七条第二款规定："招标人最迟应当在书面合同签订后 5 日内向中标人和未中标的投标人退还投标保证金及银行同期存款利息"。

如果投标人以银行保函的形式提交投标保证金，那么招标人实质上收到的仅仅是银行向招标人开立的担保凭证，其并未占有投标保证金，更无从获得该保证金的"银行同期存款利息"。实际上该笔资金仍然由投标人占有，产生的孳息也属于投标人，要求招标人退还利息，无从谈起。因此，只有招标人或代理机构在投标有效期内占有该投标保证金时，才需退还保证金的银行同期存款利息。银行担保函、工程保证保险等形式的保证金不存在退还利息的问题。

18. 退还投标保证金的同时一并退还的银行同期存款利息，该如何理解和计算？

问 《招标投标法实施条例》第三十一条、第五十七条都规定了招标人退还投标保证金的同时退还银行同期存款利息。那么该银行同期存款利息如何计算？

答 《招标投标法实施条例》明确规定了招标人退还投标保证金的同时应当退还银行同期存款利息。但这些规定较为原则，由此引申出几个具体法律问题。

第一，这里的"银行同期存款利息"，是以现金、电汇、网上支付等方式提交的投标保证金，因其实际发生了金钱的转移占有，金钱在银行存放期间本身产生的利息，也就是其孳息，该孳息通常归属于本金的所有权人。以银行保函、专业担保公司保证、工程保证保险等担保方式提交的投标保证金，并不产生孳息，故不涉及利息退还的问题。当以银行汇票、银行本票、支票形式支付投标保证金时，因为实际并未发生金钱的转移，并未实际产生利息，因此也不涉及利息退还的问题，但招标人将相应权利凭证实际兑现入账的除外。判断是否需要退还投标保证金利息，主要依据的是是否发生了金钱的转移占有。

第二，关于退还投标保证金利息的期限。招标人终止招标的，投标保证金利息的退还期限是"及时退还"，招标人根据具体工作进展情况自行确定一个合理期限。招标人确定中标人并签订合同后，投标保证金利息的退还期限是"最迟应当在书面合同签订后 5 日内"，这个期限很明确。

第三，由于投标保证金在招标人处占有期限较短，且禁止其挪用用于投资等行为，故可以在招标文件中明确规定"投标保证金利息按照银行活期存款利率计算"。

19. 投标保证金应当何时清退？

问 招标人 A 公司与中标人 B 公司签订了合同，但招标代理机构以工作忙为由一直未退还 B 公司的投标保证金，那么 A 公司应在何时退还 B 公司投标保证金？是否应支付利息？

答 A 公司应在合同签订后 5 日内返还投标保证金及其利息。

《招标投标法实施条例》第五十七条第二款规定："招标人最迟应当在书面合同签订后 5 日内向中标人和未中标的投标人退还投标保证金及银行同期存款利息。"因此，本题中，A 公司作为招标人，最迟应于合同签订后 5 个自然日内向所有投标人退还投标保证金及银行同期存款利息，否则将承担赔偿责任，主要赔偿超期占有投标保证金的利息损失。

20. 投标人撤回投标文件是否退回投标保证金？

问 投标人投标后，又提出要撤回投标文件，已经交纳的投标保证金是否应当退还？

答 在投标截止时间之前撤回投标的，应当退回投标保证金。

根据《招标投标法实施条例》第三十五条规定，投标人撤回已提交的投标文件，应当在投标截止时间前书面通知招标人。招标人已收取投标保证金的，应当自收到投标人书面撤回通知之日起 5 日内退还。投标截止后投标人撤销投标文件的，招标人可以不退还投标保证金。故本题中，投标人撤回投标文件的，招标人应退还其投标保证金。

21. 招标人未退还投标保证金利息应承担什么法律责任？

问 某户外试验场施工项目招标，招标人已向中标人发送中标通知书，并签订了书面合同。招标人向中标人和其他投标人退还了投标保证金，但未退还利息，此种做法是否符合法律规定？若不符合法律规定，应当承担怎样的法律责任？

答 不合法。

《招标投标法实施条例》第五十七条规定："招标人最迟应当在书面合同签订后 5 日内向中标人和未中标的投标人退还投标保证金及银行同期存款利息。"第六十六条规定："招标人超过本条例规定的比例收取投标保证金、履约保证金或者不按照规定退还投标保证金及银行同期存款利息的，由有关行政监督部门责令改正，可以处 5 万元以下的罚款；给他人造成损失的，依法承担赔偿责任。"因此，投标人应当在退还投标保证金时一并退还相应利息，但银行保函等形式不发生存款利息的投标保证金除外。如果未及时退还投标保证金，还应参照银行贷款利息支付资金占用损失，一般参照《最高人民法院关于审理买卖合同纠纷案件适用法律问题的解释》第十八条规定的买卖合同逾期付款损失的计算方法来计算，即：违约行为发生在 2019 年 8 月 19 日之前的，人民法院可以中国人民银行同期同类人民币贷款基准利率为基础，参照逾期罚息利率标准计算；违约行为发生在 2019 年 8 月 20 日之后的，人民法院可以违约行为发生时中国人民银行授权全国银行间同业拆借中心公布的一年期贷款市场报价利率（LPR）标准为基础，加计 30%～50% 计算逾期付款损失。

22. 招标代理机构可以从投标保证金中扣除招标代理服务费吗？

问 某工程建设项目的中标人不缴纳招标代理服务费，招标代理机构在催缴无果后可以从保证金中扣除该招标代理服务费吗？

答 根据招标文件约定执行。

《民法典》第五百六十八条规定："当事人互负债务，该债务的标的物种类、品质相同的，任何一方可以将自己的债务与对方的到期债务抵销；但是，根据债务性质、按照当事人约定或者依照法律规定不得抵销的除外。当事人主张抵销的，应当通知对方。通知自到达对方时生效。抵销不得附条件或者附期限。"招标代理服务费是中标人应当支付给招标代理机构的费用；投标保证金是投标人提交给招标人用于投标担保的费用，即便是提交给招标代理机构的，也是由该机构受托代招标人收取。二者收取的当事人不同，不能直接抵销。招标代理机构能否从投标保证金中抵扣招标代理服务费，要看招标文件中是否约定允许从投标保证金中抵扣未交纳的招标代理服务费，如果没有约定，则招标代理机构不能从中直接扣除抵顶招标代理服务费。

（二）投标保证金的不退还

23. 招标人是否有权没收投标保证金？

问 《招标投标法实施条例》第三十五条、第七十四条明确了招标人可以不予退还投标保证金的四种情形，然而实践中存在不少业内人士将其表述为招标人可以没收投标保证金的情形。请问：不予退还投标保证金与没收投标保证金可以等同吗？招标人是否有权没收投标保证金？

答 不予退还投标保证金不同于没收投标保证金，招标人无权没收投标保证金。

"没收"，就是国家机关针对犯罪主体或违法财产所采取的将财产收归公有的强制性处罚措施，如没收财产的刑事处罚或没收违法所得、没收非法财物的行政处罚。可见，没收属于刑事处罚或行政处罚的概念范畴，具有严格的适用条件：第一，执行主体应为国家机关；第二，没收的财产多为违法财产；第三，没收的财产最终收归国库。

投标保证金是投标人按照招标文件的要求向招标人出具的，以一定金额表示的投标责任担保。其实质是为了避免因投标人在投标有效期内随意撤销投标或中标后不能提交履约保证金和签署合同等行为而给招标人造成损失。招标人对投标保证金所有权的剥夺缘于投标人未履行其投标担保责任，属于民事范畴。招标人不属于国家机关，并不具有没收投标保证金的权限，并且不予退还的投标保证金最终归招标人所有，故不予退还投标保证金与没收投标保证金在性质上也截然不同。

综上，虽然相关人士在日常招标投标活动中习惯于将"不予退还投标保证金"表述为"没收投标保证金"，但是，作为专业业务人员，有必要对二者进行区分，注意措辞严谨。

24. 招标人可否在招标文件中规定，投标人串通投标的不予退还投标保证金？

问 招标人是否可通过在招标文件中约定"投标人有串通投标行为的，其已经提交的投标保证金不予退还"以保障自身权益呢？

答 可以。

根据《招标投标法实施条例》第三十五条第二款、第七十四条规定，在下列情况下，招标人不退还投标保证金：一是投标人撤销投标文件；二是中标人无正当理由不与招标人订立合同；三是中标人在签订合同时向招标人提出附加条件；四是中标人不按照招标文件要求提交履约保证金。

除上述四种法定情形之外，招标人可以以投标人违法或者具有过错为由，在招标文件之中规定其他情形下不退还投标保证金。在实践中，有的招标人会在招标文件中规定：当投标人出现诸如串通投标、向评委或招标人工作人员行贿、提供虚假材料骗取中标，或存在其他弄虚作假等行为时，招标人有权不予退还投标保证金。因为招标投标行为属于民事法律行为，招标人与投标人两方当事人可以自行设定不悖法律规定之权利义务，设定权利义务之民事法律行为自成立时即具有约束力，如上述约定，该约定并不违反招标投标法的强制性规定。当投标人明知招标文件关于投标保证金的规定并进行投标，表明其愿意遵守该规定，与招标人就投标保证金的交纳与退还问题达成了合意，属于其真实意思表示，双方均应信守。因此，招标文件可约定"如有串通投标行为不予退还投标保证金"。

25. 投标人弄虚作假的，投标保证金是否不予退还？

问 如果一个投标人投标文件中所提供的业绩系属编造并且经核查情况属实，可以不予退还其投标保证金吗？

答 具体应根据招标文件的规定决定是否退还。

根据《招标投标法实施条例》第三十五条、第七十四条规定，投标保证金不予退还的法定情形为：投标截止后撤销投标、中标后拒不签署合同、中标人签订合同时向招标人提出附加条件、中标后不按照招标文件要求提交履约保证金。业绩造假不属于上述法定不退还投标保证金的情形，如招标文件未专门约定"投标人弄虚作假的，不退还投标保证金"，则不能扣留该投标保证金。

26. 在电子招标投标中，招标人不予退还"视为撤销投标文件"情形下的投标保证金，是否合适？

问 某招标项目采用电子招标投标，招标文件中规定："因投标人原因造成投标文件未解密的，视为撤销其投标文件，所缴纳的投标保证金不予退还"。请问：招标人在招标文件中对于此种"视为撤销"的情形约定不予退还投标保证金是否合适？

答 合适。

《招标投标法实施条例》第三十五条第三款规定："投标截止后投标人撤销投标文件的，招标人可以不退还投标保证金"。《电子招标投标办法》第三十一条第一款规定："因投标人原因造成投标文件未解密的，视为撤销其投标文件；因投标人之外的原因造成投标文件未解密的，视为撤回其投标文件，投标人有权要求责任方赔偿因此遭受的直接损失"。结合起来理解，包括投标人故意不解密投标文件在内，既然视为"撤销投标"，即有权决定不退还投标保证金。

27. 不予退还投标保证金是否属于行政处罚？

问 某招标项目的中标人不按照招标文件要求提交履约保证金，行政机关遂依法作出取消中标资格，不予退还投标保证金的决定。请问：不予退还投标保证金是否属于行政处罚？

答 不予退还投标保证金不属于行政处罚。

《行政处罚法》第二条规定："行政处罚是指行政机关依法对违反行政管理秩序的公民、法人或者其他组织，以减损权益或者增加义务的方式予以惩戒的行为。"该条款从行政处罚的实施主体、作用对象和主要内容等方面明确了行政处罚的定义，为行政处罚的判定提供了理论依据。

行政处罚的本质是行政机关代替国家行使职权，故行政处罚过程中收缴的财产，如罚款、没收违法所得、没收非法财物，均应全部上交国库。而招标投标领域中不予退还的投标保证金最终归招标人所有，并未上交国库，故其不属于行政处罚。

四、年度投标保证金

28. 投标人年度投标保证金被法院冻结，投标人再投标是否需要重新提交项目投标保证金？

问 A公司隧洞混凝土衬砌防渗治理工程项目招标，B公司提交A公司的年度投标保证金因第三方债务纠纷被法院冻结，B公司是否需要针对该项目单独提交投标保证金？

答 需要单独提交该项目投标保证金。

《工程建设项目施工招标投标办法》第三十七条第三款规定："投标人应当按照招标文件要求的方式和金额，将投标保证金随投标文件提交给招标人或其委托的招标代理机构。"招标文件可以要求投标人提交投标保证金；投标人若不支付，应予否决投标。实践中，为提高投标效率，很多招标人允许投标人提交年度投标保证金，担保本年度内的投标行为。投标人提交的年度投标保证金被法院冻结后，在冻结期间不得进行任何款项支付、划转，无法实现担保作用，此时若还以该年度投标保证金投标，属于未提交投标保证金。因此，在年度投标保证金被冻结的情形下，投标人再投标时应单独提交本项目投标保证金。

29. 投标人年度投标保证金被法院冻结，同时发生不予退还投标保证金情形，招标人如何维权？

问 A公司建设工程征地与移民安置监理服务项目招标，B公司中标后无正当理由不与A公司签订合同，A公司遂决定不予退还投标保证金（50万元）。次日，B公司年度投标保证金（120万元）因第三方债务纠纷被法院冻结，A公司如何维权？

答 与法院协商，要求使用本次投标保证金。

《最高人民法院关于人民法院民事执行中查封、扣押、冻结财产的规定》第十三条第二款规定："对第三人为自己的利益依法占有的被执行人的财产，人民法院可以查封、扣押、冻结，第三人可以继续占有和使用该财产，但不得将其交付给被执行人。"可见，招标人不予退还投标保证金属于"为自己利益依法占有被执行人财产"的情形，在投标人年度投标保证金被人民法院冻结后，招标人作为第三人可以积极与法院协商，提供证明资料，继续占有并使用该部分财产，投标人的剩余投标保证金应继续被冻结。

第六节 违法投标

一、串通投标

1. 不同投标人委托同一人代为制作投标文件是否有效？

问 某招标项目，A 公司和 B 公司均参与投标，两公司之间并无联络或串通，但恰好委托了同一个擅长制作投标文件的个人王某代为制作投标文件并办理投标事宜，王某并未告知两公司该情况。请问：A 公司和 B 公司的投标是否有效？

答 无效。

《招标投标法实施条例》第四十条规定，有下列情形之一的，视为投标人相互串通投标：（一）不同投标人的投标文件由同一单位或者个人编制……。本题中，即使 A 公司与 B 公司不存在串通的故意，但若符合上述情形，如委托同一人编制投标文件，根据经验法则，视为投标人相互串通投标。

2. 投标人之间协商报价或者约定中标人，是否允许？

问 A、B、C 三家公司由于经常有业务合作，在投标过程中一致决定由 C 公司中标，中标后由三家公司合作完成合同内容，是否允许？

答 不允许。

《招标投标法实施条例》第三十九条规定："禁止投标人相互串通投标。有下列情形之一的，属于投标人相互串通投标：（一）投标人之间协商投标报价等投标文件的实质性内容；（二）投标人之间约定中标人……。"本题中，A、B、C 三家投标人协同一致内定中标人，属于典型的串通投标行为。

3. 不同投标人的投标文件内容相似，是否应认定为串通投标？

问 A 公司与 B 公司共同投标 C 企业道路绿化工程施工项目，两投标人的管理方案从设计、排版及部分内容雷同度达 60%，经查，A 公司与 B 公司不存在关联关系，是否可直接认定串通投标？

答 视同串通投标。

《招标投标法实施条例》第四十条规定："有下列情形之一的，视为投标人相互串通投标：……（四）不同投标人的投标文件异常一致或者投标报价呈规律性差异"。本题中，投标文件中的管理方案雷同度达 60%，可以认定为"投标文件异常一致"。实践中，如果设计、排版及部分内容雷同，不排除投标人都从同一网站上选用了同一模板或此前曾以联合体形式共同参加过投标或曾为同一单位服务过，双方不约而同选用了当时的投标模板或服务单位给予的模板等，导致管理方案雷同，评标委员会可视情况要求投标人进行澄清解释其合理性。

4. 两投标人的法定代表人为夫妻关系属于串通投标吗？

问 某招标项目的两个投标人的法定代表人为夫妻关系，评标委员会可以直接认定二者串通投标吗？

答 评标委员会不得直接判定二者串通投标。

《招标投标法实施条例》第三十九条和第四十条规定的串通投标情形不包含"投标人法定代表人为夫妻关系"的情形。因此，评标委员会不得仅以投标人法定代表人为夫妻关系为由直接认定二者串通投标。

5. 不同投标人对同一招标文件提出的异议内容高度雷同，是否构成视为串通投标？

问 某招标项目招标文件发布后，接到投标人 A 和投标人 B 提出的异议，招标人惊讶地发现两个投标人递交的异议内容高度雷同，多处成段一致，甚至连标点符号错误也一模一样。招标人怀疑该异议内容属于同一人编制，两家单位肯定暗通款曲，于是招标人根据《招标投标法实施条例》第四十条相关规定，认定两家投标人视为串通投标。上述招标人的做法是否合适？

答 认定投标认定人 A、B 视为串通投标有误。

《招标投标法实施条例》第四十条规定了视为串通投标的六种情形，第 1 项规定"不同投标人的投标文件由同一单位或者个人编制"，第 4 项规定"不同投标人的投标文件异常一致或者投标报价呈规律性差异"，上述规定仅针对投标文件，而非本题中所指的异议文件，不能将投标前提交的异议文件视作投标文件，故无理由认定两投标人因异议书一致即视为串通投标。另外，认定视为串通投标的主体不包括招标人。评标委员会、行政监督部门、仲裁机构和法院可以依法作出串通投标或视为串通投标的认定。本题中，招标人在开标之前自行认定串通投标，于法无据。

6. 存在"爷孙"关联关系的投标人在同一个招标项目中投标，是否属于串通投标？

问 某招标项目在评审过程中，评标委员会发现投标人 A 间接控股投标人 B，属于典型的"爷孙"关系，正基于此，评标委员会坚持认为投标人 A、B 之间的特殊关联关系必然导致其私下串联，遂以视为串通投标将"爷孙"全部否决是否恰当？

答 存在"爷孙"关联关系与串通投标行为没有必然联系，"爷孙"可以投同一个项目。

所谓限制性投标的关联关系，专指《招标投标法实施条例》第三十四条规定的"与招标人存在利害关系可能影响招标公正性的法人、其他组织或者个人，不得参加投标。单位负责人为同一人或者存在控股、管理关系的不同单位，不得参加同一标段投标或者未划分标段的同一招标项目投标。"而所谓串通投标是指招标投标领域招标人与投标人之间或者投标人与投标人之间采用不正当手段对招标投标事项进行串通，骗取中标，损害国家利益、社会公共利益或者其他当事人合法利益的行为。其中投标人相互串通投标主要包括《招标投标法实施条例》第三十九条规定的 5 种属于串通投标和第四十条规定的 6 种视为串通投标的情形。

本题中，投标人 A、B 之间的"爷孙"关系属于间接控股关系，与前述第三十四条规定的控股关系不符，不属于应当限制投标的情形，可以同投一标。同时，若投标人 A、B 并不存在《招标投标法实施条例》第三十九、四十条规定的情形，就不能认定它们串通投标或视为串通投标。

7. 不同投标人委托同一单位的不同自然人作为投标人代表，是否应视为相互串通投标？

问 招标人以公开招标的方式采购某服务项目，投标人 A 与投标人 B 分别授权自然人张某、王某作为投标人代表参与该项目投标。经专家评审，投标人 A 成为中标候选人。投标人 C 获悉后，对中标候选人的相关信息进行查证，发现投标人 A 与 B 委托的两个投标人代表的缴纳社保单位是同一单位，据此，投标人 C 向招标人提出异议，认为 A 与 B 之间存在串通投标的行为。请问：不同投标人委托同一单位的不同自然人作为投标人代表，是否应视为相互串通投标？

答 可视为相互串通投标。

《招标投标法实施条例》第四十条规定："有下列情形之一的，视为投标人相互串通投标：……（二）不同投标人委托同一单位或者个人办理投标事宜"。从文义解释出发，该条款将"不同投标人委托同一单位办理投标事宜"和"不同投标人委托同一自然人办理投标事宜"这两种情形均视为投标人相互串通投标。

本题中，投标人 A 与 B 授权不同的自然人张某、王某办理招标事宜，不属于委托同一自然人的情形；但是因为自然人张某、王某在同一单位工作，根据经验法则，很有可能是投标人 A 与 B 同时委托该单位办理招标事宜，属于委托同一单位办理投标事宜的情形。因此，根据《招标投标法实施条例》第四十条第二项的规定，可视为投标人相互串通投标。

8. 电子招标投标方式下的串通投标有哪些常见情形？

问 在电子招标投标方式下，招标人进行串通投标，与使用纸质投标文件进行投标的方式下的串通投标行为表现方式不一样，如何来认定？

答 随着电子招标投标的发展，在"同一人办理投标事宜""同一人制作投标文件""投标文件内容雷同"等串通投标行为方面，又产生了一些新的表现形式。同时，又可利用大数据等技术手段，通过开评标电子系统分析比对，比较便捷、准确地查出投标文件中的内容异常一致、由同一单位或个人编制投标文件或办理投标事宜等串通投标行为，一些地方立法作出了针对性规定。如《广东省实施〈中华人民共和国招标投标法〉办法》第十六条规定的情形，即"不同投标人的投标文件由同一电子设备编制、打包加密或者上传，不同投标人的投标文件由同一投标人的电子设备打印、复印。"

福建省住房和城乡建设厅《关于施工招标项目电子投标文件雷同认定与处理指导意见》（闽建筑〔2018〕29号）规定的常见的电子投标文件雷同情形较为详尽，值得借鉴。该意见规定主要有以下几个方面：

（1）不同投标人的电子投标文件上传计算机的网卡 MAC 地址、CPU 序列号和硬盘序列号等硬件信息均相同的（开标现场上传电子投标文件的除外），应认定为《招标投标法实施条例》第四十条第二项"不同投标人委托同一单位或者个人办理投标事宜"的情形。

（2）不同投标人的已标价工程量清单 xml 电子文档记录的计价软件加密锁序列号信息有一条及以上相同，或者记录的硬件信息中存在一条及以上的计算机网卡 MAC 地址（如有）、CPU 序列号和硬盘序列号均相同的（招标控制价的 xml 格式文件或计价软件版成果文件发布之前的软硬件信息相同的除外），或者不同投标人的电子投标文件（已标价工程量清单 xml 电子文档除外）编制时的计算机硬件信息中存在一条及以上的计算机网卡 MAC 地址（如有）、CPU 序列号和硬盘序列号均相同的，应认定为《招标投标法实施条例》第四十条第一项"不同投标人的投标文件由同一单位或者个人编制"的情形。

（3）不同投标人的技术文件经电子招标投标交易平台查重分析，内容异常一致或者实质性相同的，应认定为《招标投标法实施条例》第四十条第四项"不同投标人的投标文件异常一致"的情形。

（4）投标人递交的已标价工程量清单 xml 电子文档未按照规定记录软硬件信息的，或者记录的软硬件信息经电子招标投标交易平台使用第三方验证工具认定被篡改的，评标委员会应当否决其投标。

如某省发展与改革委员会查实在同一招标项目中，两家投标人的电子投标文件的"文件常见标识码"完全一致，认定由同一人编制，这是典型的串通投标行为，对投标人及其相关责任人员作出处以罚款的行政处罚。

9. 为什么相同 MAC 地址或 IP 地址上传投标文件会被判定为串通投标行为？

问 电子招标投标背景下，一些地方或企业规定投标人通过相同 MAC 地址或 IP 地址上传投标文件的行为视为串通投标，其主要依据是《招标投标法实施条例》第四十条第二款规定"不同投标人委托同一单位或者个人办理投标事宜将被视为投标人相互串通投标"。那么为什么相同 MAC 地址或 IP 地址上传投标文件会被视为不同投标人委托同一单位或者个人办理投标事宜呢？

答 MAC 地址即设备的访问控制地址，它是一个 48 位的字符编码，通常用 12 个 16 进制数字来表示，常被称作物理地址或硬件地址，它是由设备生成商在制造设备时烧录在我们设备的网卡中的，所以难以被篡改且唯一不重复。简单理解，MAC 地址就像设备的身份证号，数据需要在网络上进行通信，必须知道谁发出，谁接收，而一般来说，每个设备都会对应一个 MAC 地址（有的台式电脑会安装多个网卡，会存在多个 MAC 地址），通过 MAC 地址就可以准确定位到数据的收发方。所以当出现相同 MAC 地址上传投标文件时，招标人可以判定投标文件是从同一台设备上传。既然不同的投标文件上传来自同一台设备，那相当于"不同投标人委托同一单位或者个人办理投标事宜"，将会被视为投标人相互串通投标。

IP 地址即互联网协议地址，它是基于 TCP/IP 协议生成的一个虚拟地址（逻辑地址），通常通过点分十进制（如：222.10.182.121）来表示。IP 地址的主要作用是帮助设备在访问网络时简化数据通信的底层处理。IP 地址被划分为公网地址和内网地址，当设备需通过互联网传递数据时，必须使用公网 IP 地址。通常来说，运营商会给我们分配一个公网 IP 地址，通过网关实现内网设备与公网 IP 地址的映射，也就是说只要连接这个网关的内网设备都可以通过这个公网 IP 地址访问互联网。在电子招标投标中，投标系统也会记录这个公网 IP 地址作为投标文件上传的 IP 地址。相同 IP 地址上传投标文件有可能出自同一投标人的设备，也有可能出自不同投标人的设备。但前者的可能性要远远大于后者的可能性，相当于《招标投标法实施条例》第四十条第二款规定的"不同投标人委托同一单位或者个人办理投标事宜"，将被视为投标人相互串通投标。

基于上述原因，有的招标文件认定下述行为为串通投标：不同投标人从同一个投标单位或者同一个自然人的 IP 地址下载招标文件或者上传投标文件；不同投标人的电子投标文件编制时的计算机硬件信息中存在一条及以上的计算机网卡 MAC 地址（如有）、CPU 序列号和硬盘序列号均相同的；不同投标人的电子投标文件上传计算机的网卡 MAC 地址、CPU

序列号和硬盘序列号等硬件信息均相同的（开标现场上传电子投标文件的除外）。

10. 电子招标投标交易平台查重分析投标文件内容异常一致，如何处理？

问 某市政建设工程项目在评标过程中，使用电子招标投标平台的投标文件查重比对功能，发现甲、乙两家公司所列"投标分项报价明细表"的56个分项中仅1项的数量、价格存在差异，其余55项完全相同，雷同率超98%。能否按照串通投标处理？

答 可以按串通投标处理。

《招标投标法实施条例》第四十条规定："有下列情形之一的，视为投标人相互串通投标：……（四）不同投标人的投标文件异常一致或者投标报价呈规律性差异……"电子招标投标平台对投标文件的内容审查较之评标专家人工审核更为全面和严格，通过系统比对能够快速识别不同投标文件的雷同及错误，诸如格式相同、内容异常一致、报价呈现规律性差异等情况。如福建省住房和城乡建设厅发布的《关于施工招标项目电子投标文件雷同认定与处理的指导意见》（闽建筑〔2018〕29号）第一条第（三）款规定，不同投标人的技术文件经电子招标投标交易平台查重分析，内容异常一致或者实质性相同的，应认定为《招标投标法实施条例》第四十条第（四）项"不同投标人的投标文件异常一致"的情形。为了明确认定标准，招标文件可规定文件内容重复率的百分比，或文件错误或内容一致之处超过几处的，认定为串通投标。

本题中，甲、乙两家公司的投标分项报价雷同率超过98%，评标委员会应当认定为串通投标，并依据《招标投标法实施条例》第五十一条"有下列情形之一的，评标委员会应当否决其投标：……（七）投标人有串通投标、弄虚作假、行贿等违法行为"的规定，否决其投标。

11. 属于同一商会的成员协同一致参加同一招标项目的投标，是否允许？

问 B公司为在A公司的建设工程招标中中标，要求在同一商会的兄弟公司C和D也参加竞选，利用报价差来排挤其他投标人，是否允许？

答 不允许。

《招标投标法实施条例》第三十九条规定："禁止投标人相互串通投标""有下列情形之一的，属于投标人相互串通投标：……（四）属于同一集团、协会、商会等组织成员的投标人按照该组织要求协同投标；（五）投标人之间为谋取中标或者排斥特定投标人而采取的其他联合行动。"本题中，B、C、D公司协商一致投标，属于典型的串通投标行为。

12. 不同投标人的投标文件相似甚至一样，是否构成串通投标？

问 评标委员会在审查投标人的投标文件时，发现有两个投标单位的投标文件异常一致，甚至有几处错别字或病句也是一样的，是否构成串通投标？

答 《招标投标法实施条例》第四十条规定："有下列情形之一的，视为投标人互相串通投标：（一）不同投标人的投标文件由同一单位或者个人编制……（四）不同投标人的投标文件异常一致或者投标报价呈现规律性差异"。本题中，有两家投标单位的投标文件异常一致，甚至连错别字、病句也相同，根据经验法则还可判定由同一单位或个人编制，因此这种情形应视为串通投标。

13. 招标人与投标人的串通行为如何认定？

问 如果招标人向某个投标人透露评标委员会专家的组成，属于串通行为吗？

答 一般而言，招标人与投标人串通的行为包括：招标人在开标前开启投标文件并将有关信息泄露给其他投标人；招标人直接或者间接向投标人泄露标底、评标委员会成员等信息；招标人明示或者暗示投标人压低或者抬高投标报价；招标人授意投标人撤换、修改投标文件；招标人明示或者暗示投标人为特定投标人中标提供方便；招标人与投标人为谋求特定投标人中标而采取的其他串通行为等情况。本题中，如果招标人将评标委员会的专家名单、联系方式告知投标人，依据《招标投标法实施条例》第四十一条第二款"有下列情形之一的，属于招标人与投标人串通投标：……（二）招标人直接或者间接向投标人泄露标底、评标委员会成员等信息"的规定，构成串通投标行为。

14. 招标人授意投标人修改投标文件，是否允许？

问 招标人在招标过程中，以私下电话告知某特定投标人需要修改投标文件，是否允许？

答 不允许。

《招标投标法实施条例》第四十一条规定，"禁止招标人与投标人串通投标。有下列情形之一的，属于招标人与投标人串通投标：……（四）招标人授意投标人撤换、修改投标文件"。因此，本题中所述行为属于招标人与投标人串通投标。

15. 是否允许不同投标人的投标保证金从同一单位转出？

问 A、B 公司都参加了 C 公司组织的招标活动。因 A、B 公司之间存在借贷关系，于是 A 公司要 B 公司代其提交投标保证金并统一从 B 公司账户支出，以此来抵销 B 公司欠 A 公司的债务，是否允许？

答 不允许 A、B 公司的投标保证金从同一单位转出。

《投标招标法实施条例》第四十条规定："有下列情形之一的，视为投标人相互串通投标：……（六）不同投标人的投标保证金从同一单位或者个人的账户转出。"因此，本题中，A、B 公司的投标保证金如都从 B 公司账户支出，按照上述规定，不管基于什么理由，都存在私下协商办理投标事宜的行为，视为投标人相互串通投标。

16. 投标人否认评标专家认定自己"视为串通投标"，如何抗辩？

问 某招标项目中，投标人 A 被评标委员会认定为视为串通投标，但投标人坚称自己是被栽赃陷害的，无法接受评标委员会的认定结果，投标人 A 该如何寻求救济呢？

答 《招标投标法实施条例》第四十条规定了视为串通投标的六种情形，"视为"是一种将具有不同客观外在表现的现象等同视之的立法技术，是一种法律上的拟制。尽管如此，"视为"的结论并非不可推翻和不可纠正。为避免适用法律错误，评标过程中评标委员会可以视情况给予投标人澄清、说明的机会；评标结束后投标人可以通过提起异议，也可以提起投诉寻求行政救济，由行政监督部门作出认定。

17. "视为串通投标"认定前，是否要给予投标人澄清说明的机会？

问 《招标投标法实施条例》第三十九条规定了五种串通投标的情形，第四十条又列出了六种视为串通投标的情形。有人认为，第三十九条的结论可以直接适用且是不可推翻的，但是第四十条"视为"的结论不能直接适用且并非不可推翻，因此认定"视为串通投标"情形时，为避免法律适用错误，应当允许投标人进行澄清、说明。这种观点合理吗？正确的操作应该是怎样的？

答 "视为"属于一种法律拟制，可以直接适用。

所谓法律拟制，是指立法者将本不属于某一规定的内容强制适用该规定。《招标投标法实施条例》第四十条规定的六种"视为串通投标"的情形，并不一定就属于第三十九条规定的五种串通投标情形，但是立法者通过法律拟制，将这六种情形等同于串通投标。所以，倘若通过评审认定投标人之间存在前述第四十条规定的"视为串通投标"情形，应直接适用关于串通投标的相关规定，比如关于否决投标、认定中标无效的规定等。

"视为串通投标"认定前，只要事实确凿，就直接产生适用串通投标相关规定的法律效果，不应要求投标人澄清说明。当然，"视为"的结论并非不可推翻和不可纠正。为避免适用法律错误，评标过程中评标委员会可以视情况给予投标人澄清、说明的机会；评标结束后投标人可以通过投诉寻求行政救济，由行政监督部门作出认定。

18. 串通投标需承担何种法律责任？

问 某招标项目，A 公司中标，后行政监督部门收到投诉后查实本项目 A 公司和

B公司串通投标，他们应该承担何种法律责任？

答　A公司中标无效，A公司、B公司及其单位负责的主管人员和其他直接责任人员可能被处以罚款、没收违法所得、吊销营业执照等行政处罚；若构成犯罪，还应承担刑事责任。法律依据是《招标投标法实施条例》第五十三条规定："投标人相互串通投标或者与招标人串通投标的，投标人以向招标人或者评标委员会成员行贿的手段谋取中标的，中标无效，处中标项目金额千分之五以上千分之十以下的罚款，对单位直接负责的主管人员和其他直接责任人员处单位罚款数额百分之五以上百分之十以下的罚款；有违法所得的，并处没收违法所得；情节严重的，取消其一年至二年内参加依法必须进行招标的项目的投标资格并予以公告，直至由工商行政管理机关吊销营业执照；构成犯罪的，依法追究刑事责任。给他人造成损失的，依法承担赔偿责任。"

19. 投标人在建设工程招标活动中围标，中标是否有效？应当承担哪些法律责任？

问　某建筑工程公司为了中标某单位的施工项目，邀请了几家关系较好的施工单位一起前来投标，受邀请的其他几家单位未认真制作投标文件，不出意外最终该建筑工程公司如愿以偿中标，请问该中标是否有效？某建筑工程公司应当承担什么法律责任？

答　该中标无效。

围标属于一种典型的串通投标行为，一般是指几个投标人之间相互约定，一致抬高或压低投标报价进行投标，通过限制竞争，排挤其他投标人，使某个利益相关者中标，从而谋取利益的手段和行为。主要表现为邀请其他企业陪标或者投标者轮流坐庄，排挤其他竞争者。根据《招标投标法》第五十三条及《刑法》第二百二十三条的规定，通过围标而中标的行为无效，并且会面临被处罚款、没收违法所得，情节严重的会被取消投标资格，承担三年以下有期徒刑或者拘役等刑事责任。

20. 对串通投标行为进行"双罚制"，罚款如何计算？

问　对串通投标行为，《招标投标法》第五十三条规定可以对单位及直接负责的主管人员和其他直接责任人员进行罚款，罚款额度如何确定？

答　对于串通投标行为，招标投标行政监督部门有权按照"双罚"原则采取行政处罚措施。《招标投标法》第五十三条规定："投标人相互串通投标……中标无效，处中标项目金额千分之五以上千分之十以下的罚款，对单位直接负责的主管人员和其他直接责任人员处单位罚款百分之五以上百分之十以下的罚款；有违法所得的，并处没收违法所得；情节严重的，取消其一年至二年内参加依法必须招标的项目的投标资格并予以公告，直至由工商行政管理机关吊销营业执照；构成犯罪的，依法追究刑事责任。给他人造成损失的，依法承担赔偿责任。"

这里的"罚款"，是《行政处罚法》第九条规定的行政处罚措施之一，是对违法行为人的一种经济制裁措施。既对违法的投标人进行处罚，也对该投标人直接负责的主管人员和其他直接责任人员进行处罚（又称"双罚"原则）。对中标的投标人处中标项目金额 0.5% 以上 1% 以下的罚款，对该投标人直接负责的主管人员和其他直接责任人员，按照对投标人的罚款金额的 5% 以上 10% 以下的罚款进行处罚。

对于未中标的投标人的罚款额，则根据《招标投标法实施条例》第六十七条规定，是按照本项目招标项目合同金额的一定比例计算的，应当处招标项目合同金额 0.5% 以上 1% 以下的罚款。对单位直接负责的主管人员和其他直接责任人员处单位罚款 5% 以上 10% 以下的罚款。

在实践中，罚款具体金额由行政监督部门根据投标人违法情节的轻重、影响大小等因素确定。

21. 国家工作人员在参加本单位水利工程项目招标工作中，与他人串通投标又索贿、受贿的，是否应该数罪并罚？

问 A 是国家工作人员，在招标过程中非法收受/索取投标人财物或财产性利益，利用本人职权便利与投标人串通投标、泄露标底等，情节严重的，是否应以串通投标罪、受贿罪数罪并罚？

答 A 构成串通投标罪、受贿罪，数罪并罚。

A 存在串通投标与受贿两个犯罪行为。最高人民法院、最高人民检察院《关于办理渎职刑事案件适用法律若干问题的解释（一）》第三条规定："国家机关工作人员实施渎职犯罪并收受贿赂，同时构成受贿罪的，除法律另有规定外，以渎职犯罪和受贿罪数罪并罚。"当国家工作人员在参加本单位工程项目招标工作中，与他人串通投标又索贿、受贿的，即便其串通投标罪与受贿罪有联系，但仍属于两个独立的犯罪构成，应数罪并罚。

22. 串通投标罪如何认定？

问 《刑法》第二百二十三条规定了串通投标罪，串通投标情节严重的可能构成该罪。那么，串通投标罪如何认定？

答 串通投标罪，是指投标人相互串通投标报价，损害招标人或者其他投标人利益，或者招标人与投标人串通投标，损害国家、集体、公民的合法权益，扰乱市场经济秩序，情节严重的行为。《刑法》第二百二十三条规定："投标人相互串通投标报价，损害招标人或者其他投标人利益，情节严重的，处三年以下有期徒刑或者拘役，并处或者单处罚金。投标人与招标人串通投标，损害国家、集体、公民的合法利益的，依照前款的规定处罚。"据此分析，串通投标罪的构成要件有以下几个：

（1）客体要件。本罪侵犯的是正常的市场竞争秩序以及招标人和其他投标人、国家、集体或公民个人的合法权益。

（2）客观要件。在客观方面表现为串通投标行为，主要包括投标人互相串通投标报价以及招标人与投标人串通投标两种类型，常见表现形式如前所述。串通投标将造成招标人无法达到最佳的竞标结果或者其他投标人无法在公平竞争的条件下参与投标竞争而受到损害，这种损害必须达到"情节严重"才构成本罪。"情节严重"的认定，依据最高人民检察院、公安部 2022 年 4 月 6 日印发的《关于公安机关管辖的刑事案件立案追诉标准的规定（二）》，串通投标案的立案追诉标准，一是损害招标人、投标人或者国家、集体、公民的合法利益，造成直接经济损失数额在五十万元以上；二是违法所得数额在二十万元以上；三是中标项目金额在四百万元以上；四是采取威胁、欺骗或者贿赂等非法手段；五是虽未达到上述数额标准，但二年内因串通投标受过二次以上行政处罚，又串通投标；六是其他情节严重的情形。

（3）主体要件。本案犯罪主体是特殊主体，限于招标人和投标人；涉及串通投标的招标代理机构、评标委员会与参与串通行为的招标人、投标人构成共同犯罪，也可成为本罪的犯罪主体。自然人和单位均可构成本罪的主体。

（4）主观要件。在主观方面表现为直接故意，即串通投标行为人以排挤竞争对手为目的积极采取不正当的串通投标行为，且明知该行为将损害招标人、其他投标人或者国家、集体的合法权益，过失不构成本罪。

串通投标行为同时具备上述四要件的，构成串通投标罪。

23. 串通投标罪应承担什么刑事责任？

问 A 公司多次与其他投标人串通投标，中标项目累计 300 万元以上，是否涉嫌构成串通投标罪，应当受到何种处罚？

答 《刑法》第二百二十三条规定："投标人相互串通投标报价，损害招标人或者其他投标人利益，情节严重的，处 3 年以下有期徒刑或者拘役，并处或者单处罚金。投标人与招标人串通投标，损害国家、集体、公民的合法利益的，依照前款的规定处罚。"

本题中，A 公司多次实施串通投标行为，给招标人或者其他投标人造成严重经济损失，涉嫌构成串通投标罪，可能将被处 3 年以下有期徒刑或者拘役，并处或者单处罚金。

24. 招标代理机构是否会构成串通投标罪?

问 招标代理机构 A 公司接受 B 公司委托办理某建筑工程招标事务,在招标过程中与 C 建筑公司负责人合谋,为 C 公司提供其他投标人的投标文件,中标后 C 公司给 A 公司中标价的 2% 作为报酬。后来在 A 公司的帮助下 C 公司顺利中标。A 公司是否构成串通投标罪?

答 A 公司的行为应认定为构成串通投标罪。

《刑法》第二百二十三条规定:"投标人相互串通投标报价,损害招标人或者其他投标人利益,情节严重的,处三年以下有期徒刑或者拘役,并处或者单处罚金。投标人与招标人串通投标,损害国家、集体、公民的合法利益的,依照前款的规定处罚。"该法条对串通投标罪的主体进行了限定。虽然招标代理机构属于中介服务机构,不属于招标人,但是招标代理机构与投标人串通投标的行为符合共同故意犯罪,只要一方主体适格就可以入罪,而且根据《招标投标法》第五十条规定,招标代理机构违反本法规定,泄露应当保密的与招标投标活动有关的情况和资料的,或者与招标人、投标人串通损害国家利益、社会公共利益或者他人合法权益的,构成犯罪的,依法追究刑事责任,这也为招标代理机构构成串通投标罪提供了法律依据。

25. 国家工作人员在工程建设招标投标领域违法可能承担哪些刑事责任?

问 张某作为卫生局主要负责人,在下属医院住院部新建施工项目中,收受某建筑公司 30 万元,然后以招标人身份,与投标人串通,指定该建筑公司中标,中标价格为 5000 万元,该情形张某触犯什么罪行?

答 涉嫌构成受贿罪、串通投标罪。

首先,根据《刑法》第三百八十五条规定,张某利用其作为卫生局负责人的职务便利,为参与投标的单位提供帮助,并非法收取他人财物 30 万元,符合受贿罪的主客观要件,所以张某的行为涉嫌构成受贿罪。其次,根据《刑法》第二百二十四条第二款规定,张某作为招标单位负责人,与投标人相互串通,损害国家、集体、公民的合法利益的,符合串通投标罪的认定条件。综上,本题中,张某涉嫌构成受贿罪、串通投标罪,实行数罪并罚。

二、弄虚作假投标

26. 资格证明文件弄虚作假情形有哪些?

问 招标活动中经常碰到投标人以虚假的资格证明文件投标来骗取中标。请问:资格证明文件弄虚作假情形有哪些?

答 《招标投标法》第五十四条明确禁止投标人弄虚作假,《招标投标法实施条例》

第四十二条第二款详细规定了认定资格证明文件弄虚作假的几种常见情形：（一）使用伪造、变造的许可证件，也就是假造实际从未获取过的许可证件（如营业执照、建筑业企业资质、安全生产许可证、专业人员注册执业资格证书、安全生产许可证、工业产品生产或制造许可证、特种设备安全监察许可、强制认证等），或者篡改获取的许可证件的许可范围、等级或有效期限等以欺瞒招标人；（二）提供虚假的财务状况或者业绩，财务状况和业绩情况是考核投标人履约能力的重要指标；（三）提供虚假的项目负责人或者主要技术人员简历、劳动关系证明，项目负责人或者主要技术人员是完成项目的重要人力资源保障；（四）提供虚假的信用状况，信用状况指标主要反映投标人是否受到行政处罚、违约以及安全责任事故等情况。

招标采购实践中弄虚作假行为层出不穷，不可能一一列举。实践中经常碰到诸如业绩合同、资质证书、实验报告、劳动合同、营业执照等资格证明文件造假事件，基本上凡是能决定投标资格，影响评标因素的文件资料，都可能被造假。投标人其他虚假投标行为还有：（1）伪造印鉴投标；（2）提供虚假的剩余生产能力、试验报告；（3）提供虚假的知识产权、设备配备等信息，虚构技术实力；（4）提供虚假的人力资源配备信息；（5）提供虚假、引人误解的其他信息。只要是投标人隐瞒真实情况，提供虚假信息以证明其达到投标资格条件、谋取中标的行为，都可认定为弄虚作假行为。招标文件可在《招标投标法实施条例》第四十二条第二款规定的情形之外，针对项目实际提出更为完善具体的认定情形先予告知。

27. 使用过期的证书投标，是否属于提供虚假材料谋取中标？

问 某设备采购项目，招标文件要求投标人提供产品认证证书，后 A 公司中标。中标候选人公示期间，B 公司提出异议，称 A 公司提供的产品认证证书已过期，经查证属实。有人认为，提供过期的证书参与投标属于提供虚假材料谋取中标，应取消中标资格。该观点是否合理？

答 虚假意味着不真实，过期意味着不再有效，二者不能等同，上述观点认为 A 公司因弄虚作假取消中标资格不合理。

从词语含义看：虚假是指"假的，不真实的。"比如，投标人提供的某一文件原本是不存在的，是投标人通过某种伪造、变造等非法手段凭空捏造的，该类文件称为虚假文件，虚假文件必然无效。过期是指"失效的"。比如，某一真实存在的文件在一定的时间、空间范围内具备法律效力，而超出该时间、空间范围，文件就不再有效。不难看出，虚假的一定是无效的，无效的不一定就是虚假的。故，本题中将过期证书认定为虚假材料并不合理。

《招标投标法实施条例》第四十二条列举了弄虚作假的几种情形，包括"使用伪造、变造的许可证件；提供虚假的财务状况或者业绩；提供虚假的项目负责人或者主要技术人员简历、劳动关系证明；提供虚假的信用状况；其他弄虚作假的行为"。虽然兜底条款指出"其他弄虚作假的行为"，但是结合前述列举情形分析，很显然，该项兜底条款并不包含提供或使用过期文件的情形。尽管过期文件不等于虚假材料，但是从诚实信用原则出发，投标人还是应当对自己所投文件的真实性、合法性和有效性负责，杜绝提供虚假材料，避免使用过期材料。

28. 制造商弄虚作假，代理商来背锅，合适吗？

问 某工程材料采购项目的招标文件载明"本项目所有货物的制造商应为中小企业，符合条件的供应商应按要求出具《中小企业声明函》。"A 公司作为代理商参与投标，按照制造商 B 公司提供的数据递交了《中小企业声明函》，声明 B 公司为中型企业。函件载明"本企业对上述声明内容的真实性负责。如有虚假，将依法承担相应责任。"后 A 公司成为成交供应商，但被 C 供应商举报，称其提供的《中小企业声明函》内容有虚假：B 公司为大型企业，而非中型企业。后经查证属实，A 公司被取消中标资格。A 公司辩称，虚假材料是制造商提供的，凭什么由代理商来背锅？请问：A 公司所言是否有理？

答 代理商 A 公司作为本案采购活动的当事人，因其未尽到合理的审慎义务，造成提供虚假材料骗取中标的结果，应依法认定 A 公司中标无效。

《招标投标法》第 5 条规定，招标投标活动应当遵循诚实信用的原则。该原则要求，招标投标各方在采购活动中不得存在欺骗，应对各自提供的材料的真实性、合法性和完整性负责。本题中，A 公司作为采购活动的当事人，本着诚实信用的原则，应当对其提供的所有材料的真实性负责，包括《中小企业声明函》。故，其在递交该函件之前，理应向 B 公司反复确认该公司的规模类型是否属于中小企业，并要求其提供相关佐证材料，以证明《中小企业声明函》承诺内容的真实性。但是 A 公司并未履行该义务，导致其提供的函件内容不真实，构成《招标投标法实施条例》第四十二条规定的弄虚作假行为，因此应当按照《招标投标法》第五十四条之规定，承担中标无效的法律后果。

29. 招标人将已经被取消的资质设为资格条件，投标人伪造该资质投标，属于弄虚作假投标吗？

问 某 2023 年招标的工程造价咨询项目，招标文件的投标人资格要求中规定，"投标人应当具有工程造价咨询乙级及以上资质"，否则投标文件将会被否决。最终某工程咨询单位 A 公司中标。在中标候选人公示期间，投标人 B 公司提出两点异议："1、国务院已经在 2021 年 7 月取消了工程造价咨询企业资质，招标人不应当将该资质设为资格条件。2、中标人 A 公司是一家 2022 年才成立的公司，不可能拥有造价咨询资质，其投标文件中的造价咨询资质是伪造的。"请问：招标人将已经被取消的资质设定为资格条件，投标人伪造该资质证书投标是否属于弄虚作假投标的行为？

答 招标不应将已经取消的资质设定为资格条件；投标人伪造资质证书属于弄虚作假投标。

《招标投标法实施条例》第三十二条第一款规定："招标人不得以不合理的条件限制、排斥潜在投标人或者投标人。"《工程项目招标投标领域营商环境专项整治工作方案》第二条中也把"将国家已经明令取消的资质资格作为投标条件、加分条件、中标条件；在国家已经明令取消资质资格的领域，将其他资质资格作为投标条件、加分条件、中标条件"列为需要重点整治的内容之一。因此，本题中招标人将国家已经取消的工程造价咨询企业资质设为资格条件，涉嫌以不合理方式限制或排斥潜在投标人，该项目的招标文件存在重大缺陷，应当修改后重新招标。

《招标投标法》第三十三条规定："投标人不得以低于成本的报价竞标，也不得以他人名义投标或者以其他方式弄虚作假，骗取中标。"《招标投标法实施条例》第四十二条第二款规定："投标人有下列情形之一的，属于招标投标法第三十三条规定的以其他方式弄虚作假的行为：（一）使用伪造、变造的许可证件……"本题中 A 公司未曾拥有造价咨询企业资质，通过技术手段"无中生有"，伪造出了一份资质证书，这份资质证书毫无疑问属于虚假材料。而 A 公司伪造出这份虚假资质证书的目的也是为了骗取中标，如果没有这份伪造的资质证书，A 公司在评标阶段就会被否决投标，不会出现在中标候选人名单里。因此，A 公司的行为属于"弄虚作假投标"。

30. 投标人偏差表上写明"无偏差"，实际投标文件存在偏差，有可能构成"弄虚作假"吗？

问 实践中经常出现投标人偏差表写明"无偏差"，实际上投标文件却存在偏差的情形，是否构成《招标投标法》及其实施条例所禁止的弄虚作假行为？

答 构成弄虚作假。

《招标投标法》第三十三条规定："投标人不得以他人名义投标或者以其他方式弄虚作假，骗取中标。"《招标投标法实施条例》第四十二条对何为弄虚作假投标进行了部分列举。对于何为弄虚作假投标可从以下几个方面理解：其一，客观上投标人向招标人提供虚假资料。其二，主观上投标人具有误导招标人、谋取中标的故意。其三，结果上投标人有可能不当获利，如致自己中标或他人中标。

就本题来看，假设投标人递交所谓的"无偏差的偏差表"，但投标文件存在偏差。客观上，投标人向招标人递交了虚假的偏差表，偏差表没有真实反映投标文件的偏差情况；主观上，投标人递交虚假的偏差表，有诱导招标人、骗取中标的故意；结果上，投标人本着谋取中标的故意向招标人递交的虚假偏差表，可能因此直接通过初评或在详评中获取高分，最终使得自己中标或他人中标。据此分析，投标人递交虚假的偏差表并骗取中标的行为构成弄虚作假，而且也符合《民法典》第五百条规定的"故意隐瞒与订立合同有关的重要事实或者提供虚假情况"这一违背诚实信用原则的情形。

31. 使用他人的授权书投标算不算"提供虚假材料"行为？

问 某国有企业工程设备采购招标，采购结果公示期间有供应商提出异议，称中标人 A 供应商投标文件中的制造厂授权书造假。采购人随后与 A 供应商所投设备的生产厂商进行了联系与求证。该厂商表示没有向 A 供应商就该项采购项目授过权。A 供应商也承认自己投标文件中的授权书不是生产厂商直接授予的，而是从其他供应商手中"拿"的。那么，A 供应商的行为算"提供虚假材料"吗？

答 A 供应商的行为构成提供虚假材料。

无论从生产厂商核实的情况来看，还是从 A 供应商自己的陈述来看，A 供应商在投标文件中提供的授权书都不是生产厂商给 A 供应商开出的，也就是说 A 供应商没有得到授权，就将他人的厂商授权书称为自己的，A 供应商的行为属于"提供虚假材料"。《招标投标法》第五十四条第一款规定："投标人以他人名义投标或者以其他方式弄虚作假，骗取中标的，中标无效。"因此，A 供应商使用其他供应商的授权书进行投标，明显是一种弄虚作假骗取中标的行为，应取消其中标资格。

32. 投标人伪造授权投标，被代理厂家得知其中标后愿意追认授权，该中标结果是否有效？

问 某招标项目在中标候选人公示阶段接到投标人异议"中标候选人投标文件中提供的某厂授权委托书是伪造文件"，后经招标人调查核实该异议内容属实，遂以中标候选人弄虚作假为由，取消其中标候选人资格。该投标人得知此事后，随即对某厂施行公关，某厂了解实情后觉得有利可图，便向招标人发出说明，指称中标候选人伪造的授权委托书有效。中标人拿到确认函后，向招标人发出异议，要求立即恢复其中标候选人资格。请问：中标人伪造授权投标，被代理人得知其中标后追认同意授权，该中标结果是否有效？

答 无效。

《招标投标法实施条例》第六十八条规定："投标人以他人名义投标或者以其他方式弄虚作假骗取中标的，中标无效"，本题中，中标人伪造某厂授权文件用于投标，就已犯下主观恶意、骗取中标的行为，即使该授权文件事后得到被代理人追认，仍不能改变其"弄虚作假"的违法事实，中标人此举违背了诚实信用原则；如若恢复其中标资格，同时也将侵害其他投标人的合法权益，有违公平、公正原则。故投标人伪造授权投标的，即使事后被追认同意授权，其投标仍旧无效。

33. 投标人挂靠其他单位投标，应如何处理？

问 某学校数字教学楼新建工程施工招标，接到举报称 A 公司是刘某挂靠参与投标的，并提供了刘某与 A 公司签订的《合作协议》复印件，其中约定由刘某以 A 公司名义参与投标，工程中标后，刘某组织施工队负责工程施工，并按中标总价的 3%向 A 公司支付管理费。对此如何处理？

答 "挂靠"一般指在建设工程领域一些不具备相应施工资质的单位或个人以其他有资质的施工单位名义投标，并承揽工程的行为。《工程建设项目施工招标投标办法》第四十八条规定，以他人名义投标，指投标人挂靠其他施工单位，或从其他单位通过受让或租借的方式获取资格或资质证书，或者由其他单位及其法定代表人在自己编制的投标文件上加盖印章和签字等行为。依据《建筑工程施工发包与承包违法行为认定查处管理办法》第十条规定，存在下列情形之一的，属于挂靠：（一）没有资质的单位或个人借用其他施工单位的资质承揽工程的；（二）有资质的施工单位相互借用资质承揽工程的，包括资质等级低的借用资质等级高的，资质等级高的借用资质等级低的，相同资质等级相互借用的；（三）本办法第八条第一款第（三）至（九）项规定的情形有证据证明属于挂靠，如：施工总承包单位或专业承包单位未派驻项目负责人、技术负责人、质量管理负责人、安全管理负责人等主要管理人员；专业作业承包人承包的范围是承包单位承包的全部工程，专业作业承包人计取的是除上缴给承包单位"管理费"之外的全部工程价款。上述行为均为"挂靠"的常见情形。

本题中，A 公司挂靠其他单位投标，且双方约定由 A 公司自行施工并向被挂靠单位上交"管理费"，属于典型的在投标中弄虚作假的行为，评标委员会应当依据《招标投标法实施条例》第五十一条"有下列情形之一的，评标委员会应当否决其投标：……（七）投标人有串通投标、弄虚作假、行贿等违法行为"的规定否决其投标。中标后才发现的，应按中标无效、合同无效来处理。

34. 投标人租借他人资质投标，中标是否有效？

问 某公司实验用房施工项目招标，采取公开招标形式，A 公司租借 B 公司的资质参与了投标，最终中标，该中标结果是否有效？
答 该中标结果无效。

《招标投标法》第五十四条规定："投标人以他人名义投标或者以其他方式弄虚作假，骗取中标的，中标无效，给招标人造成损失的，依法承担赔偿责任；构成犯罪的，依法追究刑事责任。"《工程建设项目施工招标投标办法》第四十八条规定："投标人不得以他人名义投标。前款所称以他人名义投标，指投标人挂靠其他施工单位，或从其他单位通过受让或租借的方式获取资格或资质证书，或者由其他单位及其法定代表人在自己编制的投标文件上加盖印章和签字等行为。"据此，本题中，A 公司其自身并无承担该工程建设项目的能力，通过租借资质形式进行投标，其行为属于弄虚作假骗取中标，中标无效。因此给招标人造成损失的，依法应当予以赔偿，情节严重的可能涉嫌构成合同诈骗罪等犯罪。

35. 投标人以他人名义投标，中标后签订的合同是否有效？

[问] 某公司工程物资采购招标，A 公司认为自身业绩条件有缺陷，便和 B 公司商量，以 B 公司的名义投标，中标后合同实际履行由 A 公司完成，后 B 公司中标，并与招标人签订物资采购合同。该项目中标是否有效？签订的合同是否有效？

[答] 中标结果无效，签订的合同也无效。

《招标投标法实施条例》第六十八条规定："投标人以他人名义投标或者以其他方式弄虚作假骗取中标的，中标无效；构成犯罪的，依法追究刑事责任；尚不构成犯罪的，依照招标投标法第五十四条的规定处罚。依法必须进行招标的项目的投标人未中标的，对单位的罚款金额按照招标项目合同金额依照招标投标法规定的比例计算。"《民法典》一百五十三条规定，违反法律、行政法规的强制性规定的民事法律行为无效。本题中，A 公司无法满足投标人业绩条件要求，借 B 公司名义进行投标，按照上述法律规定，B 公司的中标无效，与招标人签订的物资采购合同亦无效。

36. 中标通知书发出后才发现中标人"业绩造假"，招标人该如何应对？

[问] 某招标项目中标通知书发出后，招标人接到一匿名举报，"中标人 A 资格条件中的业绩造假"。招标人核实发现，举报事项属实。鉴于中标通知书已发出，招标人应该如何应对？

[答] 《招标投标法》第五十四条规定："投标人以他人名义投标或者以其他方式弄虚作假，骗取中标的，中标无效，给招标人造成损失的，依法承担赔偿责任；构成犯罪的，依法追究刑事责任"。因此，投标人提供虚假业绩中标，其中标无效。中标通知书发出后才发现中标无效情形的，招标人可从符合条件的其他中标候选人中确定中标人或者重新招标。《招标投标法实施条例》第八十一条规定："依法必须进行招标的项目的招标投标活动违反招标投标法和本条例的规定，对中标结果造成实质性影响，且不能采取补救措施予以纠正的，招标、投标、中标无效，应当依法重新招标或者评标"，也就是说，招标被确认无效的，依法必须招标项目的招标人应当重新招标。投标被确认无效的，在评标过程中，相关投标应当被否决；在中标候选人公示阶段，应当取消其中标资格；已发出中标通知书的，中标无效。中标被确认无效的，按照《招标投标法》第六十四条规定，由招标人从符合条件的其他中标候选人中确定中标人或者重新招标。

第 四 章

开标阶段法律合规实务

第一节 **开标活动**

一、投标人不足三个的处理

1. 电子招标投标情况下"投标人少于 3 个"如何认定?

问 《招标投标法实施条例》第四十四条规定:"投标人少于 3 个的,不得开标;招标人应当重新招标。"那么,在电子招标投标活动中,哪种情况下可以认定为"投标人少于 3 个"呢?

答 《电子招标投标办法》第三十条规定:"开标时,电子招标投标交易平台自动提取所有投标文件,提示招标人和投标人按招标文件规定方式按时在线解密。解密全部完成后,应当向所有投标人公布投标人名称、投标价格和招标文件规定的其他内容。"也就是说,只要在开标前,将投标文件上传至电子招标投标交易平台的投标人足够 3 家即可开标,少于 3 家的不得开标,招标失败。

投标人的数量不能以解密成功的投标文件数量来判定,而应以投标截止时间前通过网络传输送至电子招标投标交易平台所在的服务器是否达到 3 家为准。需要注意的是,因此时的投标文件处于未解密的状态,仅需查清该项目成功上传投标文件的数量即可,而无须关注该文件是否能够解密成功。与纸质形式的招标投标类似,在拆开密封信封前检查递交信封的投标人满足 3 家即可开标,而无须考虑信封内的具体内容,即使投标文件内容不全,只要形式上满足 3 家及以上投标即可。

对于电子招标投标而言,在投标截止时,存在于电子招标投标交易平台所在服务器的投标文件达到 3 家,即可开标,此时这些文件仍是未解密(等同于未拆封)的状态。由于解密失败,造成某标段内最终解密成功的投标人少于 3 家的,仍应继续开标评标。

2. 投标人不足三个如何处理?

问 某公开招标项目,报名阶段有四家单位购买招标文件,但投标截止时,仅有两家单位投标,如何处理?

答 不得开标,招标人应当依法重新招标。

《招标投标法》第二十八条第一款规定,投标人应当在招标文件要求提交投标文件的截止时间前,将投标文件送达投标地点。招标人收到投标文件后,应当签收保存,不得开启。投标人少于三个的,招标人应当依照本法重新招标。

对于依法必须招标项目而言,《招标投标法实施条例》第四十四条第一、第二款规定,招标人应当按照招标文件规定的时间、地点开标。投标人少于 3 个的,不得开标;招标人应当重新招标。对于非依法必须招标项目，招标人终止招标后，可以重新招标，也可以采用竞争性谈判、竞争性磋商、询价、单一来源采购等非招标的方式重新采购。

3. 非依法必须进行招标的项目，投标人不足三家时能否继续开标？

问 某地区水利局规定，该地区合同估算价 400 万元以下的水利施工项目采取招标方式发包，招标文件中可以规定首次招标失败，重新招标后投标人为两家时，经水利部门批准，该两家投标人同意，可以继续开标、评标。该规定是否合法？

答 无论是否依法必须进行招标的项目，当采用招标方式时，投标人不足三家时均不得开标。

《招标投标法实施条例》第四十四条明确规定"投标人少于 3 个的，不得开标；招标人应当重新招标"，该规定属于强制性规定，应该不打折扣、严格落实。《工程建设项目施工招标投标办法》第三十八条进一步规定，依法必须进行施工招标的项目提交投标文件的投标人少于三个的，招标人在分析招标失败的原因并采取相应措施后，应依法重新招标。重新招标后投标人仍少于三个的，属于必须审批、核准的工程建设项目，报经原审批、核准部门审批、核准后可以不再进行招标；其他工程建设项目，招标人可自行决定不再进行招标。需要注意的是，政府采购工程依法不再进行招标的，需要按照《政府采购法实施条例》第二十五条、《政府采购竞争性磋商采购方式管理暂行办法》第三条等有关规定，采用竞争性谈判、单一来源或竞争性磋商等采购方式发包。

4. 开标时不足三家，招标失败，招标人应否退还已接收的投标文件？

问 我们是招标代理机构，经常碰到有的招标项目在投标截止时只有 1 家或 2 家投标人按时提交了投标文件。请问：在这种情况下，招标失败，已经接收的投标文件是否需要退还给投标人，或者由招标人存档？

答 应退还投标人。

《招标投标法实施条例》第四十四条第二款规定："投标人少于 3 个的，不得开标；招标人应当重新招标。"此处的"不得开标"也就是指不得拆封、唱标。此时招标失败，招标人在出现这种情况时，应将收到的投标文件原封不动退还给投标人；如果是电子招标项目，不解密已经上传到招标投标交易平台的投标文件，之后依法重新启动招标程序。

二、开标时间、地点

5. 招标人能否变更开标时间和地点？

问 某招标文件已经发出，因开标场所被占用需要延迟几天开标，并将地点更换到同一地点的不同会议室。请问：招标人能否变更开标时间和地点？

答 可以变更开标时间和地点，但需要提前通知潜在投标人。

《招标投标法实施条例》第二十一条规定："招标人可以对已发出的资格预审文件或者招标文件进行必要的澄清或者修改。澄清或者修改的内容可能影响资格预审申请文件或者投标文件编制的，招标人应当在提交资格预审申请文件截止时间至少 3 日前，或者投标截止时间至少 15 日前，以书面形式通知所有获取资格预审文件或者招标文件的潜在投标人；不足 3 日或者 15 日的，招标人应当顺延提交资格预审申请文件或者投标文件的截止时间。"变更开标时间和地点一般不属于影响投标文件编制的事项，招标人只需要在合理的时间以书面形式通知所有获取招标文件的潜在投标人即可。

6. 递交投标文件截止时间是否可以与开标时间不一致？

问 某公开招标项目，招标文件载明递交投标文件时间为 2022 年 11 月 28 日上午 9 点，开标时间定为 2022 年 11 月 28 日下午 2 点，是否符合法律规定？

答 不符合法律规定。

《招标投标法》第三十四条规定，开标应当在招标文件确定的提交投标文件截止时间的同一时间公开进行；开标地点应当为招标文件中预先确定的地点。也就是说，递交投标文件截止时间应与开标时间一致，提交投标文件截止之时（如某年某月某日几时几分），即是开标之时（也是某年某月某日几时几分），以防止招标代理机构、招标人利用投标截止时间和开标时间之间的一段时间间隔进行暗箱操作，以及防止因中间过程而出现的差错、舞弊或争议。

7. 开标现场临时决定推迟开标时间，并经其他投标人书面同意，是否可以推迟？

问 一项工程建设项目招标，甲乙丙三家投标，开标时间为上午 9 点，开标现场甲因客观原因要求推迟 2 小时开标，乙丙均书面同意推迟。后甲中标，乙丙进行投诉。请问：开标现场经投标人书面同意能否临时决定推迟开标时间？

答 不得在开标现场临时决定推迟开标时间。

《招标投标法》第三十四条规定："开标应当在招标文件确定的提交投标文件截止时间的同一时间公开进行。"第二十八条第二款规定："在招标文件要求提交投标文件的截止时间后送达的投标文件，招标人应当拒收。"《招标投标法实施条例》第四十四条规定："招标人应当按照招标文件规定的时间、地点开标。"因此，应按照招标文件规定的时间开标时间；如因特殊原因，在投标截止时间之前确需延迟的，应当提前修改招标文件并书面通知所有潜在投标人。在未修改招标文件并书面通知其他潜在投标人的情况下，招标人不能因为潜在投标人同意就延迟开标时间。且本题中甲公司按规定时间不能递交投标文件，不论乙、丙是否同意，在开标现场都不得当场决定推迟开标时间。

8. 招标人是否可以不按照招标文件规定的时间或地点开标？

问 A 公司采购电力变压器，投标截止时间是 10 月 17 日，已发布的招标公告明确开标地点为 B 处。招标人更改开标时间和地点，在 10 月 19 日在 C 处准时开标。因工作人员失误，更改事项未通知全部获取招标文件的潜在投标人，此次开标是否合规？

答 不合规。

《招标投标法》第三十四条规定："开标应当在招标文件确定的提交投标文件截止时间的同一时间公开进行；开标地点应当为招标文件中预先确定的地点。"《招标投标法实施条例》第四十四条第一款也规定："招标人应当按照招标文件规定的时间、地点开标。"本题中，A 公司应于 10 月 17 日在 B 地点开标，但其在未书面通知全部投标人的情况下更改开标时间和地点，该行为违反上述法律规定。实务中，招标人应严格按照招标时规定的开标时间和地点组织开标，确需变更开标时间、地点的，应提前通知全部投标人，可以书面回执、电子数据等方式确认全部投标人已收悉相关通知，规避法律风险。

9. 提前开标是否可行？

问 某招标项目的招标公告发布时间为 9 月 10 日，开标时间为 9 月 30 日。招标人能否在征得所有投标人同意的情况下将开标时间提前至 9 月 25 日？

答 应视招标项目的类型确定。

《招标投标法》第二十四条规定："招标人应当确定投标人编制投标文件所需要的合理时间；但是，依法必须进行招标的项目，自招标文件开始发出之日起至投标人提交投标文件截止之日止，最短不得少于二十日。"需注意，该条款规定的"不得少于二十日"针对的是依法必须进行招标的项目；对于非依法必须进行招标的项目，法律未作强制性要求。因此，当该招标项目在性质上属于依法必须进行招标的项目，因该项目给予投标人编写投标文件的时间刚好 20 日，故不得提前开标；反之，如果是非依法必须招标的项目，则在保证投标人编制投标文件具有合理时间的前提下可以提前开标。

10. 开标地点与招标文件中规定的不一致，是否允许？

问 某工程项目在开标时，为了图方便，招标人在投标截止时间前 2 个小时电话通知各潜在投标人，选择离其近的会议室而不是招标文件中规定的地点开标，是否允许？

答 不允许。

《招标投标法实施条例》第四十四条规定,"招标人应当按照招标文件规定的时间、地点开标"。开标时间、地点是招标文件的必备内容。确需变更开标时间、地点的,应按照《招标投标法实施条例》第二十一条修改招标文件内容的程序办理,发出修改补遗通知,书面通知到每一个购买或下载招标文件的潜在投标人。

三、开标活动参加人

11. 投标人是否必须参加开标活动?

问 现在都是电子化开评标了,投标人也无需到现场了,还用参加开标活动吗?
答 在电子化开标情况下,投标人应参加开标活动。

《电子招标投标办法》第二十九条规定:"电子开标应当按照招标文件确定的时间,在电子招标投标交易平台上公开进行,所有投标人均应当准时在线参加开标。"第三十一条规定:"因投标人原因造成投标文件未解密的,视为撤销其投标文件;因投标人之外的原因造成投标文件未解密的,视为撤回其投标文件,投标人有权要求责任方赔偿因此遭受的直接损失。部分投标文件未解密的,其他投标文件的开标可以继续进行。"因此,投标人如果不参与开标,发生投标文件未正常解密的,需承担投标文件解密失败视为撤销投标文件的风险。

12. 投标人不参加开标会议如何确认开标结果?

问 甲公司为某项目进行公开招标,A 公司投标但未参加开标会议,其如何对开标结果进行确认?
答 应当认定 A 公司认可开标结果。

《招标投标法》第三十五条规定,开标由招标人主持,邀请所有投标人参加。根据该条规定可知,法律规定了招标人有通知所有投标人参加开标会议的义务,但未强制投标人必须参加开标会议。因此,应当认为参与开标会议是投标人的权利,如不参加开标会议,视为投标人放弃其监督开标活动的权利,应默认其对于开标结果予以认可。同时,根据《招标投标法实施条例》第四十四条及第六十条规定,投标人对开标有异议的,应当在开标现场提出,招标人应当当场作出答复;投标人如未参加开标会议,也将会丧失其享有的对开标活动提出异议的权利。

13. 投标人不参加开标活动是否影响其投标文件的有效性?

问 某学校外立面翻新工程招标,所有的投标人是否均应当参加开标?不参加开标是否影响其投标文件的有效性？

答 投标人可以自主决定是否参与开标活动，投标人不参加开标，并不影响其投标文件的有效性。

《招标投标法》第三十五条规定，"开标由招标人主持，邀请所有投标人参加。"《工程建设项目货物招标投标办法》第四十条第二款规定，"投标人或其授权代表有权出席开标会，也可以自主决定不参加开标会。"因此，法律规定招标人必须邀请所有投标人参加开标，保证了所有投标人参与开标活动的权利，但投标人可以自主决定是否参与开标过程，不参与开标不影响其投标文件的有效性。但对于电子开标活动，投标人应当在线参与开标活动，负责配合解密自己的投标文件。

14. 招标文件可否要求投标人法定代表人必须到开标现场？

问 招标文件可否要求开标时必须要有法定代表人到场？可以授权给员工代表参加投标吗？

答 "要求开标时必须要有法定代表人到场"的要求不妥，投标人可以授权员工代表参加投标。

《招标投标法》第三十五条规定："开标由招标人主持，邀请所有投标人参加。"并未要求投标人法定代表人必须参加开标，投标人有权指派其他授权代理人参加。

上述要求对外地供应商或频繁参加各地招标采购活动的企业而言，就是一种歧视待遇或差别待遇。如《公路工程建设项目招标投标管理办法》第二十一条规定："……除《中华人民共和国招标投标法实施条例》第三十二条规定的情形外，招标人有下列行为之一的，属于以不合理的条件限制、排斥潜在投标人或者投标人：……（二）强制要求潜在投标人或者投标人的法定代表人、企业负责人、技术负责人等特定人员亲自购买资格预审文件、招标文件或者参与开标活动……"可见在一定程度上，要求投标人的法定代表人或项目经理、负责人等特定人员参加开标会，将涉嫌以不合理的条件限制、排斥潜在投标人。

15. 评标委员会成员能否参加开标会议？

问 A公司发布某建设工程招标项目，举办开标会议时，能否邀请评标委员会成员参加？

答 不能邀请评标委员会成员参加开标会议。

依据《招标投标法》第三十四至第三十六条规定，开标应当公开进行，由招标人主持，并邀请所有投标人参加，开标时，由投标人或者其推选的代表检查投标文件的密封情况，也可以由招标人委托的公证机构检查并公证。由此可知，开标时招标人与所有投标人均在场，若邀请评标委员会成员参会，会导致评标委员会成员信息提前泄露。同时，根据《招标投标法》第三十七条第五款的规定，评标委员会成员的名单在中标结果确定前应当保密。故参照《政府采购货物和服务招标投标管理办法》第四十条规定，评标委员会成员不得参加开标活动；招标人不应邀请评标委员会成员参加开标会议。

16. 招标人代表及监管部门工作人员必须参与开标吗？

问 某县农业农村局农村公路工程项目电子化招标，所有唱标结束后，投标人 A 通过电子系统提出，电子开标时未见监管部门人员在线，不符合规定，要求重新招标。该要求是否合理？

答 开标由招标人代表或招标人委托的代理机构主持，监管部门人员是否参加开标，由监管部门自行安排，并通过有效方式进行监督。

《招标投标法》第三十五条规定了参与开标的主体为招标人（招标代理机构）和投标人，并不包括监管部门，实践中是否需要监管部门到场，具体以监管部门有关制度或者工作安排为宜，并不适宜作为判断招标投标活动是否公正合法的标准。且监管部门是否到场与是否有效监督并不能画上等号，监管部门可以通过远程视频、在线同步跟进、查看开标记录等档案资料、监督检查以及投诉处理等多种方式加强对招标投标活动的监督管理。根据《电子招标投标办法》第三条规定，实行电子招标投标的必须进行招标项目，监管部门可以通过专门的在线监督电子招标投标活动的行政监督平台可溯及全流程关键信息和节点，实现智能化、精准化、数据化、信息化的有效监管。

四、开标程序

17. 投标人能否在开标环节对投标文件进行补充？

问 某工程货物招标项目中，A 公司在开标环节又向招标人提交了一封按投标文件要求密封的补充说明，内容为："出于友好目的，本投标人决定将计算总标价及所有单价都降低 3.93%。"请问：投标人能否在开标环节对投标文件进行补充？

答 不能。

《招标投标法》第二十九条规定："投标人在招标文件要求提交投标文件的截止时间前，可以补充、修改或者撤回已提交的投标文件，并书面通知招标人。补充、修改的内容为投标文件的组成部分。"本题中，A 公司在开标过程中对投标文件进行补充，超出投标截止时间，明显违反了法律规定，对于其在开标过程中对投标文件进行的补充，属于逾期送达的投标文件部分，招标人应当拒收。值得注意的是，投标人的澄清、说明或补正，必须是应评标委员会的书面要求做出，不得在评标委员会没有要求的情况下主动澄清、说明，且澄清的内容也不得超出投标文件的范围或者改变投标文件的实质性内容。

18. 开标后是否允许提交投标文件副本?

问　某公开招标项目，招标文件要求递交一正三副投标文件，开标时发现某单位只提供了正本投标文件。请问是否允许该投标人补交投标文件副本?

答　不允许该投标人补交投标文件副本。

《招标投标法实施条例》第三十六条规定:"未通过资格预审的申请人提交的投标文件，以及逾期送达或者不按照招标文件要求密封的投标文件，招标人应当拒收。"本题中，投标文件副本属于"逾期送达的投标文件"，应予以拒收。

19. 能否先评审,并以通过资格、形式和响应性评审作为开标时是否宣读投标报价的前提条件?

问　某县公共资源交易监管局开展"双随机"检查时发现，B 乡镇水源地保护基础设施工程项目的招标文件规定，实行两阶段开标，第一阶段先开不带报价的技术商务部分，通过评审的投标人进入第二阶段开标，拆封并宣读其投标报价。这类要求是否允许?

答　除公路工程项目，其他项目不宜采用所谓两阶段开标方式，拆封投标文件及宣读报价应同步完成。

依据《招标投标法》第三十六条规定，投标文件经确认无误后，应由工作人员在开标现场当众拆封，宣读投标人名称、投标价格和投标文件的其他主要内容。本题中的开标程序违背了基本程序，缺乏相应的法律依据。

对于公路工程施工招标项目，依据《公路工程建设项目招标投标管理办法》第三十二条第三款规定，招标人采用资格预审方式进行招标且评标方法为技术评分最低标价法的，或者采用资格后审方式进行招标的，投标文件应当以双信封形式密封，第一信封内为商务文件和技术文件，第二信封内为报价文件。同时，该类项目开标阶段则须进行两阶段开标，即第一阶段对第一信封内的商务文件和技术文件进行开标，对第二信封不予拆封并由招标人予以封存;第二阶段对通过商务文件和技术文件评审的投标人的第二信封内报价文件开标，宣读投标报价。未通过商务文件和技术文件评审的，对其第二信封不予拆封，并当场退还给投标人。

20. 开标时发现投标文件内容冲突,能否要求投标人现场澄清?

问　A 公司作为投标人参加 B 公司临时用地复垦工程项目招标，B 公司工作人员开标时发现 A 公司报价文件单价金额与总计金额不一致，能否要求或允许其现场澄清？

答 不允许。

《招标投标法》第三十六条规定："开标时，由投标人或者其推选的代表检查投标文件的密封情况，也可以由招标人委托的公证机构检查并公证；经确认无误后，由工作人员当众拆封，宣读投标人名称、投标价格和投标文件的其他主要内容。招标人在招标文件要求提交投标文件的截止时间前收到的所有投标文件，开标时都应当当众予以拆封、宣读。开标过程应当记录，并存档备查。"可见，在开标时招标人只能宣读投标文件内容，不能现场组织澄清。即使发现投标文件存在问题，也应留待评标委员会按法律规定和评标方法，依照澄清程序处理。

五、开标现场异议

21. 投标人对开标活动的异议应何时提出？

问 2 月 20 日，A 公司作为投标人参与 B 公司的地下系统施工废水处理项目开标活动，在 2 月 21 日对开标程序提出异议，该异议是否成立？

答 不成立。

依据《招标投标法实施条例》第四十四条第三款、《工程建设项目货物招标投标办法》第四十条第三款、《工程建设项目施工招标投标办法》第四十九条第二款规定，投标人对开标有异议的，应当在开标现场提出，招标人应当当场作出答复，并制作记录。招标投标活动有严格的程序，各参与人应遵照程序开展相关活动。法律对开标异议提出时限的要求，反映了国家保护正常招标投标秩序和有效推动招标投标活动正常开展的目的。投标人若有异议，应在开标现场当场向招标人提出。

22. 投标人在开标会结束后提出异议是否需要答复？

问 开标会结束后，投标人对开标程序、投标文件密封检查和开封、唱标内容、开标记录、唱标次序等问题提出异议，招标人是否需要答复？

答 对开标结束提出的异议，招标人可不予答复。

开标异议主要是对开标程序、投标文件密封检查和开封、唱标内容、开标记录、唱标次序等程序性问题提出的，招标人需要及时处理，否则将影响招标投标的有效性。《招标投标法实施条例》第四十四条规定："招标人应当按照招标文件规定的时间、地点开标。投标人少于 3 个的，不得开标；招标人应当重新招标。投标人对开标有异议的，应当在开标现场提出，招标人应当当场作出答复，并制作记录。"该条规定强调了两个当场，即投标人当场提出异议和招标人当场进行答复，对于投标人在投标会结束后，再就开标行为提出异议，招标人可以不接受异议并不予答复。

第二节　电子开标

1. 电子招标投标活动中，投标人必须要参加开标吗？

问　《电子招标投标办法》第二十九条规定，"电子开标应当按照招标文件确定的时间，在电子招标投标交易平台上公开进行，所有投标人均应当准时在线参加开标。"第三十条规定，"开标时，电子招标投标交易平台自动提取所有投标文件，提示招标人和投标人按招标文件规定方式按时在线解密。"请问：电子招标投标活动中，投标人必须要参加开标吗？

答　《电子招标投标办法》第二十九条、第三十条作出这样的规定，主要是因为电子招标投标与线下招标投标最大的区别，就是电子招标投标需要借助电脑、加密锁等辅助工具。采用电子招标投标平台进行招标的项目需要投标人参加在线开标，解密投标文件。当前，随着计算机技术的不断发展，为提升招标项目解密、开标的效率，减少人为操作原因引起的偶发问题，部分电子招标投标平台已实现了集中解密的方式。在集中解密方式下，投标人从 CA 公司处办理 CA 证书，为投标文件添加电子签名，并通过系统先后调用招标投标平台和托管方公钥对文件进行加密；开标解密时，再由系统先后调用招标投标平台和托管方私钥进行文件解密。此时就不需要所有投标人都参加开标了，招标人组织开标时，由系统自动完成解密工作。有鉴于此，《电子招标投标法》第二十九条的规定在修订该办法时可能会修改相应内容。

2. 投标人解密投标文件失败的后果由谁承担？

问　某电子招标项目，招标文件对相关加密及解密操作规定如下：开标后，投标人通过电子采购平台对已递交的电子投标文件进行解密，解密时间：45 分钟（注意：解密时需使用 CA，未在 45 分钟内完成解密的，其投标文件无效。）项目开标当日，投标人 A 公司在规定的 45 分钟内一直未能成功解密。其间，A 公司多次与招标代理机构沟通解密事宜，但双方用尽各种可能手段后仍不能成功。开标结束后，A 公司发来函件要求宣布开标无效并同时要求招标人重新接收其投标。请问 A 公司解密失败的不利后果应当由谁来承担？

答　应分为因投标人原因和因投标人之外原因两种分类讨论。

《电子招标投标办法》第三十一条规定："因投标人原因造成投标文件未解密的，视为撤销其投标文件；因投标人之外的原因造成投标文件未解密的，视为撤回其投标文件，投标人有权要求责任方赔偿因此遭受的直接损失。部分投标文件未解密的，其他投标文件的开标可以继续进行。招标人可以在招标文件中明确投标文件解密失败的补救方案，投标文件应按照招标文件的要求作出响应。"未能成功解密的原因分为两种。其中，因投标人原因的情形通常包括：投标人忘记解密密码、投标人未按招标文件要求进行加密、未能成功解密的投标人在开标期间一直不主动联系招标代理机构或招标代理机构无法通过注册时所留电话/手机联系上投标人、投标人拒绝实施补救方案等情形。因投标人之外的原因的情形则包括：电子招标交易平台故障、网络阻塞等情形。由于未能成功解密的原因不一样，需要承担的责任主体也不一致。

结合前述规定，因投标人原因未能解密的视为撤销其投标文件，相应后果最终由投标人自行承担，包括无法参与后续投标及因撤销投标文件可能被扣留投标保证金等。非因投标人原因未能解密的，投标人有权要求责任方赔偿其因此造成的直接损失。

3. 电子开标过程中，因投标人原因投标文件未能解密如何处理？

问 某招标采用电子招标投标方式进行，电子开标过程中，A 公司的投标文件因投标人采用了错误的加密方式导致未能解密成功，该情形如何处理？

答 视为投标人撤销投标。

《电子招标投标办法》第三十一条规定，因投标人原因造成投标文件未解密的，视为撤销其投标文件；因投标人之外的原因造成投标文件未解密的，视为撤回其投标文件，投标人有权要求责任方赔偿因此遭受的直接损失。部分投标文件未解密的，其他投标文件的开标可以继续进行。招标人可以在招标文件中明确投标文件解密失败的补救方案，投标文件应按照招标文件的要求作出响应。因此，本题中，因投标人采用了错误的加密方式导致其投标文件未能解密成功，应视为投标人撤销投标文件，其投标保证金也可能被招标人不退还。

4. 在开标现场无法解密打开投标文件，可否视为其未投标？

问 某工程项目实行电子开标，结果有一投标人的投标文件无法解密成功，是否视为其未投标？

答 应区分情况视为投标人撤回或撤销投标文件。

《电子招标投标办法》第三十一条规定："因投标人原因造成投标文件未解密的，视为撤销其投标文件；因投标人之外的原因造成投标文件未解密的，视为撤回其投标文件，投标人有权要求责任方赔偿因此遭受的直接损失。部分投标文件未解密的，其他投标文件的开标可以继续进行。招标人可以在招标文件中明确投标文件解密失败的补救方案，投标文件应按照招标文件的要求作出响应。"除非招标文件中已明确投标文件无法打开的补救方案（如允许光盘输入或者调取公共服务平台备份的报价文件或纸质投标文件进行补录），否则对于因投标人原因和非投标人原因导致电子投标文件无法打开的后果，分别视为撤销或撤回投标文件。

5. 电子开标如何唱标?

问 在电子招标投标过程中，电子开标过程中不需要代理机构工作人员进行开标记录，所以不会出现记录错误之类需要投标人进行公开监督核实的情况，请问在电子开标过程中还需要唱标吗?

答 需要，但唱标的模式有所不同。

《电子招标投标办法》第三十条规定:"开标时，电子招标投标交易平台自动提取所有投标文件，提示招标人和投标人按招标文件规定方式按时在线解密。解密全部完成后，应当向所有投标人公布投标人名称、投标价格和招标文件规定的其他内容。"根据《电子招标投标办法》之附件《电子招标投标系统技术规范-第1部分》"术语和定义"中3.14将"电子开标"定义为"通过交易平台在线完成投标文件拆封解密、展示唱标内容并形成开标记录的工作程序"，表明可以通过展示唱标内容的方式完成投标文件开标内容的公布工作。

电子开标都是远程在线方式，通过采用公开展示并且由投标人在线确认开标记录的方式。对于文件递交情况、开标前未解密状态、不进入开标情况、现场解密情况等，开标人可通过传统唱标的方式或者以文件形式、在线告知方式公布其真实情况，以便投标人知晓是否文件未成功上传、解密失败或者招标项目不满足三家作不开标处理等情况，避免后续不必要的质疑。

第 五 章

评标阶段法律合规实务

第一节 评标委员会

一、评标委员会的组建

1. 招标人是否可以不委派代表参与评标?

问 甲公司对其投资的某工程项目进行招标,因该项目专业性较强,而甲公司没有相关专业的人员,因此,甲公司决定不委派代表参与评标委员会,评标委员会全部由评标专家组成。请问招标人是否可以不指派人员参加评标委员会?

答 可以。

《招标投标法》第三十七条第二款规定:"依法必须进行招标的项目,其评标委员会由招标人的代表和有关技术、经济等方面的专家组成,成员人数为五人以上单数,其中技术、经济等方面的专家不得少于成员总数的三分之二。"该条规定应理解为,招标人有权委派代表参加投标委员会,而不应理解为必须委派。招标人可以放弃参加评标委员会,这涉及招标人对其自身权利的处分。再者,评标委员会的组成范围可以包括招标人代表、评标专家,"其中评标专家不得少于成员总数的三分之二"是强制性规定,限定了评标专家的人数下限,但没有规定招标人代表的人数下限;同时,也没有对评标专家人数上限作出规定。因此,从字面意思理解,评标专家可以 100% 占据评标委员会名额(即没有招标人代表)。因此,是否委派代表是招标人的权利,而非义务,而权利可以放弃。因此,甲公司可以不委派代表参加评标委员会。

2. 评标委员会中的招标人代表是否必须为本单位人员?

问 C 市巡察工作开展期间,巡察小组提出该市不少单位的政府投资工程建设项目的评标委员会中,存在着招标人代表非本单位职工的情况,该情形是否存在问题?

答 除禁止担任评标委员会成员情形外,招标人代表可以为本单位职工,也可以是经招标人委托的其他熟悉相关业务的人员。

工程建设项目评标委员会的组建需要视项目情况而定,对于依法必须进行招标的项目,其组成人数、专家来源、人员比例等均有严格规定。《招标投标法》第三十七条明确:"依法必须进行招标的项目,其评标委员会由招标人的代表和有关技术、经济等方面的专家组成,成员人数为五人以上单数,其中技术、经济等方面的专家不得少于成员总数的三分之二"。在招标人代表方面,《评标委员会和评标方法暂行规定》第九条则规定由"招标人或其委托的招标代理机构熟悉相关业务的代表"构成,并不仅限于招标人本单位职工,但前提是必须熟悉招标项目情况、有关业务，确保能够客观公正、认真负责、充分发挥专业水平，使得评标结果有利于项目实施和择优选择中标人。对于非依法必须进行招标的项目，评标委员会的组建由招标人根据项目特点自行决定，不受《招标投标法》关于评标委员会组建的强制性规定，有着更充分的自主权利。

3. 招标人代表需要具备什么条件？

问 我公司有一个依法必须招标项目，组建的评标委员会可以有不超过总数 1/3 的招标人代表。请问：招标人代表需要符合哪些条件？

答 现行招标投标法对招标人代表没有明确的规定，根据相关法律精神及实践经验，招标人代表要符合下列基本要求：

第一，招标人代表理所当然可以是本单位人员，也可以不是本单位人员。但是，作为招标人代表，应当得到招标人的书面授权。

第二，招标人代表需要具有代表招标人发表意见的能力、具有项目评审的基本素质。

第三，招标人代表可以是专家（或具备专家条件），也可以不是。

第四，招标人代表的人数有限制性规定，不得超过 1/3。招标人如果想增加招标人代表，必然需要增加评标专家的人数。

第五，招标人代表不得以专家身份参与本单位项目评审。某单位的人员，只允许以"招标人代表"的身份出现在本单位的项目评审中，如果碰巧随机抽取到的评标专家是项目单位的工作人员，应当选择回避或放弃。

第六，结合法规中对"评标专家"和"招标人代表"的清晰界定，招标人代表在评审中不应获得或收取劳务报酬。

4. 评标委员会由公司内部人员组成是否允许？

问 A公司在依法必须进行招标的项目招标中，由公司内部人员组成评标委员会，是否允许？

答 不允许。

《招标投标法》第三十七条规定："依法必须进行招标的项目，其评标委员会由招标人的代表和有关技术、经济等方面的专家组成，成员人数为五人以上单数，其中技术、经济等方面的专家不得少于成员总数的三分之二。"其中评标专家由招标人从国务院有关部门或者省、自治区、直辖市人民政府有关部门提供的专家名册或者招标代理机构的专家库内的相关专业的专家名单中确定。因此，本题中评标委员会未从专家库中选取，而是由招标人内部人员组成，违反上述规定。但对于非依法必须招标的项目，招标投标法并无具体规定，可以从专家库中选取，也可以自行委派专家。

5. 招标代理机构能否组建评标专家库?

问　某县招商引资企业投资的绿色食品加工厂房建设项目中标候选人公示期间,收到投标人 A 的书面异议,称据了解该项目的评标委员会专家成员来源于招标代理机构组建的评标专家库。因未在政府部门的专家库中抽取专家,请求取消中标资格并重新招标。该异议是否成立?

答　不成立。

招标代理机构可以依法组建评标专家库,入库专家须符合有关法律法规的相关规定条件。对于非政府投资项目,可以从招标代理机构的评标专家库中选取评标专家。

依法必须进行招标项目的评标专家来源,《招标投标法》第三十七条有着详细说明:"由招标人从国务院有关部门或者省、自治区、直辖市人民政府有关部门提供的专家名册或者招标代理机构的专家库内的相关专业的专家名单中确定;一般招标项目可以采取随机抽取方式,特殊招标项目可以由招标人直接确定"。《招标投标法实施条例》第四十五条第二款则规定:"省级人民政府和国务院有关部门应当组建综合评标专家库"。由此可见,我国工程建设招标领域的专家库建设主体,是国务院有关部门、省级人民政府和招标代理机构。因此,本题项目并非政府投资,依据《评标专家和评标专家库管理办法》第十八条规定,只有政府投资项目的评标专家,才必须从国务院有关部门组建的评标专家库或省级综合评标专家库中抽取。综上,本题有关异议并不成立。

6. 评标委员会应当在何时组建?

问　某通信架线工程项目招标,采取公开招标形式,招标人应当什么时候组建评标委员会?

答　招标人一般应当在开标前组建评标委员会。

《评标委员会和评标方法暂行规定》第八条规定:"评标委员会由招标人负责组建。评标委员会成员名单一般应于开标前确定。评标委员会成员名单在中标结果确定前应当保密。"

招标人可以根据专家名单中专家的地理位置等因素,在科学合理的时间内组建评标委员会,为保证评标工作的保密及公正性,专家名单确定时间可以尽可能地靠近开标时间,降低因评标委员会名单泄露带来的风险。

7. 评标委员会成员数量有什么要求?

问　某城市道路照明施工项目,依法必须招标,该项目的评标委员会成员应当由几人组成?

答 依法必须招标的项目，评标委员会成员人数应为五人以上的单数，其中技术、经济等方面的专家不得少于成员总数的三分之二。

《招标投标法》第三十七条规定："评标由招标人依法组建的评标委员会负责。依法必须进行招标的项目，其评标委员会由招标人的代表和有关技术、经济等方面的专家组成，成员人数为五人以上单数，其中技术、经济等方面的专家不得少于成员总数的三分之二。"科学地设置评标委员会成员的数量和专业分配，有利于提升评审的效率和质量，需要注意的是，技术、经济专家的比例要求属于法律强制性规定。非依法必须招标的项目不受上述条款的限制。

8. 如何理解《招标投标法实施条例》第七十条中"规定"范围？

问 《招标投标法实施条例》第七十条规定："依法必须进行招标的项目的招标人不按照规定组建评标委员会……"该条款中"规定"除法律、法规的规定，是否包括规范性文件、招标文件的规定？

答 《招标投标法实施条例》第七十条中的"规定"指的是对依法组建评标委员会的法定要求，主要包括《招标投标法》《招标投标法实施条例》以及《评标委员会和评标方法暂行规定》等部门规章、行政规范性文件，不包括招标文件。

二、评标委员会成员的调整

9. 评标委员会成员发现自己有应当回避事由的，应当怎么做？

问 某公路工程施工招标，招标人通过随机抽取方式产生了评标委员会，成员张某为A公司的隐名股东，A公司也参与了此次投标，此时张某应当怎么做？

答 张某与投标人A公司有经济利益关系，应当主动提出回避。招标人发现此情况应当将张某更换。

法律依据是《招标投标法》第三十七条规定，"与投标人有利害关系的人不得进入相关项目的评标委员会；已经进入的应当更换。"《评标委员会和评标方法暂行规定》第十二条第三款规定，"与投标人有经济利益关系，可能影响对投标公正评审的，不得担任评标委员会成员，评标委员会成员存在此情形的，应当主动提出回避。"

10. 评标结束后发现专家应当回避而未回避应如何处理？

问 某项目评标结束后，发现其中一名专家评委应当回避而未回避。请问，如出现前述情况须重新组织评标时，是只抽取一个评标专家替代应回避的专家，还是重新组建评标委员会进行重新评审。

> **答** 可以补抽一个专家代替应当回避的专家，无需重新组建评标委员会进行评审。

《招标投标法实施条例》第四十八条第三款规定：评标过程中，评标委员会成员有回避事由、擅离职守或者因健康等原因不能继续评标的，应当及时更换。被更换的评标委员会成员作出的评审结论无效，由更换后的评标委员会成员重新进行评审。该条规定仅涉及评标过程发现回避事由的情形，并未规定评标后发现上述情形如何处理。但根据《招标投标法实施条例》第四十八条、第七十一条的规定，在前述情况下，招标人可以补抽一个专家代替应当回避的专家，无需重新组建评标委员会进行评审。

11. 与投标人有利益关系的人能否担任评标委员会成员？

> **问** A 公司参加 B 公司工程勘察设计服务招标项目的投标，A 公司债权人甲（债权金额 300 万元）是否能作为评标委员会成员参加该项目评审？
>
> **答** 不能。

依据《招标投标法实施条例》第四十六条规定，评标委员会成员与投标人有利害关系的，应当主动回避。《评标委员会和评标方法暂行规定》第十二条规定："有下列情形之一的，不得担任评标委员会成员：……（三）与投标人有经济利益关系，可能影响对投标公正评审的。"本题中，甲作为投标人 A 公司的债权人，债权金额较大，A 公司中标后可能会使甲的债权得到实现，甲若作为评标委员会成员，出于自身利益实现的利益诱导，可能会进行倾向性评议，故依据上述法律规定应当回避。

12. 评标委员会成员因病无法继续评审时，评审结论是否有效？

> **问** 评标委员会成员 A 在参加钢材（主体施工期）建设项目评标期间，突发疾病，无法继续参加评标工作，需要更换新的评标委员会成员替代他，那么 A 已作出的评审结论是否有效？
>
> **答** A 已作出的评审结论无效。

依据《招标投标法实施条例》第四十八条第三款规定，评标过程中，评标委员会成员有回避事由、擅离职守或者因健康等原因不能继续评标的，应当及时更换。被更换的评标委员会成员作出的评审结论无效，由更换后的评标委员会成员重新进行评审，不可直接援引之前的评审结论。

13. 投标人与评标委员会成员有利害关系如何处理？

> **问** 某公开招标项目，经确认的评标委员会成员张某系投标人 A 公司的员工，张

某能否继续担任评标委员会成员？

答 不能，张某应当主动回避，评标委员会成员应及时更换。

《招标投标法》第三十七条第四款规定，与投标人有利害关系的人不得进入相关项目的评标委员会；已经进入的应当更换。《评标委员会和评标方法暂行规定》第十二条规定，与投标人有经济利益关系，可能影响对投标公正评审的，不得担任评标委员会成员。评标委员会成员有该情形的，应当主动提出回避。《招标投标法实施条例》第四十六条第三款规定，评标委员会成员与投标人有利害关系的，应当主动回避。《招标投标法实施条例》第四十八条第三款规定，评标过程中，评标委员会成员有回避事由、擅离职守或者因健康等原因不能继续评标的，应当及时更换。被更换的评标委员会成员作出的评审结论无效，由更换后的评标委员会成员重新进行评审。因此，本题中，张某与 A 公司有经济利益关系，应当回避。

14. 评标过程中能否更换评标专家成员？

问 某县农村水利局采用公开招标方式就农村供水保障工程（合同估算价 448 万元）申请进入当地电子交易平台进行发包。评标期间应随机抽取的评标专家 A 年纪较大，对电子评标系统不够熟练，致使效率较低，评标进程受到一定影响。在这种情况下能否另行抽取一名评标专家进行替换？

答 该情形不属于可以中途更换评标专家的法定情形，不得临时更换评标专家。

依法必须进行招标的项目评标委员会的组建及评标进程有关事务须严格按照《招标投标法》及其实施条例有关规定执行。《招标投标法实施条例》第四十六条载明："依法必须进行招标的项目的招标人非因招标投标法和本条例规定的事由，不得更换依法确定的评标委员会成员"。本题中，专家 A 对电子评标系统掌握不到位，并不属于《招标投标法》第三十八条所称"与投标人有利害关系"，也不符合《招标投标法实施条例》第四十八条第三款规定的"评标委员会成员有回避事由、擅离职守或者因健康等原因不能继续评标的，应当及时更换"等情形，换而言之不得随意调整更换。

15. 评标专家中途退场是否允许？

问 某招标项目评审过程中，一评标专家以自己有要事处理为由欲先行离开评标现场。请问：评标专家中途退场是否应被允许？

答 法律允许评标专家中途退场，但应及时更换评标专家并重新进行评审。

法律并未禁止评标专家中途退场。但为了保证评标的公正性，评标专家退场前应向招标人提出书面申请，说明不能继续评标的理由。招标人应及时更换评标专家。倘若无法及时补足评标专家空缺，参考《政府采购货物和服务招标投标管理办法》第四十九条规定：

"无法及时补足评标委员会成员的，采购人或者采购代理机构应当停止评标活动，封存所有投标文件和开标、评标资料，依法重新组建评标委员会进行评标。原评标委员会所作出的评标意见无效。采购人或者采购代理机构应当将变更、重新组建评标委员会的情况予以记录，并随采购文件一并存档。"

三、评标委员会的纪律

16. 评标委员会成员收受好处，应承担什么法律责任？

问 张三是某公司办公楼施工项目招标的评标委员会成员，其私下接触了投标人 A 公司的项目经理，并接受了好处，承诺在评标过程中给 A 公司打高分。张三应当承担什么法律责任？

答 张三应当被没收收受的财物，处三千元以上五万元以下的罚款，同时取消其评标委员会成员资格，不得再参加依法必须招标的项目评标。构成犯罪的，将追究刑事责任。

法律依据是《招标投标法》第五十六条规定，"评标委员会成员收受投标人的财物或者其他好处的，评标委员会成员或者参加评标的有关工作人员向他人透露对投标文件的评审和比较、中标候选人的推荐以及与评标有关的其他情况的，给予警告，没收收受的财物，可以并处三千元以上五万元以下的罚款，对有所列违法行为的评标委员会成员取消担任评标委员会成员的资格，不得再参加任何依法必须进行招标的项目的评标；构成犯罪的，依法追究刑事责任。"

17. 业主评委接受投标人的好处，其评审结果是否有效？如何处理？

问 某施工招标项目评标结果已经公示。经供应商举报后调查证实：业主评委在招标评标活动期间多次接受某投标人的吃请，但该单位并未被推荐为中标候选人。请问：该评审结果是否有效？后期对该项目应该如何处理，要不要重新评审或重新招标？

答 该业主评委的评审结论无效。

《招标投标法实施条例》第四十九条第二款规定：评标委员会成员不得私下接触投标人，不得收受投标人给予的财物或者其他好处，不得向招标人征询确定中标人的意向，不得接受任何单位或者个人明示或者暗示提出的倾向或者排斥特定投标人的要求，不得有其他不客观、不公正履行职务的行为。该业主评委在招标投标活动期间多次接受投标单位的吃请，违背了上述规定，应当主动回避。《招标投标法实施条例》第七十一条规定：评标委员会成员应当回避而不回避的，由有关行政监督部门责令改正。

本题中，由于本项目已评审结束，建议参照《招标投标法实施条例》第四十八条"评标过程中，评标委员会成员有回避事由、擅离职守或者因健康等原因不能继续评标的，应当及时更换。被更换的评标委员会成员做出的评审结论无效，由更换后的评标委员会成员重新进行评审"的规定，更换该业主评委，由更换后的其他业主代表对本项目进行重新评审并打分汇总后重新推荐中标候选人，其余依法抽取的评审专家的评审结论依然有效。

18. 投标人以谋取中标为目的向评标委员会成员行贿，如何处理？

问 某起重设备采购项目招标，有人举报投标人 A 公司向评标专家行贿。经查，A 公司向参与该次评标的技术专家张某行贿 4 万元，且还有通过张某向其他专家行贿的行为。对此如何处理？

答 投标人通过向评标委员会成员行贿谋取中标的，应当否决投标，已经中标的，中标无效。

《招标投标法》第三十二条第二款规定："禁止投标人以向招标人或者评标委员会成员行贿的手段谋取中标。"第五十三条规定："投标人与招标人串通投标的，投标人以向招标人或者评标委员会成员行贿的手段谋取中标的，中标无效。"第五十六条规定："评标委员会成员收受投标人的财物或者其他好处的，评标委员会成员或者参加评标的有关工作人员向他人透露对投标文件的评审和比较、中标候选人的推荐以及与评标有关的其他情况的，给予警告，没收收受的财物，可以并处三千元以上五万元以下的罚款，对有所列违法行为的评标委员会成员取消担任评标委员会成员的资格，不得再参加任何依法必须进行招标的项目的评标；构成犯罪的，依法追究刑事责任。"

因此，本题中，A 公司向评标专家行贿谋取中标，根据《招标投标法实施条例》第五十一条"有下列情形之一的，评标委员会应当否决其投标：……（七）投标人有串通投标、弄虚作假、行贿等违法行为"的规定，其投标应当被否决。如果已经中标的，中标无效。评标委员会成员应依据上述规定承担行政责任甚至刑事责任，如可能构成非国家工作人员受贿罪。

19. 中标公告发布后，评标专家能否向投标人透露评标相关信息？

问 某项目在评标结果出来之后发布了中标公告。在中标公告发布后，该项目的某评标专家偶遇了投标人 A。而在交谈中，投标人 A 向评标专家了解了该项目的具体评标情况。评标专家认为项目中标公告已发布，木已成舟，此时透露评标的具体情况应该不会有什么问题，于是该评标专家就将该项目评标的情况告诉了投标人 A。这种情况可以吗？

答 不可以。不管中标结果公布与否，评审专家都不得泄露评审情况。

《招标投标法》第四十四条第三款规定："评标委员会成员和参与评标的有关工作人员不得透露对投标文件的评审和比较、中标候选人的推荐情况以及与评标有关的其他情况"。需要注意的是，招标人应当采取必要的措施保证评标在严格保密的情况下进行，评标委员会成员及评标现场的工作人员（包括招标人和招标代理机构的人员）对于评标情况均负有保密义务，不得透漏评标有关的情况，并没有特定限制在项目评标期间。因此，不论中标结果是否已经公示，评标专家都不能向投标人透漏评标的相关信息。如招标人、评标委员会成员及评标现场的工作人员向他人透露评标过程对投标文件的评审和比较、中标候选人的推荐以及与评标有关的其他情况的，根据《招标投标法》第五十六条的规定承担责任。

20. 评标专家在评标室未上交手机，应如何应对？

问 某招标项目在评标过程中，招标代理人员发现某评标专家在评标室内有来电，并离开评标室接听电话，之后也未上交电话。此时，负责招标组织的招标代理机构该如何应对？

答 招标代理机构应将掌握的证据向招标人汇报，由招标人上报有关行政监督部门做进一步调查处理。

根据《招标投标法》第三十八条规定，评标在严格保密的情况下进行，作为评标专家应严格遵守评标现场的纪律，主动上交所携带的所有通讯设备。本题中，评标专家私自夹带手机且在评审期间私接电话，存在透露评标信息的嫌疑，严重违反了评标现场的纪律。根据《招标投标法》第四十八条规定，应立刻停止该评标专家的评标工作，其作出的评审结论无效；更换评标专家重新进行评审。此外，招标代理机构应当将变更、重新组建评标委员会的情况予以记录，并随招标文件一并存档。

21. 评标委员会成员透露评标细节有哪些法律后果？

问 某工程施工项目招标，评标委员会成员李某收受投标人 A 公司好处，在评标过程中泄露评审比较细节，李某应承担什么法律责任？

答 根据《招标投标法实施条例》第七十二条规定，评标委员会成员收受投标人的财物或者其他好处的，没收收受的财物，处 3000 元以上 5 万元以下的罚款，取消担任评标委员会成员的资格，不得再参加依法必须进行招标的项目的评标；构成犯罪的，依法追究刑事责任。

第二节 投标文件的评审

一、评标方法和标准

1. 应如何选择评标方法？

问 建设工程类项目招标，评标方法如何选择？不同评标方法适合什么类型的项目？

答 工程建设项目，一般可以采取经评审的最低投标价法和综合评估法进行评审。评标方法应当在招标文件中明确。

《招标投标法》第四十条规定，"评标委员会应当按照招标文件确定的评标标准和方法，对投标文件进行评审和比较。"《评标委员会和评标方法暂行规定》第二十八条规定，经初步评审合格的投标文件，评标委员会应当根据招标文件确定的评标标准和方法，对其技术部分和商务部分作进一步评审、比较。第二十九条规定，评标方法包括经评审的最低投标价法、综合评估法或者法律、行政法规允许的其他评标方法。第三十条规定，经评审的最低投标价法一般适用于具有通用技术、性能标准或者招标人对其技术、性能没有特殊要求的招标项目。第三十四条规定，不宜采用经评审的最低投标价法的招标项目，一般应当采取综合评估法进行评审。《房屋建筑和市政基础设施工程施工招标投标管理办法》第四十条规定，"评标可以采用综合评估法、经评审的最低投标标价法或者法律法规允许的其他评标方法。"

采用经评审的最低投标价法的，评标委员会应当在投标文件能够满足招标文件实质性要求的投标人中，评审出投标价格最低的投标人，但投标价格低于其成本的除外。此方法一般适用于具有通用技术、性能标准或者招标人对其技术、性能没有特殊要求的招标项目。

采用综合评估法的，评标委员会应当对投标文件提出的工程质量、施工工期、投标价格、施工组织设计或者施工方案、投标人及项目经理业绩等，能否最大限度地满足招标文件中规定的各项要求和评价标准进行评审和比较。此方法可以综合地评定出各投标人的综合能力，适用于复杂的大型工程施工评标。

2. 评标委员会评标时应遵循什么评标方法和评标标准？

问 A公司组织工程施工项目招标，评标委员会成员因经验丰富，未详细查看招标项目否决事项及相关价格、技术评标方法，先入为主进行评标，导致投标人投诉。那么评标应遵循什么评标方法和评标标准？

答 按照招标文件确定的评标方法和评标标准评标。

《招标投标法实施条例》第四十九条第一款规定："评标委员会成员应当依照招标投标法和本条例的规定，按照招标文件规定的评标标准和方法，客观、公正地对投标文件提出评审意见。招标文件没有规定的评标标准和方法不得作为评标的依据。"《评标委员会和评标方法暂行规定》第十七条第一款也有此规定。可见，在评标过程中，评标委员会应当严格按照招标文件规定的评标方法和评标标准进行评标，绝不能凭借多年经验、他人经验和类似案例处理方法评标，否则违背投标的预期性和评标的公正性。

3. 随机抽签、摇号确定中标候选人能否作为评标方法？

[问] F省Q市市政道路建设工程项目，拟采用随机摇号的方式确定中标候选人。开标时发现投标人数量多达三千多家，致使摇号机因长时间运转出现故障，一度中断开评标进程。这种评标方式是否允许？

[答] 国家规定的评标方法并不包括所谓"随机抽取"，且国家有关部门三令五申禁止采取抽取、摇号等博彩方式确定中标候选人。

招标投标的核心要义之一是充分竞争、择优定标。《招标投标法》第四十一条规定了中标人应符合的基本条件，一是能够最大限度地满足招标文件中规定的各项综合评价标准；二是能够满足招标文件的实质性要求，并且经评审的投标价格最低，但是投标价格低于成本的除外。二者分别对应着《评标委员会和评标方法暂行规定》第二十九条明确的综合评估法和经评审的最低投标价法。而所谓"随机抽签"等方式与上述中标人须符合的基本条件以及国家明确规定的评标方法有着质的冲突，对于符合基本资格条件，通过形式评审的投标人，不考虑经验业绩、施工能力、企业实力、财务状况、管理制度等，而采取博彩方式，无法体现充分择优和最大限度满足招标文件规定的综合评价标准，也无法实现经评审的投标价格最低。

早在2001年，原国家发展计划委员会制定的《关于进一步贯彻〈中华人民共和国招标投标法〉的通知》就明确要求，严格规范中标人确定程序。禁止采取抽签、摇号等博彩性方式进行投标资格预审和确定中标人。《公路工程建设项目招标投标管理办法》第二十八条强调："评标标准和方法中不得含有倾向或者排斥潜在投标人的内容，不得妨碍或者限制投标人之间的竞争。禁止采用抽签、摇号等博彩性方式直接确定中标候选人"。国家发展改革委等八部委《工程项目招标投标领域营商环境专项整治工作方案》也已明确将"采用抽签、摇号等方式直接确定中标候选人"作为整治内容。综上，评标方法国家已有明确规定，摇号等方式不可"登堂入室""鸠占鹊巢"。

4. 招标文件中未提及的地方性政府规章可以作为评标依据吗？

[问] 某市一公开招标项目，评标专家在评标过程中发现其中一家投标人所递交的投标文件中的《外地面防尘固化专项施工方案》，不完全符合该市《建设项目防尘污染管理办法》的要求。部分专家认为投标人的专项施工方案不符合该规定，应否决其投标；部分专家认为招标文件中技术标准和要求、合同条款都没有提到该办法的有关规定，评标办法也无对应的评审条款，不应该否决。请问：招标文件中未提及的地方政府规章可以作为评标依据吗？

[答] 不可以。

《招标投标法实施条例》第四十九条规定："评标委员会成员应当依照招标投标法和本条例的规定，按照招标文件规定的评标标准和方法，客观、公正地对投标文件提出评审意见。招标文件没有规定的评标标准和方法不得作为评标的依据"。首先，评标的法律依据是《招标投标法》及其实施条例，地方政府规章其效力层级也不足以构成必须强制执行的评标依据。其次，本项目招标文件规定的评标标准和方法中并未提出要求投标人应遵守该市的《建设项目防尘污染管理办法》规定，那么评标阶段也不应将其作为评标依据。

5. 建设工程在评标过程中，评标方法是否可以修改？

问 某建设工程项目，招标文件中规定采用综合评估法评标，但是评标过程中，鉴于投标人的技术方案大同小异，建设单位将评标方法改为经评审的最低投标价法，评标委员会根据修改后的评标方法确定了评标结果。请问该行为是否适当？

答 该行为不合法。

根据《评标委员会和评标方法暂行规定》第十七条规定，评标委员会应当根据招标文件规定的评标标准和方法，对投标文件进行系统地评审和比较。招标文件中没有规定的标准和方法不得作为评标的依据。招标文件中规定的评标标准和评标方法应当合理，不得含有倾向或者排斥潜在投标人的内容，不得排斥或者限制投标人之间的竞争。本题中，该建设工程项目招标文件中规定的是综合评估法，评标过程中不得更换评标方法，评标委员会应当以综合评估法而不是经评审的最低投标价法进行评审、确定评标结果。

6. 招标文件缺乏具体详细的评标标准如何处理？

问 某招标项目，招标人制作的招标文件中，仅简要规定了评标主要因素，缺乏具体详细的评标标准，应当如何进行评审？

答 在不同的时间节点发现上述问题，存在不同的处理方式。

第一种情况，如果在投标截止时间之前发现，招标人可以对已发出的资格预审文件或者招标文件进行必要的澄清或者修改，从而细化完善评标标准。

第二种情况，如果在评审阶段发现，则根据《招标投标法》第四十条第一款的规定，评标委员会只能按照招标文件确定的评标标准和方法，对投标文件进行评审和比较。因缺乏评标标准，导致评标工作无所依据。依据《国家发展改革委等部门关于严格执行招标投标法规制度进一步规范招标投标主体行为的若干意见》（发改法规〔2022〕1117号）的规定，评标委员会成员应当遵循公平、公正、科学、择优的原则，认真研究招标文件，根据招标文件规定的评标标准和方法，对投标文件进行系统地评审和比较。评标过程中发现问题的，应当及时向招标人提出处理建议；发现招标文件内容违反有关强制性规定或者招标文件存在歧义、重大缺陷导致评标无法进行时，应当停止评标并向招标人说明情况。

7. 评标委员会能否对评标标准进行扩大解释或者细化？

问 某建设工程施工招标，评标委员会认为评标标准中部分评标因素的评分权重不合理，要进行调整优化；部分评标因素过于笼统拟进一步拆分细化，以方便更准确、客观进行评审。请问这种情况是否允许？

答 评标委员会不得对评标标准进行扩大解释或细化。

评标标准是招标文件的实质性内容。《招标投标法实施条例》第四十九条及《评标委员会和评标方法暂行规定》第十七条第一款均规定了评标委员会应当根据招标文件规定的评标标准和方法进行评审和比较，招标文件中没有规定的标准和方法不得作为评标的依据。同时，根据《评标委员会和评标方法暂行规定》第二十八条规定，经初步评审合格的投标文件，评标委员会应当根据招标文件确定的评标标准和方法，对其技术部分和商务部分作进一步评审、比较。由此可知，评标委员会据以评标的唯一依据是招标文件规定的评标标准和方法，不得对评标标准进行扩大解释或细化。

8. 不按招标文件规定的评标标准和方法评标有什么后果？

问 在某建设工程施工项目的评标过程中，评标委员会认为原招标文件规定的评标标准和方法不合理，以此进行评标，将导致不能选出最优的投标，于是经集体协商讨论，对评标标准进行修改后进行评标，请问评标委员会的这种行为会引发何种法律后果？

答 依据《招标投标法》第四十条规定，评标委员会应当按照招标文件确定的评标标准和方法，对投标文件进行评审和比较。据此，按照招标文件确定的评标标准和方法进行评标是评标委员会一项基本法律义务，应当严格执行。

根据《招标投标法实施条例》第八十一条规定，依法必须进行招标的项目的招标投标活动违反招标投标法和本条例的规定，对中标结果造成实质性影响，且不能采取补救措施予以纠正的，招标、投标、中标无效，应当依法重新招标或者评标。据此，若评标委员会不按照招标文件确定的评标标准和方法进行评标，若评标结果可采取补救措施予以纠正的，可纠正后继续评标，无法纠正的应当依法重新招标或评标。

同时，《招标投标法实施条例》第七十一条对违反该条法律规定的行为规定了相应的法律后果，即：评标委员会成员不按照招标文件规定的评标标准和方法评标的，由有关行政监督部门责令改正；情节严重的，禁止其在一定期限内参加依法必须进行招标的项目的评标；情节特别严重的，取消其担任评标委员会成员的资格。

另，评标委员会如认为原招标文件规定的评标标准和方法不合理，可以向招标人提出来进行修正，而不是自作主张修改原招标文件规定的评标标准和方法后进行评标。

9. 招标文件对"类似工程"定义存在错误，评标时能否由评标委员会自主认定？

问 某依法必须进行招标的城市市政道路工程项目评标阶段，评标委员会发现招标文件设有"类似工程"业绩作为评标因素,但招标文件因代理机构工作人员疏忽,将"类似工程"解释为城际道路工程,评标时该如何认定投标人业绩?

答 投标人的履约能力通过合同业绩得到充分体现,作为评标重要因素,须在招标文件中详细明确对已完工业绩的要求、标准和证明材料形式,并具体量化。

本题中,招标文件将"类似工程"定义为城际道路,与招标范围"南辕北辙",存在《招标投标法实施条例》第三十二条明确的"设定的资格、技术、商务条件与招标项目的具体特点和实际需要不相适应或者与合同履行无关"的情形。而在评标阶段,招标人、代理机构以及评标委员会无权修改招标文件,依据《招标投标法实施条例》第四十九条规定,招标文件没有规定的评标标准和方法不得作为评标的依据。而业绩是否符合招标文件规定,涉及是否得分,也将可能影响综合得分排名及中标候选人排序。综上,在无法进行补救的情况下,应按照《招标投标法实施条例》第八十一条及《国家发展改革委等部门关于严格执行招标投标法规制度进一步规范招标投标主体行为的若干意见》(发改法规规〔2022〕1117号)的规定,因招标文件内容存在重大缺陷导致评标无法进行,应当停止评标并向招标人说明情况,待招标人修改招标文件后依法重新招标。

10. 投标人澄清时一并提出的价格、商务等优惠条件能否作为评标依据?

问 某县水泵站建设工程项目评标期间,因投标人A的投标文件中关于泵站设备的售后服务同一内容前后表述不一致,评标委员会要求其进行澄清,投标人A代表就有关事项澄清时一并提出可以提供三年的泵站零备件更换服务,请求评标委员会酌情给予加分。该行为是否允许?

答 评标委员会按照招标文件规定的评标标准对投标文件进行评审,投标文件中未载明的优惠条件,评标时不予认可。

《招标投标法实施条例》第四十九条规定:"评标委员会必须按照招标文件规定的评标标准和方法,客观、公正地对投标文件提出评审意见。招标文件没有规定的评标标准和方法不得作为评标的依据"。首先,该招标文件对泵站零备件更换服务未列入评标因素,未设置具体评标标准,按照前述法条规定,此项内容不作为评标依据。其次,该优惠条件是在投标人澄清时临时主动提出,不在投标文件范围之内,评标的对象是投标文件,而不寻求其他外在因素,《工程建设项目施工招标投标办法》第五十三条第三款也已明确:"投标文件中没有列入的价格和优惠条件在评标时不予考虑"。最后,即使招标文件对泵站零备件有相应评标分值,但因属于投标人主动提出的澄清事项,依据《招标投标法实施条例》第五十二条规定,投标人的澄清、说明应当采用书面形式,并不得超出投标文件的范围或者改变投标文件的实质性内容。评标委员会不得暗示或者诱导投标人作出澄清、说明,不得接受投标人主动提出的澄清、说明的规定,评标委员会也不得接受、不予考虑该项条件。

11. 技术打分设定分数线是否合理?

问 某国企工程招标文件"技术打分方法"中明确提出两个要求:一是技术得分低于 60 分的投标文件不得参与综合排名;二是评标委员会成员个人技术打分与平均技术得分偏差 20%以上的,须对此进行书面说明。这样设定是否合理?

答 不合理。

首先,从评标程序上分析,评标须遵照《评标委员会和评标方法暂行规定》执行。评审工作分为初步评审和详细评审两个阶段,通过初步评审的投标文件方可进入详细评审。本题中,技术评分属于详细评审的范畴。技术打分完成,表明投标文件已通过初步评审,进入了详细评审阶段。《评标委员会和评标方法暂行规定》第二十八条规定:"经初步评审合格的投标文件,评标委员会应当根据招标文件确定的评标标准和方法,对其技术部分和商务部分作进一步评审、比较",而本题中的招标文件载明,技术得分低于 60 分的投标文件不得参与综合排名,实质上剥夺了技术得分低于 60 分投标人进一步评审和比较的权利,违反了上述规定。

其次,从评标标准和评标方法的合法性上分析。项目评标办法中技术得分低于 60 分不参与综合排名的规定,排斥了技术得分低于 60 分的潜在投标人,违反了《招标投标法》第十八条第二款"招标人不得以不合理的条件限制或者排斥投标人,不得对潜在投标人实行歧视待遇"、第二十条"招标文件不得要求或者标明特定的生产供应者以及含有倾向或者排斥潜在投标人的其他内容"以及《评标委员会和评标方法暂行规定》第十七条"评标委员会应当根据招标文件规定的评标标准和方法,对投标文件进行系统地评审和比较。招标文件中没有规定的标准和方法不得作为评标的依据。招标文件中规定的评标标准和评标方法应当合理,不得含有倾向或者排斥潜在投标人的内容,不得妨碍或者限制投标人之间的竞争"之规定。招标人的初衷是遴选出技术得分高、综合实力强的中标人,但并不能因此就违反国家法律法规,随意制定不合理、不合法的评标标准和评标方法。如技术评分方法不合理,极端情况下全部投标人都达不到 60 分的标准,从而导致招标失败,不仅违背了国家招标投标法律法规,而且还造成交易成本浪费,降低了招标效率。

鉴于招标文件中违反国家法律法规的条款无效,评标委员会在评标时应按照法律规定进行评审。本题中,评标委员会正确的做法应该是,对全部通过初步评审的投标文件进行评审打分,对全部综合得分进行排名,依据评标办法推荐中标候选人。

二、投标文件的评审

12. 评标中需要投标人讲标、现场澄清的如何办理?

问 有一个工程技术创新项目,需要投标人当场向评标专家讲述其技术方案,双方也需要就一些技术细节进行交流,对专家的疑惑也需要投标人讲解。请问:评标现场能否安排投标人讲标、现场澄清?

答　可以。

招标文件要求投标人须对投标文件进行现场讲解介绍，接受评标委员会相关澄清问询的，招标人应准备专用房间，配备电话、视频传输（单方向）等必要设施，并分别安排投标人进入该房间进行讲解介绍或答复，但不得采取组织评标委员会与投标人见面等容易泄露评标过程中保密信息的方式。

13. 招标人向评标委员会提供评标必需的信息有哪些内容？

问　《招标投标法实施条例》第四十八条要求招标人应当向评标委员会提供评标所必需的信息，又要防范招标人向评标委员会提供明示或者暗示其倾向或者排斥特定投标人的信息干预独立评标，那么这个"度"如何把握，招标人向评标委员会提供评标必需信息指的是哪些内容？

答　为增强评标的针对性、科学性，保证评标委员会顺利完成评标，招标人应当为评标提供一定的条件，包括提供评标所需的信息，确保合理的评标时间。对此，《招标投标法实施条例》第四十八条中规定："招标人应当向评标委员会提供评标所必需的信息，但不得明示或者暗示其倾向或者排斥特定投标人。"

招标人应当提供的"评标所必需信息"，一般是指招标人基于招标项目的实际情况，向评标委员会提供招标文件没有载明或者已经载明但短时间内评标委员会成员不容易准确把握理解，且为准确评标所必需的客观真实的信息，主要包括以下几方面内容：①招标项目的范围、性质和特殊性。应评标委员会要求，招标人可以就招标文件中的一些重要信息和数据，包括招标范围、技术标准和要求、投标报价要求、评标标准和方法、合同主要条款等内容进行解释或说明。②招标项目的质量、价格、进度等需求目标和实施要点。③招标文件中规定的主要技术标准和要求、商务条款。④招标文件规定的评标方法、评标因素及标准以及设置评审因素及标准的主要考虑因素。⑤开标记录。⑥投标文件。⑦采用资格预审的，还应包括资格预审文件和资格预审申请文件。但是，招标人在提供上述有关信息和数据时，不得以明示或者暗示的方式倾向或者排斥特定投标人。例如，招标人在介绍招标项目特殊要求时，特意提到某个投标人的技术标准、履约信誉最符合该招标项目的特殊需要，就构成了以暗示的方式倾向于特定投标人。

14. 招标人在向评标委员会提交评标所需要的信息时，不经意间透露公司高层意向，或者评标委员会成员在评标过程中向招标人征询意向，是否允许？

问　招标人在与评标委员会对接信息时，暗示某投标公司是之前的中标人且效率良好，领导很满意，是否允许？

答　不允许。

《招标投标法实施条例》第四十八条规定："招标人应当向评标委员会提供评标所必需的信息，但不得明示或者暗示其倾向或者排斥特定投标人"，第四十九条规定："评标委员会成员不得私下接触投标人，不得收受投标人给予的财物或者其他好处，不得向招标人征询确定中标人的意向，不得接受任何单位或者个人明示或者暗示提出的倾向或者排斥特定投标人的要求，不得有其他不客观、不公正履行职务的行为。"因此，招标人或者其他人员都不得发表倾向性意见来干扰评标委员会客观公正进行评标。与此相对应，评标委员会成员在评标过程中也不得向招标人征询确定中标人的意向。

15. 评标委员会在评标时发现招标文件中存在违反有关强制性规定的实质性要求，应当如何处理？

问 某铁路建设工程造价咨询项目招标，招标文件的评标办法前附表中将国家已经取消的工程造价咨询资质设为了资格条件。有的评标专家借助此条款初评要否决未提供此项资质的投标人的投标文件，有的专家认为国家已经取消工程造价咨询资质，招标文件规定存在重大问题。此时，应如何处理？

答 评标委员会应当停止评标，并向招标人说明情况。

国家发展改革委发布的《工程项目招标投标领域营商环境专项整治工作方案》（发改办法规〔2019〕862号）中明确指出，要清理、排查、纠正"将国家已经明令取消的资质资格作为投标条件、加分条件、中标条件；在国家已经明令取消资质资格的领域，将其他资质资格作为投标条件、加分条件、中标条件"等问题。国务院《关于深化"证照分离"改革进一步激发市场主体发展活力的通知》（国发〔2021〕7号）中已经取消了工程造价咨询单位的资质，据此招标人不得再将该资质设为投标资格条件。

国家发展改革委等部门《关于严格执行招标投标法规制度进一步规范招标投标主体行为的若干意见》（发改法规规〔2022〕1117号）提到，"评标过程中发现问题的，应当及时向招标人提出处理建议；发现招标文件内容违反有关强制性规定或者招标文件存在歧义、重大缺陷导致评标无法进行时，应当停止评标并向招标人说明情况。"因此，评标委员会发现招标文件中存在上述不合理条件，应当停止评标，并向招标人说明情况。

16. 招标文件内容违法，招标人能否对其修改后要求评标委员会继续评标？

问 某工程类依法必须进行招标的项目，评标委员会在评标环节发现招标文件设置的资质等级低于国家规定。招标人得知后，打算在修改招标文件后要求评标委员会继续评标。这样做合法吗？

答 招标人应当修改招标文件后重新招标。

《建筑法》第二十六条第一款规定："承包建筑工程的单位应当持有依法取得的资质证书，并在其资质等级许可的业务范围内承揽工程。"根据《最高人民法院关于审理建设工程施工合同纠纷案件适用法律问题的解释（一）》第一条规定，承包人未取得建筑业企业资质或者超越资质等级的，订立的建设工程施工合同无效。《招标投标法实施条例》第二十三条规定："招标人编制的资格预审文件、招标文件的内容违反法律、行政法规的强制性规定，违反公开、公平、公正和诚实信用原则，影响资格预审结果或者潜在投标人投标的，依法必须进行招标的项目的招标人应当在修改资格预审文件或者招标文件后重新招标。"

综上所述，招标文件内容违法的，招标人应当在修改招标文件后重新进行招标，不得在评标过程中通过修改招标文件后继续评审。

17. 同一招标项目，一般纳税人与小规模纳税人投标价相同，谁的报价更具竞争力？

问 招标人采购一批工程物资，共五位投标人参加投标，其中投标人 A、B 的投标价均为 100 万元（含税）且为最低报价。A 为一般纳税人、B 为小规模纳税人，在不考虑其他因素影响，仅从价格角度分析的前提下，两者价格竞争力相同吗？

答 视情况而定。

首先，需了解什么是一般纳税人与小规模纳税人。根据财政部税务总局《关于统一增值税小规模纳税人标准的通知》（财税〔2018〕33 号）规定，小规模纳税人为年应征增值税销售额 500 万元及以下的纳税人，相应的，一般纳税人为年应征增值税销售额 500 万元以上纳税人。这两者的主要的区别体现在增值税税率上，一般纳税人销售货物的增值税税率为 13%；小规模纳税人增值税征收率为 3%。2026 年 1 月 1 日起按生效后的《中华人民共和国增值税法》执行。

其次，分析投标人适用的增值税税率不同，对招标人有何影响？根据《增值税暂行条例》第四条的规定，增值税进项税额在纳税时可以抵扣。这里的进项税额是指，购进货物、不动产等所支付的增值税额。具体到本题而言，招标人若从供应商 A（一般纳税人）处采购物资，将支付给供应商 100 万元，其中包含 11.5 万元增值税，这里的 11.5 万元增值税就是招标人的进项税额（可抵扣）；若从供应商 B（小规模纳税人）处采购办公物资，将支付给供应商 100 万元，其中包含增值税 2.91 万元，这里的 2.91 万元增值税就是招标人的进项税额（可抵扣）。这样看来，虽然招标人从 A 或 B 处采购物资均要支付 100 万元，但是招标人从供应商 A 处采购发生的进项税额（11.5 万元）远高于 B（2.91 万元），在考虑增值税进项税额的抵扣后，从供应商 A 处采购物资实际发生的成本更小，所以供应商 A 的投标价更具有竞争性。值得注意的是，招标人可以抵扣进项税额的前提为：招标人为一般纳税人，如果招标人为小规模纳税人，则无法抵扣进项税额，那么对招标人而言供应商 A 与 B 的价格竞争力是相同的。

综上，在招标人允许小规模纳税人与一般纳税人均参与投标的情形下，招标人可以结合自身情况选定合理的标准来评价投标人的报价。具体而言，如果招标人为一般纳税人，采购产生的进项税额可以抵扣，那么比较投标人的不含税投标价较为合理；如果招标人为小规模纳税人，则无法抵扣进项税额，那么直接比较投标人的含税投标价即可。

18. 评标委员会成员对客观评审因素评分不一致，该怎么处理？

问 在评标工作中，经常碰到评标委员会成员对同一客观评审因素的评分不一致，甚至有的会出现畸高畸低的情形，针对这种情况该怎么办，才能确保评审客观公正？

答 评标委员会的评审意见直接影响着中标结果。评标委员会都应当按照招标文件规定的评标标准和方法，客观、公正地对投标文件提出评审意见。评审包括客观分和主观分。主观分是指评委依据主观判断的打分，与评委个人的主观因素有很大关系。每个评委具体打分可能不同，评分可能会有误差，这是正常状态。客观分是指唯一确定，不会引起争议的打分内容。评委能从评标标准中直接地确定应给予的分数，不需要评委个人的主观判断。客观分一般是可定量的内容，每家供应商的客观分不论由哪个评委评，只要严格按评标细则打分，都应当是一样的。理想的评审结果应当是所有评标委员会成员对同一投标人的客观评审因素的评分是一致的。但实践中，往往会出现不一致的情况。

招标人、招标代理机构对评审数据进行校对、核对时发现评标委员会成员对客观评审因素评分不一致，对畸高、畸低的重大差异评分，可以提示评审委员会复核或书面说明理由。评标委员会成员对客观评审因素评分不一致的，可以申请原评标委员会进行重新评审。评标委员会发现错误，应当当场修改评标结果，并在评标报告中记载。

19. 评标委员会在评标工作中出现评审错误如何处理？

问 评标工作出现错误认定、错误否决投标等情形在所难免，请问当发现在评标过程中有评标专家评审出现错误如何处理？

答 评标过程中，因评标委员会认识偏差、能力有限或工作疏忽，难免会出现评标差错（如评分计算错误、有应否决投标情形而未否决投标），如果将错就错，必然影响招标的公正性，所以应当及时纠正。但《招标投标法》及其配套规定都没有设置纠错程序。实践中，在评标过程中或者评标结束，评标委员会或招标人如发现评标确有差错，一般召集评标委员会成员对评标结论进行复议做出新的结论，并将该过程记录在评标报告中。

20. 评标时间确定后是否可以延长？

问 甲公司对某工程项目进行招标，并确定评标时间为三个小时，评委由甲公司代表及四位专家组成，在评标时，其中有两位专家认为，项目规模较大，且技术较为复杂，请求招标人适当延长评标时间。此时招标人应当怎么做？

答 应当适当延长评标时间。

《招标投标法实施条例》第四十八条第二款规定："招标人应当根据项目规模和技术复杂程度等因素合理确定评标时间。超过三分之一的评标委员会成员认为评标时间不够的，招标人应当适当延长。"

本题中，因项目内容较为复杂，如评标时间过短，评标委员会无法对照招标文件要求，对投标人逐一进行审核，从而会对评标结果产生影响。而适当延长评标时间，能够让专家组有充足时间对照招标文件，对投标文件进行评议，该做法有利于维护招标人的权益。因此，在此情况下，招标人应当适当延长评标时间。

21. 延长评标是否须经监管部门同意？

问 某高校职工宿舍楼改造工程项目，原评标时间预计半天，因评标时某专家身体不适需要临时更换，经过重新抽取专家及核实身份，新抽取专家重新评审，导致评标时间远超电子交易系统录入的原计划时间。延长评标时间的要求是否须经监管部门同意？

答 评标前确定具体评标时间的主体是招标人；评标阶段是否延长评标时间由评标委员会商议确定。

当出现法定的评标专家更换或电子招标系统出现问题、停电等其他不可抗力因素，致使实际评标时间超过计划的，应当实事求是，按照有利于项目评标安排和电子系统信息录入考评的原则，及时合理确定新的评标时间并及时修改，无须经过监管部门同意。《招标投标法实施条例》第四十八条规定："招标人应当根据项目规模和技术复杂程度等因素合理确定评标时间。超过三分之一的评标委员会成员认为评标时间不够的，招标人应当适当延长"。

22. 暗标评审项目的投标文件泄露了投标人信息应如何评审？

问 某工程施工招标，采用暗标评审方式。招标文件规定："投标文件技术标部分单独装订成册实行暗标评审，封面、封底及所有正文中均不得出现可识别投标人身份的任何字符、徽标、人员姓名、企业名称、以往工程名称、投标人独有的标准名称或编号等，也不得出现其他具有标识性作用的符号、图案等。如有违反，按无效标处理。"某投标人的投标文件中出现了投标人单位名称。请问什么是暗标评审？这类项目投标文件泄露或暗示投标人信息，怎么处理？

答 暗标评审是指将投标人的投标文件分为明标商务标和暗标技术标两部分分别评审的一种评标方法。采取暗标评审有利于增强技术标评标的保密性，消除明标评标过程中评标委员会成员的打分倾向和某些投标人用不正当手段谋取中标，有效遏制不公平竞争行为发生。在投标文件编制形式上，一般采用统一格式、统一封面、统一排版、统一装订方式；在编制内容上，一般技术文件不得出现单位名称、公章、法定代表人或其授权委托代理人姓名，不得有暗示本单位的说明性文字或标识，不得有所投工程名称以外的其他工程名称等。技术文件随机编号，评标专家在完全没有投标人身份信息的情况下，只根据其技术条件进行公正、公平地评审，不受外在因素影响。一旦发现技术文件违背上述形式、内容要求，则可能透露投标人信息，视为未实质性响应招标文件要求，作否决投标处理。

本题中，投标文件中出现了投标人单位名称，违背了招标文件要求，按照招标文件规定应当否决该投标。类似的，如果投标文件未使用招标人统一提供的封面，未按照招标文件规定格式排版、打印、装订，未在投标文件中隐瞒投标人信息，投标人在投标文件中作出特殊记号等可能泄露投标人信息的，均可以否决投标。

23. 对于允许提交备选投标的项目，投标文件未区分主选、备选方案如何评审？

问 某工程材料采购招标文件规定："本次招标项目允许投标人递交一个备选投标方案，但投标文件必须注明主选和备选方案"。H公司递交了两份内容不同的投标文件，但未注明哪个为主选方案，哪个为备选方案。此时应如何评审？

答 《评标委员会和评标方法暂行规定》第三十八条规定："根据招标文件的规定，允许投标人投备选标的，评标委员会可以对中标人所投的备选标进行评审，以决定是否采纳备选标。不符合中标条件的投标人的备选标不予考虑。"也就是说，招标文件要求提交备选投标时，投标人在提交两份投标方案时必须注明主选、备选方案，评标委员会也应以主选方案为准进行评审。如果投标文件未注明主选、备选方案，评标委员会就无法确定评标对象，不知以何为准进行评标，影响评标工作，其投标将被否决。

本题中，招标文件已规定："允许投标人递交一个备选投标方案，但投标文件必须注明主选和备选方案"，但H公司没有注明主选、备选方案，致使评标人无法评标，根据前述法律规定，其投标将被否决，不再进入详评。

24. 备选投标评审的条件是什么？

问 A公司某工程货物采购项目招标，招标文件规定允许投标人提交备选投标。备选投标是和主投标文件平行评审吗？

答 《评标委员会和评标方法暂行规定》第三十八条规定："根据招标文件的规定，允许投标人投备选标的，评标委员会可以对中标人所投的备选标进行评审，以决定是否采纳备选标。不符合中标条件的投标人的备选标不予考虑。"只有在投标人的主选方案中标后，才会启动对其备选方案的评审，以供招标人充分选择最优中标方案,达到招标目的。而对其他未中标的投标人的备选投标不进行评审。因此,同一投标人的主选和备选投标文件不是平行评审的,在确定拟中标人前,评标专家只对各投标人的主选投标方案进行评审,确定拟中标人后,再对其备选投标方案进行评审。

25. 评标时,评标专家发现电子版招标文件和纸质版招标文件内容不一致,应当依据哪个版本评审?

问 某招标人发布的纸质版招标文件和从电子招标投标交易平台下载的电子版招标文件内容不一致,此时应当如何处理?

答 出现电子版招标文件和纸质版招标文件不一致的情况,首先看招标公告或招标文件对此有无规定;如招标文件无规定,则根据《电子招标投标办法》第六十二条的规定,当纸质文件与数据电文不一致时,除招标文件特别约定外,以数据电文为准。

26. 同一投标人提交两个以上不同的投标报价时如何评审?

问 某政府采购工程项目设计招标,招标文件明确规定:"本次招标项目不允许提交备选投标方案。"评标委员会发现投标人 S 公司的投标文件另有附函,内容为:"本公司郑重承诺,若在本次招标项目中成为中标人,自愿在原投标总报价的基础上再下调 1.5 个百分点,以示诚意。"对此投标,应如何评审?

答 按投标无效处理。

一般情况下,投标人递交的投标文件内容应当明确无歧义,与之对应的投标报价也应当是唯一确定、不可变动的价格。而且投标报价是重要的评审因素,如果允许投标人递交多份投标报价,或者如本题中设条件可变动修改的报价,相当于提交两份投标报价,对其他投标人不公平,也会造成评标委员会无法评标,甚至给投标人提供了根据其他投标人的报价作出有利于自己选择的机会,有悖诚信原则,故对此类行为应当作出否定的评价。

只有在招标文件允许提交备选方案的情况下,投标人方可提交两个以上投标方案及报价,并在文件中注明主投标方案、主选报价和备选投标方案、备选报价。

本题中,S 公司的附函对其投标报价作了附条件的调整,实质上是向招标人提交了两份不同的投标报价方案,但招标文件已明确规定"本次招标项目不允许提交备选投标方案",因此,S 公司的行为属于"一标多投",评审委员会应当依据《招标投标法实施条例》第五十一条"有下列情形之一的,评标委员会应当否决其投标:……(四)同一投标人提交两个以上不同的投标文件或者投标报价,但招标文件要求提交备选投标的除外"的规定,判定其投标无效。

27. 标底等同于最高投标限价吗？

问 H 县融媒体中心大楼建设项目，招标文件中规定标底价 3100 万元，投标报价超出或低于该报价的 10%将导致投标被否决。该行为有何不妥？

答 该项目错误地将标底提前公布，且以投标报价超出或低于所谓标底一定比例，作为否决投标条款，并不妥当。招标人及其代理机构应及时修改招标文件条款。

《招标投标法》第二十二条和第四十条规定了"招标人设有标底的，标底必须保密"，"评标委员对投标文件进行评审和比较；设有标底的，应当参考标底"。《招标投标法实施条例》第二十七条、第五十条明确一个项目只能有一个标底，招标项目设有标底的，应在开标时公布，在此之前应予以保密，更进一步明确了标底在评标时具有参考作用。如在个别投标报价明显低于其他报价、可能低于其个别成本时，可启动投标人澄清、说明程序，可以将标底作为评审报价合理性的参考依据使用，但评标时不得以投标报价是否接近标底作为中标条件，也不得以投标报价超过标底上下浮动范围直接作为否决投标的条件。

28. 投标文件工程量与招标文件工程量不一致，如何处理？

问 某水电工程建设企业水库建设工程项目招标，投标人 A 公司投标文件的工程量与发布的招标文件工程量清单中的工程量不一致，评标时以哪个量价为准？

答 以招标文件工程量清单中的工程量计取投标报价。

国家能源局《关于颁布水电工程工程量清单计价规范、施工合同示范文本和工程量计算规定的通知》（国能新能〔2010〕214 号）颁布的《水电工程施工招标和合同文件示范文本》第三章"评标办法"3.1.3 载明："投标报价的算数错误修正……（5）若已标价的工程量清单中的工程量与招标文件工程量清单中的工程量不一致的，应以招标文件中提供的工程量为准，更正投标报价中的工程量，并调整该项目的合价、相应分组工程报价及投标总报价。"

29. 以投标报价下浮让利作为换取中标资格的条件，是否可以接受？

问 某招标项目中，投标人 A 在其投标报价函下方附注："若选择我司作为中标人，我司承诺将在现有报价的基础上再下浮 10%作为让利"，评标委员会是否可以接受这样的条款？

答 评标委员会不能接受"标注"中的让利条件，应仅对投标函中的报价按规定进行评审。

该问题的本质是投标人的"附注"是否构成一个投标报价。从投标人"附注"内容可知，其对原投标报价下浮的前提是其已经过评审被定标为中标人。那么，在评审阶段，该附注所声称的下浮不能生效，自然不构成报价。评标委员会应根据《招标投标法》第四十条第一款规定，按照招标文件确定的评标标准和方法，对投标文件进行评审和比较。

由于价格是合同实质性内容，即使投标人 A 最终有幸被选为中标人，招标人仍然不能考虑投标人 A 的"标注"所谓让利，双方应遵守《招标投标法》第四十六条规定，按照招标文件和中标人的投标文件订立书面合同，不得再行订立背离合同实质性内容的其他协议。

30. 评标委员会发现投标漏项如何评审？

问 某工程建设项目货物招标，在评标过程中，评标委员会发现某投标人提供的货物一览表中有漏项，对此如何评审？

答 所谓投标漏项，是指招标文件要求投标人作出响应而投标文件未予响应的事项。对于评标过程中发现的投标漏项，主要依据招标文件的规定确定处理方式：属于未响应招标文件中规定的实质性条件的，则构成重大偏差，评标委员会应对其作出否决投标处理；如果投标漏项并未构成重大偏差，评标委员会可以进行澄清，根据澄清结果、招标文件或者法律规定决定是否作出对该投标人不利的量化。通常情况下，如果投标漏项只是细微偏差，且投标人已根据评标委员会的要求补正的，则不应在评审时对投标人进行不利的量化。

对于报价漏项，《机电产品国际招标投标实施办法（试行）》作出了相应的处理规定，招标文件应当明确规定在实质性响应招标文件要求的前提下投标文件分项、报价允许缺漏项的最大范围或比重，并注明如缺漏项超过允许的最大范围或比重，该投标将被视为实质性不满足招标文件要求，并将导致投标被否决。

综上，不论一般的招标项目还是机电产品国际招标，为明确、统一评审标准，招标文件均应事先明确报价漏项的标准。

31. 项目未结束，供应商资质到期怎么办？

问 投标人提供的相关资质有效期在发出中标通知书之后、中标合同履行完毕之前的期间内到期，对此问题如何办理为妥？

答 查验投标人提供的资质、资格证书，判断投标人提供的资质证书日期等内容是否有效，是评标工作的重要内容。通常，资质证书上面会显示有效期，投标时该供应商的资质证书并未到期，发证机关也不会提前为该供应商颁发新的证书。因此，不能以此为由判定其投标无效。在评标时，只要投标供应商的资质证书在有效期内，就应当认定其投标有效。

一般情况下，资质有效期只是一个有限的期限，有些项目履行期限较长，总会出现履约过程中资质证书因有效期届满而失效，所以要求资质证书一直有效也是不现实的。因此，在合同履行完毕之前，资质到期属于正常现象。大部分资质证书到期后可以续期，为保证顺利履约，供应商应及时办理资质续期。

32. 评标过程中对出具实验报告的检测机构应注意评审什么内容？

问 某公司通过招标方式采购冷凝落地式锅炉，招标文件规定："投标人须提供第三方检测报告，未提供第三方检测报告的其投标予以否决"。某投标人提供了某特种设备检测研究院出具的检测报告。评标委员会在评审中发现，该特种设备检测研究院未经国家监督管理部门认证，没有承检冷凝落地式锅炉的资格。请问：招标投标活动中对出具实验报告的检测机构应有什么要求？本题中应如何评审？

答 《招标投标法实施条例》第五十一条规定："有下列情形之一的，评标委员会应当否决其投标：……（六）投标文件没有对招标文件的实质性要求和条件作出响应"，同时《认证认可条例》第三十二条规定："国务院认证认可监督管理部门应当公布指定的认证机构、实验室名录及指定的业务范围。未经指定的认证机构、实验室不得从事列入目录产品的认证以及与认证有关的检查、检测活动。"即检测机构应通过认证认可监督管理部门的认证，并在认证范围内开展检测活动，未经认证或者超出认证范围出具的检测报告均不具备法律效力。招标投标活动中，投标人提供的检验检测报告的出具机构应当通过认证认可监督管理部门的认证，其做出的检验检测才是有效的。评标委员会在评审时不仅要评审检测报告内容是否符合招标文件要求，同时也要注意出具检测报告的机构是否经过 CNAS 认可。

本题中，出具检测报告的某质量监督检验站未经过 CNAS 认可，其出具的检测报告无效，按照前述法律规定，该投标应当被否决。

第三节 评标澄清、说明、补正

一、澄清、说明

1. 评标时，出现哪些情形可以启动澄清、说明程序？

问 某依法必须进行招标的工程建设项目，评标委员会发现投标人 A 的投标文件中未按资格审查要求提供项目经理的近半年社保证明，不符合资格条件，以口头形式通过招标代理机构向投标人 A 发出澄清通知，要求其对此进行澄清确认，该行为是否允许？

答 投标人 A 此类情形不属于可以进行澄清、说明的法定情形，评标委员会对此启动所谓澄清、说明的行为不妥，且澄清通知不得以口头形式发出。

《招标投标法实施条例》第五十二条规定了可以澄清的内容，即："投标文件中有含义不明确的内容、明显文字或者计算错误，评标委员会认为需要投标人作出必要澄清、说明的"。《评标委员会和评标方法暂行规定》第十九条进一步规定，评标委员会可以书面方式要求投标人对投标文件中含义不明确、对同类问题表述不一致或者有明显文字和计算错误的内容作必要的澄清、说明或者补正。这些规定明确澄清须同时符合两个条件，一是属于投标文件含义不明确、对同类问题表述不一致、明显文字或计算错误；二是评标委员会认为需要投标人进行必要澄清。

本题中，投标人 A 的投标文件未放入资格证明材料，这是很明确的未实质性响应招标文件要求，不存在含义不明确等情形，故不属于可以澄清的事项。另外，澄清应当采用书面形式，并不得超出投标文件的范围或者改变投标文件的实质性内容，对于涉及投标人是否符合资格条件或是否投标有效的内容，即使可以澄清也不能改变其结果，不能通过澄清对投标文件未列入的内容进行补充完善，从而补充或改变其投标文件实质性内容。

2. 开标后、评标过程中，投标人发现投标文件中有瑕疵，主动要求解释说明，如何处理？

问 在投标现场，供应商发现自身投标文件有一个小瑕疵，可以主动向评标委员会提出修改或者澄清吗？

答 不可以。

澄清需求的主体是评标委员会，只有当评标委员会认为投标文件的内容需要澄清时，依据《评标委员会和评标方法暂行规定》第十九条的规定，评标委员会可以书面形式要求投标人作出必要的澄清、说明或者补正。投标人不得主动澄清解释，对投标人主动做出的澄清，评标委员会不予考虑。

3. 投标人能否拒绝对投标文件进行澄清、说明或者补正？

问 某交通设施采购项目招标，招标文件对投标人的供货业绩进行了规定。投标人 A 公司提供了与 B 公司的联合声明，载明"A 公司是由 B 公司 100% 出资设立的全资子公司，A 公司生产设备、产品、业绩、商标、管理人员等均为 B 公司原班人马，投标产品今后由 A 公司所有，B 公司不再参与投标"。评标委员会要求 A 公司对两者法律关系进行澄清，并提供 A 公司与 B 公司相关关系证明的有效材料，A 公司收到澄清函后，未作任何回复。对此如何评审？

答 可以否决其投标对投标文件给予必要的澄清、说明和补正，有利于评标委员会全面把握投标人的真实意思表示，对投标文件作出公正客观的评价，投标人应当予以配合，及时作出回复。投标人拒不按照要求对投标文件进行澄清、说明或者补正的，根据《评标委员会和评标方法暂行规定》第二十二条规定，评标委会可以否决其投标。因此，本题中，A 公司在评标委员会要求其澄清的情况下拒不答复需澄清的问题，评标委员会可以依法否决其投标。

4. 当投标人对评标委员会的澄清要求不予正面回答、"答非所问"时如何处理？

[问] 某招标项目在评标过程中，评标专家发现 A 公司的投标文件对于设备的关键参数前后响应不一致，评标委员会要求 A 公司进行澄清。A 公司发来的书面回复中罗列了设备的一些其他参数，但并未对要求澄清的关键参数正面作出明确的答复和说明。对此如何评审？

[答] 如果评标委员会发出澄清通知，投标人尽管进行答复，但并不予正面回答，"答非所问"，也就是"拒不按照要求对投标文件进行澄清"，则根据《评标委员会和评标方法暂行规定》第二十二条规定，评标委员会可以否决其投标。

本题中，评标委员会发现 A 公司技术投标文件中参数响应不一致，属于投标文件对同类问题表述不一致，且关键参数属于实质性问题，不进行澄清可能影响评审、定标，在这种情况下投标人不予以正面回复，根据上述法律规定，评标委员会可以否决其投标。

5. 投标人是否可以在投标澄清环节更改投标文件实质内容？

[问] A 公司参加 B 公司主机及附属设备购置项目的投标。评标委员会认为 A 公司在技术规范和报价文件中对其性能描述不一致，向 A 公司发出澄清要求，A 公司是否可以在澄清回复中改变型号和厂家？

[答] 不可以。

《评标委员会和评标方法暂行规定》第十九条规定："评标委员会可以书面方式要求投标人对投标文件中含义不明确、对同类问题表述不一致或者有明显文字和计算错误的内容作必要的澄清、说明或补正。澄清、说明或补正应以书面方式进行并不得超出投标文件的范围或改变投标文件的实质性内容。"《招标投标法实施条例》第五十二条对此也有规定。因此，本题中，A 公司不能在澄清中改变设备型号和供货厂家等投标文件实质性内容。

6. 评标委员会在评标过程中要求投标人进行澄清和说明时能否直接明确指出投标文件中的错误？

[问] 某建设工程勘察设计项目评标过程中，评标委员会要求投标人进行澄清说明时，对于投标人 A 公司的投标文件中的遗漏和错误直接指出，该做法有无法律依据？

答 没有。

《工程建设项目勘察设计招标投标办法》第三十四条规定："评标委员会可以要求投标人对其技术文件进行必要的说明或介绍，但不得提出带有暗示性或诱导性的问题，也不得明确指出其投标文件中的遗漏和错误。"因此，本题中，评标委员会直接指出投标文件中的遗漏和错误违背上述规定。

7. 在评标过程中，评标委员会要求投标人补充证明材料、对技术要点进行澄清说明有无法律依据？

问 某抽水蓄能电站建设工程为国家重点建设项目，采取了公开招标的方式对主体工程进行招标，在评标过程中，评标委员会发现某投标人未按照提交施工设备的发票，要求其提供发票复印件，并对若干技术要点和难点，要求其作详细的书面说明。请问：评标委员会的上述澄清要求是否合法？

答 《招标投标法实施条例》第五十二条规定："投标文件中有含义不明确的内容、明显文字或者计算错误，评标委员会认为需要投标人作出必要澄清、说明的，应当书面通知该投标人。投标人的澄清、说明应当采用书面形式，并不得超出投标文件的范围或者改变投标文件的实质性内容。"澄清说明不等于对投标文件未有内容进行补充完善，而只能对投标文件已有内容依法进行澄清解释说明。本题中，评标委员会发现投标人没有提交施工设备的发票，不能证明其有一定必要的施工设备，发出澄清要求补充发票的做法不当，但对投标文件中技术要点难点等含义不明确的内容可以要求投标人作澄清说明。

8. 电子招标投标中一份投标文件内容不全，且系统内找不到缺失的内容，招标人是否可以向投标人发出询问？

问 某依法必须进行招标的工程项目，采用电子招标投标的方式，在某电子交易平台上进行评标。评标委员会在评审时发现，某投标人 A 公司的投标文件中缺少业绩证明材料，评标委员会向招标人反馈了这一问题，并要求招标人协助查找缺失的证明材料。招标人在系统内仔细进行了查找，但最终依然没有找到。招标人只能向 A 公司发出询问函，询问其是否上传过业绩证明材料。招标人的上述做法对吗？

答 本题中的招标人不应当向 A 公司发出询问函。

投标人在参与此次投标时，应已充分知悉招标文件中有关投标文件通过电子交易平台递交的相关要求，并掌握电子交易平台的相关操作流程。电子交易平台本身并未发生系统性的运行错误，仅有 A 公司的业绩证明文件缺失，其他投标人的业绩证明文件均能找到，证明极大可能是这因为投标人自身失误才导致的投标文件缺失。对确定的事实，招标人没有理由向投标人提出澄清要求。

需要指出的是，即便有正当理由提出澄清，也应由评标委员会提出，而不是由招标人直接向投标人提出。

9. 采用单价方式报价的招标项目，投标报价表中含税单价和税额填写颠倒，评标委员会应当如何处理？

问 某一招标项目采用单价的方式报价，在评审过程中，评标委员会发现某投标人 A 公司的投标报价表中，含税单价和税额填写颠倒，税额被填到了含税单价列中，含税单价被填到了税额列中。但合价和总价计算结果无误，此时评标委员会应当如何处理？

答 可以要求投标人澄清。

《评标委员会和评标方法暂行规定》第十九条规定："评标委员会可以书面方式要求投标人对投标文件中含义不明确、对同类问题表述不一致或者有明显文字和计算错误的内容作必要的澄清、说明或者补正。澄清、说明或者补正应以书面方式进行并不得超出投标文件的范围或者改变投标文件的实质性内容。投标文件中的大写金额和小写金额不一致的，以大写金额为准；总价金额与单价金额不一致的，以单价金额为准，但单价金额小数点有明显错误的除外；对不同文字文本投标文件的解释发生异议的，以中文文本为准。"

因此，本题中，评标委员会可要求 A 公司对含税单价和税额填写颠倒的问题作出解释，但需要注意，本招标项目采用单价合同，投标报价清单内的单价是后期合同履行阶段结算的重要依据，属于投标文件的实质性内容，因此 A 公司不能借此"解释"之机修改已报的"含税单价"。

10. 投标报价出现大小写不一致的错误可否作为澄清事项？

问 某公司工程物资采购项目，A 公司投标报价表中标明价格为 4306 万元（小写），但大写却表述为"肆仟叁佰陆拾万元整"，出现大小写不一致，是否可作为澄清事项？

答 可以。

《评标委员会和评标方法暂行规定》第十九条规定："评标委员会可以书面方式要求投标人对投标文件中含义不明确、对同类问题表述不一致或者有明显文字和计算错误的内容作必要的澄清、说明或者补正。澄清、说明或者补正应以书面方式进行并不得超出投标文件的范围或者改变投标文件的实质性内容。投标文件中的大写金额和小写金额不一致的，以大写金额为准；总价金额与单价金额不一致的，以单价金额为准，但单价金额小数点有明显错误的除外；对不同文字文本投标文件的解释发生异议的，以中文文本为准。"实践中，投标报价经常会出现上述问题，评标委员会应当按照上述规定修正报价并经投标人确认后作为评标价格；投标人拒绝确认的，可以否决投标。本题中，A 公司投标报价大小写不一致，属于明显文字错误，按照上述规则应当修正为大写金额，并向投标人发出澄清函要求确认。

11. 投标文件出现明显计算错误，应如何处理？

[问] 某工程物资采购招标，A 公司在报价函中出现明显的计算错误，即：根据单价计算出来的投标总价与报价函中记载的投标总价不一致，评标委员会应如何处理？

[答] 评标委员会可以修正报价后要求投标人 A 公司进行澄清确认。

本题中，A 公司投标文件显然属于计算错误的情况，评标委员会可以根据《评标委员会和评标方法暂行规定》第十九条第二款中"投标文件中的大写金额和小写金额不一致的，以大写金额为准；总价金额与单价金额不一致的，以单价金额为准，但单价金额小数点有明显错误的除外；对不同文字文本投标文件的解释发生异议的，以中文文本为准"的规定对价格进行修正，以单价金额为准计算的总价作为投标价格进行修正后要求投标人进行确认。

12. 投标人不接受评标委员会依法作出的修正价格，能否否决投标？

[问] 某工程货物采购招标，A 公司投标报价 5600 万元，为最低报价。评标专家发现该投标人的投标报价与分项报价的合价不一致,各分项报价金额之和为 5720 万元，评标委员会依据分项报价之和对投标人的报价进行了修正，并要求投标人对修正后的价格澄清确认。A 公司未在规定的时间予以回复，对此评标委员会如何评审？

[答] 可以否决投标。

《评标委员会和评标方法暂行规定》第十九条对投标价格算术性错误的修正方法及规则做了详细规定。评标委员会对于投标价格算术性错误依据法律规定的规则进行修正后，可以要求投标人对此澄清说明。投标人如果不确认该修正后的报价，评标委员会可以按照《评标委员会和评标方法暂行规定》第二十二条"投标人……拒不按照要求对投标文件进行澄清、说明或者补正的，评标委员会可以否决其投标"的规定进行处理。

本题中，评标委员会发现投标人的投标报价与分项报价的合价不一致，据此对投标人的报价按照分项报价之和进行了修正，并要求投标人对修正后的价格澄清确认的行为是合法合理的。投标人 A 公司对此澄清未在规定的时间予以回复，根据《评标委员会和评标方法暂行规定》第二十二条的规定，对其投标应予否决。

13. 投标报价可能低于成本的如何评审？

[问] 某依法必须招标项目，某一投标人的投标报价低于其他投标人的报价 30% 以

上，评标专家认为该报价可能低于成本，后续如何评审？评标委员会能否直接否决该投标？

答 根据《招标投标法实施条例》第五十一条第（五）项规定，投标报价低于成本或者高于招标文件设定的最高投标限价的，评标委员会应否决投标。《评标委员会和评标方法暂行规定》第二十一条规定："在评标过程中，评标委员会发现投标人的报价明显低于其他投标报价或者在设有标底时明显低于标底，使得其投标报价可能低于其个别成本的，应当要求该投标人作出书面说明并提供相关证明材料。投标人不能合理说明或者不能提供相关证明材料的，由评标委员会认定该投标人以低于成本报价竞标，应当否决其投标。"这里的"成本"指的是投标人的个别成本，而不是行业平均成本。若投标人的报价远低于市场原材料价格，低于其他投标人的价格，可初步判断"低于成本"，但不能直接否决其投标，应当要求该投标人作出书面说明并提供相关证明材料。投标人不能合理说明或不能提供相关证明材料的，评标委员会可认定投标人低于成本报价竞标而否决其投标。

14. 评标委员会发现投标人报价明显低于标底，如何评审？

问 某工程设备采购项目招标，招标人编制了标底，为 800 万元。评标过程中，评标委员会发现投标人 A 公司的报价明显低于标底，此时应当如何处理？

答 评标委员会可以要求投标人进行合理说明或者提供证明材料，若认为 A 公司低于成本竞标，应当否决投标。

标底可以作为投标人衡量投标报价的合理性的参考依据，评价一些企业是否低于成本价格恶意竞争。当投标报价低于标底时，根据《评标委员会和评标方法暂行规定》第二十一条规定，评标委员会应当要求该投标人作出书面说明并提供相关证明材料。投标人有理由证明其报价具有合理性的，不应当认定为低价竞标。投标人不能合理说明或者不能提供相关证明材料的，应当认定为以低于成本报价竞标，评标委员会应当否决其投标。

15. "低于成本"应如何理解？

问 《招标投标法》第三十三条规定投标人不得以低于成本的报价竞标，但何谓"低于成本"，投标人的"成本"采取什么样的衡量标准，现行法律并没有规定。请问：实务中如何认定"成本"，如何判定"低于成本"？

答 从立法本意来讲，这里讲的"低于成本"，是指低于投标人的为完成投标项目所需支出的个别成本。由于每个投标人的管理水平、技术能力与条件不同，即使完成同样的招标项目，其个别成本也不可能完全相同，管理水平高、技术先进的投标人，生产、经营成本低，有条件以较低的报价参加投标竞争，这是其竞争实力强的表现。实行招标投标的目的，正是为了通过投标人之间的竞争，特别在投标报价方面的竞争，择优选择中标者，因此，只要投标人的报价不低于自身的个别成本，即使是低于行业平均成本，也是完全可以的。因此，《招标投标法》第三十三条所指的"成本"应指企业个别成本，而不是社会平均成本，也不是行业平均成本。投标人以低于社会平均成本但不低于其个别成本的价格投标，应予以支持鼓励，这有利于促使投标人挖掘内部潜力，改善经营管理，提高管理水平。但对于投标人违背诚信原则，以低于其个别成本恶意参与竞争"抢标"的行为，应予禁止，以防范后续违约风险。

16. 如何判定投标报价"低于成本"？

问 投标人恶意低价竞标一直是招标投标领域的顽疾。《招标投标法》规定"投标人不得以低于成本的报价竞标"，但是国内法律法规层面欠缺对于"低于成本"的认定标准，实务当中对于"低于成本"的判定也异常困难。那么判定投标报价"低于成本"有什么好的办法吗？

答 事实上，投标报价"低于成本"很难判定。世界银行有关"异常低价"的判定方法有借鉴和参考之处。世行定义"投标异常低价是指投标报价相较于投标报价的其他要素显得如此之低，以致使业主对投标人履行合同的能力产生重大担忧"。为识别异常低价，世行提出了"绝对法"与"相对法"。绝对法是指"如果投标人的价格比业主的成本估计数低 20%以上，就认为该投标报价就是异常低价"。相对法是指"经统计计算，若投标报价比所有实际响应的投标报价的平均值低一个以上的标准偏差，就认为该报价属于异常低价"。

建议借鉴世界银行的做法，招标人可以设定异常低价的警戒范围。招标人在编制最高投标限价或标底的基础上，针对项目的招标范围，结合市场价格行情以及以往的历史数据，委托专业的造价咨询单位编制专门的咨询报告，提出异常低价的警戒范围。该警戒范围不公开，评标时交由评标委员会参考。当投标人的投标报价处于评标警戒范围的，评委可以自行决定该报价是否为异常低价，并要求投标人说明报价的合理性；当投标人的投标报价低于评标警戒范围的，评委原则上应该判定该报价为异常低价，要求投标人说明报价的合理性，并要求投标人提供证明材料。倘若投标人未能说明或不能证明其低价竞标合理性，则可以判定其报价低于成本，并予以否决投标。

17. 能否将司法鉴定做出的鉴定意见、咨询机构出具的咨询报告或者审计机构做出的审计意见作为认定"低于成本"的依据？

问 实践中，一些中标人通过司法鉴定出具鉴定意见、咨询机构出具咨询报告或者审计机构出具审计意见，就投标报价低于成本进行说明或作出结论，请问这些鉴定、评估结果能否作为判定"低于成本"的依据？

答 不能。

鉴定意见、咨询报告、审计意见等往往参照的是一定区域本行业社会平均价或市场价进行鉴定或评估，其代表的是本行业的社会平均成本。社会平均成本与投标人的个性成本与市场行情、技术实力、管理水平、资金投入、人力资源管理等综合因素相关，存在一定差异。故该行业的社会平均成本并非投标人为完成招标项目所支出的个别成本，不能作为投标报价是否低于该投标人个别成本的判定依据。

18. 中标价低于最低工资标准，属于恶意低价中标吗？

问 某建设项目进行公开招标，在项目评审过程中，评标委员会在对投标人 A 的报价进行综合分析时发现，A 对该项目拟投入人员每月工资约为 2000 元，远低于当地最低工资标准。如果以这个人工价格来做这个项目，肯定是亏钱的。那么是否可以据此判断投标人 A 属于以低于成本的价格低价中标？是否可以否决其投标？

答 不可以直接否决 A 公司投标，应先要求投标人对其标价的合理性进行解释说明。

《招标投标法》第三十三条规定："投标人不得以低于成本的报价竞标，也不得以他人名义投标或者以其他方式弄虚作假，骗取中标。"成本指的是其个别成本，而不是指社会平均成本等。由于不同投标人的履约能力大不相同，故针对同一个项目不同投标人其付出的成本亦不相同。且在相关的法律法规当中，并没有明确载明"低于最低工资标准属于恶意低价中标"。因此，仅以拟投入人员工资推定投标报价低于成本价，依据不充分。评标委员会应按照《评标委员会和评标方法暂行规定》第二十一条要求该投标人作出书面说明并提供相关证明材料。

19. 投标报价清单中，某一分项报价严重低于市场价，是否可以判定为投标人低于成本报价？

问 某装饰装修工程采用单价合同模式进行招标，评标过程中，评标专家发现投标人 A 的投标报价中某分项报价严重低于市场价格。评标专家要求投标人 A 对该分项报价的成本进行澄清，投标人 A 称，该分项报价确实严重亏本，但自己整个工程的投标总价是合理的，无需就该分项单独提供成本证明材料。此时评标专家可以判定为投标人 A 低于成本报价，否决其投标吗？

答 评标专家不能否决投标人 A 的投标文件。

《招标投标法》第三十三条规定，"投标人不得以低于成本的报价竞标"。这里的"低于成本"，是指低于投标人的为完成投标项目所需支出的个别成本。"完成投标项目所需支出"应是指投标总价。因此，评标专家不能仅以总价中的某个分项报价低于成本为由作否决投标处理。

20. 投标人工商登记的企业名称与提供资质证书上的名称并不一致，先澄清还是直接否决投标？

问 在评标过程中，评标委员会发现投标人工商登记的企业名称与提供的资质证书上的名称并不一致，经查询，系因企业名称进行变更登记后，相应资质证书未同步变更，是否应当否决投标？

答 宜先澄清，不宜直接否决投标。

一般来说，企业在办理名称变更后，应当同步办理资质证书的变更手续，在办理资质证书变更手续期间，该资质证书仍然有效。当出现上述情形，可能正处于变更期间，可能投标人还未申请办理变更，也可能该资质证书已经失效，不能一概认为该资质已经作废而否决其投标。对此，评标委员会应当启动澄清程序，要求投标人对投标文件中企业名称与提供的资质证书上的名称并不一致的情况作出必要的澄清或者说明，而非直接否决投标。

二、细微偏差的补正

21. 什么是重大偏差和细微偏差，有什么区别？

问 A 公司参加某工程物资采购招标，该项目要求供货时间为 2023 年 6 月 30 日前，A 公司因为库存原因不能响应此项要求，该情况属于重大偏差还是细微偏差？两种偏差有什么区别？

答 该情况属于重大偏差。

投标偏差分为重大偏差和细微偏差。重大偏差一般是投标文件对招标人和投标人的权利义务产生重大影响，未能实质性响应招标文件的要求，为招标人不能接受的偏差。《评标委员会和评标方法暂行规定》第二十五条规定，下列情况属于重大偏差：（一）没有按照招标文件要求提供投标担保或者所提供的投标担保有瑕疵；（二）投标文件没有投标人授权代表签字和加盖公章；（三）投标文件载明的招标项目完成期限超过招标文件规定的期限；（四）明显不符合技术规格、技术标准的要求；（五）投标文件载明的货物包装方式、检验标准和方法等不符合招标文件的要求；（六）投标文件附有招标人不能接受的条件；（七）不符合招标文件中规定的其他实质性要求。有重大偏差的，该投标应当被否决。

《评标委员会和评标方法暂行规定》第二十六条规定，细微偏差是指投标文件在实质上响应招标文件要求，但在个别地方存在漏项或者提供了不完整的技术信息和数据等情况，并且补正这些遗漏或者不完整不会对其他投标人造成不公平的结果。细微偏差不影响投标文件的有效性。对于细微偏差，评标委员会可以要求投标人进行补正。

本题中，A 公司不能响应供货时间的要求，不符合招标文件的实质性要求，属于重大偏差，评标委员会应当否决其投标。

22. 投标文件的任何投标偏差是否都会导致投标被否决？

[问] X 市高铁站片区城市基础设施更新项目，招标文件"技术标准和要求"中要求投标人的单位技术负责人及项目技术负责人须具有高级职称证书，但未明确如不提供如何处理。评标期间，评标委员会发现投标人 B 仅提供了项目技术负责人的高级职称证书，但未见技术负责人任何职称证书材料，能否以此否决其投标？

[答] 对于投标文件中的偏差，需要核实是重大偏差还是细微偏差，然后决定是否否决投标。

《评标委员会和评标方法暂行规定》第二十五条明确了重大偏差的具体范围，并规定"投标文件有上述情形之一的，为未能对招标文件作出实质性响应，并按本规定第二十三条规定作否决投标处理。招标文件对重大偏差另有规定的，从其规定"。与此同时，《工程建设项目施工招标投标办法》第二十四条亦明确"招标人应当在招标文件中规定实质性要求和条件，并用醒目的方式标明"，该法条立法本意是要求招标文件明确不允许偏离的"实质性要求"的具体范围和标准，并进行集中"晾晒"，避免投标人遗漏踩坑。

本题中，招标文件虽然要求投标人提供其单位及项目的技术负责人高级职称，但却未明确如不提供的处理措施，也没有在招标文件中注明为实质性条件要求，未明确其为重大偏差。招标文件没有规定的评标标准和方法不得作为评标的依据，故评标委员会不得以该偏差属重大偏差为由否决投标人 B 的投标。

23. 投标文件存在细微偏差，能否启动澄清、说明程序？

[问] 某工程招标项目投标人按照招标文件的要求响应了交货期，但是未提供工厂组装、检查、验收项目清单。评标委员会拟对该投标人提出澄清，要求其提供工厂组装、检查、验收项目清单。可否？

[答] 可以。

工厂组装、检查、验收项目清单实质上属于交货期计划表，主要列明交货前各阶段的时间节点，不属于实质性要求，可以判定该问题属于投标文件的细微偏差，评标委员会可以要求投标人对其细微偏差进行澄清说明。如投标人拒不补正的，评标委员会在详细评审时可对该问题作不利于该投标人的量化，即按招标文件的规定予以扣分处理。

24. 投标人对评标委员会提出的细微偏差的澄清不作解释,应如何处理?

问 在某项目评标过程中,评标专家发现某一非关键技术参数前后表述不一致,发出澄清函要求投标人解释,投标人未在规定时间进行反馈,请问如何处理?

答 应在评审时对细微偏差作不利于该投标人的量化。

《评标委员会和评标方法暂行规定》第二十六条规定:"评标委员会应当书面要求存在细微偏差的投标人在评标结束前予以补正。拒不补正的,在详细评审时可以对细微偏差作不利于该投标人的量化,量化标准应当在招标文件中规定"。不利的量化,可以视情况在评标时予以扣分处理,需要在招标文件中予以明确细化。《评标委员会和评标方法暂行规定》第二十二条还规定:"投标人资格条件不符合国家有关规定和招标文件要求的,或者拒不按照要求对投标文件进行澄清、说明或者补正的,评标委员会可以否决其投标。"因此,本题中,投标人接到澄清函后未予答复,评标委员会可依法根据招标文件的规定对其扣减评审得分或者否决投标。

第四节 否决投标

一、否决投标的依据

1. 投标文件违反国家强制性标准是否应被否决?

问 某招标项目,投标人 A 的投标文件未响应国家强制性标准,该投标文件是否应被否决?

答 投标人 A 的投标文件应当被否决。

《中华人民共和国标准化法》第二条第三款规定:"强制性标准必须执行。国家鼓励采用推荐性标准。"该条款明确了强制性标准的法律地位。遵循国家强制性标准是法律的要求。即使投标人未参与投标活动,其日常生产活动中也应严格遵守国家强制性标准。《民法典》第一百五十三条规定:"违反法律、行政法规的强制性规定的民事法律行为无效。但是,该强制性规定不导致该民事法律行为无效的除外"。故,投标人 A 的投标文件未响应国家强制性标准的,应被否决投标。

2. 政府部门规范性文件规定了投标无效条款,招标文件并无相应规定时,能否作为否决投标的依据?

问 某市政府部门一依法必须招标工程施工项目招标,预算 6000 多万元,该项目招标文件中并没有规定投标人此前在招标投标活动中存在串通投标行为属于投标无效情形。该市招标投标行政监督部门出台的规范性文件规定，投标人应当在36 个月内在中国境内没有围标串通投标行为，否则投标无效。在评标过程中，评标委员会发现 A 公司半年前曾和 B 公司串通投标被通报。请问：招标人能否以此为依据否决 A 公司和 B 公司的投标？

答 不能否决投标。

《招标投标法》第十九条第一款规定："招标人应当根据招标项目的特点和需要编制招标文件。招标文件应当包括招标项目的技术要求、对投标人资格审查的标准、投标报价要求和评标标准等所有实质性要求和条件以及拟签订合同的主要条款。国家对招标项目的技术、标准有规定的，招标人应当按照其规定在招标文件中提出相应要求。"该条赋予了招标人设定投标人资格条件和实质性要求的权利，包括规定否决投标的条件，作为投标和评标的依据。同时，法律、行政法规的强制性规定，也是人人必须要遵守，即使招标文件没有写入，同样也要遵守。

本题中，该地级市招标投标行政监督部门出台的规范性文件规定投标人应当在 36 个月内在中国境内没有围标串通投标行为，否则投标无效。这一规定法律位阶较低，不写入招标文件的情况下不能强制约束投标人。《招标投标法实施条例》第五十一条虽然有投标人有串通投标违法行为，评标委员会应当否决其投标的规定，但该规定中所指的"违法行为"发生在本次招标项目中而非以前所为。故评标委员会没有依据否决投标。

3. 其中一家投标人提供的国家机关文件能否作为不否决其他投标人投标的依据？

问 某工程项目中，所有投标人提供的安全评价机构资质证书（甲级）均已过期，但在其中一家投标人的文件中发现了《国家安全生产监督总局公告（2013 年第 10 号）》，决定将 2013 年底以前到期的甲级安全评价机构资质有效期延至 2015 年 12 月 31 日，不再另行换发资质证书，该投标人提供的上述文件能否用来证明其他投标人的资质文件有效。

答 《国家安全生产监督总局公告（2013 年第 10 号）》是国家安全生产监督总局公开发布的公告，可通过互联网直接查询到，鉴于此公告属于主动公开的政府信息，虽然仅有一家投标人提供了该文件，但并不能因为其他投标人未提供该文件就认定其资质证书无效而予以否决投标。

4. 投标文件中存在否决条款中未列明的偏差时是否应被否决投标？

问 某招标项目评审过程中发现，投标文件存在招标文件"评标办法"否决投标条款中未列明的偏差。此时该投标文件是否应被否决？

答 视该偏差类型和招标文件的规定而定。

《评标委员会和评标方法暂行规定》第二十五条第二款规定："投标文件有上述情形之一的，为未能对招标文件作出实质性响应，并按本规定第二十三条规定作否决投标处理。招标文件对重大偏差另有规定的，从其规定。"第二十六条第一款规定："细微偏差是指投标文件在实质上响应招标文件要求，但在个别地方存在漏项或者提供了不完整的技术信息和数据等情况，并且补正这些遗漏或者不完整不会对其他投标人造成不公平的结果。细微偏差不影响投标文件的有效性。"可见，当投标文件中存在的偏差属于重大偏差时，应认为未在实质上响应招标文件，应被否决投标；当该偏差属于细微偏差时，不应予以否决投标。有的地方政府或部门规定会要求招标文件应在评标办法中列明否决投标条款，除了法定的否决情形外，未列入评标办法否决投标条款的情形不得予以否决。

5. 招标文件未要求提供强制性产品认证（CCC 认证）证书，投标人也未提交该证书的，其投标是否有效？

问 某国有企业因改造视频会议室，需购买一批电子大屏幕、图像处理器、高清摄像机等产品，招标文件没有明确要求必须提供 CCC 认证证书。在评标过程中，有的投标人提供了 CCC 认证证书，有的没有提供。有评标专家提出，既然招标文件未作要求，投标文件未提交 CCC 认证证书，也就不能否决投标。请问：这种说法对吗？

答 这种说法不对。

强制性产品认证，又称 CCC 认证，是国家为保护广大消费者的人身健康和安全，保护环境、保护国家安全，依照法律法规实施的一种产品评价制度。根据《强制性产品认证管理规定》《强制性产品认证标志管理办法》等规定，通过制定强制性产品认证的产品目录和强制性产品认证实施规则，对列入《目录》中的产品实施强制性的检测和工厂检查。凡是列入《强制性产品认证的产品目录》的产品，必须经过国家指定的认证机构认证合格、取得指定机构颁发的认证证书，并标注认证标志后，方可出厂、销售、进口或者在其他经营活动中使用。这些要求是强制性认证产品目录内的产品准予生产、进入市场的必备条件。如果没有获得指定认证机构颁发的认证证书，没有按规定加施认证标志，即不得出厂销售，不得参与投标。因此，采购列入强制性产品认证目录的产品，取得 CCC 认证证书是法律规定的投标人必备资格条件，是强制性法律规定，不论招标文件有无规定，投标人生产、销售该产品都必须具备该认证证书。招标文件即使未作规定，评标委员也应当将此法定的资格条件作为评标依据。

本题中，大屏幕、图像处理器属于国家 3C 强制认证产品，但该投标人的产品没有经过强制性认证，违反法律的强制性规定，因此其投标应当被否决。

6. 评标委员会否决投标时在程序上有哪些要求?

问 评标委员会在评标过程中对于符合法律规定或者招标文件约定可以否决投标的情形,在作出否决投标决定时程序上应注意哪些要求?

答 否决投标就是使不合格的投标还未经详细评审即已经被评标委员会淘汰出局,该处理决定应当严格履行以下程序:

(1)否决投标的决定主体只能是评标委员会。如出现否决投标情形时,应由评标委员会成员提出,经评标委员会集体讨论取得一致意见后可以作出否决投标的决定。当评标委员会成员对是否否决投标有不一致意见时,可以按照"少数服从多数"的原则作出决定。在实践中,对"少数服从多数",有超过半数的"简单多数"和超过 2/3 的"绝大多数"之分,建议在招标文件中提前明确;如招标文件中没有明确,则一般按"简单多数"原则处理。

(2)否决投标的决定应当在评标期间提出。在开标过程中发现投标文件不符合招标文件实质性要求(如投标报价超出最高投标限价、投标文件缺少技术部分等)的,应当如实记录交由评标委员会判定该投标文件无效,不应由开标人员在开标现场宣布投标无效。

(3)否决投标一般在初评阶段提出。通过初评的投标文件才会被评标委员会详细进行评审、比较和排名。被否决的投标,不合格的投标文件将被筛选出来,不应进入详细评审环节,更不能被推荐为中标候选人。

二、否决投标的情形

7."投标人应当具备承担招标项目的能力"如何评价?

问 某通信工程铁塔采购项目招标,招标文件规定:"投标人应具备生产投标产品所需的生产场地、生产设备、产品及元器件检测能力。"经评审,评标专家认为投标人某公司不具备 12 米长度构件的热镀锌能力,不满足本项目中角钢塔的生产装备要求。请问:某公司是否具备承担招标项目的能力,投标是否有效?

答 某公司不具备承担招标项目的能力,投标无效。

《招标投标法》第二十六条规定:"投标人应当具备承担招标项目的能力;国家有关规定对投标人资格条件或者招标文件对投标人资格条件有规定的,投标人应当具备规定的资格条件。"承担招标项目的能力是指投标人在资金、技术、人员、装备等方面,具备与完成招标项目的需求相适应的能力或者条件。在货物采购招标中,投标人具有生产投标产品所需的必要生产场地、生产设备、检测能力等,即可认为具备相应生产能力,若其不具备这些条件,中标后,可能造成后续履约困难,无法按时交货或产品质量无法达到招标文件要求。投标人不具备相应的生产制造能力的,也就不具备履约能力,对这样的投标,招标人应当予以拒绝。对于投标人的生产能力，招标文件可以从必要生产场地、生产设备、检测能力等方面做出详细具体的规定，作为投标人的资格条件以及评标委员会评审的依据。

本题中，招标文件已规定投标人应具备生产投标产品所需的生产场地、生产设备、产品及元器件检测能力等要求，因投标人不具备生产 12 米长度构件的热镀锌能力，也就不能保证有效控制角钢塔质量，故其不符合招标文件要求的投标人资格条件，根据《招标投标法实施条例》第五十一条第三项规定，因"投标人不符合国家或者招标文件规定的资格条件"，评标委员会应当否决其投标。

8. 评标委员会应当否决投标未否决的应如何处理？

问 某国有企业建设办公楼新建工程施工招标，招标文件设定了最高投标限价计算方法，投标后根据各投标人的报价计算出最高投标限价计算，但评标委员会并未将超过该限价的投标予以否决，反而还被推荐为中标候选人。请问，对评标委员会应当否决未否决的情况，发现后应当如何处理？

答 应当组织原评标委员会重新评审。

投标人的投标文件符合法律规定的否决投标条件或者招标文件设定的否决投标条件的，评标委员会应当按照规定对该投标进行否决。被否决的投标，不应进入详细评审环节，更不可能被推荐为中标候选人。但在实践中，常有投标人资格条件不合格的情形，但评标委员会成员因业务素质和法律意识不强，工作疏忽、违规操作或过于慎重难于决断，"应否不否"，直接影响评标结果的公正性，也会招致异议、投诉或严重影响签约履约，埋下合同风险隐患，故应当予以纠正。评标结束之前发现的，评标委员会应当自行纠正。评标结束，招标人发现的，可以要求评标委员会复核确认作出处理。当评标委员会不予改正时，也可以提起报诉，请求招标投标行政监督部门责令整改。根据《招标投标法实施条例》第七十条规定，评标委员会成员对依法应当否决的投标不提出否决意见的，由有关行政监督部门责令改正；情节严重的，禁止其在一定期限内参加依法必须进行招标的项目的评标；情节特别严重的，取消其担任评标委员会成员的资格。

本题中，根据《招标投标法实施条例》第五十一条"有下列情形之一的，评标委员会应当否决其投标：……（五）投标报价低于成本或者高于招标文件设定的最高投标限价"的规定，超出最高投标限价的投标，评标委员会在评标阶段发现的应当予以否决；进入中标候选人公示期间因其他投标人提出异议发现的，可要求评标委员会核实后否决该投标，重新评审推荐中标候选人。

9. 未进行 CA 证书签名的电子招标投标中是否有效？

问 在电子招标投标中，投标人 A 在纸质件上盖红章后，将扫描件上传作为电子投标文件，并未进行 CA 证书签名，投标人 A 的投标文件有效吗？

答 无效。

《电子招标投标办法》第四十条规定，招标投标活动中的下列数据电文应当按照《中华人民共和国电子签名法》和招标文件的要求进行电子签名并进行电子存档：（一）资格预审公告、招标公告或者投标邀请书；（二）资格预审文件、招标文件及其澄清、补充和修改；（三）资格预审申请文件、投标文件及其澄清和说明；（四）资格审查报告、评标报告；（五）资格预审结果通知书和中标通知书；（六）合同；（七）国家规定的其他文件。

招标人要求纸质文件盖章以后进行扫描上传的电子文件，这些电子文件只不过是纸质文件的电子副本，如果没有电子签名，在电子招标投标的情况下是不具有法律效力的。

10. 投标文件未加盖投标人单位公章是否有效？

问　A 公司参加某工程施工项目招标，制作投标文件时，由于时间匆忙，工作人员忘记在投标文件上加盖公司公章，只有投标授权代表的签字，A 公司的投标应当怎么处理？

答　评标委员会不应当否决 A 公司的投标。

《招标投标法实施条例》第五十一条规定，"有下列情形之一的，评标委员会应当否决其投标：（一）投标文件未经投标单位盖章和单位负责人签字……"《评标委员会和评标方法暂行规定》第二十五条规定："下列情况属于重大偏差：……（二）投标文件没有投标人授权代表签字和加盖公章……投标文件有上述情形之一的，为未能对招标文件作出实质性响应，并按本规定第二十三条规定作否决投标处理。招标文件对重大偏差另有规定的，从其规定。"也就是说，只有投标文件既无投标人单位公章也没有法定代表人（或授权投标代表）签字，才能证明投标文件不具有法律效力，才可以否决投标。而本题中，A 公司的投标文件尽管缺乏投标人单位公章，但有授权代表签字，可以证明该投标系该投标人的真实的意思表示，投标文件有效，不应当否决其投标。这也提醒，投标人应当谨慎制作投标文件，并满足法律规定的基本条件，以免因低级错误导致否决投标。

11. 授权委托书上只盖了单位公章，没有法定代表人签字，是否应被否决？

问　某招标文件的评标办法中规定，投标文件中的"授权委托书"既要盖章又要法定代表人签字。该招标文件发出后，有潜在投标人提出异议，认为招标文件的规定违反了《招标投标法实施条例》第五十一条的规定，应予纠正。请问：该异议合理吗？

答　该异议并不合理。

《民法典》第一百六十五条规定："委托代理授权采用书面形式的，授权委托书应当载明代理人的姓名或者名称、代理事项、权限和期限，并由被代理人签名或者盖章。"可见，法定代表人的授权委托书本身就需要法定代表人签字或盖章。如果法定代表人没有签字并且没有盖章，则该授权委托书是无效的，评标委员会可以否决投标。如果签字或盖章有其一,该授权委托书是有效的,并不能因此而否决投标。

12. 投标保证金已汇缴到账,但投标文件中未附或错放汇款凭证影印件,是否应否决其投标?

问 某工程招标项目,投标人已将与投标保证金等额的款项汇至招标代理机构账户,但其投标文件中未附或放错汇款凭证影印件,评标委员会是否应否决其投标?

答 评标委员会应否决其投标。

《招标投标法》第二十七条规定"投标人应当按照招标文件的要求编制投标文件。投标文件应当对招标文件提出的实质性要求和条件作出响应"。评标委员会应根据评标办法的规定,对投标文件进行形式评审和响应性评审。从形式评审来说,投标保证金属于投标文件的组成部分,投标人未提供投标保证金汇款凭证影印件,不符合招标文件的"投标文件格式"这项形式评审的要求,应予以否决。这也提醒投标人应严格按招标文件规定的投标保证金递交时间、金额、形式、格式等要求,逐一作出响应。

13. 投标人与招标代理机构有业务往来是否影响其投标?

问 某招标代理机构受委托对一施工项目进行公开招标,在中标候选人公示期间,招标人收到来自其他投标人的异议,称此中标候选人经常与该招标代理机构有业务往来,应否决其投标。请问:此异议合理吗?

答 不合理。

招标代理机构是依法设立、从事招标代理业务并提供相关服务的社会中介组织,其与投标人之间不得存在的利害关系在法律法规及有关文件中有明确规定。《招标投标法实施条例》第十三条规定"招标代理机构代理招标业务,应当遵守招标投标法和本条例关于招标人的规定。招标代理机构不得在所代理的招标项目中投标或者代理投标,也不得为所代理的招标项目的投标人提供咨询。"《工程建设项目施工招标投标办法》第二十二条规定"招标代理机构不得在所代理的招标项目中投标或者代理投标,也不得为所代理的招标项目的投标人提供咨询。"《中华人民共和国标准施工招标文件》中规定:"投标人不得存在下列情形之一:(一)为本标段提供招标代理服务的;(二)与本标段的监理人或代建人或招标代理机构同为一个法定代表人的;(三)与本标段的监理人或代建人或招标代理机构相互控股或参股的;(四)与本标段的监理人或代建人或招标代理机构相互任职或工作的。"

《招标投标法实施条例》第三十四条规定:"与招标人存在利害关系可能影响招标公正性的法人、其他组织或者个人,不得参加投标。"本题中的招标代理机构与中标候选人间虽存在业务关系,但业务关系不代表一定存在利害关系,倘若存在利害关系也只有在"可能影响招标公正性"的情形下,相关单位或个人才不得参与投标。

14. 不符合装订要求的投标文件能否直接否决？

问 某招标文件规定"投标文件应采用线装本递交"，但某投标人的投标文件采用胶装而非线装，那么招标人可以直接否决该投标人的投标文件吗？

答 招标人不得以投标文件不符合装订要求为由直接否决。

《招标投标法实施条例》第五十一条列举了七项否决投标的情形，并未对装订要求作出限制性规定。国家发展改革委等部门《关于严格执行招标投标法规制度进一步规范招标投标主体行为的若干意见》（发改法规规〔2022〕1117 号）指出"简化投标文件形式要求，一般不得将装订、纸张、明显的文字错误等列为否决投标情形。"装订要求仅为投标文件的外在表现形式，与投标文件内容无关，对后期合同履行并无任何影响，也不影响评标委员会评审投标文件，因此招标人不得将装订要求作为招标文件的实质性内容，亦不得以此为由否决投标（若为暗标评审项目且对装订作统一要求的除外）。

15. 制造商存在重大违法记录会牵连其代理商吗？

问 某国有企业货物类采购项目的招标文件中载明接受设备制造商、代理商投标，评标委员会在评审时发现代理商 A 代理的制造商 B 存在重大违法记录。那么，该设备采购中，制造商存在重大违法记录会牵连其代理商吗？

答 需要结合招标文件的规定，以及制造商的"重大违法记录"是否达到影响代理商投标来进行判定。

若招标文件明确约定代理商代理的制造商不得存在重大违法记录，那么评标委员应据此否决代理商 A 的投标文件。若招标文件未作出上述限制，则要看制造商存在怎样的"重大违法记录"。

如果制造商因违法经营触犯了生产、销售伪劣商品罪，或者受到责令停产停业、吊销许可证或执照等行政处罚，那么在此处罚期间，制造商将不再具备提供设备的条件，代理商也无法以制造商的设备参与投标，其投标一般应被否决；如果制造商是因为其他原因受到了较大数额的罚款，原则上该类处罚对采购活动的标的物没有较大影响，对代理商的牵连也不大，此时代理商的投标资格不受影响，不应当否决投标。

16. 投标文件响应的工期（或服务期）可否长于或短于招标文件规定？

问 工程、服务类项目，在评标阶段发现，投标文件对工期（或服务期）的响应时间长于或短于招标文件规定，该类投标文件是否应被否决？

答 应视具体项目类型而定。

尽管按照《招标投标法》第十九条规定，工期（或服务期）属于招标文件的实质性内容，且依据《招标投标法实施条例》第五十一条规定，投标文件没有对招标文件的实质性要求和条件作出响应的应当予以否决；依据《评标委员会和评标方法暂行规定》第二十五条规定，投标文件载明的招标项目完成期限超过招标文件规定的期限的情形属于重大偏差，为未能对招标文件作出实质性响应，应作否决投标处理。但是鉴于有的项目有完成期限要求，如施工类项目、服务类的勘察、设计项目；有的项目本身并无完成期限要求，其服务期依赖于相关项目的完成期限，如服务类的监理服务项目，故不可一概而论。

因此，有项目完成期限的工期或服务期，如施工、成果提交类的项目，应短于招标文件要求；无完成期限的日常服务，如监理服务，应不短于招标文件要求，这样的情形都不应否决投标；反之可以否决投标。

17. 投标报价清单存在报价"缺项"，要被否决吗？

问 某工程招标项目要求工程量清单计价方式招标，采用总价合同，在评标过程中，评标委员会发现投标人 A 提交的《分项报价清单》中有一个分项未填报单价。部分专家认为此报价存在缺项，不符合招标文件规定的"按照招标工程清单进行报价"，应否决其投标；另一部分专家认为此次报价是按总价报价，仅需要评审其投标总价即可，分项报价清单是否缺项并不影响评标，只要让其澄清未报价的项目已包含在其他项目中，那么投标依旧有效。请问：此种情况应被否决吗？评标专家可以提出澄清要求吗？

答 不应否决投标，可以要求投标人澄清或说明。

GB/T 50500—2024《建设工程工程量清单计价标准》3.5.4 款规定："投标人存在下列未按要求完整（漏报或未报）填写投标报价的，可要求投标人澄清或说明：1 未按要求填报总价合同中分部分项工程清单项目综合单价及合价的，其费用可视为已包含在其他的清单项目综合单价、合价及投标总价中，工程结算时不做重新计价及调整……"6.1.10 款规定："采用总价合同的工程，投标人应按本标准第 6.1.7 条的规定补充完善工程量清单，并完整填报工程量清单中所有清单项目的综合单价及其合价和（或）总价计价项目的价格，且每个清单项目应只填报一个报价，未按要求填报（漏填或未填）综合单价及其合价和（或）清单项目价格的，可按本标准第 3.5.4 条的规定完成相关的投标报价清或说明，相关清单项目报价可视为已包含在其他的清单项目中"。据此可知，针对本题投标人 A 报价"缺项"，评标委员会可要求投标人澄清或说明。

18. 投标人"服务商授权书"有效期未覆盖招标文件规定的服务期，是否应当否决其投标？

问 某两年合同期的工程监测服务框架协议招标项目，招标文件要求潜在投标人若是"非服务商"需要提供有效的"服务商授权书"。在评标过程中，评标委员会发现一投标人提供的"服务商授权书"有效期未覆盖至整个两年服务期，评标委员会内部对此投标文件是否要被否决产生分歧。请问：此种情况应被否决吗？

答 不应否决投标。

《民法典》第一百六十五条规定："委托代理授权采用书面形式的，授权委托书应当载明代理人的姓名或者名称、代理事项、权限和期限，并由被代理人签名或者盖章。"可知，本题中投标人提供"服务商授权书"中的有效期是指代理期限，满足投标有效期即可，与招标项目服务时间要求没有必然关系。

19. 联合体成员只有一家满足招标文件对投标人业绩的要求，评标时该联合体应该被否决吗？

问 某工程招标项目，招标人接受联合体投标。A公司和B公司组成联合体参与了投标，评标专家在评标时发现，该联合体仅有A公司提供了符合招标文件要求的业绩，而B公司并未提供，该联合体应该被否决吗？

答 应当看招标文件是如何规定的，如果招标文件要求联合体成员分别具备并提供各自分工范围的业绩，该联合体应该被否决；否则不能否决。

《招标投标法》第十八条规定："招标人可以根据招标项目本身的要求，在招标公告或者投标邀请书中，要求潜在投标人提供有关资质证明文件和业绩情况，并对潜在投标人进行资格审查。"如果招标文件中没有规定联合体各成员分别具备并提供相应业绩，那么联合体任何一个成员的业绩均应视作联合体的业绩，此时应当认为该业绩满足招标文件的要求；但如果招标文件中要求联合体成员具备并提供各自分工范围的业绩，此时如果联合体某成员不能提供相应的业绩，则该联合体就不符合招标文件的投标人资格要求。

20. 投标文件偏差表写明"无偏差"实则存在重大偏差还能中标吗？

问 某招标项目在中标候选人公示期间发现，排名第一的中标候选人所投产品参数未响应招标文件实质性内容，但其投标文件偏差表中却写明"无偏差"，那么该投标人还能中标吗？

答 应当依法否决投标人A的投标。

《招标投标法实施条例》第五十一条规定，投标文件没有对招标文件的实质性要求和条件作出响应，评标委员会应当否决其投标。《评标委员会和评标方法暂行规定》第二十五条第一款第七项规定，不符合招标文件中规定的其他实质性要求属于重大偏差，应作否决投标处理。

尽管本题投标人A的投标文件偏差表中写明"无偏差"，但其产品参数未响应招标文件实质性内容已属重大偏差，评标过程中未予发现属评标委员会评审失误，但是招标人不能将错就错，应依法否决该投标。

21. 自报服务期超过招标文件规定是否应被否决?

问 某国有企业通过公开招标的方式采购工程造价咨询服务。在中标候选人公示期间，有投标人对排名第一的中标候选人提出书面异议，异议内容为：该项目招标文件中要求在 180 天内完成规定的服务内容，而该中标候选人投标文件中服务期为 190 天，属于未响应招标文件实质性要求，在评标阶段应当被否决。那么，投标人自报的服务期超过招标文件规定的服务期，是否应当被否决?

答 该中标候选人的投标文件应当被否决。

首先评委要依据招标文件里关于服务期的要求判定 180 天的内涵。服务期不得小于 180 天，可以是服务期内没有规定服务要求，比如日常运维；也可以是要求投标人提供 180 天的服务，服务内容有成果总量的要求，比如完成某项工程的设计。上述问题更倾向于第二种情况，招标文件要求在 180 天内完成规定的工程造价咨询服务，提交咨询成果，而该单位自报工期为 190 天，因此没有响应招标文件关于服务期的要求。

《评标委员会和评标方法暂行规定》第二十三条规定，"评标委员会应当审查每一投标文件是否对招标文件提出的所有实质性要求和条件做出响应，未能在实质上响应的投标，应当予以否决。"上述中标候选人未能对服务期这一实质性要求作出响应，故应当被否决投标。

22. 投标文件未按照招标文件的报价明细格式报价，是否应该否决投标?

问 某输变电工程施工项目采用工程量清单计价方式招标，招标工程量清单按照《电力建设工程工程量清单计价规范》(DL/T 5745—2021)(简称行标)编制。招标文件"第七章、投标文件格式(一)中报价明细文件"则要求按照《输变电工程工程量清单计价规范》(Q/GDW 11337—2014)(简称企标)提供投标报价格式要求，并标注"仅供参考"。由于两个计价规范规定的投标报价格式略有不同，部分投标单位按照企标格式递交投标报价，另有部分投标单位按照行标格式递交投标报价。评标时，关于不同格式的投标报价文件，哪种应该被认可，哪种应该被否决?

答 《招标投标法》第十九条第一款规定，"招标人应当根据招标项目的特点和需要编制招标文件。招标文件应当包括招标项目的技术要求、对投标人资格审查的标准、投标报价要求和评标标准等所有实质性要求和条件。""评标标准"中的形式评审、资格评审、响应性评审和否决条款中的内容一般属于招标文件的实质性要求和条件，不符合招标文件的实质性要求和条件的投标文件应该被否决。就形式评审而言，《标准施工招标文件》第三章评标办法中将"投标文件格式"列入"形式评审标准"的内容，意味着"投标文件格式"是《标准施工招标文件》的实质性内容。

但在本工程的招标文件中，在形式评审标准和评标办法的否决条款中均未对"报价明细文件格式"提出明确要求，由此可见，"报价明细文件格式"不是该工程招标文件的实质性要求。尤其是招标文件"第七章、投标文件格式（一）商务文件的附件 2.报价明细文件"中提供的报价格式标注"仅供参考"，可以将此理解为投标单位递交的投标报价文件可以按照此格式报价，亦可不按照此格式报价，即报价格式可以存在偏差。故此，尽管根据不同计价规范编制的投标报价文件，在报表格式上略有不同，在本次招标中两种格式的投标文件均应该被接受。

为减少项目实施阶段工程造价纠纷，建议招标人在招标文件中进一步明确投标报价格式要求，并将其列入形式评审标准或否决条款中，作为招标文件的实质性要求。

23. 同一笔汇款缴纳集中招标 4 个标包的投标保证金，但总金额不足，所有标包均应否决吗？

问　某批次集中采购活动中，投标人 A 共投了 4 个标包，四个标包招标文件规定的投标保证金分别为标 1 是 2 万元，标 2 是 2 万元，标 3 是 2 万元，标 4 是 4 万元。投标人 A 向指定的投标保证金账户中打了一笔 9 万元汇款，并备注："用作标 1、标 2、标 3、标 4 的投标保证金"，其四份投标文件均附有该汇款凭证及备注的复印件。评标委员会成员对投标人 A 的投标保证金是否有效产生分歧，甲评委认为：虽然文件中的汇款证明满足该标段的投标保证金要求，但投标人 A 的投标保证金总数不足 10 万元，不满足招标文件的要求，应对 4 个标包全部否决；而乙评委认为：投标人 A 的投标保证金总数虽不足，但可以按其备注的顺序，认可标 1、标 2、标 3 有效，仅标 4 无效。请问：同一笔汇款缴纳 4 个标包的投标保证金，但总金额不足，所有标包均应否决吗？

答　不应否决所有标包，但如何认定投标人 A 的有效标包需要斟酌。

据案情可知，投标人 A 汇款中明确备注是用作 4 个标包投标保证金用途，仅是汇款总金额与 4 个标包要求的总金额少 1 万元；同时结合 4 个标包各自的金额可看出，其所汇总金额满足其中任意三个标包，从响应性评审角度来说，如果否决四个标包的任何一个，剩余标包的投标文件均满足招标文件要求的，只是依据现有投标文件无法明确究竟是其中哪三个标包。因此，本案的关键是：如何选择这三个合格标包？

方案一，通过澄清的方式交由投标人 A 选择。鉴于目前已处于评标阶段，各方的投标报价已公布，此时若交由投标人 A 选择，其必然会选择最为有利的三个标包，故而此法对其他的投标人有失公平，不足取。

方案二，交由评标委员会选择。因本案错在投标人 A，评标委员会可作出不利于其评审的选择，通过澄清方式让其确认。鉴于评标委员会成员难免会意见不一，可效仿《政府采购法实施条例》第三十五条的"少数服从多数"原则，作出选择。

方案三，乙评委所提方案不失为公允之策。既然投标人 A 在汇款备注中已标明顺序，看似无心之举，但未尝不能视为一种选择的顺序。此法相较于上述两种选择方案，更为公平、公正。

综上，三种方案中，乙评委的观点甚为妥当。建议招标文件中对上述情形下如何选择合格标包事前规定办法。

24. 根据 1117 号文，可以规定："不同投标人高级管理人员之间存在交叉任职、人员混用或者亲属关系的，其投标应予以否决"吗？

问 2022 年 9 月 1 日开始实施的国家发展改革委等部门《关于严格执行招标投标法规制度进一步规范招标投标主体行为的若干意见》（发改法规规〔2022〕1117号）就严格执行招标投标法规制度，进一步规范招标人、投标人、评标专家、招标代理机构以及行政监督部门等主体行为提出意见。其中指出"加大违法投标行为打击力度，重点关注投标人之间存在关联关系、不同投标人高级管理人员之间存在交叉任职、人员混用或者亲属关系、经常性'抱团'投标等围标串通投标高风险迹象"。请问：投标人之间存在上述情形的，应否直接否决投标？

答 不能直接否决投标，原因如下：

一是不符合法律规定。《招标投标法实施条例》第三十四条第二款规定："单位负责人为同一人或者存在控股、管理关系的不同单位，不得参加同一标段投标或者未划分标段的同一招标项目投标"。据此看出，不得参与投标的不同单位的关联关系有两种，分别是"单位负责人为同一人"与"不同投标人之间存在控股、管理关系"，并不包括前文所述情形。

二是违背 1117 号文的文件精神。分析上述条款发现，1117 号文仅是强调该种关系存在"围标串通投标高风险迹象"，应在评标环节予以"重点关注"，并未提出直接否决投标。

三是背离招标投标活动的公平原则。《招标投标法》第五条规定："招标投标活动应当遵循公开、公平、公正和诚实信用的原则。"招标人擅自将法律未禁止的情形当作禁止性规定来限制投标人参与投标，对该部分投标人来说有失公平。

因此，对于实践中出现的不同投标人高级管理人员之间存在交叉任职、人员混用或者亲属关系的情形，只能说投标人存在串通投标的可能性比较大，招标人仍需结合投标文件其他内容予以重点关注和辨别。

25. 公司改名后，用"旧"名投标，是否应该否决？

问 某招标项目评审过程中，评标专家发现投标人 A 投标文件的封面、授权委托书、资质证明文件、业绩合同及其发票、投标函等落款的企业名称与公章不一致，这样的低级错误让评标专家很费解。通过进一步查看投标文件发现，其中附有市场监管部门出具的《企业名称变更核准通知书》，且"新"营业执照上的企业名称与公章的名称是一致的，原来投标人近期刚变更了公司名称。此时，评标委员会内部对此偏差产生了不同的处理意见：一方认为，投标截止时间之前投标人的企业名称已经变更完成，理应用新名称投标，但其投标文件中多处落款仍用旧名称，根据形式评审相关否决条件要求，应予以否决。另一方认为，这是投标人笔误，且投标文件中投标函、授权委托书、封面等重要位置加盖的都是新的公章，这属于细微偏差，不应否决。请问：哪种观点有道理？

答 第二种规定为妥。

形式评审通常包括以下两个方面，一是有关投标人名称，涉及营业执照、资质证书、安全生产许可证等名称一致性审查。有关投标人名称的审查，并不只是机械比对文字上的一致性，最重要的是看是否属于同一个主体。本题中，投标人 A 出具的《企业名称变更核准通知书》足以证明，投标文件中虽落款不同，但实属同一主体。二是投标函签字盖章，涉及法定代表人或其委托代理人签字或加盖公章审查。《中华人民共和国市场主体登记管理条例》第二十八条规定："市场主体变更登记涉及营业执照记载事项的，登记机关应当及时为市场主体换发营业执照"。第十条规定："市场主体只能登记一个名称，经登记的市场主体名称受法律保护"。本题中，市场监管部门已核准投标人 A 变更企业名称，并换发新的营业执照，投标人也据此刻制新的企业公章，由新公章加盖的文件，具备法律效力。综上所述，本题中评标委员会欲以投标人 A 形式不符否决其投标，不合理。

26. 投标人被列入建筑市场主体"黑名单"，其投标资格是否合格？

问 某国有企业建设工程项目施工招标，招标文件规定："被政府主管部门认定存在严重违法失信行为并纳入建筑市场主体严重失信'黑名单'的，否决该投标人的投标。"A 投标人此前因工程质量安全事故被列入建筑市场主体严重失信"黑名单"，投标是否有效？

答 列入建筑市场主体严重失信"黑名单"的投标人的投标无效。

近几年，为了落实国务院《关于建立完善守信联合激励和失信联合惩戒制度加快推进社会诚信体系建设的指导意见》（国发〔2016〕33 号）等文件精神，推进社会信用体系建设、健全守信激励失信约束机制，国家出台对违法、失信企业实行联合惩戒、限制投标的一系列政策，营造诚实守信的市场环境，促进招标投标公平竞争。如根据《建筑市场信用管理暂行办法》第十四条规定，下列情形的建筑市场各方主体，列入建筑市场主体"黑名单"：（一）利用虚假材料、以欺骗手段取得企业资质；（二）发生转包、出借资质，受到行政处罚；（三）发生重大及以上工程质量安全事故，或 1 年内累计发生 2 次及以上较大工程质量安全事故，或发生性质恶劣、危害性严重、社会影响大的较大工程质量安全事故，受到行政处罚；（四）经法院判决或仲裁机构裁决，认定为拖欠工程款，且拒不履行生效法律文书确定的义务。该办法规定列入建筑市场主体"黑名单"和拖欠农民工工资"黑名单"的建筑市场各方主体，在市场准入、资质资格管理、招标投标等方面依法给予限制。据此，招标文件可以将投标人被纳入失信黑名单确定为否决投标事项。查询"黑名单"的途径，一是通过国家企业信用信息公示系统（www.gsxt.gov.cn）查询，二是通过"信用中国"网站（www.creditchina.gov.cn）查询。

本题中，A投标人已被列入建筑市场主体严重失信"黑名单"，招标文件也规定了"投标人被纳入建筑市场主体严重失信'黑名单'的，否决该投标"，因此A投标人的投标应当被否决。

27. 投标人被市场监督管理部门列入严重违法失信企业名单，其投标资格应否受限制？

问 某工程施工监理服务项目招标文件规定："被'信用中国'网站列入'黑名单'或被国家企业信用信息公示系统列入'严重违法失信企业名单（黑名单）''经营异常名录'的投标人，其投标作否决处理"。A投标人在国家企业信用信息公示系统中被列入"严重违法失信企业名单"，请问其投标是否有效？

答 无效。

依据《企业信息公示暂行条例》《严重违法失信企业名单管理暂行办法》规定，企业有下列情形之一的，列入严重违法失信企业名单管理：（一）被列入经营异常名录届满3年仍未履行相关义务；（二）提交虚假材料或者采取其他欺诈手段隐瞒重要事实，取得公司变更或者注销登记，被撤销登记；（三）因不正当竞争行为两年内受到三次以上行政处罚；（四）因提供的商品或者服务不符合保障人身、财产安全要求，造成人身伤害等严重侵害消费者权益的违法行为，两年内受到三次以上行政处罚等等。对于失信企业，可以限制其投标或中标资格，招标文件可以将列入"严重违法失信企业名单"作为限制投标条件。列入"严重违法失信企业名单"的记录，应以"信用中国"、国家企业信用信息公示系统等网站公示的权威信息为准。投标截止日前已移出该名单的，具有合格的投标资格。

本题中，A投标人已被列入"严重违法失信企业名单"，根据招标文件中投标人被列入"严重违法失信企业名单"将被否决投标的规定，其投标应当被否决。

28. 投标人或其法定代表人、项目负责人在近三年内有行贿犯罪行为，应否否决投标？

问 某国有企业工程建设项目监理招标，招标文件规定："投标人自行在中国裁判文书网查询确认并承诺，我公司、公司法定代表人、拟委任的项目负责人，在本次投标截止日前三年时间内，均未有行贿犯罪行为。"A投标人投标文件承诺无行贿犯罪行为，但事后被举报并经查实，其法定代表人在三年内因行贿被追究刑事责任。请问A投标人的投标是否有效？

答 A 投标人的投标无效。

根据最高人民检察院、国家发展改革委发布的《关于在招标投标活动中全面开展行贿犯罪档案查询的通知》规定，行贿犯罪记录应当作为招标的资质审查、中标人推荐和确定的重要依据。"无行贿犯罪记录"是指，供应商或相关人员未被人民法院生效裁判认定行贿犯罪罪名成立而需承担刑事责任。

目前，上述文件已经废止，但行贿犯罪记录查询制度在招标投标活动中被保留下来，将无行贿犯罪记录列为供应商应当具备的资格条件。招标文件可以要求投标人提供"近三年无行贿犯罪行为承诺书"，如规定："投标人应书面承诺投标人、法定代表人和项目负责人在投标截止日前三年无行贿犯罪行为。如投标人成立不足三年，则承诺期限为投标人成立之日起至承诺书出具之日。如果提供的书面承诺有虚假内容，其投标无效。"

招标人也可以不再要求投标人自行提供无行贿犯罪行为承诺书，而是由招标人或招标代理机构在开标之后，自行登录中国裁判文书网官网进行查询，查询的记录时间一般是投标截止之日前三年内的信息。该信息提供给评标委员会作为评标依据；在定标之前还可对中标候选人进行查询，以便确定的中标人不存在行贿犯罪行为记录。

本题中，A 投标人的法定代表人存在行贿犯罪行为，其不具备合格的投标资格，评标委员会应当否决其投标。

29. 投标人未按招标文件要求提供国家企业信用信息公示系统查询截图，其投标应当被否决吗？

问 某公司采用公开招标的方式采购一批货物，招标文件规定："被国家企业信用信息公示系统（www.gsxt.gov.cn）列入严重违法失信企业名单（黑名单）、列入经营异常名录信息的企业，相关投标文件将被否决。"并于招标文件第七章投标文件格式中明确要求，提供国家企业信用信息公示系统（www.gsxt.gov.cn）查询页面截图。投标人 A 仅提供了该系统生成的《企业信用信息公示报告》，未提供查询截图。请问评标委员会应当否决其投标文件吗？

答 招标文件要求投标文件以网页截图的形式反映两条信息：a.投标人是否被列入严重违法失信企业名单（黑名单）、b.投标人是否被列入经营异常名录。但是投标人提供的却是《企业信用信息公示报告》，该报告内容十分庞杂，包含企业的营业执照信息、股东及出资信息、行政许可信息、行政处罚信息、经营异常信息、严重违法信息等，不能直截了当地反映招标文件要求的两条信息，未响应招标文件的实质性要求。而且，《企业信用信息公示报告》的内容可能与国家企业信用信息公示系统的查询页面内容存在不一致。

另外，本题中招标文件第七章投标文件格式中明确要求，提供网页的查询页面截图，而投标人 A 提供的是《企业信用信息公示报告》，还不满足招标文件的格式要求，也应当否决其投标。

30. 同一投标人提交两个以上不同的投标文件或者投标报价是否允许?

问 A 公司在某国企组织的工程招标活动中,为了提升中标概率,先后准备两份投标文件,并将两份投标文件一并提交至招标代理机构,是否允许?

答 不允许同一投标人提交两个以上不同的投标文件或者投标报价,但招标文件要求提交备选投标的除外。

法律依据是《评标委员会和评标方法暂行规定》第三十八条规定:"根据招标文件的规定,允许投标人投备选标的,评标委员会可以对中标人所投的备选标进行评审,以决定是否采纳备选标。不符合中标条件的投标人的备选标不予考虑。"《投标招标实施条例》第五十一条规定,"有下列情形之一的,评标委员会应当否决其投标:……(四)同一投标人提交两个以上不同的投标文件或者投标报价,评标委员会应当否决其投标,但招标文件要求提交备选投标的除外"。

31. 通过同一 IP 地址上传投标文件,应否否决投标?

问 某工程建设监理项目招标,有 A、B、C 三家监理公司参与投标,经查证,三家公司的投标文件都是通过 A 公司的同一 IP 地址上传,评标委员会应当如何处理?

答 A、B、C 三家公司视同串通投标,应当否决其投标。

《招标投标法实施条例》第四十条规定:"有下列情形之一的,视为投标人相互串通投标:(一)不同投标人的投标文件由同一单位或者个人编制……"不同投标人从同一 IP 地址上传投标文件,大概率存在"不同投标人的投标文件由同一单位或者个人编制,"视为串通投标。如福建省住房和城乡建设厅《关于施工招标项目电子投标文件雷同认定与处理的指导意见》(闽建筑〔2018〕29 号)规定,不同投标人的电子投标文件上传计算机的网卡MAC 地址、CPU 序列号和硬盘序列号等硬件信息均相同的(开标现场上传电子投标文件的除外),应认定为《中华人民共和国招标投标法实施条例》第四十条第(二)项"不同投标人委托同一单位或者个人办理投标事宜"的情形。本题中,A、B、C 三家公司的投标均从 A 公司的同一 IP 的电脑中上传,可以视为三个投标人有串通投标的行为,根据《招标投标法实施条例》第五十一条"有下列情形之一的,评标委员会应当否决其投标:……(七)投标人有串通投标、弄虚作假、行贿等违法行为"的规定,应当否决该三家公司的投标。

32. 出具投标保函的银行不符合招标文件要求是否属于重大偏差?

问 某依法必须招标的 D 市楼盘开发项目施工进行公开招标,要求投标人提交投标保证金，招标文件要求"以投标保函提交投标保证金的，投标保函的出具银行应为地市级分行以上银行。"有 3 家建筑公司提交的投标保函出具人均为某某村镇商业银行。请问银行保函能否限定出具银行？出具投标保函的银行不符合招标文件要求，是细微偏差还是重大偏差？

答 银行保函是指招标人为保证投标人不得撤销投标文件、中标后不得无正当理由不与招标人订立合同等，要求投标人在提交投标文件时一并提交的由银行出具的书面担保。实践中，为保证开立银行的信用水平和担保能力，招标文件可以要求开具保函的银行满足一定级别、明确规定银行保函的具体格式等，如要求"只接受全国性银行地市以上分行出具的银行保函"。如果未按照招标文件要求的银行机构开具银行保函，则该投标担保存在瑕疵，为未实质性响应招标文件要求，构成重大偏差，将可能导致投标被否决。

本题中，3 家建筑公司提交的投标保函出具人均为"村镇商业银行"，不满足招标文件中"地市级分行以上银行"的要求，根据《招标投标法实施条例》第五十一条"有下列情形之一的，评标委员会应当否决其投标：……（六）投标文件没有对招标文件的实质性要求和条件作出响应"及《评标委员会和评标方法暂行规定》第二十五条"下列情况属于重大偏差：（一）没有按照招标文件要求提供投标担保或者所提供的投标担保有瑕疵……投标文件有上述情形之一的，为未能对招标文件作出实质性响应，并按本规定第二十三条规定作否决投标处理"的规定，该 3 家建筑公司的投标应当被否决。

33. 对投标保证金的支付设置不合理的限制性条件如何评审？

问 某职业技术学院会计综合实训基地装饰工程组织公开招标，招标文件要求提交投标保证金，并且"投标人以银行保函提交投标保证金的，担保银行必须无条件地、不可撤销地保证在收到付款要求后无追索地支付保函金额，不得对投标保证金的支付提出不合理的限制性条件，否则作否决投标处理"。某装饰工程公司的投标保函注明"本保函仅能在投标人所在地兑现"。对此保函如何评审？

答 保函应当是一种"见索即付"的书面信用担保凭证，具有独立性，意思是指受益人只要在保函有效期内提交符合保函条件的支付要求书及保函规定的其他任何单据，担保人即应无条件地将款项赔付给受益人。若投标人提交的投标保函对支付提出限制条件（如限制在一定区域兑付、附加支付约束性条件等），该保函便失去了其独立性，投标担保有瑕疵，招标人对此可不予接受。

本题中，某装饰工程公司的投标保函将兑现地域限制在投标人所在地，对投标保函进行了不合理限制，不满足招标文件"不得对投标保证金的支付提出不合理的限制性条件"的实质性要求，根据《评标委员会和评标方法暂行规定》第二十五条第（一）项及招标文件的规定，因"没有按照招标文件要求提供投标担保或者所提供的投标担保有瑕疵"，属于

"重大偏差"，其投标应予否决。

34. 未按照国家法律规定填报增值税税率如何评审？

问 某建设工程设备采购招标，招标文件规定"不接受不按国家法律法规规定填报增值税税率的投标文件"，国家法律规定该产品的增值税税率为 13%，投标人 A 公司的投标报价文件中将增值税税率填写成 0.13%。对此如何评审？

答 应当否决投标。

增值税是对商品生产、流通、劳务服务中多个环节的新增价值或商品的附加值征收的一种流转税。面对不同的征税对象有不同的税率。投标人填写的税率如果不符合国家税法规定，则为违法行为。对此类投标文件，招标文件可以规定为否决投标项。

本题中，A 公司投标文件的增值税率填写错误，会导致含税总价也出现错误，即使总价填写正确，也会因税率错误而出现数额不一致的问题。招标文件已明确规定"不接受不按国家法律法规规定填报增值税税率的投标文件"，并将其作为"违反税法"的否决投标项，因此该投标文件不应再进入详评，评标委员会应当否决其投标。

35. 投标人能否修改招标文件中提供的合同条件？

问 某国有企业采购工程设备，招标文件规定："投标人对招标文件中列明的合同标的、数量、质量、价款、履行期限、履行地点、履行方式、违约责任和解决争议方法等的修改，视为未实质响应招标文件，其投标予以否决"。"合同文本"中约定："付款：设备安装调试完毕后试运行一个月进行使用验收，使用验收合格后 30 日内支付合同总金额的 97%，质保期满后一个月内支付剩余 3% 金额"。某投标人在投标文件中将该合同条款修改为："付款：设备安装调试完毕后试运行一周进行使用验收，使用验收合格后 7 日内一次性支付全部合同价款"。请问：投标人能否修改招标文件中提供的合同条件？

答 招标人提供的合同条件中的主要内容属于合同实质性内容，投标文件应当符合这些内容，不得随意对合同主要条款进行删减、修改或者增加，以免出现不符合招标文件实质性要求导致投标被否决。招标人可以在招标文件中明确规定禁止修改合同主要条款作为实质性要求，并将修改合同主要条款的行为列为否决投标的情形。

《招标投标法实施条例》第五十一条规定："有下列情形之一的，评标委员会应当否决其投标：……（六）投标文件没有对招标文件的实质性要求和条件作出响应"，同时《评标委员会和评标方法暂行规定》第二十五条规定："下列情况属于重大偏差……（六）投标文件附有招标人不能接受的条件……投标文件有上述情形之一的，为未能对招标文件作出实质性响应，并按本规定第二十三条规定作否决投标处理"。

本题中，投标人对合同条款中招标人支付价款期限、比例进行了修改，删除了质保金条款，限制了招标人的权利。在招标文件将合同特定条款纳入实质性要求的前提下，投标人修改合同条款，构成未响应招标文件的实质性条件和要求，依据上述法律规定，该投标应当被否决。

36. 投标人对安全文明施工措施费等国家强制规定费用没有报价或报价为 0 元，评标委员会应如何处理？

问 A 公司参与 B 公司工程项目投标。A 公司在工程量清单"措施项目"项下的"其中：安全文明施工措施费"报价为 0 元，评标委员会如何处理？

答 应当否决投标。

GB/T 50500—2024《建设工程工程量清单计价标准》3.2.5 规定，措施项目清单中的安全生产措施费应按国家及省级、行业主管部门的相关规定计价。《企业安全生产费用提取和使用管理办法》（财资〔2022〕136 号）第三条规定本办法所称企业安全生产费用是指企业按照规定标准提取，在成本（费用）中列支，专门用于完善和改进企业或者项目安全生产条件的资金。第十七条第二款规定建设工程施工企业编制投标报价应当包含并单列企业安全生产费用，竞标时不得删减。国家对基本建设投资概算另有规定的，从其规定。安全生产措施费是国家为保障工程安全建设设定的一笔费用，它的计取是国家强制性规定，任何单位在投标时均应报价。依据《招标投标法实施条例》第五十一条，有下列情形之一的，评标委员会应当否决其投标：……（六）投标文件没有对招标文件的实质性要求和条件作出响应的规定，对安全文明施工措施费报价为 0，属于对招标文件实质性要求和条件未作响应，对其投标应予否决。

37. 评标委员会可否以投标人报价明显低于成本否决其投标？

问 某国有企业 A 公司有一项依法必须招标项目，其他 3 家报价均在 120 万元左右，第 4 家 B 公司报价 20 万元，请问：评标委员会是否可以投标人报价明显低于成本价为由否决其投标？

答 应在核实后决定是否否决投标。

《评标委员会和评标方法暂行规定》第二十一条规定："在评标过程中，评标委员会发现投标人的报价明显低于其他投标报价或者在设有标底时明显低于标底，使得其投标报价可能低于其个别成本的，应当要求该投标人作出书面说明并提供相关证明材料。投标人不能合理说明或者不能提供相关证明材料的，由评标委员会认定该投标人以低于成本报价竞标，应当否决其投标"。"成本"不是社会（行业）平均成本，而是该投标人的个别成本。在评标过程中，一旦评标委员会认为有可能低于成本时，应启动澄清程序，要求投标人作出书面说明并提供相关证明材料。投标人不能合理说明或者不能提供相关证明材料的，评标委员会应当认定该投标人以低于成本报价竞价，否决其投标。本题中，应先要求该投标人进行解释说明，评标委员会对此进行核实，如认定明显低于成本报价竞标，则否决其投标。

38. 略高于最高限价，可以不否决其投标吗？

问 某国有企业 A 公司有一项依法必须招标项目，最高限价为 119.99 万元，B 公司报价为 119.9904 万元，如保留两位小数，则等于最高限价，如保留四位小数则略高于最高限价，请问评标委员会可以否决 B 公司投标吗？

答 应当否决。

《招标投标法实施条例》第五十一条："有下列情形之一的，评标委员会应当否决其投标：……（五）投标报价低于成本或者高于招标文件设定的最高投标限价……"最高投标限价俗称"拦标价"，是招标人根据招标文件规定的招标范围，结合有关规定、投资计划、市场要素价格水平以及合理可行的技术经济实施方案，通过科学测算并在招标文件中公布的可以接受的最高投标价格或最高投标价格的计算方法。超过最高投标限价的投标超出了招标人的承受能力，应当被否决。

39. 银行保函、投标保证保险的受益人并非"招标人"，是否还有效？

问 某市政府就市民休闲广场施工项目进行公开招标，招标文件要求提交投标保证金，提交形式可为支票、银行汇票、银行保函或者投标保证保险，并在"投标人须知前附表"中明确规定："投标人提交的银行保函的抬头或投标保证保险的受益人应为招标人。"投标人 A 公司提交了抬头为招标代理机构的银行保函。该保函是否有效？

答 投标保证金保障的是招标人的利益，因此银行保函的抬头以及投标保证保险的受益人应当为招标人，而非招标代理机构。如果投标保证金的受益人不是招标人，则达不到保障招标人利益的目的，为无效的投标担保。

本题中，招标文件已明确规定"投标人提交的银行保函的抬头或投标保证保险的受益人应为招标人"，但 A 公司提交抬头为招标代理机构的银行保函，属于未按招标文件要求提交投标保证金，根据《评标委员会和评标方法暂行规定》第二十五条 "下列情况属于重大偏差：（一）没有按照招标文件要求提供投标担保或者所提供的投标担保有瑕疵……"之规定，构成"重大偏差"，其投标应当被否决。

40. 投标保函的有效期与招标文件规定不一致，是否视为不合格？

问 投标人甲公司出具的保函有效期自 2019 年 2 月 1 日至 3 月 31 日，招标文件要求投标有效期为投标截止后为 60 天，2019 年 2 月 1 日开标，评审委员会发现甲公司保函不满足有效期 60 天的要求，可否视为保函不合格，作否决投标处理？

答 视为投标保证金不满足招标文件要求，对其应否决投标。

《招标投标法实施条例》第二十六条规定："招标人在招标文件中要求投标人提交投标保

证金的,投标保证金不得超过招标项目估算价的 2%。投标保证金有效期应当与投标有效期一致。"《评标委员会和评标办法暂行规定》第二十五条第一款:"下列情况属于重大偏差:(一)没有按照招标文件要求提供投标担保或者所提供的投标担保有瑕疵;……投标文件有上述情形之一的,为未能对招标文件做出实质性响应,并按本规定第二十三条规定作否决投标处理。招标文件对重大偏差另有规定的,从其规定。"根据本条规定,本题中投标保函中的有效期短于招标文件的要求,视为投标保证金不满足招标文件要求,可以对其作否决投标处理。

三、否决所有投标

41. 依法必须招标的项目,经评标委员会评审,所有投标均不符合招标文件的要求,该如何处理?

问 某依法必须招标的项目,经过招标,有四家公司投标,但评审委员会在评审时发现,所有的投标均不符合招标文件的要求,请问评审委员会可否否决所有投标?招标人应如何处理?

答 评标委员会可以否决所有投标,招标人应当依法重新招标。

《招标投标法》第四十二条规定:"评标委员会经评审,认为所有投标都不符合招标文件要求的,可以否决所有投标。依法必须进行招标的项目的所有投标被否决的,招标人应当依照本法重新招标。"

42. 初步评审后有效投标不足 3 个时,继续评标还是否决全部投标?

问 某工程建设项目货物招标,投标人数量本来就不多,评标委员会经过初步评审否决部分投标,完成初步评审,剩下有效投标只有 2 个,此时评标委员会是否必须否决全部投标、重新招标,还能不能继续评标、推荐中标候选人?

答 与投标人不足 3 家不得开标的规定不同,经过初步评审,否决部分不合格的投标后,如果剩余的有效、合格的投标只剩下 1 个或 2 个,不足 3 个,此时不是必然要重新招标,还可以继续评标。

对此,《评标委员会和评标方法暂行规定》第二十七条明确规定:"评标委员会根据本规定第二十条、第二十一条、第二十二条、第二十三条、第二十五条的规定否决不合格投标后,因有效投标不足三个使得投标明显缺乏竞争的,评标委员会可以否决全部投标。投标人少于三个或者所有投标被否决的,招标人在分析招标失败的原因并采取相应措施后,应当依法重新招标。"

根据该条规定,剩余有效投标不足 3 个时,继续评标还是终止评标,由评标委员会自由裁量判定是否具有竞争性。其中"投标明显缺乏竞争"的认定标准,需要根据不同招标项目实际及原因确定,一般指的是投标人过少,没有达到预期的竞争性,如有串通投标可能，价格差异较大或者畸高、畸低，技术响应太差等情形。如果认为剩余 1 或 2 个合格投标具有竞争性，如技术可行、价格合理，可以继续进行评标，并可从中推荐中标候选人。如果评审认为合格投标与预期采购目标有较大差距，导致最终采购结果不理想，此时允许招标人否决所有投标。所有投标被否决后，如属于依法必须招标的项目，应当依法重新招标，或者经批准后采用其他采购方式；但对于非依法必须招标的项目，招标人可以重新招标，也可以直接采取其他采购方式。

43. 流标项目未进行结果公示就重新采购是否妥当？

[问] 某国有企业工程服务类采购项目，不属于依法必须进行招标的项目，采购人自行采用招标的方式进行采购。评标委员会对所有投标文件进行评审后发现，均存在重大偏差予以否决，本项目流标。招标人在知晓项目流标后随即要求招标代理机构重新发布招标公告，招标代理机构却认为应先将本次采购结果进行公示，若所有投标人均未提出异议，才能进行重新招标。请问：本招标项目流标，需要进行结果公示吗？

[答] 项目流标可以不进行结果公示。

《招标投标法实施条例》第五十四条规定，"依法必须进行招标的项目，招标人应当自收到评标报告之日起 3 日内公示中标候选人，公示期不得少于 3 日。"《招标公告和公示信息发布管理办法》第六条中也对依法必须招标项目的中标候选人公示和中标结果公示进行了规定。

本题中所有投标文件均已被评标委员会否决，属于项目招标失败，不存在所谓的中标候选人和中标结果，自然没有依此规定进行公示一说。更何况，非依法必须招标项目的评标结果并没有要求必须公示。至于项目因投标不足三家投标失败或者有效投标不足三个被评标委员会否决全部投标导致招标项目失败等俗称的"流标"的情形是否应当公示，现行法律法规未作要求，故是否公示应看招标人的内部制度规定。因此，本题中招标人在项目流标后无需公示，随即重新招标的做法不违反法律规定。

第五节 评标结果

一、评标报告

1. 评标结束后，评标委员会提交的评标报告应包括哪些内容？

[问] 评标委员会完成评标后，应当向招标人提出书面评标报告，评标报告应记载哪些内容？

[答] 依据《评标委员会和评标方法暂行规定》第四十二条规定，评标委员会完成评标后，应当向招标人提出书面评标报告，并抄送有关行政监督部门。评标

报告应当如实记载以下内容：（一）基本情况和数据表；（二）评标委员会成员名单；（三）开标记录；（四）符合要求的投标一览表；（五）否决投标的情况说明；（六）评标标准、评标方法或者评标因素一览表；（七）经评审的价格或者评分比较一览表；（八）经评审的投标人排序；（九）推荐的中标候选人名单与签订合同前要处理的事宜；（十）澄清、说明、补正事项纪要。除了以上必须记载的内容，评标委员会还可以根据招标人要求记载其他相关内容。

2. 评标委员会成员对评标结果有不同意见应如何处理？

问 甲公司某工程项目经依法招标，评标完成后，其中一位评标委员会成员对评标结果存有异议。请问：该评标委员会成员应该如何做？

答 应当书面说明其不同意见与理由。

《招标投标法实施条例》第五十二条第二款规定："评标报告应当由评标委员会全体成员签字。对评标结果有不同意见的评标委员会成员应当以书面形式说明其不同意见和理由，评标报告应当注明该不同意见。评标委员会成员拒绝在评标报告上签字又不书面说明其不同意见和理由的，视为同意评标结果。"由此可见，评标报告并非要求评标委员会所有成员意见一致，但如有不同意见，应当书面作出说明。

3. 评标委员会成员对评标结果有不同意见的，可否不在评标报告上签字？

问 某公司组建的评标委员会对评标报告无法形成一致意见，有评标专家拒绝在评标报告上签字，是否允许？

答 允许持不同意见的评标委员会成员不在评标报告上签字。

《招标投标法实施条例》第五十三条规定，"评标报告应当由评标委员会全体成员签字。对评标结果有不同意见的评标委员会成员应当以书面形式说明其不同意见和理由，评标报告应当注明该不同意见。评标委员会成员拒绝在评标报告上签字又不书面说明其不同意见和理由的，视为同意评标结果。"

4. 评标委员会成员拒绝在评标报告上签字如何处理？

问 在某个招标项目评审过程中，一位评标委员会成员拒绝在评标报告上签字且不陈述其不同意见和理由，此时，该名评标委员会成员的意见如何判定？

答 《评标委员会和评标方法暂行规定》第四十三条规定，评标报告由评标委员会全体成员签字。对评标结论持有异议的评标委员会成员可以书面方式阐述其不同意见和理由。评标委员会成员拒绝在评标报告上签字且不陈述其不同意见和理由的，视为同意评标结论。评标委员会应当对此作出书面说明并记录在案。一般来说，评标委员会成员应当客观、公正地履行职务，遵守职业道德，对所提出的评审意见承担个人责任，对评标结论持有异议的评标委员会成员可以书面方式阐述其不同意见和理由后，在评标报告上签字。但是，如果有评标委员会成员拒绝在评标报告上签字且不陈述其不同意见和理由的，应当视为同意评标结论，而非反对或者弃权。对其拒绝签字且不陈述理由的，评标委员会应当对此作出书面说明并记录在案。

5. 招标人复核评标报告发现评标委员会没有按招标文件规定的评标标准来评审，该如何处理？

问 国家发展改革委等部门《关于严格执行招标投标法规制度进一步规范招标投标主体行为的若干意见》（发改法规规〔2022〕1117号）规定：招标人应当在中标候选人公示前认真审查评标委员会提交的书面评标报告，发现异常情形的，依照法定程序进行复核，确认存在问题的，依照法定程序予以纠正。请问：招标人复核评标报告发现评标委员会没有按招标文件规定的评标标准来评审，该如何处理？

答 第一，复核后发现评委有误，招标人应当采取补救措施。评标委员会由招标人组建，招标人与评标委员会的关系，是委托与被委托的关系，招标人认为被委托人的工作不符合法律规定或评审工作有失公允的，招标人有权采取补救措施，组织原评标委员会重新评审。需要说明的是，评标委员会认为招标人要求改正是违法的，评标委员会有权拒绝改正，并向行政监督部门报告。

第二，评标委员会拒绝补救的，由行政监督部门裁定是否重新评审，必要时由行政监督部门给予行政处罚。如果评标委员会继续坚持原有结果，招标人可向行政监督部门投诉，由行政监督部门裁定是否重新评标，此阶段评审工作可由招标人重新组建评标委员会重新评审，原评标委员会评审结论无效；也可由原评标委员会继续承担（是否由原评标委员会承担以行政监督部门的裁定为准）。

第三，因招标文件存在歧义导致评审存在争议的，应修改招标文件后重新招标。如招标人认为评分标准或招标文件确实存在歧义，招标人的意思表达不够充分，提供给评标委员会的资料不够充足，导致出现重大分歧的，或招标文件表述有错误，前后不一致等导致评标委员会评审结果与招标人的判断不一致时，应修改招标文件后重新招标。如《公路工程建设项目评标工作细则》第三十五条规定："评标结束后，如招标人发现提供给评标委员会的信息、数据有误或者不完整，或者由于评标委员会的原因导致评标结果出现重大偏差，招标人应当及时邀请原评标委员会成员按照招标文件规定的评标标准和方法对评标报告内容进行审查确认，并形成书面审查确认报告"。

6. 依法必须进行招标项目，招标人对评标结果不满意，可重新招标吗？

问 某依法必须进行招标项目，招标人对评标委员会推荐的中标候选人均不满意，那么招标人可以宣布项目流标并重新招标吗？

答 不可以。

《招标投标法》第四十条第二款规定："招标人根据评标委员会提出的书面评标报告和推荐的中标候选人确定中标人。"按照国家发展改革委等部门《关于严格执行招标投标法规制度进一步规范招标投标主体行为的若干意见》（发改法规规〔2022〕1117号）的规定，招标人应当在中标候选人公示前认真审查评标委员会提交的书面评标报告，发现异常情形（如评标委员会未按照招标文件规定的评标标准和方法进行评标；存在对客观评审因素评分不一致，或者评分畸高、畸低现象对可能低于成本或者影响履约的异常低价投标和严重不平衡报价进行分析研判；未依法通知投标人进行澄清、说明；存在随意否决投标的情况）的，依照法定程序进行复核，确认存在问题的，依照法定程序予以纠正，比如重新招标、重新评审。经过复核如果未发现存在异常情形，则仅仅以对评标委员会推荐的中标候选人不满意为由否定评标结果，没有法律依据。且，《招标投标法实施条例》第八十一条规定："依法必须进行招标的项目的招标投标活动违反招标投标法和本条例的规定，对中标结果造成实质性影响，且不能采取补救措施予以纠正的，招标、投标、中标无效，应当依法重新招标或者评标。"该条款明确了招标人重新招标的前提条件，分别是招标无效、投标无效和中标无效。也就是说，倘若招标项目依法合规进行，无该类无效情形的，招标人不得重新招标，应当依据评标委员会提交的评标报告和推荐的中标候选人名单确定中标人。

7. 招标人对评标委员会的评标结果不认可，是否可以另行组建评标委员会重新评标？

问 某项目第一中标候选人报价较低，但评标委员会在评标时未要求投标人对报价是否低于成本价作出说明。招标人要求评标委员会审查确认。评标委员会启动审查确认程序，经评审仍然维持原评审结果。但招标人对该结果仍不认可。请问：招标人可否另行组建评标委员会重新评标？

答 招标人不得另行组建评标委员会重新评标。

评标委员会第一次评标过程中，未要求投标人对价格作出澄清，是评标委员会的工作存在失误，但在招标人的要求下，评标委员会重新进行了审查确认维持了原评标结果。上述行为属于评标委员会及时纠正错误，并不影响评标的客观公正性，并非重新审查就必须推翻原评标结果。另外，评标委员会依法对评标文件进行独立评审，提出评审意见，不受任何单位及个人的干预。因此，只要评标委员会依法依规进行评标，招标人就应当接受评标结果。

二、中标候选人公示

8. 评标委员会推荐中标候选人的数量有什么要求？

问 某公立医院门诊楼施工项目招标，评标委员会经评审后，可以向招标人推荐几名中标候选人？

答 医院门诊楼施工属于《招标投标法》第三条规定的公用事业等关系社会公共利益、公共安全的项目，依法必须进行招标。《招标投标法实施条例》第五十三条规定，"评标完成后，评标委员会应当向招标人提交书面评标报告和中标候选人名单。中标候选人应当不超过3个，并标明排序。"因此，该评标委员会提交的中标候选人应当不超过三个。

9. 招标人收到中标候选人名单后应当于何时进行公示？

问 某大型煤矿物资采购项目招标，评标委员会向招标人提交了评标报告、推荐了中标候选人，招标人应于何时公示中标候选人名单？

答 招标人应当自收到评标报告之日起3日内公示中标候选人，公示期不得少于3日。法律依据是《招标投标法实施条例》第五十四条规定，"依法必须进行招标的项目，招标人应当自收到评标报告之日起3日内公示中标候选人，公示期不得少于3日。"

10. 邀请招标项目是否需要公示中标候选人？

问 某依法必须进行招标的养老院建设项目，评标结束后，招标人为节约时间，且考虑招标方式为邀请招标，直接在定标后发出中标通知书，该行为是否妥当？

答 该行为不妥，依法必须进行招标的项目，无论招标方式是公开招标还是邀请招标，均需要按规定公示中标候选人。

在是否必须公示中标候选人方面是以项目是否属于必须进行招标范围来衡定，与招标方式无关。《招标投标法实施条例》第五十四条规定："依法必须进行招标的项目，招标人应当自收到评标报告之日起3日内公示中标候选人，公示期不得少于3日"。据此，采用邀请招标方式的依法必须进行招标的项目也应当如期公示中标候选人，接受投标人或者其他利害关系人可能提出的异议。

11. 招标人可以自主决定是否公开评标打分明细吗?

问　招标人 A 对"某中学教学楼装修工程"进行公开招标。在中标候选人公示阶段,排名第二的中标候选人 B 提出异议,称公示的内容未公布得分情况,其怀疑评标结果的合法性、准确性,要求招标人 A 公布打分明细。针对异议,招标人 A 作出回应:根据《招标投标法》第四十四条的规定,投标文件的评审和比较、中标候选人的推荐情况以及与评标有关的其他情况属于不得对外透露的保密信息,不能公开。请问:《招标投标法》第四十四条是否禁止招标人公开打分明细? 招标人可以公开评标打分明细吗?

答　《招标投标法》并未禁止招标人公开评标打分明细,招标人 A 理解有误。

《招标投标法》第四十四条规定:"评标委员会成员和参与评标的有关工作人员不得透露对投标文件的评审和比较、中标候选人的推荐情况以及与评标有关的其他情况"。该条款确实禁止透露评标情况的行为,但是针对的主体仅涉及评标委员会成员和参与评标的有关工作人员,并未禁止招标人公开评标有关情况。再者,招标人主动公开评标打分明细正是《招标投标法》公开原则的体现,有利于保证招标投标活动的公平、公正,有利于维护国家利益、社会公共利益和招标投标活动当事人的合法权益。就此问题,国家发展改革委公开答复:"关于是否需要公示评标委员会评分的每一小项的分数,目前各地做法各不相同,国家层面没有统一规定。但招标人从提高招标投标活动透明度、接受社会监督的角度出发自愿公开的,可以在中标候选人公示中公布相关内容,但评标委员会成员的名单应当保密。"有些地方规范对此有具体要求,如江西省《关于全省房屋建筑和市政基础设施工程建设项目招标投标实行全过程信息公开的通知》就要求公开专家评分情况及扣分理由。

因此,招标人有选择公开或不公开评标打分明细的权利;选择公开评标相关信息时应当注意避免泄露国家秘密、企业秘密以及法律、行政法规规定应予保密的信息。具体到本题中,即使投标人 B 对此提出异议,招标人 A 依然可以选择不予公开。

12. 中标候选人公示期间有人举报非中标候选人如何处理?

问　某一招标项目评标结束,公示中标候选人后,有人举报未列入中标候选人的其他投标人有违法行为,是否应当暂停招标活动,待对该举报事件处理完毕再进行定标?

答　评标委员会评标工作结束后,一般推荐 1～3 名投标人为中标候选人并进行排序和公示,如有人举报未列入中标候选人的其他投标人存在违法违纪行为,招标人应按照规定进行答复。而且,由于举报的对象不涉及中标候选人,因此并不影响推荐的中标候选人结果及其排序,不影响中标候选人公示程序,按照正常的流程,待公示期届满定标即可。

13. 推荐了中标候选人是不是就意味着确定了中标人?

问　某投标人在一项目中投标,招标人公示的中标候选人名单中将该单位列为唯一的中标候选人。之后，招标人未发出中标通知书，而是重新选择与其他单位签订了合同，该单位认为其已经中标，招标人应承担违约责任。其主张是否合理？

答 推荐中标候选人不等于确定中标人，更不意味着双方建立了合同关系，该投标人的主张缺乏法律依据。根据《招标投标法》第四十五条规定，中标人确定后，招标人应当向中标人发出中标通知书。中标通知书对招标人和中标人具有法律约束力。从合同订立的角度来讲，中标通知书是招标人对中标人作出的承诺。《民法典》第四百八十三条规定："承诺生效时合同成立，但是法律另有规定或者当事人另有约定的除外。"

本项目评标委员会推荐了该投标人为中标候选人，招标人未确定该投标人为中标人，招标人与该投标人之间的合同尚未成立。该投标人主张招标人应承担违约责任缺乏法律依据。

三、评标结果异议

14. 未参与投标的人能否对评标结果提出异议？

问 某工程招标投标项目公示评标结果期间，D 公司购买了招标文件但未进行投标，自然人 F 因不满 A 公司将其辞退，怀恨在心，D 公司和 F 是否可以对评标结果提出异议？

答 不可以。

《招标投标法实施条例》第五十四条第二款规定："投标人或者其他利害关系人对依法必须进行招标的项目的评标结果有异议的，应当在中标候选人公示期间提出。招标人应当自收到异议之日起 3 日内作出答复；作出答复前，应当暂停招标投标活动。"根据该规定，投标人或者其他利害关系人有权在公示期间提出异议。

此处的"投标人"是《招标投标法》第二十五条规定的响应招标、参加投标竞争的法人或者其他组织以及依法必须招标的科研项目允许投标的个人。其他利害关系人指投标人以外的，与招标项目或者招标活动有直接或者间接利益关系的法人、其他组织和自然人。D 公司购买招标文件但未参加投标，不是此次招标的投标人；自然人 F 与此次招标也没有任何关系，因此二者与评标结果并不具有利害关系，不属于评标结果的利害关系人，均无权对评标结果提出异议。

15. 投标人对评标结果有异议的，可以在何时提出异议？

问 某工程建设施工项目招标，招标人公示了中标候选人，分别为 A、B、C 三家公司，D 公司为此次招标的投标人，认为 A 公司不满足招标文件对于施工企业资质的要求提出异议，请问该异议应当什么时间提出？

答 异议应当在中标候选人公示期间提出。

《招标投标法实施条例》第五十四条第二款规定，"投标人或者其他利害关系人对依法必须进行招标的项目的评标结果有异议的，应当在中标候选人公示期间提出。招标人应当自收到异议之日起 3 日内作出答复；作出答复前，应当暂停招标投标活动。"

16. 对评标结果提出异议有哪些具体要求？

问 某公司参加一招标项目的投标，对评标结果有异议，其提出异议有哪些具体要求？应注意哪些事项？

答 投标人或其他利害关系人对评标结果提出异议的具体要求，主要体现在招标投标法及其实施条例等相关规定中。

根据《招标投标法》第六十五条、《招标投标法实施条例》第五十四条规定，投标人或其他利害关系人对评标结果提出异议需要注意：一是异议应在中标候选人公示期间提出；二是异议不能仅针对第一中标候选人，否则可能丧失对第二、第三中标候选人提出异议和投诉的权利。此外，有关评标结果的异议事项成立的，招标人应及时组织评标委员会对有关问题予以纠正，无法纠正的应当报告行政监督部门。

17. 招标人作出答复后，投标人对评标结果仍存在同样异议该如何处理？

问 某国企施工招标项目，经评审，投标人甲、乙、丙分别被评标委员会推荐为第一、第二、第三中标候选人。中标候选人公示期间，招标代理机构收到异议，招标人对投标人提出的异议作出答复后，投标人仍存在同样异议该如何处理？

答 应当向有关行政监督部门投诉。

《招标投标法实施条例》第六十一条第一款规定："投标人或者其他利害关系人认为招标投标活动不符合法律、行政法规规定的，可以自知道或者应当知道之日起 10 日内向有关行政监督部门投诉。投诉应当有明确的请求和必要的证明材料。"由此可知，为了提高工作效率，招标人不应当就同样的问题反复提出同样的异议；对异议答复不满意的，可以投诉。

第六节　履约能力审查

一、履约能力审查的条件

1. 启动履约能力审查的条件是什么？

问 招标投标活动中，招标人发现中标候选人被行政机关处以吊销营业执照的行政处罚，拟启动中标候选人履约能力审查，请问启动该程序的条件是什么？

答 《招标投标法实施条例》第五十六条规定："中标候选人的经营、财务状况发生较大变化或者存在违法行为，招标人认为可能影响其履约能力的，应当在发出中标通知书前由原评标委员会按照招标文件规定的标准和方法审查确认"。

据此，启动中标候选人履约能力审查的条件：一是中标候选人的经营、财务状况发生较大变化或者存在违法行为，如经营严重困难、主要技术人员离职、资不抵债以及被责令停产停业、查封财产等；二是招标人认为可能影响其履约能力，需要招标人研究判定，如招标人认为不影响其履约能力，则不需要启动该程序。

2. 中标候选人经营状况恶化能否启动履约能力审查？

问 A 公司机组设备检修工程项目招标，B 公司参与投标，并被推荐为中标候选人之一。此时，B 公司受大环境影响经营状况急剧恶化，负债 2000 万元长期不还，A 公司能否对 B 公司启动履约能力审查？

答 可以。

《招标投标法实施条例》第五十六条规定："中标候选人的经营、财务状况发生较大变化或者存在违法行为，招标人认为可能影响其履约能力的，应当在发出中标通知书前由原评标委员会按照招标文件规定的标准和方法审查确认。"从上述条款看，履约能力审查应具备两个条件："中标候选人的经营、财务状况发生较大变化或者存在违法行为"和"招标人认为可能影响其履约能力"，缺一不可。所谓履约能力，指投标人具备的实际履行招标项目的能力，通常包括资格条件、资质条件、业绩情况、经营、财务状况等等。当中标候选人存在此类情况，同时招标人主观认为存在履约不能的可能性时，就能启动审查程序。

3. 中标通知书发出后，是否还能启动履约能力审查程序？

问 在某个招标投标项目中，招标人已经向中标候选人发出中标通知书，此后，招标人发现中标人的经营、财务状况发生较大变化或者存在违法行为，此时，招标人能不能启动履约能力审查程序？

答 不能。

《招标投标法实施条例》第五十六条规定："中标候选人的经营、财务状况发生较大变化或者存在违法行为，招标人认为可能影响其履约能力的，应当在发出中标通知书前由原评标委员会按照招标文件规定的标准和方法审查确认。"该法律条文是在招标人发现中标候选人出现经营、财务状况发生较大变化或者存在违法行为时，赋予招标人的救济程序。

但是，从该条文的内容上看，履约能力审查程序的启动具有时间限制，即应当在发出中标通知书前由原评标委员会按照招标文件规定的标准和方法审查确认。从法理上看，中标通知书属于招标人接受投标人要约的承诺，招标人一旦发出中标通知书，即意味着"中标候选人"在身份属性上已经转化成了"中标人",双方之间已经形成了民事合同关系,此时已经无法启动履约能力审查程序。中标人如果确实存在经营、财务状况发生较大变化或者存在违法行为,可以依据双方合同约定及《民法典》的相关规定处理,比如解除双方合同关系。

4. 评标结果公示期间,第一中标候选人安全生产许可证过期,投标是否有效?

问 A 公司招标机组水轮机层管路整治工程项目招标,B 公司为第一中标候选人并进行公示,公示期间 B 公司安全生产许可证过期,其投标是否有效?

答 建设工程招标时,住房城乡建设主管部门颁发的安全生产许可证是招标必备的资质要求,若招标文件和招标公告中设定具有有效的安全生产许可证为投标条件,如在中标候选人公示期间安全生产许可证过期,该安全生产许可证应属无效资质,此时应认定为中标候选人的经营状况发生较大变化,可能影响其履约能力,如未及时办理延期手续或取得有效证件,则应认定投标不符合招标文件实质性要求,不具备履约资格,应取消其中标资格。

二、履约能力审查程序与结果

5. 履约能力审查的程序及后续处理有哪些具体规定?

问 招标投标活动中,招标人启动中标候选人履约能力审查的程序及后续处理有哪些具体规定?

答 根据《招标投标法实施条例》第五十六条规定,中标候选人履约能力审查的程序:一是在启动原因上,由招标人依法研究判定是否存在可能影响其履约能力的情况;二是在时间阶段上,适用于评标结束后中标通知书发出前;三是在审查主体上,中标候选人履约能力审查主体为原评标委员会;四是在审查依据上,中标候选人履约能力审查的标准和方法,应当为招标文件规定的标准和方法,不得想当然地另搞一套。

中标候选人履约能力审查的后续处理:一是经原评标委员会审查,中标候选人履约能力合格,则应维持原评审结果;二是经原评标委员会审查,中标候选人履约能力有问题,则应依法取消中标候选人的中标资格,并应按照《招标投标法实施条例》第五十五条等规定处理后续事宜。

6. 履约能力审查后,原中标候选人不再具有履约能力,是否需要重新公示中标候选人?

问 A 公司道路维修工程项目招标,B 公司为第一中标候选人。中标候选人公示后、发出中标通知书前，B 公司被法院依法冻结 3000 万元银行存款，A 公司对 B 公司进行履约能力审查，发现其几乎不再具备履约能力，是否需要重新公示中标候选人？

答 不需要。

根据《招标投标法实施条例》第五十六条规定，中标候选人的经营、财务状况发生较大变化或者存在违法行为，招标人认为可能影响其履约能力的，可以对其进行履约能力审查，发现其失去履约能力的，应当取消其中标资格，从其他中标候选人中确定中标人即可。

第六章

定标阶段法律合规实务

第一节 定标

一、定标主体与时间

1. 招标人能否授权评标委员会或公共资源交易中心确定中标人？

问 W市自然资源和规划局近期制定了招标采购内控制度，其中定标环节规定由评标委员会或公共资源交易中心代为定标，如何确定中标人具体在招标文件中明确。该要求是否合规？

答 定标主体实质上为招标人或其授权的评标委员会，并不包括公共资源交易中心或其他主体。

《招标投标法》第四十条对定标主体作出了细致规定，无论是公开招标还是邀请招标，是依法必须进行招标的项目还是自愿招标项目，都是由"招标人根据评标委员会提出的书面评标报告和推荐的中标候选人确定中标人。招标人也可以授权评标委员会直接确定中标人"，并不包括招标人或其授权的评标委员会之外的其他主体。根据《公共资源交易平台管理暂行办法》有关规定，公共资源交易中心是公共资源交易平台的运行服务机构之一，并不直接参与项目实施，也非项目招标或竞争主体，不适宜参与定标活动。

2. 招标人应在什么时间定标？

问 某招标项目，评审委员会评审结束后，推荐了三家中标候选人，经中标候选人公示，也没有人提出质疑，那么招标人应在什么时间定标？

答 依据《评标委员会和评标方法暂行规定》第四十条规定，评标和定标应当在投标有效期内完成。不能在投标有效期结束日前完成评标和定标的，招标人应当通知所有投标人延长投标有效期。拒绝延长投标有效期的投标人有权收回投标保证金。同意延长投标有效期的投标人应当相应延长其投标担保的有效期，但不得修改投标文件的实质性内容。因延长投标有效期造成投标人损失的，招标人应当给予补偿，但因不可抗力需延长投标有效期的除外。

二、定标依据

3. 排名第一的中标候选人一定是中标人吗？

问 某招标项目，评标委员会推荐三家中标候选人，招标人认为排名第二的投标人 B 比排名第一的投标人 A 经验更丰富，遂确定 B 为中标人。招标人的该种做法是否合理？

答 应视招标项目的类型确定。

《招标投标法实施条例》第五十五条规定："国有资金占控股或者主导地位的依法必须进行招标的项目，招标人应当确定排名第一的中标候选人为中标人……"由此来看，当招标项目类型属于国有资金占控股或主导地位的依法必须进行招标的项目时，招标人必须确定排名第一的中标候选人为中标人；对于其他招标项目，招标人有权在中标候选人中自行确定中标人。

4."国有资金占控股或者主导地位的依法必须进行招标的项目"是否适用"评定分离"方式选择中标人？

问 某招标项目属于国有资金占控股或者主导地位的依法必须进行招标的项目，招标人是否可以采用"评定分离"的方式选择中标人？

答 国有资金占控股或者主导地位的依法必须进行招标的项目不适宜使用评定分离方式选择中标人。

《招标投标法实施条例》第五十五条规定"国有资金占控股或者主导地位的依法必须进行招标的项目，招标人应当确定排名第一的中标候选人为中标人……"而评定分离是指招标人依法组建的评标委员会对投标文件进行定性或定量评审，并向招标人推荐一定数量不排序的中标候选人，由招标人组建的定标委员会根据评标报告，结合项目规模、技术难度及其他项目关键考虑因素，采用票决法、抽签法、集体议事法或招标文件规定的其他定标方法，在中标候选人中择优确定中标人。通过比对可知，"评定分离"的定标方式并不完全符合《招标投标法实施条例》第五十五条的要求，不符合国有资金占控股或者主导地位的依法必须进行招标的项目定标。

5. 是否允许招标人在评标委员会提出的中标候选人之外确定中标人？

问 A 公司在招标过程中，认为评标委员会提出的中标候选人都不是最佳投标人，于是在中标候选人名单之外，擅自确定中标人，是否允许？

答 不允许招标人在评标委员会提出的中标候选人之外确定中标人。

《招标投标法》第五十七条规定，"招标人在评标委员会依法推荐的中标候选人以外确定中标人的，依法必须进行招标的项目在所有投标被评标委员会否决后自行确定中标人的，中标无效。"法律之所以禁止在评标委员会依法推荐的中标候选人以外确定中标人，是为了用法律手段保障招标投标的程序正当性、合法性和公平性。

6. 是否必须按照评标委员会提出的中标候选人顺序确定中标人？

问 某国企投资的建设工程设计项目招标，在评标委员会推荐的中标候选人之中，直接将排列顺序为第三的中标候选人确定为中标人，是否允许？

答 本项目不允许招标人直接将顺位第三的中标候选人确定为中标人。

《招标投标法实施条例》第五十五条规定，"国有资金占控股或者主导地位的依法必须进行招标的项目，招标人应当确定排名第一的中标候选人为中标人……"即使排名第一的中标候选人放弃中标、因不可抗力不能履行合同、不按照招标文件要求提交履约保证金，或者被查实存在影响中标结果的违法行为等情形，不符合中标条件，招标人也应当按照评标委员会提出的中标候选人名单排序依次确定其他中标候选人为中标人，或者重新招标，而不能直接将排名第三的中标候选人确定为中标人。

7. 招标人在中标候选人以外确定中标人将导致什么后果？

问 评标委员会推荐了 A、B 两家企业为中标候选人，但招标人在定标时，认为以前长期与其合作的 C 企业值得信任，这次只是因为报价比 A、B 两家企业略微高了一点没有中标。考虑到项目合作，最后确定 C 企业为中标人，因而被后来知悉定标内幕的 A 企业投诉。请问：招标人在中标候选人以外确定中标人将导致什么后果？

答 根据《招标投标法》第四十条规定，招标人应根据评标委员会提出的书面评标报告和推荐的中标候选人确定中标人。根据《招标投标法》第四十二条规定，依法必须进行招标的项目的所有投标被否决的，招标人应当依照本法重新招标。招标投标作为充分运用竞争机制的市场交易方式，核心特点是公平竞争择优选择中标者。在评标委员会合法推荐了中标候选人的情况下，如招标人在候选人以外确定中标人，对其他竞标人尤其是中标候选人显然是不公平的，更会使招标投标制度失去其应有的意义。同样，对于法律规定必须招标的项目，如果所有投标均被否决，招标人不能从投标人中挑选中标人或在投标人以外确定中标人，这样操作相当于没有经过招标投标程序而直接发包，违反了招标投标法的强制性规定。但对于非必须招标项目，发包人可以自由选择发包方式，在经过招标投标但所有投标均被否决无法确定中标人的情况下，发包人可以选择重新招标，也可以选择不再招标进行直接发包。基于此，招标人在评标委员会依法推荐的中标候选人以外确定中标人的，依法必须进行招标的项目在所有投标被评标委员会否决后自行确定中标人的，根据《招标投标法》第五十七条规定，中标无效，由此签订的合同也无效。

8. 前两名中标候选人均放弃中标，是否可以确定第三名中标候选人为中标人？

问 国有资金占控股或者主导地位的依法必须进行招标的某建设工程项目，排名第一的中标候选人 A 放弃中标后，招标人在投标有效期内按照评标委员会提出的中标候选人名单排序确定排名第二的中标候选人 B 中标，但 B 单位也放弃中标，请问可以在投标有效期内按照评标委员会提出的中标候选人名单排序再确定排名第三的中标候选人 C 为中标人吗？

答 可以。

根据《招标投标法实施条例》第五十五条规定，对于国有资金占控股或者主导地位的依法必须进行招标的项目，招标人在中标人放弃中标等不符合中标条件的情况下，可以按照评标委员会提出的中标候选人名单排序依次确定其他中标候选人为中标人。这里并非指必须确定第二名中标候选人为中标人，而是赋予招标人按照中标候选人名单排序依次确定其他中标候选人为中标人的权力。

《工程建设项目施工招标投标办法》第四十八条第三款、《工程建设项目勘察设计招标投标办法》第四十条第三款、《工程建设项目货物招标投标办法》第四十八条第三款均规定依次确定其他中标候选人与招标人预期差距较大，或者对招标人明显不利的，招标人可以重新招标。

招标人应当综合考虑递补供应商的经济性和效率等因素，如果第二中标人报价过高的话，采购人也可以重新开展招标活动，这样可以避免"第一名中标候选人与第二名中标候选人串通后，故意放弃中标，然后利益均沾"的情况发生。

9. 中标候选人被查实存在违法行为，招标人应当怎么做？

问 某国有企业建设工程项目招标，投标人 A、B、C 分别被评标委员会推荐为第一、第二、第三中标候选人。中标候选人公示期间，招标人收到异议反映中标候选人 A 违反了招标文件的规定存在弄虚作假行为。经审查，异议成立，招标人应该如何做？

答 可以决定第二名中标候选人中标，也可以重新招标。

根据《招标投标法实施条例》第五十五条的规定，国有资金占控股或者主导地位的依法必须进行招标的项目，招标人应当确定排名第一的中标候选人为中标人。排名第一的中标候选人放弃中标、因不可抗力不能履行合同、不按照招标文件要求提交履约保证金，或者被查实存在影响中标结果的违法行为等情形，不符合中标条件的，招标人可以按照评标委员会提出的中标候选人名单排序依次确定其他中标候选人为中标人，也可以重新招标。本题中，A 属于《招标投标法实施条例》第五十五条第四款规定的被查实存在影响中标结果的违法行为等情形，不符合中标条件，招标人可以确定第二中标候选人 B 为中标人，也可以重新招标。

10. 第一中标候选人被否决后，招标人是否可以依次确定第二中标候选人为中标人？

问 A 公司某建设工程项目，中标候选人公示期间审查发现第一中标候选人未实

质性响应招标文件的要求，对其否决投标。A 公司是否可以依次确定第二中标候
选人为中标人？

答　不可以，该行为不符合《招标投标法实施条例》第五十五条规定的情形，应
当由评标委员会重新推荐中标候选人。

根据《招标投标法实施条例》第五十五条的规定，国有资金占控股或者主导地位的依
法必须进行招标的项目，招标人应当确定排名第一的中标候选人为中标人。排名第一的中
标候选人放弃中标、因不可抗力不能履行合同、不按照招标文件要求提交履约保证金，或
者被查实存在影响中标结果的违法行为等情形，不符合中标条件的，招标人可以按照评标
委员会提出的中标候选人名单排序依次确定其他中标候选人为中标人，也可以重新招标。
这里限定的情形是排名第一的中标候选人放弃中标、因不可抗力不能履行合同、不按照招
标文件要求提交履约保证金，或者被查实存在影响中标结果的违法行为等情形。而本题所
述情形并不在此范围内，属于评审有误，根据《招标投标法实施条例》第七十一条的规定，
应重新评审，重新推荐中标候选人。

11. 招标人是否应该对未中标的工程设计方案予以补偿？

问　对于工程设计招标，因为投标人在投标时需要一定的投入，对于未中标的投
标人，是否应当补偿其一定的投标费用？

答　工程设计招标可以分为设计方案招标和设计单位招标两种类型。工程设计为
智力密集型工作，投标人需要先期投入大量的人、财、物来创作设计投标方案，
还要采用设计效果图、展板、模型、多媒体演示文件等方式表现其设计方案，需
要付出一定费用，如果没有中标则其损失较大，故给予未中标的设计方案一定金
额的补偿具有合理性。

现行部门规章已有一些原则性规定，如《工程建设项目勘察设计招标投标办法》第十
五条第二款规定："勘察设计招标文件应当包括下列内容：……（六）勘察设计费用支付方
式，对未中标人是否给予补偿及补偿标准"；《建筑工程设计招标投标管理办法》第十条规
定，招标文件主要内容包括"未招标方案补偿办法"；《建筑工程方案设计招标投标管理办
法》第三十八条规定："对于达到设计招标文件要求但未中标的设计方案，招标人应给予不
同程度的补偿。（一）采用公开招标，招标人应在招标文件中明确其补偿标准。若投标人数
量过多，招标人可在招标文件中明确对一定数量的投标人进行补偿。（二）采用邀请招标，
招标人应给予每个未中标的投标人经济补偿，并在投标邀请函中明确补偿标准。招标人可
根据情况设置不同档次的补偿标准，以便对评标委员会评选出的优秀设计方案给予适当鼓
励。"此外，一些地方还出台了具体细则，如《台州市规划与建筑工程方案设计招标投标管
理办法》明确规定了补偿费组成和分项费用参考标准。

为鼓励投标人在投标设计立意、构思、设计方案优化等方面投入力量以创作出优秀的

设计方案，建议招标人对未中标人支付合理的投标补偿费用，还可在此基础上评选优秀设计方案予以奖励，对此可在招标文件中规定具体的补偿办法，明确补偿对象和补偿的金额以及不予补偿的情形，如可明确规定未递交设计方案或递交的设计方案不满足招标文件实质性要求的不予以补偿等。

第二节　中标通知

一、中标通知

1.中标通知书应以什么形式发出，应包含哪些内容？

问　工程建设项目招标，招标人确定中标人后，应当以什么形式向中标人发送中标通知书？

答　招标人一般应当以书面形式向中标人发送中标通知书。

根据《民法典》第四百六十九条第二款规定，"书面形式是合同书、信件、电报、电传、传真等可以有形地表现所载内容的形式。"随着电子招标投标活动推广，电子中标通知书被广泛使用。

实践中，工程建设施工项目中标通知书一般应当包括下列内容：中标工程名称、中标价格、工程范围、工期、开工及竣工日期、质量等级等内容。

2.招标人在投标有效期届满后迟迟不确定中标人，是否应当承担缔约过失责任？

问　某工程为市政道路工程，招标人采取公开招标方式，A、B、C、D等公司作为投标人参与投标。评标工作结束后，投标有效期已经届满，但招标人亦未延长投标有效期。招标人迟迟不发出中标通知书，是否应承担缔约过失责任？

答　招标人应承担缔约过失责任。

《招标投标法》第四十五条规定："中标人确定后，招标人应当向中标人发出中标通知书，并同时将中标结果通知所有未中标的投标人。"《招标投标法实施条例》第三十一条规定："招标人终止招标的，应当及时发布公告，或者以书面形式通知被邀请的或者已经获取资格预审文件、招标文件的潜在投标人。已经发售资格预审文件、招标文件或者已经收取投标保证金的，招标人应当及时退还所收取的资格预审文件、招标文件的费用，以及所收取的投标保证金及银行同期存款利息。"本题中，招标人已完成评标，投标有效期已经届满，但迟迟不发出中标通知书，实际上已终止招标。对此，招标人应按法律规定退还投标人投标保证金及其利息，还应按照《民法典》第五百条关于缔约过失责任的规定，赔偿投标人的实际损失。

3. 电子招标投标背景下，中标通知书的到达时间如何认定?

问 在纸质招标投标活动中，中标通知书到达中标人容易判断，但是在当前电子招标投标的背景下，如何认定中标通知书的到达时间? 招标人已将中标通知书上传至交易平台，但中标人迟迟不下载，此时中标通知书是否到达了中标人呢?

答 《电子招标投标办法》第三十六条规定:"招标人确定中标人后，应当通过电子招标投标交易平台以数据电文形式向中标人发出中标通知书，并向未中标人发出中标结果通知书"。《民法典》第一百三十七条规定:"以非对话方式作出的采用数据电文形式的意思表示，相对人指定特定系统接收数据电文的，该数据电文进入该特定系统时生效;未指定特定系统的，相对人知道或者应当知道该数据电文进入其系统时生效。当事人对采用数据电文形式的意思表示的生效时间另有约定的，按照其约定"。因此，若招标人在招标文件中指定了特定系统，如电子招标投标交易平台，则数据电文进入该特定系统时生效。所谓"进入系统"，根据《电子签名法》第十一条关于数据电文发送时间的规定，是指数据电文脱离了发件人的控制范围，即发件人成功发送了数据电文。若招标人未在招标文件中指定特定系统，自中标人知道或应当知道数据电文进入特定系统时生效。所谓"知道或应当知道":即相对人对某件事情的发生是明确了解或推测相对人了解。如招标人虽未在招标文件中指定发布中标通知书的特定系统，但是通过电话询问中标人意见后，将中标通知书在约定的期限内(投标有效期届满前)通过约定的形式(邮件等)发送给了中标人，此时，一旦招标人成功发送了数据电文形式的中标通知书，即使中标人未在规定时间内下载，也应认定为中标通知书已经送达。

综上，招标人在招标文件中指定了发布中标通知书的特定系统，则原则上中标通知书进入该特定系统时生效;倘若招标人未在招标文件中指定特定系统，那么自中标人知道或者应当中标通知书进入其系统时生效。

4. 过了投标有效期，招标人发出的中标通知书还有效吗?

问 某招标项目规定的投标有效期是 90 天，开标后因疫情原因导致招标活动暂停，待疫情解除后，经评标委员会评审，投标人 A 被推荐为中标候选人，后又经公示等流程，正式发出中标通知书时，已过投标有效期。请问:此时发出的中标通知书还有效吗?

答 此时发出的中标通知书属于招标人向投标人发出缔约合同的新要约，是否接受，取决于投标人。

投标有效期是投标文件保持有效的期限。根据《民法典》的规定，投标文件是投标人根据招标文件向招标人发出的要约，投标有效期为招标人对投标人发出的要约作出承诺的期限，也是投标人就其提交的投标文件承担相关义务的期限。在投标有效期内发出的中标通知书为招标人作出的承诺，若超过投标有效期，那么根据《民法典》第四百八十六条规定"受要约人超过承诺期限发出承诺为新要约"，此时招标人发出的"中标通知书"，投标人可接受也可不接受，如不接受也无需承担《招标投标法》及其实施条例规定的相关法律责任。

实践中，招标人也可以在投标有效期即将届满之前向投标人发出延长投标有效期发的书面通知，要求投标人延长投标有效期，若投标人同意延长，那么招标人可在延长后的投标有效期内向中标人发出中标通知书，就不存在逾期的中标通知书可能被拒绝的风险了。

5. 中标人确定后，招标人迟迟不发中标通知书，中标人可以强制其发送吗？

问 中标通知书是招标人向中标人作出的接受其投标文件的意思表示。根据《招标投标法》规定，"中标人确定后，招标人应当向中标人发出中标通知书……"倘若经过评标程序最终确定了中标人，但由于招标人迟迟不发送中标通知书，请问：此时中标人可以强制要求招标人向其发送中标通知书吗？

答 中标人不得强制要求招标人向其发送中标通知书。

《民法典》第五条规定："民事主体从事民事活动，应当遵循自愿原则，按照自己的意思设立、变更、终止民事法律关系"。自愿原则是民事主体从事民事活动应当遵循的基本原则，以合同订立为例，是否订立合同，与谁订立合同等均应当遵循当事人意思自治原则，任何人不得强制要求对方向自己发出要约，亦不得强制要求对方对自己的要约作出承诺。而且，投标人递交的投标文件属于要约，是投标人向招标人作出的希望与其订立合同的意思表示，招标人是否接受该要约，是否向某一投标人发送中标通知书（承诺），决定权在招标人。因此，中标人不得强制要求招标人向其发送中标通知书，强制招标人必须与其缔结合同。

6. 法院能否强制招标人必须发出中标通知书？

问 A 培训中心就其办公大楼设计项目公开进行招标，经开标、评标，确定中标人为 B 公司，但一直未向该公司发出中标通知书。B 公司为此起诉至法院，请求判令 A 培训中心向其发出中标通知书。请问：法院能否强制招标人发送中标通知书？

答 根据合同自愿原则，当事人依法享有自愿订立合同的自由，任何人不能强制一方当事人在缔约过程中就对方当事人的要约必须作出将会产生合同效力的承诺。也就是说，若在中标后，招标人拒绝发出中标通知书、拒绝做出承诺，尽管可能承担缔约过失责任，但是法律也不能强制招标人必须做出承诺、必须订立合同。

因此，本题中，投标人要求法院判令招标人向其发出中标通知书的诉讼请求，就是要求法院强制招标人就投标人的要约必须作出承诺，强制双方缔结合同，该请求与合同自愿原则相违背，应不予支持。

二、中标结果公示与通知

7. 中标结果是否应当通知所有投标人？

问 A 公司办公楼内部装修项目招标结束，中标候选人公示期届满后，确定了中标人，A 公司是否可以仅向中标人发送中标通知书，而不通知其他未中标的投标人？

答 不可以，招标人 A 公司需要向中标人发出中标通知书，同时将中标结果通知所有未中标的投标人。

《招标投标法》第四十五条第一款规定，"中标人确定后，招标人应当向中标人发出中标通知书，并同时将中标结果通知所有未中标的投标人。中标通知书对招标人和中标人具有法律效力。"招标人将中标结果通知未中标的投标人，是公开原则的具体体现。此举也有利于中标结果接受其他未中标人的监督，若发现中标结果存在违法情形后，其他未中标人可以及时采取举报、投诉等救济措施，纠正违法行为，维护市场秩序。

8. 中标结果公示是否仅需要公示中标结果，无需公示具体评审得分？

问 在某个依法必须招标的项目中，供应商只能看到招标项目名称和中标人名单，无法在中标结果公告查看到每项具体明细得分，招标人的公示是否符合要求？

答 符合要求。

《招标投标法》第四十五条仅强调招标人必须向中标人发出中标通知书，并同时将中标结果通知所有未中标的投标人，并未要求招标人将每项具体明细得分进行公示，且《招标公告和公示信息发布管理办法》第六条第二款也仅规定，依法必须招标项目的中标结果公示应当载明中标人名称。因此，本题中招标人的公示符合法律要求。

9. 依法必须招标项目的招标结果应当何时向行政监督部门备案？

问 依法必须进行招标的工程建设项目确定中标人后，招标人是否应当向有关行政监督部门提交招标投标情况的书面报告，应当何时提交？

答 《招标投标法》第四十七条规定："依法必须进行招标的项目，招标人应当自确定中标人之日起十五日内，向有关行政监督部门提交招标投标情况的书面报告。"招标人应当根据上述条款关于项目性质及权属的规定，将招标结果向有管辖权的行政监督部门备案。

10. 投标人和其他利害关系人可否对中标结果公示提出异议?

问 J 县新城区某健身中心工程项目中标候选人公示期间未收到有关异议，但在公示中标结果后，投标人 B 提出了针对第一中标候选人拟派项目经理存在在建工程的异议，招标人该如何处理?

答 对中标结果公示期间收到的对中标候选人名单提出的异议，招标人不予受理。

《招标投标法实施条例》第五十三条规定:"依法必须进行招标的项目，招标人应当自收到评标报告之日起 3 日内公示中标候选人，公示期不得少于 3 日。投标人或者其他利害关系人对依法必须进行招标的项目的评标结果有异议的，应当在中标候选人公示期间提出"。《招标公告和公示信息发布管理办法》第六条进一步规定了中标候选人公示应当载明的内容，以及提出异议的渠道和方式。综上，投标人或者其他利害关系人对中标候选人或者说评标结果的异议，须在中标候选人公示期内提出，其知晓有关信息和异议渠道得到了充分保障，并不存在信息不对称等情形。

11. 中标候选人公示与中标公告有什么区别?

问 依法必须招标的项目，评标结束要公示中标候选人，定标后要公示中标结果，那么中标候选人公示与中标公告的区别在什么地方? 各具备哪些法律效力?

答 在招标投标过程中，经评标后，招标人发布中标候选人公示，也就是评标结果公示;公示结束后确定中标人、发布中标结果公告。中标结果公示的性质为告知性公示，即向社会公布中标结果。中标候选人公示与中标结果公示均是为了更好地发挥社会监督作用的制度。两者区别:一是向社会公开相关信息的时间点不同，前者是在最终结果确定前，后者是最终结果确定后;二是中标候选人公示期间，投标人或者其他利害关系人可以依法提出异议，中标结果公示后则不能提出异议;三是中标结果候选人公示有公示期，接受投标人或者其他利害关系人的异议;中标结果公告没有规定期限。

第 七 章

合同订立与履行阶段
法律合规实务

第一节 合同签订

一、合同谈判

1. 确定中标人之前，招标人与投标人能否就实质性内容进行谈判，中标结果是否有效？

问 A 公司将必须进行招标的石油基础设施建设项目进行招标，在确定中标人之前与 B 公司就投标方案等实质性内容进行了谈判，后定标时确定 B 公司为中标单位，该中标结果是否有效？

答 该中标结果无效。

《招标投标法》第四十三条规定："在确定中标人前，招标人不得与投标人就投标价格、投标方案等实质性内容进行谈判。"该条对在确定中标人前，招标人与投标人就投标价格、投标方案等实质性内容进行谈判作了禁止性规定，但并未明确中标结果效力。《招标投标法》第五十五条规定："依法必须进行招标的项目，招标人违反本法规定，与投标人就投标价格、投标方案等实质性内容进行谈判的，给予警告，对单位直接负责的主管人员和其他直接责任人员依法给予处分。前款所列行为影响中标结果的，中标无效。"因此，本题中属于依法必须招标的项目，招标人与投标人就实质性内容进行谈判会导致中标无效。

2. 签订合同前进行谈判时，招标人要求中标人对中标价进行下浮。此种做法是否可行？

问 某工程项目招标，采用综合评估法进行评标，最终确定投标人 A 为该项目的中标人。双方在合同签订前开展谈判，招标人认为虽然其综合实力很强，但报价偏高，因此提出将中标价下浮 5%后的价格作为签约合同价。请问此种做法是否可行？

答 招标人的做法违反《招标投标法》和《招标投标法实施条例》的规定。

《招标投标法》第四十六条第一款规定，"招标人和中标人应当自中标通知书发出之日起三十日内，按照招标文件和中标人的投标文件订立书面合同。招标人和中标人不得再行订立背离合同实质性内容的其他协议。"《招标投标法实施条例》第五十七条规定，"招标人和中标人应当依照招标投标法和本条例的规定签订书面合同，合同的标的、价款、质量、履行期限等主要条款应当与招标文件和中标人的投标文件的内容一致。招标人和中标人不得再行订立背离合同实质性内容的其他协议。"本题中，招标人要求对中标价进行下浮，将会造成合同价款与投标文件中的报价不一致，违反了上述法律规定。

《最高人民法院关于审理建设工程施工合同纠纷案件适用法律问题的解释（一）》第二条也规定："招标人和中标人另行签订的建设工程施工合同约定的工程范围、建设工期、工程质量、工程价款等实质性内容，与中标合同不一致，一方当事人请求按照中标合同确定权利义务的，人民法院应予支持。招标人和中标人在中标合同之外就明显高于市场价格购买承建房产、无偿建设住房配套设施、让利、向建设单位捐赠财物等另行签订合同，变相降低工程价款，一方当事人以该合同背离中标合同实质性内容为由请求确认无效的，人民法院应予支持。"第二十二条规定，"当事人签订的建设工程施工合同与招标文件、投标文件、中标通知书载明的工程范围、建设工期、工程质量、工程价款不一致，一方当事人请求将招标文件、投标文件、中标通知书作为结算工程价款的依据的，人民法院应予支持"。因此，本题中即使就降价达成协议，若中标人后期因对合同价款不满意向法院提起诉讼，也可能会导致招标人处于非常不利的局面。

3. 合同签订阶段双方可以谈判的内容包括哪些？

问 中标通知书发出之后，合同签订阶段招标人和中标人双方是否可以就标的、价款、质量、履行期限等合同内容进行谈判？

答 招标人和中标人可以就明确合同履行的细节等非实质性内容进行谈判。

招标文件和投标文件反映的是项目的实质性内容和拟签订合同的主要条款，对双方均有约束力。《招标投标法》第四十六条第一款规定："招标人和中标人应当自中标通知书发出之日起三十日内，按照招标文件和中标人的投标文件订立书面合同。招标人和中标人不得再行订立背离合同实质性内容的其他协议。"《招标投标法实施条例》第五十七条第一款也规定，招标人和中标人应当依照招标投标法和本条例的规定签订书面合同，合同的标的、价款、质量、履行期限等主要条款应当与招标文件和中标人的投标文件的内容一致。招标人和中标人不得再行订立背离合同实质性内容的其他协议。故中标通知书发出之后，合同签订阶段招标人和中标人不得通过谈判变更合同的实质性内容，如建设工程施工合同中约定的工程范围、建设工期、工程质量、工程价款等实质性内容。

二、签约主体

4. 若投标文件无相关限制性规定，分公司可以代替中标的总公司成为签约主体吗？

问 A公司为法人，其中标后，授权委托其分公司B公司与招标人签约，这样签订的合同是否有效？

答 有效。

根据《公司法》第十三条规定，分公司作为总公司的分支机构，是总公司内部的一个组成部分，是总公司基于财税和经营便利等原因，根据总公司的意志所设立的对外从事总公司部分经营业务的机构，且分公司的经营范围不得超出总公司的经营范围，总公司可以将其经营业务交由分公司来办理。分公司经营的业务只是总公司经营业务的一部分，总公司的业务必然要包含对分公司经营业务的部分，因此，中标人在中标后将其中标项目交由其分公司来办理，就属于其亲自办理，分公司代表其签订合同、履行合同，实际上相当于中标人亲自与招标人订立合同，亲自履行合同。对此，《民法典》第七十四条第二款规定："分支机构以自己的名义从事民事活动，产生的民事责任由法人承担；也可以先以该分支机构管理的财产承担，不足以承担的，由法人承担。"所以，从最终法律责任承担这个角度讲，分公司订立、履行合同，由法人保底承担责任，也不损害招标人利益。

如果法人订立合同，且将该合同实际交由其分公司履行的，该履约行为也是合法有效的，其履约行为就是总公司的履约行为，履约后果由总公司承受，并非转包行为。特别是分公司在招标项目执行的所在地，而总公司却不在当地时，考虑到服务的属地化，项目由当地的分公司提供服务会更加便捷。

5. 母公司中标项目可否由子公司完成？

问　某省属国有企业中标一个工程项目，可以将项目授权给具备资质的子公司完成吗？

答　不能。

《招标投标法》第四十八条规定："中标人应当按照合同约定履行义务，完成中标项目。中标人不得向他人转让中标项目，也不得将中标项目肢解后分别向他人转让。中标人按照合同约定或者经招标人同意，可以将中标项目的部分非主体、非关键性工作分包给他人完成。接受分包的人应当具备相应的资格条件，并不得再次分包。中标人应当就分包项目向招标人负责，接受分包的人就分包项目承担连带责任。"《公司法》第十三条："公司可以设立子公司，子公司具有法人资格，依法独立承担民事责任。"对于子公司，虽然其受母公司的控股，但按照《公司法》第十三条规定，子公司是具有独立法人资格，依法独立承担民事责任。因此，其属于《招标投标法》第四十八条所称的"他人"。母公司中标后，不能将全部项目交给子公司完成，否则属于转包行为。《建筑工程施工发包与承包违法行为认定查处管理办法》第八条也规定，母公司承接建筑工程后将所承接工程交由具有独立法人资格的子公司施工的情形，应当认定为转包。

6. 招标人可否允许中标人委托其他人签署合同？

问　A 公司是国有企业 B 公司某项目的中标人，签订合同前，A 公司委托 D 公司（企业法人，与 A 公司无股权关系）代为签署合同，可以吗？

答　不可以。

《招标投标法》第四十八条规定："中标人应当按照合同约定履行义务，完成中标项目。中标人不得向他人转让中标项目，也不得将中标项目肢解后分别向他人转让。中标人按照合同约定或者经招标人同意，可以将中标项目的部分非主体、非关键性工作分包给他人完成。接受分包的人应当具备相应的资格条件，并不得再次分包。中标人应当就分包项目向招标人负责，接受分包的人就分包项目承担连带责任"。本题中，A 公司与 D 公司均为独立的法人，故 D 公司不能代替 A 公司订立合同，否则属于转让中标项目，违反了《招标投标法》的上述规定。

7. 建设单位破产导致施工合同终止，政府接管该项目可以直接和原施工单位签订施工合同吗？

问　某民营房地产开发公司投资建设一片住宅小区，采用招标方式确定了施工单位 A 公司。后该房地产开发公司宣告破产，拖欠工程款，A 公司停止施工。一年后，政府决定出资完成该项目建设。此时对于承包人的选择，一部分人认为政府接管后，该项目的资金来源应为国有资金，且该项目的合同估算价远超 400 万元，属于依法必须进行招标的工程项目，必须采用招标方式重新选择承包人；另一部分人认为，该项目原来就是非依法必须进行招标的工程项目，只是原开发商自愿采用了招标方式。并且原承包人完全符合该项目的施工要求，政府接手该项目后，可以直接和原施工单位重新签订施工合同，无需再行招标。请问：哪种做法合法？

答　本题中可以和原施工单位直接签订合同，无需再行招标。

本工程施工项目的资金来源属于国有资金，其合同价超过 400 万元，属于依法必须招标项目。但是本项目又比较特殊，属于停工后重新恢复建设的工程项目，符合不进行招标的条件。《招标投标法实施条例》第九条规定，"除招标投标法第六十六条规定的可以不进行招标的特殊情况外，有下列情形之一的，可以不进行招标：……（四）需要向原中标人采购工程、货物或者服务，否则将影响施工或者功能配套要求。"在本项目中，工程施工中途因为建设单位破产导致了工程停工，此时恢复重建，由原承包商继续承建，无论是技术、组织、环境还是经济等方面都是比较适宜的。《房屋建筑和市政基础设施工程施工招标投标管理办法》第九条也规定，"工程有下列情形之一的，经县级以上地方人民政府建设行政主管部门批准，可以不进行施工招标：（一）停建或者缓建后恢复建设的单位工程，且承包人未发生变更的……"综上，本题中的项目属于房屋建筑工程项目，符合停建后恢复建设且承包人未发生变更的情形，根据上述规定，可以不再进行招标。

8. 联合体中标后，合同如何签订？

问　招标人甲就某项建筑装修工程进行招标，乙和丙组成联合体投标并中标，甲是分别与乙和丙签订合同，还是共同签订合同？

答 共同签订。

《招标投标法》第三十一条第二款规定："联合体各方应当签订共同投标协议，明确约定各方拟承担的工作和责任，并将共同投标协议连同投标文件一并提交招标人。联合体中标的，联合体各方应当共同与招标人签订合同，就中标项目向招标人承担连带责任。"依据上述规定，联合体中标后，联合体各方应当共同与招标人签订合同，而不是分别与招标人签订。

9. 联合体中标后，各方分别与招标人签订合同是否合法？

问 某机场建设工程施工项目招标，中标人为 A 公司、B 公司组成的联合体，合同签订阶段，A 公司、B 公司分别就自己承担的施工部分与招标人签订合同，是否合法？

答 不合法。

根据《招标投标法》第三十一条第二款规定，联合体中标的，联合体各方应当共同与招标人签订合同，就中标项目向招标人承担连带责任。

三、合同的订立时间与形式

10. 工程项目招标结束后应当何时订立合同？

问 工程建设项目招标结束后，招标人与中标人应何时订立书面合同？

答 招标人与中标人应当自中标通知书发出之日起三十日内签订书面合同。

《招标投标法》第四十六条规定，"招标人和中标人应当自中标通知书发出之日起三十日内，按照招标文件和中标人的投标文件订立书面合同。招标人和中标人不得再行订立背离合同实质性内容的其他协议。招标文件要求中标人提交履约保证金的，中标人应当提交。"《评标委员会和评标方法暂行规定》第四十九条还规定，中标人确定后，招标人应当向中标人发出中标通知书，同时通知未中标人，并与中标人在投标有效期内以及中标通知书发出之日起 30 日之内签订合同。

综上，招标人和中标人应当在上述规定的时间内完成书面合同的签订。逾期未能及时签订合同的，因招标人原因，中标人有权拒绝签订合同。超期后，若中标人同意按照中标结果与招标人签订合同，则双方可以继续签订书面合同。

11. 招标投标过程中，合同何时成立？

问 A 公司组织招标宣传牌制作及安装工程，8 月 2 日发出招标公告，9 月 3 日各投标人完成投标，9 月 27 日发出中标通知书，9 月 30 日，中标通知书送达中标人 B 公司，10 月 10 日 A 公司与 B 公司签订书面合同，合同何时成立？

答 9 月 30 日。

《民法典》第四百七十三条规定："要约邀请是希望他人向自己发出要约的表示。拍卖公告、招标公告、招股说明书、债券募集办法、基金招募说明书、商业广告和宣传、寄送的价目表等为要约邀请"。第四百七十二条："要约是希望与他人订立合同的意思表示"。第四百七十九条："承诺是受要约人同意要约的意思表示"。因此，招标行为属于要约邀请，投标行为属于要约。那么，招标人发出的中标通知书应属承诺。根据第四百八十三条："承诺生效时合同成立，但是法律另有规定或者当事人另有约定的除外"。《最高人民法院关于适用〈中华人民共和国民法典〉合同编通则若干问题的解释》第四条第一款也规定"采取招标方式订立合同，当事人请求确认合同自中标通知书到达中标人时成立的，人民法院应予支持"。可见，若无特别约定或规定，承诺生效采用送达主义，承诺生效时合同成立，应认定自招标人中标通知书送达之日合同成立，自此可追究违约方的违约责任。

12. 招标人未发出中标通知书直接签订的合同是否有效？

问 某工程建设项目招标结束，招标人并没有发出中标通知书，而是直接与排名第一的中标候选人签订了合同，该合同是否有效？

答 有效。

《招标投标法》第四十六条规定："招标人和中标人应当自中标通知书发出之日起三十日内，按照招标文件和中标人的投标文件订立书面合同。招标人和中标人不得再行订立背离合同实质性内容的其他协议。"本条款对中标后签订合同约定的期限作出了明确的规定，意在督促招标人和中标人及时签订合同，维护合同双方当事人的权利、义务，保护交易顺利完成，违反本条规定应当承担不利的后果，但并不是说未严格执行该条款规定即导致合同无效。发出中标通知书是招标人的法定义务，是其作出"承诺"的标志，其目的是告知中标人已被招标人选定为交易对象并告知签约相关事项。如果招标人未发出中标通知书，但以其行为明确地表明对方中标的事实，并实际签订合同的，与中标通知书所表明的"承诺"的法律效果相同，这种以事实行为代替中标通知书且被相对人（中标人）接受的，该民事行为有效，双方所签订的合同也有效。

因此，本项目招标人虽未发出中标通知书，但双方已通过订立协议的方式对主要权利、义务进行了确认，满足《民法典》关于合同成立的规定，该协议已依法成立并生效。

13. 中标人在中标通知书发出 30 日后才要求签订合同，招标人是否可以拒签？

问 《招标投标法》第四十六条规定"招标人和中标人应当自中标通知书发出之日

起三十日内订立书面合同"。实践中存在不少招标人与中标人不按时签订合同的情形，一方当事人违反合同签订时间的规定，可能会给对方造成一定的利益损失。如果一方当事人提出请求逾期签订合同，合同相对人能否以第四十六条的规定为由直接拒签？

答 《招标投标法》第四十五条第二款："中标通知书对招标人和中标人具有法律效力。中标通知书发出后，中标人改变中标结果的，或者中标人放弃中标项目的，应当依法承担法律责任"。《招标投标法实施条例》第七十四条"中标人无正当理由不与招标人订立合同，……取消其中标资格，投标保证金不予退还。对依法必须进行招标的项目的中标人，由有关行政监督部门责令改正，可以处中标项目金额 10‰以下的罚款"。根据上述法条及《民法典》第四百八十三条"承诺生效时合同成立"的规定，一般认为，投标人向招标人递交的投标文件属于要约，招标人向中标人发送的中标通知书属于承诺。招标人发出中标通知书意味着合同成立，招标人和中标人均应当积极履行签约义务，应当自中标通知书发出之日起三十日内订立书面合同，这是因为招标投标程序和合同履行过程比较长，合同内容比较复杂，往来文件比较多，且招标投标过程中不允许招标人与投标人就实质性内容谈判，招标人和中标人需要通过签订书面合同确认合同内容，补充完善有关合同履行的细节。如果一方当事人在法律规定的签约期限内拒绝签订书面合同，一旦该期限及投标保证金有效期届满，另一方当事人即有权拒绝书面合同。

14. 超出投标有效期能否拒绝签订合同？

问 招标项目因投诉被行政监督部门责令暂停活动等原因，招标人发出中标通知书时已经超出投标有效期，中标人因原材料大幅度涨价拒不与招标人签订合同是否合法？

答 超出投标有效期的，当事人有权拒绝签约。

按照《民法典》规定，招标文件是要约邀请，投标文件是要约，中标通知书是承诺，"承诺必须在要约的有效期内作出"，就是说中标通知书应当在投标有效期内向招标人发出。根据《招标投标法实施条例》第二十一条规定，投标有效期从递交投标文件的截止之日起算。招标人和中标人应当在投标有效期内完成合同的签订。本题中，招标人发出中标通知书已经超出了投标有效期的时间，不论什么原因，中标人都有权拒绝接受逾期送达的"新要约"拒绝签订合同，而不问其事由。

15. 工程施工项目招标结束后，招标人与中标人是否必须签订书面合同？

问 某工程施工项目招标结果公示后，招标人向中标人发放了中标通知书，招标人和中标人是否需要签订书面合同？能否仅以招标投标文件作为履行的依据？

答 招标人与投标人必须签订书面形式的建设工程施工合同。

《招标投标法》第四十六条规定，"招标人和中标人应当自中标通知书发出之日起三十日内，按照招标文件和中标人的投标文件订立书面合同。"《民法典》第七百八十九条规定，"建设工程合同应当采用书面形式。"本题中，招标项目属于建设工程施工项目，招标后所签订的合同为建设工程施工合同，按照上述规定，属于要式合同，必须以书面形式签订。

四、合同的内容

16. 合同文件由哪些部分构成？

问 招标投标结束，招标人和中标人订立中标合同，那么合同文件主要有哪些？

答 《招标投标法》第四十六条第一款规定："招标人和中标人应当自中标通知书发出之日起三十日内，按照招标文件和中标人的投标文件订立书面合同。招标人和中标人不得再行订立背离合同实质性内容的其他协议。"即招标文件和投标文件是签订合同的主要依据，是合同文件的组成部分。中标通知书、投标函、图纸等也是签订合同的依据，是合同文件的组成部分。招标人和中标人一般可在合同中约定"合同文件组成及效力优先顺序"，防止发生合同内容前后不一致、理解有歧义或者合同约定不明等情况。如《标准设计招标文件（2017 年版）》第四章合同条款及格式第一节通用合同条款之 1.4 规定合同文件的优先顺序，即：组成合同的各项文件应互相解释，互为说明。除专用合同条款另有约定外，解释合同文件的优先顺序如下：（1）合同协议书；（2）中标通知书；（3）投标函及投标函附录；（4）专用合同条款；（5）通用合同条款；（6）发包人要求；（7）设计费用清单；（8）设计方案；（9）其他合同文件。

17. 双方实际签订的合同内容与招标投标文件不一致，应当以哪一份为准？

问 甲公司投标后与招标人乙公司签订的采购合同中合同标的与履行期限和招标文件、投标文件不一致，应当以哪一份为依据？

答 根据《招标投标法》第四十六条和《招标投标法实施条例》第五十七条第一款规定，合同的标的、价款、质量、履行期限等主要条款应当与招标文件和中标人的投标文件的内容一致。招标人和中标人不得再行订立背离合同实质性内容的其他协议。

《最高人民法院关于审理建设工程施工合同纠纷案件适用法律问题的解释（一）》第二

十二条规定，当事人签订的建设工程施工合同与招标文件、投标文件、中标通知书载明的工程范围、建设工期、工程质量、工程价款不一致，一方当事人请求将招标文件、投标文件、中标通知书作为结算工程价款的依据的，人民法院应予支持。

本题中，甲公司投标后与招标人乙公司签订的采购合同变更合同标的、履行期限等实质性内容，违反法律的强制性规定，该合同无效。投标人甲公司根据招标文件提出的实质性要求和条件向招标人乙公司发出投标文件，招标人乙公司选定投标人甲公司并发出中标通知书，该通知书自发出时即对双方当事人产生法律效力，双方业已形成实质上的合同关系，故合同与招标投标文件内容不一致的，应以招标文件、投标文件为依据。

18. 中标合同约定不明时能否按照招标文件确定其内容？

问 A 公司某工程项目招标文件中载明付款时间及付款方式，B 公司根据招标文件进行投标，中标后，两公司签订中标合同，但在中标合同中未约定付款时间，后双方就此发生争议。B 公司主张合同中未明确约定付款时间，属于约定不明，但 A 公司主张应以招标文件中规定的付款时间为准。请问：当出现中标合同中未约定但招标文件中已载明相应内容，应当按照合同约定不明处理还是按照招标文件的内容进行确定？

答 按照招标文件的内容确定。

根据《招标投标法》第四十六条的规定，施工合同实际是根据招标人的招标文件和中标人的投标文件订立的，招标文件也是施工合同的重要组成部分。根据《招标投标法》第五十九条、《最高人民法院关于审理建设工程施工合同纠纷案件适用法律问题的解释（一）》（法释〔2020〕25 号）第二条第一款及第二十二条等规定，施工合同中规定的实质性内容与招标文件不同时，应当以招标文件、投标文件、中标通知书为准。因此在施工合同中未约定的实质性内容，但招标文件或投标文件中有约定的，应以招标投标文件的内容为准。因此，本题中，当出现中标合同中未约定但招标文件已载明的内容，应当按照招标文件的内容进行确定。

19. 第二中标候选人递补中标时，能否以第一中标候选人的投标价为中标价？

问 某公司一小型基建项目评标结束，第一中标候选人的投标报价低于第二中标候选人，但因其提供虚假的投标资料被取消中标资格，此时按照排序由后续的中标候选人中标，但其价格又比较高。此时，如果确定第二中标候选人为中标人，能否以第一中标候选人的投标价为中标价？

答 不能。

《招标投标法》第四十三条、《招标投标法实施条例》第五十七条以及《工程建设项目施工招标投标办法》第五十九条等均规定，不能改变投标人的投标价格和投标方案等实质性内容。招标人与中标人签订的书面合同中的标的、价款、质量、履行期限等主要条款应当与招标文件和中标人的投标文件内容一致，招标人与中标人不得再另行订立背离合同实质性内容的其他协议。招标人不得向中标人提出压低报价、增加工作量、缩短工期或其他违背中标人意愿的要求，以此作为发出中标通知书或签订合同的条件。当第一中标候选人放弃中标，在依次确定第二中标候选人为中标人时，应以第二中标候选人的投标价格为中标价，但不能以第一中标候选人的投标价格作为第二中标候选人的中标价，否则相当于修改了第二中标候选人的投标价格。

因此，本题中，某公司如确定第二中标候选人为中标人，应以该中标人的投标价格为中标价。

20. 中标后合同签订前，发现对同一事项投标文件和招标文件不一致如何处理？

问 B公司中标了A公司的大型地下洞室群岩体流变特性研究服务项目，合同签订前A公司工作人员发现B公司对于服务人员来源地未完全响应，应以哪个文件的规定为准？

答 以投标文件为准。

《民法典》第四百七十三条规定："要约邀请是希望他人向自己发出要约的表示。拍卖公告、招标公告、招股说明书、债券募集办法、基金招募说明书、商业广告和宣传、寄送的价目表等为要约邀请。"招标公告属于要约邀请，投标行为属于要约，中标通知书属于承诺。投标文件若对招标文件部分修改或响应，而招标人又发出了中标通知书，说明招标人接受投标人投标文件的内容，双方达成一致。因此，中标后，若发现投标文件与招标文件有出入的，应以投标文件为准签订合同。

21. 实际签订的合同内容与招标文件载明的合同版本有矛盾，以哪个为准？

问 我方在参与某建设工程项目招标，中标后，招标人要求修改招标文件中载明的合同模板，有些内容如支付方式等与合同模板不一致，应以哪个为准？

答 《招标投标法》第四十六条强调"招标人和中标人应当……按照招标文件和中标人的投标文件订立书面合同。招标人和中标人不得再行订立背离合同实质性内容的其他协议。"《招标投标法实施条例》第五十七条第一款也规定："招标人和中标人应当依照招标投标法和本条例的规定签订书面合同，合同的标的、价款、质量、履行期限等主要条款应当与招标文件和中标人的投标文件的内容一致。招标人和中标人不得再行订立背离合同实质性内容的其他协议。"《最高人民法院关于审理建设工程施工合同纠纷案件适用法律问题的解释（一）》第二条规定，招标人和中标人另行签订的建设工程施工合同约定的工程范围、建设工期、工程质量、工程价款等实质性内容，与中标合同不一致，一方当事人请求按照中标合同确定权利义务的，人民法院应予支持。根据上述规定，合同实质性要求不得变更，不能修改原招标文件中载明的合同文本来订立中标合同。

22. 中标合同在履行过程中能否变更？

[问] 招标项目合同在履行过程中，合同内容会因设计变更、不可抗力等原因发生变化，按照原合同履行不合时宜或者有失公平，此时能否变更合同？

[答] 《民法典》第五百四十三条规定，在履约过程中只要经合同双方当事人协商一致，即可变更合同，但是基于招标采购的特殊性，经过招标程序签订的合同的变更受到严格的限制。如对合同变更不加限制，容易发生招标人与投标人事前串通，先以低价或很高的技术要求中标，之后双方再通过合同变更手段达到变更招标结果的目的。该行为本质上是一种变相规避招标或虚假招标行为，理应被禁止。

当然，如确因不可抗力、情势变更等原因，不变更合同会导致双方当事人利益失衡、显失公平的，或者因设计变更、规划调整、政策变化等原因不变更合同将导致原合同无法履行的，应允许双方变更合同实质性内容。

23. 签订合同后因规划、设计变更调整是否应当重新招标？

[问] 某综合办公楼工程通过招标选择的施工单位已进场施工，后建设单位对该工程重新规划设计，结构形式由砖混结构改为框架剪力墙结构，工程量增加，这种情况是否需要重新招标？

[答] 履约过程中因设计变更调整合同内合同价款，一般无须重新招标，依据双方签订的合同条款的规定来处理即可。

在合同履行过程中，对于合同非实质性内容，双方当事人可以随时协商变更；但对于工程价款、工程质量、工程期限等合同实质性内容，原则上不得变更，除非合同事前约定因客观原因导致工程设计重大变更等因素可以修改、变更合同的，才可以对合同内容作出与原内容不一致的变更。

实践中出现的因设计变更和工程量核定引起的合同总价变动，本质上不是变更招标、投标文件实质性内容。因为施工合同中，一般都已明确因设计变更或暂估工程量核定后的价款变更原则，合同单价和总价计算方法并没有变更，只是依据合同约定执行。比如，单价合同在合同履行过程中，单价不能变动，如工程量清单中的工程量发生变化，以最终核定增减后的工程量乘以中标单价来确定合同结算价。而总价合同除合同中规定发生设计变更方可变动以外，一般不予变动。

当然，如招标项目重新进行规划导致项目规模、内容发生变化，是变更合同还是重新招标，还应从经济、管理以及承包人的资质等方面考虑：本项目结构形式由砖混结构改为框架剪力墙结构，可通过签订补充协议明确变化内容，一般情况下无须重新招标。在实践中，如新增内容是单独可分割的项目，可以继续执行原合同，仅就新增部分进行招标。如因项目发生重大变化导致原承包人不具备承担调整后项目的资质或履约能力，则应终止原合同，由发包人给予原承包人补偿后再重新招标。

如果因规划调整取消原项目，重新立项，招标人应当协商解除合同、赔偿实际损失并重新招标。

24.因设计变更增加的工程内容签署补充协议还是必须重新招标？

问 A 公司中标一政府采购工程项目，成交金额 1500 万元。在项目实施过程中，因设计变更导致金额增加 600 万元，这部分增加的工程内容必须招标还是可以签署补充协议？

答 可以签署补充协议。

《招标投标法》第四十六条对经过招标投标程序的合同变更进行了限制，即禁止招标人和中标人对"合同实质性内容"进行变更，其立法目的就在于防止当事人无正当理由任意变更招标投标文件所确定的实质性内容导致招标投标流于形式。同时，也要保障当事人合同变更权的正当行使。对建设工程而言，由于其一般履约周期长、不确定因素多、技术要求高、设计变更多、受国家政策调控影响大，故实务中确实存在因客观原因导致施工合同实质性条款发生变化的情形。一般只要工程变更具有充分、正当的理由，如因工程设计变更、建设工程规划指标调整、国家政策调整、遇特殊地质情况、不可抗力等因素，发生当事人在订立合同时无法预见、非不可抗力造成、不属于商业风险的重大变化等当事人意志以外的与建设工程有关的客观事实发生变化，导致工程范围、建设工期、工程质量、工程造价等实质性内容的变更，尚不足以对招标投标活动的公平公正产生负面影响，该项变更行为即属于正常行使合同变更权，实无必要将之视为违背《招标投标法》第四十六条强制性规定的"黑白合同"而予以限制，应属于有效。对此，最高人民法院《全国民事审判工作会议纪要》（法办〔2011〕442号）也规定："协议变更合同是法律赋予合同当事人的一项基本权利。建设工程开工后，因设计变更、建设工程规划指标调整等客观原因，发包人与承包人通过补充协议、会议纪要、来往函件、签证等洽商记录形式变更工期、工程价款、工程项目性质的，不应认定为变更中标合同的实质性内容。"因此，本题中，工程项目因设计变更导致工程价款增加，可以经过协商变更原合同签署补充协议即可。

五、合同的效力

25.招标采购合同的生效时间是发出中标通知书之时,还是招标人和中标人订立书面合同之时？

问 某工程建设项目招标人向中标人发出中标通知书，目前招标人与中标人就签订中标合同发生争议。中标合同的生效时间是发出中标通知书之时，还是招标人和中标人订立书面合同的时间？

答 《招标投标法》第四十五条规定："中标人确定后，招标人应当向中标人发出中标通知书，并同时将中标结果通知所有未中标的投标人。中标通知书对招标人和中标人具有法律效力。中标通知书发出后，招标人改变中标结果的，或者中标人放弃中标项目的，应当依法承担法律责任。"

理论界及实务界对中标通知书发出后合同的成立生效时间产生分歧，主要观点包括：（1）发出中标通知书时合同尚未成立，需要在招标人和中标人签署书面合同之后，合同才成立并同时生效；（2）中标通知书发出后合同成立但未生效，招标人、中标人签订书面合同后合同生效，合同书是合同关系成立的有效证据；（3）通过招标投标发出中标通知书之时，招标人和投标人在要约和承诺方面已经达成一致，书面合同成立并生效；（4）发出中标通知书后，招标人和投标人之间已经成立合同并生效，但双方成立的是预约合同，违反合同应承担预约合同的违约责任。最高人民法院倾向于认为，中标通知书后送达中标人时，即产生在招标人、中标人之间成立书面合同的效力。《最高人民法院关于适用〈中华人民共和国民法典〉合同编通则若干问题的解释》第四条也规定了采取招标方式订立的合同自中标通知书到达中标人时成立。

26. 借用他人资质投标，中标后建设工程施工合同是否有效？

问 甲公司中标某建设工程项目，与发包方签订建设工程施工合同。施工过程中，发包方发现实际施工人乙公司不具备相应的建筑施工企业资质，而是借用甲公司资质。请问该建设工程施工合同是否有效？

答 无效。

《最高人民法院关于审理建设工程施工合同纠纷案件适用法律问题的解释（一）》（法释〔2020〕25号）第一条规定："建设工程施工合同具有下列情形之一的，应当依据民法典第一百五十三条第一款的规定，认定无效：（一）承包人未取得建筑业企业资质或者超越资质等级的；（二）没有资质的实际施工人借用有资质的建筑施工企业名义的；（三）建设工程必须进行招标而未招标或者中标无效的。承包人因转包、违法分包建设工程与他人签订的建设工程施工合同，应当依据民法典第一百五十三条第一款及第七百九十一条第二款、第三款的规定，认定无效。"因此，本题中，乙公司属于没有资质借用甲公司的资质中标而签订了施工合同，该施工合同应被认定无效，并且依法承担赔偿责任。

27. 中标通知书发出后，联合体某成员的设计资质被吊销，本合同还有效吗？

问 某工程总承包（EPC）招标项目接受联合体投标，单位A与单位B组成联合体并按《联合体协议书》做如下分工：A 具有招标项目要求的设计和施工总承包资质，作为牵头人负责施工和采购任务；B 具有招标项目要求的设计资质，负责设计任务。该联合体中标，中标通知书发出后，合同签订前，招标人收到异议："施工单位 A 的设计资质，在中标通知书发出后被吊销了，应立刻停止合同签订。"据招标人了解，施工单位 A 是因为资质年审到期后，由于不具备申请延期的标准，而被有关管理部门吊销。请问：中标通知书发出后，联合体某成员的设计资质被吊销，本合同还有效吗？

答 招标人应根据《联合体协议书》专业分工，具体分析。

《招标投标法》第三十一条中规定："联合体各方应当签订共同投标协议，明确约定各方拟承担的工作和责任，并将共同投标协议连同投标文件一并提交招标人"。本题中，根据《联合体协议书》分工，单位 A 并不负责设计任务，尽管其设计资质被吊销，但并不影响联合体资质认定，故而对合同签订和效力亦无影响。

28. 依法应当公开招标的项目，招标人采用了邀请招标方式，此时订立的合同是否有效？

问 《招标投标法》第十条规定了公开招标与邀请招标两种招标方式，同时《招标投标法实施条例》第六十四条规定依法应当公开招标的项目采用邀请招标的，招标人将受到行政处罚。请问：依法应当公开招标的项目，招标人采用了邀请招标方式采购，该种情形下的合同效力如何？

答 倾向于合同有效。

当前司法界和实务界存在两种观点。观点一认为合同无效，比如（2019）黔民终 870 号案、（2019）川民申 4578 号案等；观点二认为合同有效，比如（2018）最高法民申 2048 号案、（2016）浙民终 150 号案等。笔者认为，"应当公开招标而采用邀请招标"的合同有效。认为合同无效的观点，主要依据是《最高人民法院关于审理建设工程施工合同纠纷案件适用法律问题的解释（一）》第一条第一款第（三）项规定。该款项指出建设工程施工合同无效的原因之一为"必须进行招标而未招标"，这实则是对《招标投标法》第四条与第四十九条禁止招标人规避招标的回应。所谓"未招标"即未启动招标程序，但是应当公开招标而采用邀请招标只是采取的招标方式不同，并非"未招标"。因此，应当公开招标而采用邀请招标的情形并未触犯《最高人民法院关于审理建设工程施工合同纠纷案件适用法律问题的解释（一）》的强制性规定。因为《招标投标法》第十一条、《招标投标法实施条例》第八条规定了应当公开招标情形的强制规定，但并没有直接规定违反该规定导致招标无效、合同无效，其他法律、行政法规或司法解释也无类似规定；对违反该规定的法律责任，唯有《招标投标法实施条例》第六十四条规定了"依法应当公开招标而采用邀请招标"的,"由有关行政监督部门责令改正,可以处 10 万元以下的罚款","对单位直接负责的主管人员和其他直接责任人员依法给予处分",其只是从行政监督管理的角度追究行政法律责任。

综上,应当公开招标而采用邀请招标方式订立的合同认定为有效。

29. 非强制招标项目先定后招,合同效力如何?

问 某办公楼新建工程空调采购项目的合同总价约 30 万元,采购人与供应商 B 先行订立了合同 1,后考虑到后期审计,加之采购人不确定该项目是否属于必须招标项目,遂重新组织招标并内定供应商 B 为成交供应商且签订了合同 2。此时两份合同效力如何?

答 合同 1 有效,合同 2 无效。

根据《招标投标法》《必须招标的工程项目规定》《必须招标的基础设施和公用事业范围规定》,该项目不属于依法必须进行招标的项目,故无需招标投标即可订立合同。合同 1 为采购人与供应商真实意思表示,故合同 1 有效。

根据《招标投标法实施条例》第四十一条第二款"有下列情形之一的,属于招标人与投标人串通投标:……(六)招标人与投标人为谋求特定投标人中标而采取的其他串通行为"的规定,本题中招标人与投标人于招标之前协商一致,并事先内定供应商 B 为成交供应商,属于典型的招标人与投标人串通投标行为。根据《招标投标法实施条例》第六十七条"投标人相互串通投标或者与招标人串通投标的,投标人向招标人或者评标委员会成员行贿谋取中标的,中标无效"的规定,应认定中标无效,故合同 2 因此无效。

30. 必须招标的工程若先施工再招标,该施工合同是否有效?

问 A 公司与 B 公司经协商确定由 B 公司承包某必须招标投标的工程,并于 7 月进场施工。8 月,A 公司对该项目进行招标,B 公司中标。那么,双方签订的施工合同是否有效?

答 该施工合同无效。

《最高人民法院关于审理建设工程施工合同纠纷案件适用法律问题的解释(一)》第一条第三项规定:"建设工程施工合同具有下列情形之一的,应当依据民法典第一百五十三条第一款的规定,认定无效:……(三)建设工程必须进行招标而未招标或者中标无效的。"综上,对于必须招标的项目,招标投标是签订施工合同的前提。《招标投标法》第四十三条规定,在确定中标人前,招标人不得与投标人就投标价格、投标方案等实质性内容进行谈判。第五十五条规定,依法必须进行招标的项目,招标人违反本法规定,与投标人就投标价格、投标方案等实质性内容进行谈判的,给予警告,对单位直接负责的主管人员和其他直接责任人员依法给予处分。前款所列行为影响中标结果的，中标无效。本题中，双方未进行招标投标就进行实质性内容的谈判，之后签订的建设工程施工合同根据上述法律规定应属无效。

31. 招标人设置的投标人资质要求低于国家有关规定，所签合同是否有效？

问 某工程招标项目，根据《建筑业企业资质标准》规定应设置为专业承包一级资质，但招标人实际设置的资质要求为专业承包二级资质，中标人 A 最高资质也仅有专业承包二级。招标人和中标人最终签订的合同是否有效？

答 中标人 A 与招标人所签订的合同无效。

《建筑法》第二十六条规定"承包建筑工程的单位应当持有依法取得的资质证书，并在其资质等级许可的业务范围内承揽工程"。《最高人民法院关于审理建设工程施工合同纠纷案件适用法律问题的解释（一）》第一条第一款规定"建设工程施工合同具有下列情形之一的，应当依据民法典第一百五十三条第一款的规定，认定无效：（一）承包人未取得建筑业企业资质或者超越资质等级的……"本题中，中标人 A 的资质是专业承包二级，承揽对应专业承包一级资质范围的工程项目，属于超资质等级承揽业务，故其与招标人所签订的合同无效。

32. 借用有资质的建筑施工企业名义投标签订的施工合同是否有效？该如何结算？

问 A 建筑公司以 B 建筑公司名义投标某工程施工项目并中标，与建设单位 C 公司签订了该工程施工合同。但在施工过程中，C 公司纪委接到举报称 A 建筑公司挂靠，C 公司遂以此为由，不予支付余下的工程款。A 建筑公司以 B 建筑公司名义将 C 公司告上了法庭。请问：A 建筑公司以 B 建筑公司名义与 C 公司签订的施工合同是否有效？C 公司应否支付余下的工程款？

答 该施工合同无效。

《最高人民法院关于审理建设工程施工合同纠纷案件适用法律问题的解释（一）》（法释〔2020〕25 号）第一条规定："建设工程施工合同具有下列情形之一的，应当依据民法典第一百五十三条第一款的规定，认定无效：……（二）没有资质的实际施工人借用有资质的建筑施工企业名义的……"根据《民法典》第一百五十七条、第七百九十三条第一款的规定，建设工程施工合同无效，但建设工程经验收合格的，发包人可以参照合同关于工程价款的约定折价补偿承包人。经验收不合格的，处理方法可参照《民法典》第七百九十三条规定办理，即："建设工程施工合同无效，且建设工程经验收不合格的，按照以下情形处理：（一）修复后的建设工程经验收合格的，发包人可以请求承包人承担修复费用；（二）修复后的建设工程经验收不合格的，承包人无权请求参照合同关于工程价款的约定折价补偿。发包人对因建设工程不合格造成的损失有过错的，应当承担相应的责任。"

33. 劳务分包项目承包范围包括材料、设备采购，合同是否有效？

[问] 某施工总承包项目，总承包单位将劳务工作进行分包，签订的劳务分包合同承包范围除劳务作业外还包含了采购主要材料、提供施工机械设备等，该劳务分包合同是否有效？

[答] 无效。

　　劳务分包又称劳务作业分包，是指施工总承包企业或者专业承包企业将其承包工程中的劳务作业分包给劳务分包企业完成的行为。

　　劳务分包过程中常见的一种违法行为，是将工程打包进行"劳务分包"，提供劳务的同时进行主要材料的采购、重大机械设备的租赁等，可以认定为借劳务分包之名，行违法分包之实。

　　《建筑工程施工发包与承包违法行为认定查处管理办法》第十二条规定："存在下列情形之一的，属于违法分包：……（六）专业作业承包人除计取劳务作业费用外，还计取主要建筑材料款和大中型施工机械设备、主要周转材料费用的"。《最高人民法院关于审理建设工程施工合同纠纷案件适用法律问题的解释（一）》第一条第二款规定："承包人因转包、违法分包建设工程与他人签订的建设工程施工合同，应当依据民法典第一百五十三条第一款及第七百九十一条第二款、第三款的规定，认定无效。"由上可知，本题所指的劳务分包项目可以认定为借劳务分包之名，行违法分包之实，该劳务分包合同无效。

六、拒绝签约

34. 中标后拒绝签约，应承担违约责任还是缔约过失责任？

[问] 我公司招标的一项工程施工项目，中标通知书发出 1 个多月，尽管我们催促过几次，但中标人迟迟不来签订中标合同，中标人应当承担缔约过失责任还是违约责任？

[答] 《招标投标法》第四十五条第二款"中标通知书对招标人和中标人具有法律效力。中标通知书发出后，招标人改变中标结果的，或者中标人放弃中标项目的，应当依法承担法律责任"。对于中标后拒绝签约应当承担何种法律责任，招标投标法未予以明确，理论界主要存在两种观点，缔约过失责任和违约责任，最高人民法院倾向性观点是承担违约责任。《最高人民法院关于适用〈中华人民共和国民法典〉合同编通则若干问题的解释》第四条也明确中标通知书到达中标人时合同成立，一般情况下合同也生效。如果中标人拒绝签订合同书，构成违约。

　　缔约过失责任，指当事人一方在订立合同的过程中，因违背诚实信用原则给对方造成信赖利益损失的，应当承担的法律责任；违约责任，指合同成立后，当事人一方不履行合同义务或者履行合同义务不符合约定的，应当承担的法律责任。缔约过失与违约的差异在于：缔约过失责任产生于合同订立过程中，违反的是先合同义务；而违约责任产生于合同成立之后，违反的是合同义务。

35. 中标人在中标后拒绝签订合同将承担何种法律后果？

问 A 公司在中标了某建设工程施工项目后，招标人向 A 公司发出《中标通知书》，A 公司重新核算施工成本后觉得无利可图便拒绝签订《建设工程施工合同》，A 公司应向招标人承担何种法律后果？

答 应承担违约责任。

《招标投标法实施条例》第七十四条规定："中标人无正当理由不与招标人订立合同，在签订合同时向招标人提出附加条件，或者不按照招标文件要求提交履约保证金的，取消其中标资格，投标保证金不予退还。对依法必须进行招标的项目的中标人，由有关行政监督部门责令改正，可以处中标项目金额 10‰以下的罚款。"故中标人无故拒绝签订合同，招标人可以取消其中标资格，投标保证金不予退还。

根据《民法典》第四百七十三条规定，招标人发布的招标公告是要约邀请，投标人投标是要约，招标人向中标人发出中标通知书是承诺，承诺到达中标人即生效，中标人应按照中标通知书要求履行签约义务，其拒绝签订合同的行属于违约行为，应承担违约责任，给招标人造成损失的还应承担相应赔偿责任。

36. 排名第一的中标候选人放弃中标，招标人能否要求差价赔偿？

问 某工程项目招标文件载明"中标人无正当理由拒签合同的，招标人取消其中标资格，其投标保证金不予退还，并对因此给招标人造成的直接损失予以赔偿，直接损失＝中标人的中标价与评标推荐排序次中标候选人投标报价的差额"。某工程公司参与投标，投标总报价为6383万元，经评标公示为第一中标候选人。但其在收到中标通知书后因故放弃中标，因工期较紧，招标人遂向第二中标候选人发放中标通知书并签订了中标合同，中标价为6526万元。招标人扣留某工程公司投标保证金80万元，并要求赔偿额外的63万元价差损失。请问：招标人主张应否得到支持？

答 应当得到支持。

本题招标文件明确规定："中标人无正当理由拒签合同的，招标人取消其中标资格，其投标保证金不予退还，并对因此给招标人造成的直接损失予以赔偿，直接损失＝中标人的中标价与评标推荐排序次中标候选人投标报价的差额"。投标人提交投标文件参与投标并成为排名第一的中标候选人，就意味着其自愿响应招标文件的要求，后在收到中标通知书后又放弃中标资格，拒绝签约，明显属于违约行为，应按照招标文件的约定赔偿损失，该损失因在招标文件中事前约定，属于中标人可预见的损失，且其在投标时并未提出异议，故对该价差损失应当赔偿。

37. 投标人中标后，招标人拒绝签约，投标人是否可要求招标人赔偿损失？

问 招标人乙公司发布建设工程施工《招标公告》，甲公司提交《投标文件》，后甲公司中标，乙公司向甲公司发出《中标通知书》，但后期乙公司拒绝与甲公司签约，甲公司作为投标人是否可要求招标人乙公司赔偿损失？

答 可以。

根据《招标投标法》第四十五条第二款规定，中标通知书对招标人和中标人具有法律效力。中标通知书发出后，招标人改变中标结果的，或者中标人放弃中标项目的，应当依法承担法律责任。本题中，招标文书是一种要约邀请，甲公司的投标文件是一种要约，乙公司发出的中标通知书是一种承诺，从中标通知书到达甲公司时该施工合同成立，未签订书面合同不影响双方之间成立建设工程施工合同关系，任何一方拒绝履行都应承担违约责任。承担违约责任除了赔偿直接损失外，还应包括合同履行后可以获得的预期利益，但以合同一方订立合同时预见到或者应当预见到的因违反合同可能造成的损失为限。

第二节　履约保证金

一、履约保证金的提交

1. 招标人是否可以在招标文件中约定履约保证金？

问 招标人就某建设工程项目进行招标，其在招标文件中约定承建该工程的中标人应当支付履约保证金且保证金的金额为合同金额的 10%，该约定是否有效？

答 该约定有效。

《招标投标法》第四十六条第二款规定："招标文件要求中标人提交履约保证金的，中标人应当提交。"可见招标人可以自主决定是否要求中标人提交履约保证金。根据《招标投标法实施条例》第五十八条规定，履约保证金不得超过中标合同金额的 10%。招标人应当在招标文件中约定提交履约保证金的同时，应注意履约保证金的金额不能超过合同金额的 10%。

2. 招标人和中标人能否在中标后降低招标文件约定的履约保证金比例？

问 B 公司中标了 A 公司的新建厂房机床设备购置项目，B 公司向 A 公司提出资金周转困难，请求招标文件规定的中标人提交履约保证金比例由 10%降低至 5%，A 公司能否同意？

答 A 公司不能同意 B 公司请求。

《招标投标法》第五条规定："招标投标活动应当遵循公开、公平、公正和诚实信用的原则。"本题中，A 公司作为招标人若同意中标人 B 公司降低履约保证金比例的请求，将违背公平原则。公平原则要求在招标过程中，对同一招标项目的投标人设置同等标准、条件、门槛，不能对不同的投标人区别对待，不仅存在于招标过程中，更是延伸至合同签订环节。若招标文件最初设置为较低的履约保证金比例，则可能会有更多的企业投标，拥有中标机会。中标人与招标人在合同签订前减少履约保证金，改变了招标文件实质性内容，对其他潜在的投标人不公平，也不利于选出最优供应商，故中标人提交的履约保证金比例不得降低。

3. 中标人逾期未交履约保证金，可以取消其中标资格吗？

问 招标人在招标文件中规定：中标人应在收到中标通知书之日起 15 日内提交履约保证金。但中标人在收到中标通知书后未按规定提交履约保证金，且未请求缓交，招标人可否取消其中标资格？

答 可以。

《招标投标法实施条例》第七十四条规定："中标人无正当理由不与招标人订立合同，在签订合同时向招标人提出附加条件，或者不按照招标文件要求提交履约保证金的，取消其中标资格，投标保证金不予退还。对依法必须进行招标的项目的中标人，由有关行政监督部门责令改正，可以处中标项目金额 10‰以下的罚款。"故，招标人可因中标人逾期未交履约保证金而取消其中标资格，且不退还投标保证金。

4. 中标人不按照招标文件规定提交履约保证金是否允许？

问 A 公司在招标文件中要求中标人提交履约保证金，B 公司在中标后推脱不交，是否允许？

答 不允许。

《招标投标法》第四十六条规定，"招标文件要求中标人提交履约保证金的，中标人应当提交。"《招标投标法实施条例》第五十八条规定，"招标文件要求中标人提交履约保证金的，中标人应当按照招标文件的要求提交。"对于不按照文件要求提交履约保证金的，《招标投标法实施条例》第七十四条规定，"中标人无正当理由不与招标人订立合同，在签订合同时向招标人提出附加条件，或者不按照招标文件要求提交履约保证金的，取消其中标资格，投标保证金不予退还。对依法必须进行招标的项目的中标人，由有关行政监督部门责令改正，可以处中标项目金额 10‰以下的罚款。"招标人如果同意不交纳履约保证金，则属于修改招标文件实质性内容，对不同投标人实行不同待遇，对其他投标人不公平。

5. 工程建设项目履约保证金与工程质量保证金能否同时适用？

问　A 公司（发包人）与 B 公司（承包人）在某施工合同中约定，合同签订后，B 公司应向 A 公司提供合同总价 10%的履约保证金或中国注册具有担保经营业务资格的银行出具的履约保函，并在履约担保期间预留 3%的工程质量保证金，法律上是否允许？

答　不允许。

为进一步减轻企业负担、激发市场活力，释放企业资金压力，国家出台了《建设工程质量保证金管理办法》（建质〔2017〕138 号），第六条规定："在工程项目竣工前，已缴纳履约保证金的，发包人不得同时预留工程质量保证金。采用工程质量保证担保、工程质量保险等其他保证方式的，发包人不得再预留保证金。"因此，本题中，A 公司与 B 公司在施工合同中不可同时约定预留履约保证金和质量保证金。实践中，二者保证期间不重合即可，可在履约担保结束后，回退履约保证金或履约保函，再要求提交质量保证金或质保函，确保工程建设质量。

二、履约保证金的退还

6. 履约保证金的退还需要什么条件？

问　中标人合同义务履行完毕后，要求退还履约保证金。什么情况下可以退还？

答　中标人合同主要义务履行完毕，招标人即应按照约定退还履约保证金。

履约保证金的有效期自合同生效之日起至合同约定的中标人的合同义务履行完毕时止。中标人合同主要义务履行完毕，招标人应按合同约定及时退还履约保证金。履约保证金的退还时间无强制规定，招标人和投标人可根据项目实际情况自行约定。如《标准设备采购招标文件（2017 年版）》第 10 款规定："除专用合同条款另有约定外，履约保证金自合同生效之日起生效，在合同设备验收证书或验收款支付函签署之日起 28 日后失效。如果卖方不履行合同约定的义务或其履行不符合合同的约定，买方有权扣划相应金额的履约保证金。"如果中标人有违约行为，招标人应扣除相应部分后退还剩余的履约保证金。

7. 因不可抗力导致中标人不能或不适当履行合同，可否要求退还履约保证金？

问　A 公司（中标人）与 B 公司签订工程安防设施采购及安装合同，已提交 5 万元履约保证金，A 公司因疫情封控无法供货，1 年后，合同履行完毕，B 公司是否可以 A 公司在疫情期间未履行供货义务为由不退还履约保证金？

答 不可以，B 公司应当退还履约保证金。

《招标投标法》第六十条规定："中标人不履行与招标人订立的合同的，履约保证金不予退还，给招标人造成损失超过履约保证金数额的，还应当对超过部分予以赔偿；没有提交履约保证金的。应当对招标人的损失承担赔偿责任。……因不可抗力不能履行合同的，不适用前两款规定。"疫情属于突发公共安全事件，法律属性上可以认定为不能预见、不能避免、不能克服的不可抗力，因此，如无其他履约不当情形，B 公司应按照合同约定期间及时足额退还 A 公司履约保证金。

8. 中标企业注销了，履约保证金应当退给谁？

问 我们有一个招标项目，中标人按照合同约定完成了该项目并经过验收，合同款也已经支付完毕，当履约担保期限届满需要清退履约保证金时，发现中标企业已经注销，则该履约保证金应当退给谁？

答 应退还给股东。

根据《公司法》的有关规定，公司注销前应成立清算组，对债权债务问题进行处理。公司清算程序结束后，公司可向公司登记机关申请注销公司登记。公司依法注销后，公司终止，不再具有民事主体资格，无法继续行使民事权利、履行民事义务。对于被注销前遗忘的投标保证金、履约保证金，没有人追索，招标人可以将履约保证金退还给债权承受人。如果经查询，公司注销时已经确定了债权债务承受人，且该笔债权已登记在册，可以向该债权承受人履行债务，消灭债权。但也可能会出现公司注销时未确立债权承受人或者虽然确立了债权承受人但该笔债权并未登记的情况。根据《公司法》第二百三十六条第二款之规定，公司财产在分别支付清算费用、职工的工资、社会保险费用和法定补偿金，缴纳所欠税款，清偿公司债务后的剩余财产，有限责任公司按照股东的出资比例分配，股份有限公司按照股东持有的股份比例分配。按照类推适用的法理，在公司注销后存在的投标保证金、履约保证金等财产，应当比照公司注销前的剩余财产进行处理，依法在股东间进行分配。如果查不到债权承受人也联系不到公司股东，招标人还可以依据《民法典》的规定将该保证金办理提存，以了结与中标人的权利义务。

9. 逾期退还履约保证金应承担什么法律责任？

问 中标人合同义务履行完毕后，要求退还履约保证金，招标人未及时退还的需要承担法律责任吗？

答 招标人未及时退还履约保证金的，应当支付资金占用成本，并承担相应行政法律责任。

《招标投标法实施条例》第六十六条规定："招标人超过本条例规定的比例收取投标保证金、履约保证金或者不按照规定退还投标保证金及银行同期存款利息的，由有关行政监督部门责令改正，可以处 5 万元以下的罚款；给他人造成损失的，依法承担赔偿责任。"招标人未及时退还履约保证金的，应当支付资金占用费用，一般参照《最高人民法院关于审理买卖合同纠纷案件适用法律问题的解释》第十八条规定的买卖合同逾期付款赔偿逾期付款损失的计算方法来计算，即：违约行为发生在 2019 年 8 月 19 日之前的，人民法院可以中国人民银行同期同类人民币贷款基准利率为基础，参照逾期罚息利率标准计算；违约行为发生在 2019 年 8 月 20 日之后的，人民法院可以违约行为发生时中国人民银行授权全国银行间同业拆借中心公布的一年期贷款市场报价利率（LPR）标准为基础，加计 30%—50% 计算逾期付款损失。合同约定其他违约责任的，还应承担相应违约责任。

第三节 合同履行

一、合同的履行

1. 施工企业中标后可以将项目拆成两部分，让自己的两家分公司各承揽一部分吗？

问 某公路工程施工总承包项目，通过招标的方式选择施工单位，最终某国有企业施工单位中标。该公路工程横跨 A 市和 B 市两座城市，而中标的施工单位在 A 市和 B 市均设立了分公司。该施工单位将施工总承包项目拆分了成两部分，在 A 市辖区内的工程交由 A 市的分公司实施，在 B 市辖区内的工程交由 B 市的分公司实施。施工单位这样的做法属于违法分包或转包吗？

答 上述问题中施工单位的做法不违规，属于正常的经营行为。

《公司法》第十三条第二款规定，"公司可以设立分公司。分公司不具有法人资格，其民事责任由公司承担。"分公司是指公司在其住所以外设立的从事经营活动的机构，是隶属于总公司的分支机构，且分公司可以从事经营活动。《民法典》第七十四条规定分公司不具有法人资格，也没有独立承担民事责任的能力，因此分公司本质上应当视为公司整体组织机构的一部分。总公司承揽业务后交给分公司具体实施，属于公司内部正常的业务分配，不属于分包行为，也不属于转包行为。

2. 中标合同因不可抗力无法履行，招标人是否应重新招标？

问 A 公司是国有企业，采购 6.5-10 圆钢进行工程建设，B 公司中标。合同签订 10 日后，B 公司所在城市遭遇强烈地震，B 公司库存圆钢全部损毁，无法继续履行合同，A 公司是否必须重新招标？

答 若在投标有效期内，A 公司可以确定排序在后的中标候选人为中标人，也可以重新招标。

《工程建设项目货物招标投标办法》第四十八条第一款规定："排名第一的中标候选人放弃中标、因不可抗力提出不能履行合同、不按照招标文件要求提交履约保证金，或者被查实存在影响中标结果的违法行为等情形，不符合中标条件的，招标人可以按照评标委员会提出的中标候选人名单排序依次确定其他中标候选人为中标人。依次确定其他中标候选人与招标人预期差距较大，或者对招标人明显不利的，招标人可以重新招标。"为提高招标质效，法律对重新招标未作出强制规定，招标人可视情况组织重新招标或按序递补排名在后的中标候选人为中标人。

3. 施工中途才发现承包人的中标文件未实质性响应招标文件，招标人如何处理？

问 某依法必须进行招标的生产楼施工项目，招标人采用工程量清单计价的方式进行招标，最终投标人 A 中标。发承包双方参照《建设工程施工合同（示范文本）》（GF-2017-0201）签订了施工合同，合同为单价合同。楼地面防水施工前，承包人 A 要求招标人将图纸中的楼地面聚氨酯防水涂料修改为 JS 防水涂料，其理由是，投标文件技术标中提出"根据相关规范标准，本公司认为图纸中的楼地面防水材料可以优化，防水材料采用 JS 防水涂料更加合适。"而且，其投标报价清单中，"楼地面防水"子目报价按照优化方案进行，项目特征描述为"JS 防水涂料"。直到此时招标人才发现，承包人 A 根据自己的防水优化方案报价，并没有响应招标工程量清单的要求。招标人拒绝了承包人 A 的要求，并要求其按图施工，图纸不作变更。承包人 A 则提出，聚氨酯防水材料的价格比较昂贵，如果不变更图纸，就要增加该项子目的费用。招标人再一次拒绝了承包人 A 的调价要求，双方陷入了僵局。请问：招标人该如何处理？

答 《招标投标法实施条例》第五十一条的规定，"有下列情形之一的，评标委员会应当否决其投标：……（六）投标文件没有对招标文件的实质性要求和条件作出响应"。本题中承包人 A 投标报价中修改了"地面防水施工"子目的项目特征，其行为属于未对招标文件的实质性要求和条件作出响应，其投标文件应当被否决。虽然评标委员会评标失误让承包人 A 最终中标，但该中标结果是无效的。此时发包人可以选择终止合同，另行选择其他承包人进行施工，或者发承包双方协商继续履行合同。

4. 工程竣工后存在质量问题，可以扣减该工程的合同单价吗？

问 某装修改造工程采用工程量清单计价，发承包双方签订了固定单价合同。竣工验收完成后，在结算审计过程中屋顶出现了漏水现象。经检查后发现，漏水是因为施工单位对屋面防水的施工不合格，因此发包方以屋面防水的施工未达到约定的质量要求为由，要求审计单位在竣工结算时扣减该工程的综合单价。请问：该做法合理吗？

答 不合理。

本题中的项目已经竣工验收完成，之前的分部分项工程业已验收合格，此时发包方单方面检查的结果不能推翻竣工验收结论，审计单位应当按照正常程序结算，不能扣减单价。

竣工结算通常在竣工验收完成后进行，此时进入缺陷责任期。《建设工程质量保证金管理暂行办法》第九条规定："缺陷责任期内，由承包人原因造成的缺陷，承包人应负责维修，并承担鉴定及维修费用。如承包人不维修也不承担费用，发包人可按合同约定从保证金或银行保函中扣除，费用超出保证金额的，发包人可按合同约定向承包人进行索赔。由他人原因造成的缺陷，发包人负责组织维修，承包人不承担费用，且发包人不得从保证金中扣除费用。"本题中所述情形已进入缺陷责任期，如果承包人就自身质量问题拒绝履行缺陷责任期内的维修义务时，发包人应当从质量保证金内扣除相应的费用，而不是调减综合单价。

5. 在合同履行过程中，承包单位相应资质丧失且未能重新申请取得该资质，发包单位该如何处理？

问 A 公司将某房屋拆修工程发包给 B 公司，在签订《建设工程施工合同》时 B 公司具有建筑业企业施工资质，但在施工过程中 B 公司资质到期且未能重新申请取得相应资质，A 公司该如何维权？

答 A 公司可以解除《建设工程施工合同》。

《最高人民法院关于审理建设工程施工合同纠纷案件适用法律问题的解释（一）》第一条第一款规定："建设工程施工合同具有下列情形之一的，应当依据民法典第一百五十三条第一款规定，认定无效：（一）承包人未取得建筑业企业资质或者超越资质等级的……"《民法典》第五百六十三条规定："有下列情形之一的，当事人可以解除合同：……（四）当事人一方迟延履行债务或者有其他违约行为致使合同目的不能实现合同目的……"本题中，承包单位在施工过程中丧失相关资质且无法重新取得相应资质，其与发包方签订的《建设工程施工合同》客观上已不再具备履行的可能，致使合同目的无法实现，发包方可以解除该《建设工程施工合同》。

6. 供应商能否依据不可抗力或情势变更要求解除合同？

问 合同履行过程中出现原材料价格上涨、疫情防控导致停产等情形，中标人能否以"不可抗力"或"情势变更"等理由要求解除合同并免除违约责任？

答 《民法典》五百三十三条规定："合同成立后，合同的基础条件发生了当事人在订立合同时无法预见的、不属于商业风险的重大变化，继续履行合同对于当事人一方明显不公平的，受不利影响的当事人可以与对方重新协商；在合理期限内协商不成的，当事人可以请求人民法院或者仲裁机构变更或者解除合同。"合同履行过程中，由于国家标准或行业标准变化等事项，致使合同约定采购的物资或服务无法满足相应标准，继续履行合同失去意义，合同双方应积极协商，解除合同。此种情形下，双方均不应承担违约责任。情势变更是当事人在缔约时无法预见的非市场固有的风险，而商业风险属于从事商业活动的固有风险，诸如尚未达到异常变动程度的供求关系变化、价格涨跌等，在个案中要注意识别情势变更和商业风险，基于商业风险要求变更合同价格或解除合同的请求不应接受。

7. 建设工程质量保证金应该何时退还？

问 某办公楼装修工程竣工已经两年，施工单位认为合同规定的两年缺陷责任期已满，遂向建设单位递交质量保证金返还申请。但建设单位认为大楼的装修、空调设备等保修期已届满，这部分质量保证金可以返还；有关防水的部分的保修期还有 3 年才到期，这部分质量保证金暂不予返还。请问：建设单位的做法合适吗？

答 不合适。因建设工程质量保证金的退还与"缺陷责任期"有关而与"质量保修期"无关。

《建设工程质量保证金管理办法》（建质〔2017〕138 号）第二条规定"建设工程质量保证金是指发包人与承包人在建设工程承包合同中约定，从应付的工程款中预留，用以保证承包人在缺陷责任期内对建设工程出现的缺陷进行维修的资金。"该办法第二条、第八条、第九条还规定，在缺陷责任期内，由承包人原因造成的缺陷，承包人应负责维修，并承担鉴定及维修费用。如承包人不维修也不承担费用，发包人可按合同约定从保证金或银行保函中扣除，费用超出保证金额的，发包人可按合同约定向承包人主张赔偿。缺陷责任期从工程通过竣工验收之日起计算，一般为 1 年，最长不超过 2 年，由发承包双方在合同中约定。

8. 合同一方擅自注销登记后，合同对方如何维权？

问 A 公司与 B 公司签订无线专网建设工程施工合同。B 公司（有限责任公司）由于自身原因，未通知 A 公司、未组织清算即完成注销登记，导致合同履行不能，A 公司如何维权？

答 A 公司可向 B 公司股东要求承担违约损害赔偿责任。

《最高人民法院关于适用〈中华人民共和国公司法〉若干问题的规定（二）》第二十条

规定:"公司解散应当在依法清算完毕后,申请办理注销登记。公司未经清算即办理注销登记,导致公司无法进行清算,债权人有权主张有限责任公司的股东、股份有限公司的董事和控股股东,以及公司的实际控制人对公司债务承担清偿责任的,人民法院应依法予以支持。"本题中,由于 B 公司已经简易注销而丧失民事主体资格,其注销前未清偿的债务(含损失赔偿)应由其股东承担。因此,A 公司只能起诉股东要求承担违约责任及损害赔偿。

9. 对于中标人的严重违约行为,招标人解除合同应履行什么义务?

问 在中标合同履行过程中,我们发现中标人现场管理混乱,安全风险较大,多次约谈中标人,但都没得到整改,对于中标人的严重违约行为,招标人解除合同应履行什么义务?

答 参考《民法典》第五百六十三条第一款第三项规定,当事人一方迟延履行主要债务,经催告后在合理期限内仍未履行的,当事人可以解除合同。故,对于本题中标人迟延履行签订合同的情形,招标人只有在履行催告义务后,中标人仍然拒绝履行的,方可解除合同。

10. 装修施工单位自作主张改变装修主材,是否构成违约吗? 应当如何处理?

问 某酒店装修项目竣工后,业主单位委托某造价咨询单位对该项目进行竣工结算审计。审计单位发现,按照该项目的施工图纸,每个房间四边均应该铺贴 100mm 宽的黑金沙石材,而施工单位实际铺贴的是黑色的地砖,与施工图纸不一致。审计单位未在竣工资料中找到对应的设计变更单和工程指令单。审计单位认为施工单位自作主张更改装修主材,属于违约,因此扣除了合同内地面铺贴石材的费用,对施工单位要求的地砖材料费也不予结算。施工单位则声称并不违约。请问:上述案例中施工单位的行为构成违约吗?

答 施工单位的行为违反了相关法律法规的规定。

《建筑法》第五十八条规定:"建筑施工企业对工程的施工质量负责。建筑施工企业必须按照工程设计图纸和施工技术标准施工,不得偷工减料。工程设计的修改由原设计单位负责,建筑施工企业不得擅自修改工程设计。"《建设工程质量管理条例》第二十八条第一款规定,"施工单位必须按照工程设计图纸和施工技术标准施工,不得擅自修改工程设计,不得偷工减料。"本题中的施工单位不按图施工,擅自使用地砖代替石材,该行为违反了"必须按照工程设计图纸施工"的规定,构成违约。

对该违约行为,业主单位有权要求施工单位返工,按照设计图纸重新施工。《民法典》第八百零一条规定,"因施工人的原因致使建设工程质量不符合约定的,发包人有权请求施工人在合理期限内无偿修理或者返工、改建。"因此,业主单位有权要求施工单位进行返工,同时还要根据合同赔偿工期违约金;或者双方经过协商,业主单位同意接受该变更,施工单位赔偿业主单位的损失。

二、禁止转包

11. 建设工程项目中标人能否转包中标项目？

问 A 公司中标 B 公司的安全管理用房施工项目，A 公司将该工程的全部 3 处房屋建设项目以分包名义转让给 C 公司、D 公司、E 公司，法律是否允许？

答 不允许。

《招标投标法》第四十八条规定："中标人应当按照合同约定履行义务，完成中标项目。中标人不得向他人转让中标项目，也不得将中标项目肢解后分别向他人转让。中标人按照合同约定或者经招标人同意，可以将中标项目的部分非主体、非关键性工作分包给他人完成。接受分包的人应当具备相应的资格条件，并不得再次分包。中标人应当就分包项目向招标人负责，接受分包的人就分包项目承担连带责任。"本题中，A 公司将中标工程分别以分包名义全部转包给他人，A 公司不实际投入工程施工力量，属于肢解转包行为。

12. 哪些情形会被认定为转包？

问 A 公司中标某建设工程施工项目后将其全部交由自己控股的独立的子公司 B 公司去施工，该行为是否属于转包？转包的情形有哪些？

答 属于转包。

转包是承包单位承包建设工程后，不履行合同约定的义务，将其承包的全部建设工程转给他人或者将其承包的全部工程肢解以后以分包的名义分别转给他人承包的行为。根据《建筑工程施工发包与承包违法行为认定查处管理办法》第八条规定，存在下列情形之一的，应当认定为转包，但有证据证明属于挂靠或者其他违法行为的除外：（一）承包单位将其承包的全部工程转给其他单位（包括母公司承接建筑工程后将所承接工程交由具有独立法人资格的子公司施工的情形）或个人施工的；（二）承包单位将其承包的全部工程肢解以后，以分包的名义分别转给其他单位或个人施工的；（三）施工总承包单位或专业承包单位未派驻项目负责人、技术负责人、质量管理负责人、安全管理负责人等主要管理人员，或派驻的项目负责人、技术负责人、质量管理负责人、安全管理负责人中一人及以上与施工单位没有订立劳动合同且没有建立劳动工资和社会养老保险关系，或派驻的项目负责人未对该工程的施工活动进行组织管理，又不能进行合理解释并提供相应证明的；（四）合同约定由承包单位负责采购的主要建筑材料、构配件及工程设备或租赁的施工机械设备，由其他单位或个人采购、租赁，或施工单位不能提供有关采购、租赁合同及发票等证明，又不能进行合理解释并提供相应证明的；（五）专业作业承包人承包的范围是承包单位承包的全部工程，专业作业承包人计取的是除上缴给承包单位"管理费"之外的全部工程价款的；（六）承包单位通过采取合作、联营、个人承包等形式或名义，直接或变相将其承包的全部工程转给其他单位或个人施工的；（七）专业工程的发包单位不是该工程的施工总承包或专业承包单位的，但建设单位依约作为发包单位的除外；（八）专业作业的发包单位不是该工程承包单位的；（九）施工合同主体之间没有工程款收付关系，或者承包单位收到款项后又将款项转拨给其他单位和个人，又不能进行合理解释并提供材料证明的。两个以上的单位组成联合体承包工程，在联合体分工协议中约定或者在项目实际实施过程中，联合体一方不进行施工也未对施工活动进行组织管理的，并且向联合体其他方收取管理费或者其他类似费用的，视为联合体一方将承包的工程转包给联合体其他方。

本题中，A 公司虽然控股 B 公司，但是两者属于独立的法人，A 公司将中标的建设工程施工项目全部交由 B 公司施工，根据上述规定，属于转包行为。

13. 联合体通过投标承包建设工程施工项目，其中一方不进行施工也未对施工活动进行组织管理，只是抽取管理费，该行为如何认定？

问　A、B 两公司组成联合体中标某建设工程项目，实际施工中，A 公司对该建设工程项目未实际履行施工义务并且也未对施工活动进行组织管理，只是从中抽取管理费，该行为如何认定？

答　联合体是一个临时性组织，不具有法人资格，其中标后各成员方应共同与招标人订立合同，且应按照联合体协议约定的职责分工履行合同。《建筑工程施工发包与承包违法行为认定查处管理办法》第八条第二款规定："两个以上的单位组成联合体承包工程，在联合体分工协议中约定或者在项目实际实施过程中，联合体一方不进行施工也未对施工活动进行组织管理的，并且向联合体其他方收取管理费或者其他类似费用的，视为联合体一方将承包的工程转包给联合体其他方。"因此，本题中，两个以上的单位组成联合体承包工程，在项目实际实施过程中，双方没有按照联合体协议的分工负责相应的工作，联合体一方不进行施工也未对施工活动进行组织管理，并且向联合体其他方收取管理费或者其他类似费用，视为联合体一方将承包的工程转包给联合体其他方。

14. 中标人将中标的工程施工项目拆分为多个子项目分别进行分包，是否合法？

问　A 公司实验大楼施工项目招标，B 公司中标，A 公司与 B 公司签订建设工程施工合同。合同签订后，B 公司为能按期完成工程进度，将该工程拆分为五个小工程，分包给了三家单位，B 公司的做法合法吗？

答　B 公司将项目拆分分包的行为，属于将项目肢解后分别向他人转包，违反法律规定。

《招标投标法实施条例》第五十九条第一款规定："中标人应当按照合同约定履行义务，

完成中标项目。中标人不得向他人转让中标项目，也不得将中标项目肢解后分别向他人转让。"《民法典》七百九十一条规定："总承包人或者勘察、设计、施工承包人经发包人同意，可以将自己承包的部分工作交由第三人完成。第三人就其完成的工作成果与总承包人或者勘察、设计、施工承包人向发包人承担连带责任。承包人不得将其承包的全部建设工程转包给第三人或者将其承包的全部建设工程支解以后以分包的名义分别转包给第三人。禁止承包人将工程分包给不具备相应资质条件的单位。禁止分包单位将其承包的工程再分包。建设工程主体结构的施工必须由承包人自行完成。"因此，本题中，B 公司的行为属于将项目肢解后以分包的名义全部转让给第三人，自己并未按照法律规定完成建设工程主体结构的施工，属于违法行为。

15. 承接了装修项目的设计施工总承包业务后能否将其中的装修施工进行专业分包？

问 同时具有建筑设计资质和建筑施工总承包资质的公司，承接了装修项目的设计施工总承包业务后（合同额 1000 万元），是否可以将其中的装修施工（约 700 万元）发包给具有装修专业承包资质的施工单位？

答 不可以。

《建筑法》第二十九条规定"施工总承包的，建筑工程主体结构的施工必须由总承包单位自行完成。"《招标投标法》第四十八条规定"中标人按照合同约定或者经招标人同意，可以将中标项目的部分非主体、非关键性工作分包给他人完成。接受分包的人应当具备相应的资格条件，并不得再次分包。"《建设工程勘察设计管理条例》第十九条规定："除建设工程主体部分的勘察、设计外，经发包方书面同意，承包方可以将建设工程其他部分的勘察、设计再分给其他具有相应资质等级的建设工程勘察、设计单位。"《房屋建筑和市政基础设施项目工程总承包管理办法》第十条规定："工程总承包单位应当同时具有与工程规模相适应的工程设计资质和施工资质，或者由具有相应资质的设计单位和施工单位组成联合体。"因此，房屋建筑和市政基础设施项目工程总承包活动，应当遵循上述法律法规关于设计、施工以及分包的规定，不宜将施工或设计主体部分进行分包。

16. 中标单位将承包的工程转包给第三方是否有效？

问 某建设工程项目经过招标投标后，由 A 公司中标，双方签订《建设工程施工合同》。A 公司后与 B 签订了《工程内部管理协议》，双方约定采用包工包料方式承建该工程，A 公司收取管理费。该《工程内部管理协议》是否有效？

答 该《工程内部管理协议》无效。

《民法典》第七百九十一条第二款规定："承包人不得将其承包的全部建设工程转包给

第三人或者将其承包的全部建设工程肢解后以分包的名义分别转包。"《最高人民法院关于审理建设工程施工合同纠纷案件适用法律问题的解释（一）》第一条第二款规定："承包人因转包、违法分包建设工程与他人签订的建设工程施工合同，应当依据民法典第一百五十三条第一款及第七百九十一条第二款、第三款规定，认定无效。"禁止承包人将其承包全部工程转包给第三人施工，其与第三人签订的建设工程施工合同应认定为无效合同。

本题中，A 公司与 B 签订的《工程内部管理协议》其实是工程转包合同，A 公司并未对 B 给予任何资金、人员方面支持，也未对项目施工活动组织管理，而且还收取管理费，根据《建筑工程施工发包与承包违法行为认定查处管理办法》第八条规定，本题中 A 公司的行为其实质就是将全部建设工程转包给 B 施工，应当认定为转包，故该协议无效。

17. 工程转包的情况下，实际施工人能否向发包人主张支付工程款？

问 某单位将建设工程发包给 A 公司，A 公司将该项工程转包给 B 公司，B 公司竣工后，A 公司并未按照双方签订的建设工程施工合同支付工程款项，B 公司是否可以直接向某单位主张工程款项？

答 可以。

《建筑法》及《招标投标法》中皆明确规定了禁止承包单位将其承包的全部建筑工程转包或者支解转包给他人，转包行为无效。本题中，A 公司中标某单位的建设工程，但并未履行相关的义务，而是直接将该工程转包给 B 公司，该转包行为无效。A 公司与公司签订的建设工程施工合同虽然无效，但是根据《民法典》第七百九十三条规定，建设工程施工合同无效，但建设工程经竣工验收合格的，承包人请求参照合同约定支付工程款的应予支持。因此，B 公司可以请求 A 公司支付参照合同约定支付工程款。因 A 公司不履行支付工程款义务，根据《最高人民法院关于审理建设工程施工合同纠纷案件适用法律问题的解释（一）》第四十三条规定，实际施工人以发包方为被告主张权利的，人民法院可以追加转包人或者违法分包人为本案当事人。发包人只在欠付工程价款范围内对实际施工人承担责任。

18. 承包人内部承包是否属于转包？

问 A 公司中标某建筑工程施工项目,其后组织该公司下属的各分公司内部竞标，之后签订内部承包协议方式，将该工程交给其中一家报价最低的分公司实施。请问：A 公司的这种做法是否属于转包？

答 承包人内部承包的行为不属于转包。

"内部承包"又称"内包"，是承包人承包工程后，将工程交由内部职能机构、分支机构负责完成的一种经营行为。实务中的表现形式主要有内设项目部承包、分公司承包。要注意区分转包与内包的区别，转包的对象是转包人之外的"他人"或"第三人"；内包的对象则是承包人的内设机构或分支机构。转包情况下，转包人不对工程进行管理；内包情况下，承包人要对工程进行管理并承担责任。根据法律的规定和工程行业的惯例，内包是合法有效的。因为内包的主体是承包人的内设机构或分支机构，承包人承包工程项目后，将工程交由内设机构或分支机构完成的行为不属于《建筑法》《民法典》《建设工程质量管理条例》规定的"将工程转包给他人或第三人的行为。"

从《公司法》的角度来讲，法人的内设机构和分支机构不具有独立人格，属于法人的一个部分，法人对内设机构或分支机构的行为负责。因此，内设机构或分支机构和法人属于同一主体，内设机构或分支机构的行为视为法人的行为，内设机构或分支机构不属于法律意义上的"他人"或"第三人"。因此，内包只是法人经营的策略或手段，不属于转包。

综上，本题中，建设工程施工合同的承包人与其下属分支机构就所承包的全部或部分工程施工所签订的承包合同为企业内部承包合同，符合内包的要件，不应以转包或挂靠而认定无效。

三、严格限制分包

19. 中标人是否可以将中标项目分包给他人？

问 A 公司中标某铁塔工程项目后，因人员不足，A 公司是否可以将该工程部分工作分包给 B 公司？

答 可以分包，但有严格限制条件，针对中标项目中的非主体、非关键性工作可以依照合同约定或者经招标人同意，分包给具有相应资格条件的市场主体。

《招标投标法》第四十八条规定："中标人应当按照合同约定履行义务，完成中标项目。中标人不得向他人转让中标项目，也不得将中标项目肢解后分别向他人转让。中标人按照合同约定或者经招标人同意，可以将中标项目的部分非主体、非关键性工作分包给他人完成。接受分包的人应当具备相应的资格条件，并不得再次分包。中标人应当就分包项目向招标人负责，接受分包的人就分包项目承担连带责任。"

20. 工程施工项目能否将非主体工程进行分包？

问 某公路施工项目，A 公司为中标人，合同签订后，A 公司为加快工程进度，欲将路基土石方工程与路中隔离带围挡分包给其他公司，A 公司对上述工作的分包是否符合法律规定？

答《招标投标法实施条例》第五十九条第二款规定，"中标人按照合同约定或者经招标人同意，可以将中标项目的部分非主体、非关键性工作分包给他人完成。接受分包的人应当具备相应的资格条件，并不得再次分包。中标人应当就分包项目向招标人负责，接受分包的人就分包项目承担连带责任。"本题中，路基土石方工程属于公路施工项目的主体、关键性工作，应由中标人 A 公司完成。而路中隔离带围挡并不是该公路施工的主体、关键性工作，因此可以进行分包，但分包单位必须具有相应的资质。

21. 工程分包单位可以将劳务作业分包吗?

问 《民法典》第七百九十一条第三款、《建筑法》第二十九条第三款、《招标投标法》第四十八条第二款规定:"禁止分包单位将其承包的工程再分包"。实践中普遍存在工程分包单位将劳务作业分包的做法,请问该做法是否违背上述法律规定?

答 该做法并不违反上述法律规定,工程分包单位可以将工程中的劳务作业分包。

上述法条中"禁止分包单位将其承包的工程再分包"是禁止工程分包单位将其承包的工程建设任务再进行工程分包。工程的"分包",是指对建设工程实行总承包的单位,将其总承包的工程项目的某一部分或某几部分,再分包给其他的承包单位;"劳务分包"是指施工总承包企业或者专业承包企业将其承包工程中的劳务作业委托给劳务分包企业完成。从合同关系来说,工程分包合同属于承揽合同,而劳务分包合同属于雇佣合同,两者在合同的标的、双方当事人的地位、提供工具的主体、报酬给付方式、风险承担等方面都有根本的不同。住房和城乡建设部在《建筑业企业资质标准》中将建筑业企业资质分为施工总承包、专业承包和施工劳务三个序列,并明确取得施工劳务资质的企业可以承接具有施工总承包资质或专业承包资质的企业分包的劳务作业。《最高人民法院关于审理建设工程施工合同纠纷案件适用法律问题的解释(一)》中规定:"具有劳务作业法定资质的承包人与总承包人、分包人签订的劳务分包合同,当事人请求确认无效的,人民法院依法不予支持"。因此,分包人将承包工程的劳务作业部分分包给具有相应资质的企业或者其他单位的,不能认为分包人将建设工程转包或者肢解分包,不属于合同无效的情形。

22. 总承包单位未经建设单位认可将劳务作业分包给其他单位是否属于违法分包?

问 A 公司通过招标投标方式承揽某工程施工项目,拟将部分劳务作业分包给其他劳务公司完成,请问:分包劳务作业是否须报经建设单位同意?如未告知建设单位,是否属于违法分包?

答 这要区别情况来看,如果承包人将劳务作业分包给具备资质且在资质条件允许范围内的分包,不属于违法分包;如果其将劳务作业分包给无资质或虽然有资质但不在资质许可条件允许范围内的分包,属于违法分包。

劳务分包是否违法,不以合同约定或建设单位认可为条件。即认定劳务分包是否属于违法分包不以《建设工程质量管理条例》第七十八条第二款第三项"建设工程总承包合同中未有约定，又未经建设单位认可，承包单位将其承包的部分建设工程交由其他单位完成的"为条件。因为该项法律规定规范的是专业工程的分包，而劳务作业不属于专业工程范畴，不需要经过双方约定或招标人认可才能分包。对此，《房屋建筑和市政基础设施工程施工分包管理办法》第十四条第二项也作了细化规定，即："下列行为，属于违法分包：……（二）施工总承包合同中未有约定，又未经建设单位认可，分包工程发包人将承包工程中的部分专业工程分包给他人的。"这条规定根据分包的内容不同而确立了是否属于违法分包的认定标准。同理，也不能把劳务分包看作"二次分包"而认定为违法分包。

综上，本题中，根据上述规定，A 公司承揽某工程施工项目后，如果将劳务作业分包给具备相应资质条件的劳务公司完成的，不论是否报经建设单位同意，都不属于违法分包。

23. 中标人能否将工程项目分包给不具有资质的施工人？

问 A 公司中标了 B 公司楼宇工程建设项目，经 B 公司同意允许对楼宇装修项目进行分包，A 公司是否可以将装修项目分包给不具有装修施工资质的 C 公司？

答 不可以。

《招标投标法实施条例》第五十九条第二款："中标人按照合同约定或者经招标人同意，可以将中标项目的部分非主体、非关键性工作分包给他人完成。接受分包的人应当具备相应的资格条件，并不得再次分包。"《最高人民法院关于审理建设工程施工合同纠纷案件适用法律问题的解释（一）》第一条第二款："承包人因转包、违法分包建设工程与他人签订的建设工程施工合同，应当依据民法典第一百五十三条第一款及第七百九十一条第二款、第三款的规定，认定无效。"因此，中标人不能将工程分包给没有相应资质的实际施工人。本题中，A 公司将工程分包给不具有相应资质条件的 C，属于违法分包，分包合同无效。

24. 建设工程项目的建设单位是否可以为中标人指定分包单位？

问 某单位中标一项建设工程施工项目，招标单位为提高自己子公司的营业收入，为中标单位指定该子公司为分包单位，中标单位能否拒绝？

答 根据《工程建设项目施工招标投标办法》第六十六条："招标人不得直接指定分包人。"因此，本题所述情形属于招标人非法向中标人指定分包人。对于建设单位推荐的分包单位，承包单位有权拒绝。

25. 违法分包应当承担什么法律责任？

问 某单位擅自将其承包的建设工程分包给无资质的个人，经该市建设监察支队现场调查，确认现场实际施工人员非该公司正式员工。请问该违法分包行为应当承担什么法律责任？

答 《建筑法》第六十七条规定："承包单位将承包的工程转包的，或者违反本法规定进行分包的，责令改正，没收违法所得，并处罚款，可以责令停业整顿，降低资质等级；情节严重的，吊销资质证书。承包单位有前款规定的违法行为的，对因转包工程或者违法分包的工程不符合规定的质量标准造成的损失，与接受转包或者分包的单位承担连带赔偿责任。"据此，工程违法分包属于严重的违法行为，其法律后果为：一是行政责任，施工单位将承包的工程违法分包的，责令改正，没收违法所得并且处以罚款，可能会被责令停业整顿、降低资质等级甚至吊销资质；二是民事责任，违法分包的分包合同无效，发包人有权解除施工合同并要求承包单位赔偿损失，施工单位因违法分包工程不符合质量的将与分包单位承担连带赔偿责任。

26. 在合法分包的情形下，承包单位是否因分包单位的原因承担连带责任?

问 中标某建设工程项目的承包单位将该工程项目的水电项目经招标人的同意分包给 A 公司，后因 A 公司少工减料导致水电项目不符合规定的质量标准，请问发包单位是否可以请求承包单位承担连带责任?

答 《建筑法》第二十九条第二款规定："建筑工程总承包单位按照总承包合同的约定对建设单位负责，分包单位按照分包合同的约定对总承包单位负责。总承包单位和分包单位就分包工程对建设单位承担连带责任。"按照该规定，不论是合法分包还是违法分包，因分包单位原因导致工程质量存在瑕疵，承包单位均应与分包单位承担连带责任。

27. 建设单位指定分包商的专业工程出现质量问题，责任应当由谁承担?

问 某房屋建筑工程施工总承包项目，建设单位 A 公司在招标文件的施工合同专用条款中约定，本项目的装饰装修工程需要由装修公司 C 公司承包，中标人须与 C 公司签订专业分包合同。B 公司中标该项目，并按照总承包施工合同的约定与 C 公司签订了装饰装修工程专业分包合同。项目竣工验收通过后，在缺陷责任期内石膏板吊顶出现了不同程度的裂缝，经过专业机构的检测，出现裂缝的原因是装修公司使用了不合格的石膏板材料。A 公司要求 B 公司履行保修责任，修复石膏板吊顶的质量问题。B 公司认为造成该质量问题的是 A 公司指定分包单位 C 公司，拒绝承担维修责任。请问这个责任到底由谁承担?

答 《建设工程质量管理条例》第四十一条规定："建设工程在保修范围和保修期限内发生质量问题的，施工单位应当履行保修义务，并对造成的损失承担赔偿责任。"《建筑法》第二十九条第二款规定，"建筑工程总承包单位按照总承包合同的约定对建设单位负责；分包单位按照分包合同的约定对总承包单位负责。总承包单位和分包单位就分包工程对建设单位承担连带责任。"本题中，分包单位 C 公司使用了不合格的石膏板材料，施工总承包单位 B 公司又未尽到对建筑材料的检查义务，导致工程出现了质量问题，施工单位应当承担保修责任。同时，B 公司和 C 公司承担的是连带责任，因此建设单位有权要求 B 公司和 C 公司中的任意一方承担修复责任，B 公司无权拒绝 A 公司的要求，应当承担修复石膏板吊顶的责任。另外，本题中造成工程质量问题的 C 公司是建设单位指定的，因此 A 公司也存在一定的过错。《工程建设项目施工招标投标办法》第六十六条规定，"招标人不得直接指定分包人。"《最高人民法院关于审理建设工程施工合同纠纷案件适用法律问题的解释（一）》第十三条规定，"发包人具有下列情形之一，造成建设工程质量缺陷，应当承担过错责任：……（三）直接指定分包人分包专业工程。承包人有过错的，也应当承担相应的过错责任。"据此，本题中的建设单位也需要对石膏板吊顶的质量问题承担一定的责任。

综上，本题出现的质量问题，建设单位、总包单位、指定分包单位均有过错，A 公司在退还质量保证金时，可以适当扣除一部分维修费用。至于扣除费用的具体数额，则需要根据双方协商确定或由法院、仲裁机构裁定。

28. 承包人违法分包建设工程，发包人是否有权解除合同？

问 A 公司中标某建设工程项目后，违法将该工程部分主体工程分包给了 B 公司，该工程目前已竣工，验收合格，请问该工程的发包人是否有权请求解除该合同，并不支付相应的工程款项？

答 发包人可以解除合同，但是应当按照约定支付相应的工程价款。

《民法典》第八百零六条规定："承包人将建设工程转包、违法分包的，发包人可以解除合同。发包人提供的主要建筑材料、建筑构配件和设备不符合强制性标准或者不履行协助义务，致使承包人无法施工，经催告后在合理期限内仍未履行相应义务的，承包人可以解除合同。合同解除后，已经完成的建设工程质量合格的，发包人应当按照约定支付相应的工程价款；已经完成的建设工程质量不合格的，参照本法第七百九十三条的规定处理。"根据该条，承包人虽然违法分包可以解除合同，但建设工程经验收合格后，发包人依然按照约定支付相应的工程价款。

四、合同的变更

29. 中标后签订的工程施工合同是否可以变更？

问 工程施工项目招标，招标人和中标人签订工程施工合同后，是否可以对合同的内容进行变更？

答 《民法典》第五百四十三条规定，"当事人协商一致可以变更合同。"上述条款明确了合同当事人意思自治原则，但以招标为依据签订的合同，为了避免招标人、投标人串通低价中标等不公正情形的发生，对合同变更有着更为严格的限制。《招标投标法实施条例》第五十七条规定，"招标人和中标人应当依照招标投标法和本条例的规定签订书面合同，合同的标的、价款、质量、履行期限等主要条款应当与招标文件和中标人的投标文件的内容一致。招标人和中标人不得再行订立背离合同实质性内容的其他协议。"因此，以招标投标文件及中标通知书为依据签订的合同，合同的非实质性内容可以变更，合同的实质性内容原则上不得变更，确因客观事实导致工程重大变更、继续履行显失公平等情形下，才可以对合同的内容做出变更。如《民法典》第五百三十三条规定，合同成立后，合同的基础条件发生了当事人在订立合同时无法预见的、不属于商业风险的重大变化，继续履行合同对于当事人一方明显不公平的，受不利影响的当事人可以与对方重新协商；在合理期限内协商不成的，当事人可以请求人民法院或者仲裁机构变更或者解除合同。人民法院或者仲裁机构应当结合案件的实际情况，根据公平原则变更或者解除合同。最高人民法院《2015 年全国民事审判工作会议纪要》也规定，建设工程开工后，因设计变更、建设工程规划指标调整等客观原因，发包人与承包人通过补充协议、会议纪要、往来函件、签证、洽商记录形式变更工期、工程价款、工程项目性质的，不应认定为变更中标合同的实质性内容。

30. 招标结束，双方达成一致是否可以变更合同实质性内容？

问 招标人 A 公司与中标人 B 公司在合同签订前就合同内容进行谈判，双方更换了招标文件规定标的物的规格型号，法律是否允许？

答 不允许。

《招标投标法实施条例》第五十七条第一款规定："招标人和中标人应当依照招标投标法和本条例的规定签订书面合同，合同的标的、价款、质量、履行期限等主要条款应当与招标文件和中标人的投标文件的内容一致。招标人和中标人不得再行订立背离合同实质性内容的其他协议。"第七十五条规定："招标人和中标人不得再行订立背离合同实质性内容的其他协议的，由行政监督部门责令改正，可以处项目金额 5‰以上 10‰以下的罚款。"国家基于招标投标的公平性，不允许招标人与中标人签订违背实质性条款的内容。因此，A 公司不能与 B 公司就标的物的规格型号进行修改，但双方可对约定不明确的非实质性条款，在协商一致基础上细化和补充。

31. 合同发生变更事项后是否应签订补充协议？

问 A 公司（买方）与 B 公司（卖方）签订不良地质段安全监测设备买卖合同，

履行过程中断货，合同规格需要变更，两种规格的货物市场价格不同，双方谈判一致后未签订书面变更协议，后期因货款结算价格引发纠纷，B公司无法举证双方过程中已达成变更协议而败诉，造成经济损失100万元。请问：发生变更事项后是否应签订补充协议？

答 应及时签订书面补充协议。

《民法典》第五百四十四条规定："当事人对合同变更的内容约定不明确的，推定为未变更。"可见，合同双方对发生的变更事项应明确约定，确保无歧义，并签订书面协议以维护合法权益。本题中，B公司缺乏合同法律意识，在发生合同标的物变更等重大变更时，未签订书面协议明确标的物及货款支付情况，导致无法举证，故推定为合同未发生变更。

32. 根据中标通知书签订的建设工程施工合同，后因工程实际情况发生改变签订补充协议调整价格，是否违反招标投标法？

问 A公司某建设工程项目招标，B公司中标，双方签订建设工程施工合同，在施工过程中，因设计发生改变，A公司与B公司签订补充协议合理地调整了价格以及工期，导致与原合同内容不一致，此行为是否违反招标投标法？

答 不违反。

《招标投标法》第四十六条："招标人和中标人应当自中标通知书发出之日起三十日内，按照招标文件和中标人的投标文件订立书面合同。招标人和中标人不得再行订立背离合同实质性内容的其他协议。招标文件要求中标人提交履约保证金的，中标人应当提交。"但是工程实际建设过程中，因设计变更、建设工程规划调整等非双方当事人原因，导致的工程量增减、工程价款增减，当事人因此补签的补充协议对合同的实质性内容进行了变更，其目的不是为了规避招标投标，而是建设中合理地变更。这种行为不属于签署背离合同实质性内容的其他协议，不违反招标投标法。

33. 中标后甲方要求修改中标清单价格合法吗？

问 某道路工程在中标以后，甲方在签订合同之前跟乙方进行了合同谈判，甲方以发现中标单位在投标时的小瑕疵为由，强行要求乙方将中标清单的同一类清单单价调至最低。如3号路的4cmSMA-13沥青路面的价格为70.4元/平方，调整为5号路的4cmSMA-13沥青路面的价格54.5元/平方。招标文件以及招标文件中的合同专用条款都没有要求同一类清单报价不一致需要进行调整。现乙方迫于甲方的压力签订了修改版的合同，对清单单价进行修改并约定结算按修订的单价执行，但合同协议书目的总价仍是中标总价，现该工程也竣工验收合格并移交。请问：这样修改合同是否合法，结算时是否按照修订的条款执行？

答 不合法，应按招标投标文件的约定结算。

《招标投标法》第四十六条规定，招标人和中标人应当自中标通知书发出之日起三十日内，按照招标文件和中标人的投标文件订立书面合同。招标人和中标人不得再行订立背离合同实质性内容的其他协议。根据这一规定，招标人要求中标人把 70.4 元/平方的单价调整为 54.5 元/平方并不具有合法性。虽然都是 4cmSMA-13 沥青路面的价格，但不同路段的施工工期、运距等条件是不一样的，单价也会存在或大或小的差异。这一单价的调整一定会引起最终工程造价的巨大差异，根据《招标投标法》的前述规定，招标人所要求的这一调整是无效的。《最高人民法院关于审理建设工程施工合同纠纷案件适用法律问题的解释（一）》第二十二条规定，当事人签订的建设工程施工合同与招标文件、投标文件、中标通知书载明的工程范围、建设工期、工程质量、工程价款不一致，一方当事人请求将招标文件、投标文件、中标通知书作为结算工程价款的依据的，人民法院应予支持。

本题中，当事人在合同中约定结算时执行修订后的单价，由于调整价款的约定违反了《招标投标法》第四十六条的规定，该价格调整条款应当被认定为无效，最终应按照招标投标文件约定的内容进行结算。

34. 建设工程施工项目因客观原因发生重大变更，如何结算工程价款？

问 B 公司中标 A 公司某建设工程项目后，因客观原因导致工程量减少，请问如何结算工程款？

答 《最高人民法院关于审理建设工程施工合同纠纷案件适用法律问题的解释（一）》第十九条规定："当事人对建设工程的计价标准或者计价方法有约定的，按照约定结算工程价款。因设计变更导致建设工程的工程量或者质量标准发生变化，当事人对该部分工程价款不能协商一致的，可以参照签订建设工程施工合同时当地建设行政主管部门发布的计价方法或者计价标准结算工程价款。建设工程施工合同有效，但建设工程经竣工验收不合格的，依照民法典第五百七十七条规定处理。"因此，工程款的结算首先应是尊重当事人之间的约定，建设工程施工合同对工程结算原则及变更有约定的，则最终结算依据合同约定进行。没有约定或约定不明的，应当由 A、B 公司协商解决，不能协商一致的，可以就变更部分参照签订建设工程施工合同时当地建设行政主管部门发布的计价方法或者计价标准结算工程价款。

35. 签订的合同与招标文件、投标文件、中标通知书等不一致的，应以哪份文件为准？

问 A 公司中标 B 公司建设工程施工项目，在结算工程价款时，因所签订的建设工程施工合同与招标文件规定的计价方式不一致，引发纠纷，应以哪份文件为准进行价款结算？

答 应以招标投标文件和中标通知书为准计算合同价款。

根据《招标投标法》第四十六条规定，招标人和中标人应当自中标通知书发出之日起三十日内，按照招标文件和中标人的投标文件订立书面合同。招标人和中标人不得再行订立背离合同实质性内容的其他协议。并在该法第五十九条中对违反上述规定的行为设立了相应法律后果。同时，根据《最高人民法院关于审理建设工程施工合同纠纷案件适用法律问题的解释（一）》（法释〔2020〕25号），当事人签订的建设工程施工合同与招标文件、投标文件、中标通知书载明的工程范围、建设工期、工程质量、工程价款不一致的，应以招标文件、投标文件、中标通知书为准，作为结算工程价款的依据。

综上所述，工程价款属于建设工程合同的实质性内容，若双方背离招标投标文件，另行约定工程价款计价方式，仍应当以招标文件、投标文件、中标通知书中确认的计价方式进行工程价款结算。

36. 中标合同约定的工期可以缩减吗？

问 某工程项目，中标通知书发出后，建设方为赶工期，希望在签订合同时压缩1/3时间，可以吗？

答 不可以。

《招标投标法》第四十六条第一款规定："招标人和中标人应当自中标通知书发出之日起三十日内，按照招标文件和中标人的投标文件订立书面合同。招标人和中标人不得再行订立背离合同实质性内容的其他协议。"《招标投标法实施条例》第五十七条规定："招标人和中标人应当依照招标投标法和本条例的规定签订书面合同，合同的标的、价款、质量、履行期限等主要条款应当与招标文件和中标人的投标文件的内容一致。招标人和中标人不得再行订立背离合同实质性内容的其他协议。"可见，合同期限为合同实质性内容，签订合同时，不得随意变更。

37. 签订中标合同时还能否调整货物采购数量？

问 某通信基站工程，招标人在招标文件中列明采购铁塔1000吨，后在合同签订前需求部门提出仅需500吨，那么招标人与中标人能否在合同签订环节调整采购数量呢？

答 不可以，招标人应重新采购。

《招标投标法》第四十六条第一款规定："招标人和中标人应当自中标通知书发出之日

起三十日内，按照招标文件和中标人的投标文件订立书面合同。招标人和中标人不得再行订立背离合同实质性内容的其他协议。"该条款禁止招标人与投标人另行订立背离合同实质性内容的协议，旨在维护招标投标活动的公平公正。合同的实质性内容是指影响或决定当事人基本权利和义务的条款。结合《民法典》第四百八十八条规定："有关合同标的、数量、质量、价款或者报酬、履行期限、履行地点和方式、违约责任和解决争议方法等的变更，是对要约内容的实质性变更。"本题中采购数量的调整即属合同实质性内容的变更，原则上不得调整。如果实际需求改为 500 吨，建议重新采购。

38. 中标后，招标人为规避不平衡报价风险，能否在合同总价不变的情况下，根据市场价格调整报价清单子项单价？

问 A 公司某工程货物采购项目招标，B 公司中标。B 公司在《货物清单单价分析表》中采用不平衡报价策略：对更换频次多的设备高价报价、对更换频次少的设备低价报价，中标后，A 公司识别出 B 公司投标策略，要求在总价不变的情况下，根据市场价格调整报价清单子项单价，是否合法？

答 不合法。

《招标投标法》第四十六条规定："……招标人和中标人不得再行订立背离合同实质性内容的其他协议。招标文件要求中标人提交履约保证金的，中标人应当提交。"在工程建设类合同中，工程施工或货物采购多数为单价承包方式，单价变动，在合同执行时总价必然会变动。价格属于合同实质性条款，不可在签约阶段调整合同价格，此处合同价格应包括各子项单价。为控制不平衡报价，招标人可采取严控招标报价文件编制质量，做细做精工程量清单或货物清单等措施。

39. 正式施工前，承包人经发包人和监理同意修改了投标施工组织设计，就此增加的费用是否应该调整？

问 某化工厂土建工程，发包人在招标工程量清单措施项目（二）中列出"基坑支护"清单子目，以项计价，特征描述如下："投标人根据地勘报告和施工图综合考虑全站内需要采取支护措施的基坑，支护方案自行确定。"开工前，承包人结合现场实际情况，提交了正式施工组织设计，并经监理、发包人签字认可。结算时，承包人以实际方案与中标方案不同为由，要求调整该项清单价格，涉及造价增加约 28 万元。请问：该部分费用后是否应当调整？

答 施工组织设计是以施工项目为对象编制的，用以指导施工的技术、经济和管理的综合性文件。一般情况下，投标时图纸和现场情况并不明确，投标施工组织设计比较笼统，与实际施工组织设计往往存在较大出入，而且施工过程中施工方案仍然可能发生变化。施工组织设计并非合同的组成部分，它是承包人施工方案的主观表达。发包人认可施工组织设计，只代表其认可这种施工方案，并不代表同意价格调整。在监理单位同意的前提下，承包人有权主动变更其施工方案，合同价格并不一定随成本变化而改变。由于非承包方原因造成的施工方案变化，应该探究其变化的本质原因，根据原因归属、结合合同条款约定来判断费用调整与否。

本题中，基坑支护施工方案变化，究竟是否可以调整价格，要根据导致其变化的根本原因来综合判断。如果出现设计变更或地勘报告未反映的不利物质条件，导致施工方案变化，原则上可以调整；如果是不可抗力、异常恶劣的气候条件等非承包人原因导致的变化，按合同相关条款执行；如若施工单位自身原因导致变化，原则上不予调整。

40. 招标文件与施工合同中的违约责任增减是否属于实质性内容变更？

问 B 公司中标 A 公司某建设工程项目，签订的施工合同中的违约条款在招标文件的基础上又新增了部分违约责任条款，请问该行为是否属于变更合同实质性内容？

答 不属于变更合同实质性内容。

违约条款不属于可能限制或排除其他竞标人参与竞争的实质性条款，A 公司与 B 公司签订的施工合同是在招标文件的基础上又新增了部分违约条款，是双方就招标文件中有关违约责任约定的细化与完善，不违反法律、行政法规的强制性规定。

41. 合同的实质性内容如何理解？

问 《招标投标法》第四十六条规定规定"招标人和中标人应当自中标通知书发出之日起三十日内，按照招标文件和中标人的投标文件订立书面合同。招标人和中标人不得再行订立背离合同实质性内容的其他协议。"同时，《招标投标法》第五十九条与《招标投标法实施条例》第七十五条均指出，招标人与中标人违反前述规定，在中标合同之外另行订立背离合同实质性内容的协议的，将受到相应的行政处罚。那么究竟什么是合同的实质性内容，如何判定补充协议背离了合同实质性内容？

答 《招标投标法》第四十六条首次提出"合同实质性内容"这一名词，但是并未给出具体定义。《招标投标法实施条例》第五十七条指出"合同的标的、价款、质量、履行期限等主要条款应当与招标文件和中标人的投标文件的内容一致。招标人和中标人不得再行订立背离合同实质性内容的其他协议。"由此可见，合同的标的、价款、质量、履行期限应属招标投标法提及的合同的实质性内容。

综合前述法律规定,可以理解为:合同的实质性内容是指实质影响或者决定当事人(招标人与投标人)基本权利义务的条款。从该角度看,判断某项内容的变更是否背离了合同实质性内容,应看该项内容的变化是否对当事人的基本权利义务造成了影响。

42. 变更合同价款的支付方式与支付期限,是否属于变更合同的实质性内容?

问 招标人与中标人签订补充协议,倘若只是变更合同价款的支付方式与支付期限,是否属于变更合同的实质性内容?

答 付款方式与付款期限的变更是否属于合同实质性内容的变更,应看该项内容的变化是否对招标人与中标人的基本权利义务造成影响。

倘若付款方式只是简单地由现金支付转为保函支付,或者由一次性转账支付转为按进度款支付等,但中标人应得的合同价款总额并未发生变化;付款期限只是在原合同基础上略微延后数日,并与相对人达成了合意,总体上并未对中标人及时领取报酬造成过于严重的影响,此时应认为合同当事人的权利义务并未因合同价款支付方式与支付期限的变化受到实质影响,即该种变更不构成实质性内容的变更。

但是,倘若前述支付方式与支付期限的变更直接对当事人基本权利造成了实质影响,如最高院(2019)最高法民终 1093 号案件中,补充协议相较于中标合同,工程款支付方式由预付款加进度付款改为承包人全垫资施工,很明显是将所有工程款支付期限延长至竣工验收节点,且承包人能否足额获得工程款也难以得到保证,此时将支付方式和支付期限的变更理解为实质性内容的变更更为合理。

43. 安全文明施工费在招标时未按照工程类型计列且规定不可竞争,结算时能否调整?

问 使用国有资金投资的某电缆隧道工程采用工程量清单计价方式招标,招标工程量清单按照 GB/T 50500—2024《建设工程工程量清单计价标准》和《江苏省市政工程计价定额》(2014 版)编制。招标工程清单列明的安全文明施工的基本费率为 3.1%。招标文件的评标办法规定:"安全文明施工费"为"非竞争性费用",且列入"否决事项"。竣工结算时,审计单位提出,根据《江苏省建设工程费用定额》,市政工程安全文明施工的基本费率为 1.5%,建筑工程安全文明施工的基本费率为 3.1%,应根据本工程类型按照市政工程的安全文明施工费结算。承包人则坚持按照招标工程量清单中计列的 3.1%结算,发承包双方产生争议。结算时能否调整?

答 应按照合同约定执行。

国有资金投资的建设工程,应按国家及行业工程量计算标准编制工程量清单,采用工程量清单计价。但是,GB/T 50500—2024《建设工程工程量清单计价标准》和《江苏省市政工程计价定额》（2014 版）均不属于强制性规定，本题招标文件在采用上述计价规范和费用定额的基础上，约定"安全文明施工的基本费率为 3.1%"并没有违反法律法规的强制性要求，可以理解为发包人提高了工程安全文明施工要求，其约定是有效的。

本工程招标文件的评标办法中规定："安全文明施工费"为"非竞争性费用"且列入"否决事项"，也就是说安全文明施工费是招标文件的实质性要求和条件，投标单位在投标报价时必须按照招标工程量清单给定的费率标准报价，否则将被视为未响应招标文件的实质性要求，其投标将予以否决。投标人中标后应当按照招标投标文件订立合同。"合同价格"是合同的实质性内容，若结算时发承包双方不按照已标价工程量清单中 3.1%结算安全文明施工费，则属于改变了原施工合同的实质性内容，显然不符合法律规定。

综上所述，发承包双方应遵从施工合同的约定，按照"安全文明施工的基本费率为 3.1%"进行工程结算。

44.招标人与中标人签订"黑白合同"，改变实质性条款，发生纠纷后，一方当事人是否可以要求按照中标合同执行？

问 A 公司与 B 公司签订机场工程监理合同，中标金额是 150 万元。后双方另行签订监理合同，酬金比中标价高出 15%。审计发现此问题，B 公司是否有权要求按照中标合同价格支付监理酬金？

答 应按照中标价格结算。

招标人与中标人违背中标结果，改变工程价款签订与中标结果不一致的"黑白合同"，双方签订的中标合同属于双方虚假意思表示，为无效合同。《最高人民法院关于审理建设工程施工合同纠纷案件适用法律问题的解释（一）》第二条规定："招标人和中标人另行签订的建设工程施工合同约定的工程范围、建设工期、工程质量、工程价款等实质性内容，与中标合同不一致，一方当事人请求按照中标合同确定权利义务的，人民法院应予支持。"因此，本题中，双方变更了中标金额，应当按照中标价格结算。

45.合同无约定的情况下，建设工程原材料市场价格上涨是否应予调价？

问 A 公司中标 B 公司电缆及电缆附件采购项目用于工程建设。双方未对合同价格调整进行约定，一年后铜价对比开标当日铜价上涨 15%，A 公司利润降低，认为应适用情势变更原则，要求 B 公司参照 GB/T 50500—2024《建设工程工程量清单计价标准》第 8 条调整电缆价格，B 公司是否应予以调价？

答 在合同对调价方式没有明确约定时，不应予以调价。

《民法典》第五百三十三条规定："合同成立后，合同的基础条件发生了当事人在订立合同时无法预见的、不属于商业风险的重大变化，继续履行合同对于当事人一方明显不公平的，受不利影响的当事人可以与对方重新协商；在合理期限内协商不成的，当事人可以请求人民法院或者仲裁机构变更或者解除合同。人民法院或者仲裁机构应当结合案件的实际情况，根据公平原则变更或者解除合同。"铜价大幅上涨应归于商业风险，不属于情势变更范围。GB/T 50500—2024《建设工程工程量清单计价标准》第 1.0.2 规定，本标准适用于建设工程施工发承包及实施阶段计价活动；其他的计价活动可参照应用。电缆采购属于买卖合同，非建设工程发承包关系，不宜适用该规范作为调价依据。因此，市场价格变动一般属于投标人应考虑的商业风险，不予调价。

46. 合同双方当事人就同一建设工程为办理相关手续而另行订立的备案合同与最初签订并实际履行的中标合同实质性内容不一致的，应以哪个合同作为结算工程款依据？

问 甲公司依据招标投标正常流程中标成为乙公司负责的政府绿化工程项目承包方，双方签订总承包施工合同，约定中标价为 5000 万余元，最终承包金额以乙公司审核、甲公司认可的工程决算为准。两年后工程即将竣工，为办理相关工程手续，双方又签订施工合同并进行备案，约定工程价 5500 万元。后甲公司诉请乙公司按工程造价鉴定确定的 6000 万余元支付工程款。请问：应以哪个合同作为结算工程款依据？

答 以总承包施工合同为准结算。

该工程由政府投资建设，依据《招标投标法》第三条第一款第二项规定，该工程系必须进行招标的工程。甲乙双方依据招标投标结果签订的总承包施工合同系其真实意思表示，内容不违反法律和行政法规规定，合法有效，且实际履行。《最高人民法院关于审理建设工程施工合同纠纷案件适用法律问题的解释（一）》第二十二条规定："当事人签订的建设工程施工合同与招标文件、投标文件、中标通知书载明的工程范围、建设工期、工程质量、工程价款不一致，一方当事人请求将招标文件、投标文件、中标通知书作为结算工程价款的依据的，人民法院应予支持。"第二十三条规定："发包人将依法不属于必须招标的建设工程进行招标后，与承包人另行订立的建设工程施工合同背离中标合同的实质性内容，当事人请求以中标合同作为结算建设工程价款依据的，人民法院应予支持，但发包人与承包人因客观情况发生了在招标投标时难以预见的变化而另行订立建设工程施工合同的除外。"该题中后来所签施工合同虽经备案，仅为办理工程有关手续而签订，并非中标合同，不应作为工程款结算依据，应以最初签订并实际履行的总承包施工合同作为结算工程款依据。

47. 施工中发现地下障碍物，应否签证变更增加费用？

问 某供热管道工程按照工程量清单计价规范进行招标，施工过程中路径发生重大变化。设计变更后承包人在对场地进行平整，开挖后发现，其地基为原农舍楼房基础，存在大量钢筋混凝土及碎石，遂对其进行破碎清理，产生签证费用。发包人拒绝对该签证费用进行补偿，理由是投标前承包人应发包人的邀请对现场进行了踏勘，且该工程合同专用条款第 4.11.1 条【不利物质条件的其他情形和有关约定】载明："本地区属于河网地区，承包人事先已勘察现场，投标报价中已包含可能发生的全部措施项目费用。"请问：应否签证变更？

答　发包人的意见不合理，应当签证变更。理由如下：

第一，本工程线路路径发生重大变化，属于重大设计变更。设计变更引起的措施费的处理原则应参照 GB/T 50500—2024《建设工程工程量清单计价标准》8.9 条"工程变更"的要求进行。

第二，投标前踏勘现场，也不能发现地表以下的障碍物，当然也不会产生针对其的措施费报价。即便没有发生路径的设计变更，发包人以开标前已经踏勘现场和合同规定"报价已经包括不利物质条件相关的措施费"为由拒绝签证费用，也不合情理。

第三，GB/T 50500—2024《建设工程工程量清单计价标准》3.3.1 款规定："建设工程的施工发承包，应在招标文件、合同中明确计量与计价中的风险内容及其范围，不得采用无限风险、所有风险或类似语句约定工程计量与计价中的风险内容及范围。"不利物质条件是指有经验的承包人在施工现场遇到的不可预见的自然物质条件、非自然的物质障碍和污染物，包括地表以下物质条件和水文条件以及合同条款约定的其他情形，但不包括气候条件。本题中承包人在施工场地遇到的地下楼房基础情况，属于不利物质条件。不利物质条件与当事人的意志无关，通常不可预见，并且没有规律性和必然性，属于意外事件。不利物质条件实属有经验的承包商不能预见，其风险应由发包人承担。本题招标人的做法实属将不合理的风险完全转嫁给承包人。

综上，本题中合同专用条款将不利物质条件存在的风险完全转移给投标人，不符合《民法典》第六条"民事主体从事民事活动，应当遵循公平原则，合理确定各方的权利和义务"的规定，承包人对于克服不利物质条件的合理措施所发生的费用应由发包人承担，工期相应顺延。

第 八 章

招标投标中的异议和投诉

第一节 异议

一、异议程序

1. 投标联合体成员之一可以以自己名义提出异议吗?

问 某建设工程设备采购项目,招标文件规定接受联合体投标。某投标联合体中组成成员之一的 A 公司对评标结果提出异议,其他成员都没有提出异议。请问该异议,招标人是否应当受理?

答 《招标投标法》第三十一条规定:"两个以上法人或者其他组织可以组成一个联合体,以一个投标人的身份共同投标。"也就是说,一个联合体是单独的一个投标人。而该法第六十五条规定:"投标人和其他利害关系人认为招标投标活动不符合本法有关规定的,有权向招标人提出异议或者依法向有关行政监督部门投诉。"也就是说,提起异议或投诉的只能是投标人或其他利害关系人。本题中,联合体是投标人,联合体的成员单位并没有投标,不是联合体这个投标人本身,因此,原则上联合体成员之一不具有提起异议或投诉的资格,对该类异议,招标人可不予受理。

2. 招标人是否可以授权招标投标代理机构处理异议?

问 投标人在中标候选人公示期间提出异议,招标人可否委托招标投标代理机构处理异议?

答 可以。

《招标投标法》第六十五条规定:"投标人和其他利害关系人认为招标投标活动不符合本法有关规定的,有权向招标人提出异议或者依法向有关行政监督部门投诉。"由此可以看出,异议的处理主体为招标人。目前并无法律法规禁止招标人委托招标投标机构处理异议,且处理异议并无人身属性,根据《民法典》第一百六十一条的"民事主体可以通过代理人实施民事法律行为。依照法律规定、当事人约定或民事法律行为的性质,应当由本人亲自实施的民事法律行为,不得代理"的规定,招标人委托招标代理机构处理异议并无不当。招标代理机构受招标人委托代为受理、处理异议的行为的后果归属于招标人。

3. 投标人对招标人的异议答复不满意,纠缠不放,该如何应对?

问 某招标项目在中标候选人公示期间接到一投标人的异议,招标人对此进行了答复，但投标人对答复并不满意，于是就同一问题再次发起异议，纠缠不放，试图阻止招标活动继续进行，招标人对此十分苦恼，又不知所措。请问：投标人对招标人的异议答复不满意，纠缠不放，该如何应对？

答 《招标投标法实施条例》第五十四条规定："投标人或者其他利害关系人对依法必须进行招标的项目的评标结果有异议的，应当在中标候选人公示期间提出。招标人应当自收到异议之日起 3 日内作出答复；作出答复前，应当暂停招标投标活动"。本题中招标人接到异议后，随即作出了答复，符合法律规定，答复完成后，招标投标活动可继续进行。对已经作出处理决定的异议，异议人没有提出新的证据，就同一问题再次发起异议，招标人可不予受理。招标人对投标人和其他利害关系人提出的异议作出答复后，投标人和其他利害关系人在异议期内依然存在同样异议的，应当根据《招标投标法实施条例》第六十条规定向有关行政监督部门投诉，不应当就同样的问题反复提出同样的异议，以提高工作效率。

4. 投标人未在法定期限内提出异议，但异议内容属实。该招标还有效吗？

问 某依法必须招标的项目，投标人 A 在中标候选人公示期间提出异议，称本项目招标文件中明确限定了货物品牌，属于以不合理的条件限制、排斥投标人。经调查，异议内容属实。但招标人认为投标人 A 就招标文件内容提出异议的时间已超出法律规定的期限，异议无效。请问：此种情况下招标还有效吗？

答 无效。

本题中对招标文件的异议未在规定期限内提出，招标人不予受理，但异议事项中反映的问题属实的，应当依法纠正。

招标人限定货物品牌，违反了《招标投标法》第十八条第二款"招标人不得以不合理的条件限制或者排斥潜在投标人"、《招标投标法》第二十条"招标文件不得要求或者标明特定的生产供应者"以及《建筑法》第二十五条"按照合同约定，建筑材料、建筑构配件和设备由工程承包单位采购的，发包单位不得指定承包单位购入用于工程的建筑材料、建筑构配件和设备或者指定生产厂、供应商"等规定，对中标结果造成实质性影响，且进入中标候选人公示阶段，无法采取补救措施纠正招标文件中不合法的内容。根据《招标投标法实施条例》第八十一条"依法必须进行招标的项目的招标投标活动违反招标投标法和本条例的规定，对中标结果造成实质性影响，且不能采取补救措施予以纠正的，招标、投标、中标无效，应当依法重新招标或者评标"的规定，应当修改招标文件、依法重新招标。

二、三类异议前置程序

5. 哪些情形适用招标投标异议前置程序？

问 A 公司参与 B 公司启闭机设备购置项目的投标。C 公司确定为中标候选人，

A公司对评标结果不满，是否可以直接向有关监管部门投诉？

答 不能直接投诉，应先在中标候选人公示期间提出异议。

《招标投标法实施条例》第六十条第二款规定："就本条例第二十二条、第四十四条、第五十四条规定事项投诉的，应当先向招标人提出异议，异议答复期间不计算在前款规定的期限内。"第五十四条第二款规定："投标人或者其他利害关系人对依法必须进行招标的项目的评标结果有异议的，应当在中标候选人公示期间提出。招标人应当自收到异议之日起3日内作出答复；作出答复前，应当暂停招标投标活动。"可见，投标人或利害关系人对资格预审文件、招标文件、开标以及评标结果的投诉必须经过异议前置程序，对异议处理仍不满的，可以自知道或者应当知道之日起10日内向有关行政监督部门投诉。投诉应当有明确的请求和必要的证明材料。

6. 对招标文件（资格预审文件）可以直接提起投诉吗？

问 某公司参加某道路工程的投标，认为招标文件（资格预审文件）违反法律、行政法规或者违反公开、公平、公正和诚实信用原则等，能否直接向行政监督部门提起投诉？

答 必须先行提出异议，不能直接提起投诉。

《招标投标法实施条例》第二十二条规定："潜在投标人或者其他利害关系人对资格预审文件有异议的，应当在提交资格预审申请文件截止时间2日前提出；对招标文件有异议的，应当在投标截止时间10日前提出。招标人应当自收到异议之日起3日内作出答复；作出答复前，应当暂停招标投标活动。"第六十条规定："投标人或者其他利害关系人认为招标投标活动不符合法律、行政法规规定的，可以自知道或者应当知道之日起10日内向有关行政监督部门投诉。投诉应当有明确的请求和必要的证明材料。就本条例第二十二条……规定事项投诉的，应当先向招标人提出异议，异议答复期间不计算在前款规定的期限内。"

据此，潜在投标人或者其他利害关系人认为招标文件（资格预审文件）违反法律、行政法规或者违反公开、公平、公正和诚实信用原则等，应当在上述法定期限内向招标人提出异议，未提出异议的不能直接向行政监督部门提起投诉。需要注意的是，如果招标人对异议不依法予以答复，潜在投标人或者其他利害关系人也可以向行政监督部门提起投诉。

7. 对开标活动可以直接提起投诉吗？

问 投标人参加某桥梁工程施工招标项目的开标活动，认为该开标程序违反法律、行政法规或者违反招标文件等，能否直接向行政监督部门提起投诉？

答 必须先行提出异议，不能直接提起投诉。

《招标投标法实施条例》第四十四条第二款规定："投标人对开标有异议的，应当在开标现场提出，招标人应当当场作出答复，并制作记录。"第六十条规定："投标人或者其他利害关系人认为招标投标活动不符合法律、行政法规规定的，可以自知道或者应当知道之日起 10 日内向有关行政监督部门投诉。投诉应当有明确的请求和必要的证明材料。就本条例……第四十四条……规定事项投诉的，应当先向招标人提出异议，异议答复期间不计算在前款规定的期限内。"

据此，投标人认为开标活动违反法律、行政法规或者违反招标文件等，应当在上述法定期限内向招标人提出异议，未提出异议的不能直接向行政监督部门提起投诉。需要注意的是，如果招标人对异议不依法予以答复，投标人也可以径向行政监督部门提起投诉。

8. 对评标结果可以直接提起投诉吗？

[问] 如果投标人或者其他利害关系人认为评标结果违反法律、行政法规或者违反招标文件等，能否直接向行政监督部门提起投诉？

[答] 必须先行提出异议，不能直接提起投诉。

《招标投标法实施条例》第五十四条第二款规定："投标人或者其他利害关系人对依法必须进行招标的项目的评标结果有异议的，应当在中标候选人公示期间提出。招标人应当自收到异议之日起 3 日内作出答复；作出答复前，应当暂停招标投标活动。"第六十条规定："投标人或者其他利害关系人认为招标投标活动不符合法律、行政法规规定的，可以自知道或者应当知道之日起 10 日内向有关行政监督部门投诉。投诉应当有明确的请求和必要的证明材料。就本条例……第五十四条规定事项投诉的，应当先向招标人提出异议，异议答复期间不计算在前款规定的期限内。"

据此，投标人或者其他利害关系人认为评标结果违反法律、行政法规或者违反招标文件等，应当在上述法定期限内向招标人提出异议，未提出异议的不能直接向行政监督部门提起投诉。需要注意的是，如果招标人对异议不依法予以答复，投标人或者其他利害关系人也可以径向行政监督部门提起投诉。

9. 发生招标投标争议，招标投标当事人能否直接以民事案件起诉对方？

[问] 处理招标人与投标人在招标投标活动中发生的民事争议的方法有协商、调解、仲裁、诉讼以及异议和投诉、举报等。请问：发生招标投标争议，招标投标当事人能否直接以民事案件起诉对方？

[答] 招标人及潜在投标人或投标人作为招标投标活动的双方当事人，在招标投标活动中发生的争议纠纷属于民事纠纷，但并非民事纠纷都可以由法院受理。从民事诉讼法来讲，只有列入法院受理民事诉讼范围的案件，法院才有权受理并作出裁判，如最高人民法院《民事案件案由规定》中规定的因招标投标活动引起的缔

约过失责任、确认合同效力两类纠纷以及招标投标买卖合同纠纷、串通投标不正当竞争纠纷两类招标投标专属案由的争议，招标投标当事人有权直接向法院提起民事诉讼。也有一些因招标投标活动本身产生的争议，如确认招标投标活动无效、评标无效、评标委员会组建不合法或重新确定招标人、重新招标等争议，当事人产生纠纷不能直接通过异议、协商等程序解决的，依据《民事诉讼法》第一百一十九条规定的起诉条件之一"属于人民法院受理民事诉讼的范围"的要求，当事人不能直接向法院起诉请求法院作出司法裁决，而应当依据该法第一百一十一条第（三）项规定，向行政监督部门投诉、检举，申请其予以解决。

第二节　投诉

一、投诉主体与受理主体

（一）投诉主体与被投诉主体

1. 针对工程建设项目招标投标中存在违法违规行为的投诉，谁可以成为投诉主体？

问　A 单位虚假招标，采取先确定中标单位再变更工程内容的做法，与 B 单位签订"阴阳合同"，作为该项目的投标人 C 公司是否有权投诉？D 公司是 A 单位的市场竞争者，是否可以投诉？

答　《工程建设项目招标投标活动投诉处理办法》第三条规定，投标人或者其他利害关系人认为招标投标活动不符合法律、法规和规章规定的，有权依法向有关行政监督部门投诉。前款所称其他利害关系人是指投标人以外的，与招标项目或者招标活动有直接和间接利益关系的法人、其他组织和自然人。因此，投诉主体可以是投标人或者是与本建设工程项目有关的其他利害关系人。本题中，C 公司作为该项目的投标人，可以向有关机构进行投诉；D 公司既不是本项目的投标人也不是本项目的利害关系人，不具备投诉资格。

2. 投标人发现招标人与其他投标人串通投标，可否投诉？

问　某单位办公楼施工招标，A 公司为中标人，投标人 B 公司发现招标过程中，招标人和中标人有串通行为，B 公司可以怎么做？

答　B 公司可以自知道或者应当知道上述事由之日起 10 日内向有关行政监督部门投诉，投诉应当有明确的请求和证明材料。

《招标投标法实施条例》第六十条第一款规定，"投标人或者其他利害关系人认为招标投标活动不符合法律、行政法规规定的，可以自知道或者应当知道之日起 10 日内向有关行政监督部门投诉。投诉应当有明确的请求和必要的证明材料。"

3. 项目负责人（项目经理）可以提起投诉吗？

问 如果投标人的项目负责人（项目经理）认为招标投标活动不符合法律、行政法规规定的，能否向行政监督部门提起投诉？

答 可以提起投诉。

《招标投标法实施条例》第六十条规定："投标人或者其他利害关系人认为招标投标活动不符合法律、行政法规规定的，可以自知道或者应当知道之日起 10 日内向有关行政监督部门投诉。投诉应当有明确的请求和必要的证明材料。"据此，投标人或者其他利害关系人认为招标投标活动不符合法律、行政法规规定的，可以依法向有关行政监督部门投诉。此处利害关系人是指投标人以外的，与招标项目或者招标活动有直接或间接利益关系的法人、其他组织和自然人。主要有：一是有意参加资格预审或投标的潜在投标人。二是准备投标文件时附条件生效协议相关的特定分包人和供应商。三是投标人的项目负责人（项目经理）等。

4. 招标人能否作为投诉人进行投诉？

问 某高速公路改建工程机电工程施工招标，招标人收到评标委员会的评标报告后，发现评标委员会存在评标错误，遂向某市发展改革委进行投诉，要求责令评标委员会进行复评。请问招标人能否作为投诉人进行投诉？

答 招标人可以进行投诉。

《招标投标法》第六十五条规定："投标人和其他利害关系人认为招标投标活动不符合本法有关规定的，有权向招标人提出异议或者依法向有关行政监督部门投诉。"本条规定了投诉主体包括投标人和其他利害关系人两类，他们属于已经或者可能因招标投标活动违反招标投标法规定的规则和程序导致其利益受到直接损害的人。"其他利害关系人"，是指除投标人以外的，与招标项目或者招标活动有直接或者间接利益关系的自然人、法人或者非法人组织，如招标项目的使用人、有意参加资格预审或者投标的潜在投标人、资格审查委员会或者评标委员会成员等。

招标人是招标投标活动的主要当事人，是招标项目毫无争议的利害关系人，当然可以就招标投标活动中的违法行为向行政监督部门提起投诉。招标人投诉的问题，主要是招标人不能自行处理，需要通过行政救济途径才能够解决的问题。例如，招标人在评标过程中发现投标人存在相互串通投标、弄虚作假骗取中标、行贿评标委员会成员谋取中标等违法行为的，除了由评标委员会对其作否决投标处理外，招标人还可以向行政监督部门投诉，要求取消投标人一定期限的参加必须招标项目投标的资格，作出行政处罚。

因此，本题中，招标人有权向行政监督部门提起投诉，请求责令评标委员会重新评标。

5. 投标人能否投诉评标委员会？

问 投标人若对评标结果有异议，能否投诉评标委员会？

答 评标委员会是由招标人依法组建的，为评审投标文件而设立的一个临时性组织，并非一个独立的机构。基于招标人与评标委员会的委托代理关系，评标委员会受托从事评标行为的结果应归属于招标人，其法律后果应由招标人承担。因此，投标人若对评标结果不服的，应当选择招标人进行投诉。

（二）受理主体

6. 投标人认为招标投标活动中存在违法行为应向哪个部门投诉？

问 A 公司作为投标人在 B 公司的某房屋建设工程建设项目中参与投标，在投标过程中发现 B 公司向 C 公司泄露标底，A 公司可以向哪个部门投诉？

答 A 公司可以向建设行政主管部门投诉。

《工程建设项目招标投标活动投诉处理办法》第三条规定："投标人或者其他利害关系人认为招标投标活动不符合法律、法规和规章规定的，有权依法向有关行政监督管理部门投诉。"第四条规定："各级发展改革、工业和信息化、住房城乡建设、水利、交通运输、铁道、商务、民航等招标投标活动行政监督部门，依照《国务院办公厅印发国务院有关部门实施招标投标活动行政监督的职责分工的意见的通知》（国办发〔2000〕34 号）和地方各级人民政府规定的职责分工，受理投诉并依法做出处理决定。对国家重大建设项目（含工业项目）招标投标活动的投诉，由国家发展改革委受理并依法作出处理决定。对国家重大建设工程项目招标投标活动的投诉，有关行政监督部门已经收到的，应当通报国家发展改革委，国家发展改革委不再受理。"

《国务院办公厅印发国务院有关部门实施招标投标活动行政监督的职责分工的意见的通知》（国办发〔2000〕34 号）第三条规定："对于招标投标过程（包括招标、投标、开标、评标、中标）中泄露保密资料、泄露标底、串通招标、串通投标、歧视排斥投标等违法活动的监督执法，按现行的职责分工，分别由有关行政主管部门负责并受理投标人和其他利害关系人的投诉。按照这一原则，工业（含内贸）、水利、交通、铁道、民航、信息产业等行业和产业项目的招标投标活动的监督执法，分别由经贸、水利、交通、铁道、民航、信息产业等行政主管部门负责；各类房屋建筑及其附属设施的建造和与其配套的线路、管道、设备的安装项目和市政工程项目的招标投标活动的监督执法，由建设行政主管部门负责；进口机电设备采购项目的招标投标活动的监督执法，由外经贸行政主管部门负责。有关行政主管部门须将监督过程中发现的问题，及时通知项目审批部门，项目审批部门根据情况依法暂停项目执行或者暂停资金拨付。"

本题中，对属于房屋建筑工程招标投标活动提出的投诉，按照上述规定应当由住房和城乡建设主管部门受理投诉。

7. 县级人民政府可否确定县域内统一的工程建设项目招标投标的投诉受理部门？

问　某县人民政府出台本县《工程建设项目招标投标监督管理办法》，授权县公共资源交易监督管理局统一行使包括政府采购工程在内的工程建设项目监督管理职责，该规定是否有进一步完善的必要？

答　《招标投标法实施条例》第四条第二款规定："县级以上地方人民政府有关部门按照规定的职责分工，对招标投标活动实施监督，依法查处招标投标活动中的违法行为。县级以上地方人民政府对其所属部门有关招标投标活动的监督职责分工另有规定的，从其规定"。依据该规定，县级以上地方人民政府可以将招标投标各行业领域的监管职责统一交由一个或几个部门统一行使。

但需要注意的是，政府采购货物、服务以及采用非招标采购方式的政府采购工程，依据《招标投标法实施条例》第八十三条以及《政府采购法实施条例》第七条，由财政部门负责监督管理。除此之外，财政部门依法对实行招标投标的政府采购工程建设项目的政府采购政策执行情况实施监督。监察机关依法对与招标投标活动有关的监察对象实施监察。

8. 投标人向监察机关提交了投诉书，监察机关可以处理工程招标项目的投诉案件吗？

问　有的投标人认为建设工程招标投标活动存在违法行为决定投诉，将投诉书直接递交给了招标人所在地的监察机关。请问：监察机关有无权限处理该类投诉案件？

答　不可以。

《工程建设项目招标投标活动投诉处理办法》第四条第一款规定："各级发展改革、工业和信息化、住房城乡建设、水利、交通运输、铁道、商务、民航等招标投标活动行政监督部门，依照《国务院办公厅印发国务院有关部门实施招标投标活动行政监督的职责分工的意见的通知》（国办发〔2000〕34号）和地方各级人民政府规定的职责分工，受理投诉并依法做出处理决定。"《招标投标法实施条例》第四条第四款规定，"监察机关依法对与招标投标活动有关的监察对象实施监察。"依据上述规定，工程建设项目招标投标活动的投诉，应当由法定的行政监督部门进行处理，监察机关可对参与招标投标活动的相关工作人员实施监察。但是，监察机关不得代替行政监督部门行使招标项目投诉处理的行政监督职能。

二、投诉的受理条件

9. 投诉一般应当满足哪些条件?

问 投标人或其他利害关系人认为招标投标活动不符合法律、行政法规规定,可以向行政监督部门投诉,请问投诉一般应当满足哪些条件?

答 《招标投标法实施条例》第六十条规定:"投标人或者其他利害关系人认为招标投标活动不符合法律、行政法规规定的,可以自知道或者应当知道之日起 10 日内向有关行政监督部门投诉。投诉应当有明确的请求和必要的证明材料。就本条例第二十二条、第四十四条、第五十四条规定事项投诉的,应当先向招标人提出异议,异议答复期间不计算在前款规定的期限内。"《工程建设项目招标投标活动投诉处理办法》第七条规定:"投诉人投诉时,应当提交投诉书……"因此,投诉被受理应至少满足以下条件:投诉人必须是该招标活动的投标人或者利害关系人,在投诉期限内投诉,有明确的请求和支撑请求的证明材料,对资格预审文件、招标文件、开标、评标结果有异议的应当先在异议期内提出异议等。行政监督部门受理投诉的条件就是审查投诉人的主体资格、投诉时效、投诉书等形式和内容要件是否符合规定,进而依法作出予以受理或不予受理的决定。

10. 行政监督部门不予受理投诉的情形有哪些?

问 对当事人提出的工程建设项目招标投标投诉,在哪些情形下,行政监督部门可以不予受理?

答 根据《工程建设项目招标投标活动投诉处理办法》第十二条规定,有下列情形之一的投诉,不予受理:(一)投诉人不是所投诉招标投标活动的参与者,或者与投诉项目无任何利害关系;(二)投诉事项不具体,且未提供有效线索,难以查证的;(三)投诉书未署具投诉人真实姓名、签字和有效联系方式的;以法人名义投诉的,投诉书未经法定代表人签字并加盖公章的;(四)超过投诉时效的;(五)已经作出处理决定,并且投诉人没有提出新的证据;(六)投诉事项应先提出异议没有提出异议、已进入行政复议或行政诉讼程序的。

11. 招标人能否就评标专家的违法违纪行为进行投诉?

问 作为工程招标的业主,发现评标专家有违法行为,专家不听劝阻,业主可以向行政监督部门投诉吗?

答 可以。

《招标投标法》第六十五条、《招标投标法实施条例》第六十条,都规定了投标人或者其他利害关系人认为招标投标活动不符合法律规定的可以向有关行政监督部门投诉。在招标投标活动中，招标人、招标代理机构、评审专家作为当事人，都是利害关系人，也最容易发现招标投标活动中存在的违法违规行为，可以向行政监督部门提出投诉。

12. 工程建设项目招标投诉书的基本内容包含哪些？

[问] 工程建设项目中，投标人或利害关系人对招标投标活动持有异议的，可以向行政监督部门投诉并提交投诉书，投诉书应当包含哪些内容？

[答] 《工程建设项目招标投标活动投诉处理办法》第七条规定，"投诉人投诉时，应当提交投诉书。投诉书应当包括下列内容：（一）投诉人的名称、地址及有效联系方式；（二）投诉人的名称、地址及有效联系方式；（三）投诉事项的基本事实；（四）相关请求及主张；（五）有效线索和相关证明材料。"

对《招标投标法实施条例》中规定的应先提出异议的事项进行投诉，应当附提出异议的证明文件，已向有关行政监督部门投诉的，也应当一并说明。

13. 招标人迟迟不定标，能投诉吗？

[问] 某投标人反映，某单位开标已经过去三四个月了，评标已经结束，中标候选人也已经公示，但迟迟不定标，未发出中标通知书，也不见其终止招标。请问该投标人能向招标投标监督部门进行投诉吗？招标人应当承担什么责任？

[答] 可以投诉。

实践中，招标人不发出中标通知书也不终止招标的原因，可能是对评标委员会推荐的中标候选人不满意，或者招标人意向中的投标人没有入围。《招标投标法》第四十三条规定："在确定中标人前，招标人不得与投标人就投标价格、投标方案等实质性内容进行谈判。"在定标时，招标人也有向中标候选人提出附加条件要求承诺，否则不予授标的情形，这都会损害投标人的利益，投标人有权拒绝。

《招标投标法实施条例》第七十三条规定了招标人不依法确定中标人的责任，即"依法必须进行招标的项目的招标人有下列情形之一的，由有关行政监督部门责令改正，可以处中标项目金额10‰以下的罚款；给他人造成损失的，依法承担赔偿责任；对单位直接负责的主管人员和其他直接责任人员依法给予处分：（一）无正当理由不发出中标通知书……"因此，建议该公司与招标人联系了解情况、协商处理，也可向招标投标行政监督部门投诉寻求解决。

14. 若投诉已超法定期限，行政监督部门应如何处理？

[问] A公司参加某建设工程项目的投标，认为招标投标活动不符合法律规定，但未在规定期限内进行投诉，行政监督部门应如何处理？

答 招标投标法律法规对投诉设定了期限，是为了督促投标人或其他利害关系人及时对违法招标投标活动进行监督和维权，尽可能减少招标周期，提高采购效率。因此，投标人应当根据《招标投标法实施条例》第六十条规定，认为招标投标活动不符合法律、行政法规规定的，自知道或者应当知道之日起 10 日内向有关行政监督部门投诉。若投诉已超法定时限，则行政监督部门应当依据《工程建设项目招标投标活动投诉处理办法》第十二条第四项规定，决定不予受理。

15. 未先提出异议的投诉事项，是否受理？

问 A 区排涝站工程公示期结束后，投标人甲就该项目评标专家未在省综合评标专家库中抽取而提交书面投诉，要求重新组建评标委员会评标。监管部门认为这是对评标结果的投诉，遂以公示期内未收到该投标人提出的异议为由，不予受理。该处理是否妥当？

答 本题中监管部门的处理意见不妥，对评标委员会组成的投诉不受异议前置条件约束，可以在法定期限内直接进行投诉。

《招标投标法实施条例》第六十条第二款提出了"异议前置"的投诉条件，但仅限于针对招标文件（资格预审文件）内容、开标以及评标结果（中标候选人公示）等事项。结合《工程建设项目招标投标活动投诉处理办法》第十二条明确的投诉不予受理情形，投诉事项应先提出异议没有提出异议的，不予受理。对招标投标其他程序或事项的投诉不受上述约束，投标人或者其他利害关系人可以自知道或者应当知道之日起 10 日内向有关行政监督部门投诉。

16. "自知道或者应当知道之日起 10 日内"如何理解？

问 投标人或者其他利害关系人可以自知道或者应当知道之日起 10 日内向有关行政监督部门提起投诉，此处"自知道或者应当知道之日起 10 日内"如何理解？

答 "自知道或者应当知道之日起 10 日内"提起投诉是法律基于工程建设项目的效率和维护法律关系的稳定性而设定的，在招标投标不同环节所指含义不同。此处"知道"比较容易理解，"应当知道"应区别不同的环节，一般是指：资格预审公告或者招标公告发布后，应当知道资格预审公告或者招标公告是否存在违法违规情形；获取资格预审文件、招标文件后应当知道其中是否存在违反法律法规规定的内容；开标后，应当知道投标人的数量、名称、投标文件提交等情况以及开标过程是否存在违法违规情形；中标候选人公示后，应当知道评标结果是否存在违反法律和招标文件的情形等等。需要注意的是，此处"10 日"是自然日，而非工作日。

三、投诉处理法定时限

17. 行政监督部门投诉处理的法定时限有何要求?

问 负责受理工程建设招标投标投诉的行政监督部门,处理投诉的法定时限是多久?

答 行政监督部门应当自收到投诉之日起 3 个工作日内决定是否受理投诉,并自受理投诉之日起 30 个工作日内,对投诉事项做出处理决定。

法律依据是《工程建设项目招标投标活动投诉处理办法》第二十一条规定,"负责受理投诉的行政监督部门应当自受理投诉之日起三十个工作日内,对投诉事项做出处理决定,并以书面形式通知投诉人、被投诉人和其他与投诉处理结果有关的当事人。需要检验、检测、鉴定、专家评审的,所需时间不计算在内。"

18. 行政监督部门处理投诉的法定时限能否延长?

问 行政监督部门处理投诉的法定时限是多长?能否经批准后进行延长?

答 行政监督部门处理投诉的法定时限是 30 个工作日,不得经批准后进行延长。

《招标投标法实施条例》第六十一条规定"行政监督部门应当自收到投诉之日起 3 个工作日内决定是否受理投诉,并自受理投诉之日起 30 个工作日内作出书面处理决定;需要检验、检测、鉴定、专家评审的,所需时间不计算在内"。《工程建设项目招标投标活动投诉处理办法》第二十一条规定"负责受理投诉的行政监督部门应当自受理投诉之日起三十个工作日内,对投诉事项做出处理决定,并以书面形式通知投诉人、被投诉人和其他与投诉处理结果有关的当事人。需要检验、检测、鉴定、专家评审的,所需时间不计算在内"。

据此,行政监督部门应当自受理投诉之日起 30 个工作日内作出处理决定,且法律未授权经本部门首长等批准后进行延长。法律规定突出体现了招标投标行政监督工作的效率原则。同时,基于案件调查处理中可能需要进行必要的检验、检测、鉴定、专家评审,且其所需时间不是行政监督部门能够控制的,故而法律规定投诉处理过程中的检验、检测、鉴定和专家评审时间不计算在投诉处理期限内。

19. 法律对行政机关逾期处理投诉规定了哪些法律责任?

问 A 公司投标 B 公司的监造服务项目,发现评标过程中有不正当行为,遂向行政监督部门投诉,行政监督部门受理投诉后,迟迟未作出处理决定,法律对行政机关逾期处理投诉规定了哪些法律责任?

答 根据《招标投标法实施条例》第六十一条第二款规定,行政监督部门自受理投诉之日起 30 个工作日内应当做出作出书面处理决定,需要检验、检测、鉴定、专家评审的，所需时间不计算在内。有关行政监督部门不依法履行职责，对违反招标投标法和本条例规定的行为不依法查处，或者不按照规定处理投诉、不依法公告对招标投标当事人违法行为的行政处理决定的，根据《招标投标法实施条例》第七十九条第二款规定，对直接负责的主管人员和其他直接责任人员依法给予处分。

20. 投诉行政监督部门逾期未对投诉做出处理，投诉人如何救济？

问 A 公司办公楼装修项目招标结束后，投标人 A 公司对中标结果有异议，向招标人提出异议，但 A 公司对招标人的答复不满意，遂向该项目行政监督部门投诉。行政监督部门逾期未对此投诉做出处理，A 公司可以怎么做？

答 《工程建设项目招标投标活动投诉处理办法》第二十五条规定，"当事人对行政监督部门的投诉处理决定不服或者行政监督部门逾期未做处理的，可以依法申请行政复议或者向人民法院提起行政诉讼。"因此，行政监督部门应当自受理投诉之日起 30 个工作日做出书面处理决定。逾期未做出处理的，A 公司可以申请行政复议或者向人民法院提起行政诉讼。

四、投诉的撤回

21. 投诉人提起投诉后能否撤回？

问 投标人及其他利害关系人向行政机关递交投诉书后，又反悔不想再投诉了，能否撤回投诉？

答 投诉是投诉人的法定权利，该权利可以事前放弃，也可以在行使权利的中途放弃，事中放弃即为撤回投诉，但是，撤回投诉应当遵守法律规定。一方面，投诉人应当在投诉处理决定作出前撤回投诉。一旦行政监督部门作出投诉处理决定，即具有行政行为的拘束力，此时投诉无法撤回。另一方面，投诉不可任意撤回。依据《工程建设项目招标投标活动投诉处理办法》第十九条规定，投诉处理决定做出前，投诉人要求撤回投诉的，应当以书面形式提出并说明理由，由行政监督部门视以下情况，决定是否准予撤回；（一）已经查实有明显违法行为的，应当不准撤回，并继续调查直至做出处理决定；（二）撤回投诉不损害国家利益、社会公共利益或者其他当事人合法权益的，应当准予撤回，投诉处理过程终止。投诉人不得以同一事实和理由再提出投诉。

22. 投诉人撤回投诉需要批准吗？

问 投诉处理过程中，投诉人要求撤回投诉的，需要经行政监督部门批准吗？

答 需要经行政监督部门批准。

《工程建设项目招标投标活动投诉处理办法》第十九条规定："投诉处理决定做出前，投诉人要求撤回投诉的，应当以书面形式提出并说明理由，由行政监督部门视以下情况，决定是否准予撤回：（一）已经查实有明显违法行为的，应当不准撤回，并继续调查直至做出处理决定；（二）撤回投诉不损害国家利益、社会公共利益或者其他当事人合法权益的，应当准予撤回，投诉处理过程终止。投诉人不得以同一事实和理由再提出投诉。"

据此，行政监督部门已经查实有弄虚作假、挂靠、出借资质、串通投标等违法行为，应当不准投诉人撤回投诉；撤回投诉不损害国家、社会或者其他当事人合法权益的，应当准予投诉人撤回投诉，投诉处理程序终止。

23. 投诉人要求撤回投诉的条件是什么？

问 A 公司认为中标人 B 公司向评标委员会成员行贿，因此向有关行政监管部门投诉。行政部门经调查另一投标人 C 公司存在行贿行为，B 公司无相关行为；A 公司遂要求撤回投诉。请问 A 公司的投诉能否撤回？

答 投诉已无法撤回。

根据《工程建设项目招标投标活动投诉处理办法》第十九条规定，投诉撤回应同时满足以下条件：（一）满足时间条件，投诉撤回在投诉决定做出之前；（二）满足形式要件，以书面形式提出，并说明理由；（三）未查实有明显违法行为；（四）满足实质要件：不损害国家利益、社会公共利益或者其他当事人合法权益；（五）满足程序要件：行政监督部门决定准予撤回。

本题中，虽然 A 公司投诉内容不符事实，但行政监督部门已经查实存在明显违法行为，应当不准予撤回，并继续调查直至做出处理决定。

五、投诉处理

24. 行政监督部门处理投诉应遵循哪些行政程序？

问 行政监督部门处理投诉属于行政行为，按照依法行政的要求，应当遵循哪些行政程序？有哪些要求？

答 对于招标投标投诉处理程序，《招标投标法实施条例》第六十二条规定："行政监督部门处理投诉，有权查阅、复制有关文件、资料，调查有关情况，相关单位和人员应当予以配合。必要时，行政监督部门可以责令暂停招标投标活动。行政监督部门的工作人员对监督检查过程中知悉的国家秘密、商业秘密，应当依法予以保密。"

《工程建设项目招标投标活动投诉处理办法》对于工程项目招标投诉的处理程序作出了具体的规定，即：

第十四条：行政监督部门受理投诉后，应当调取、查阅有关文件，调查、核实有关情况。对情况复杂、涉及面广的重大投诉事项，有权受理投诉的行政监督部门可以会同其他有关的行政监督部门进行联合调查，共同研究后由受理部门作出处理决定。

第十五条：行政监督部门调查取证时，应当由两名以上行政执法人员进行，并做笔录，交被调查人签字确认。

第十六条：在投诉处理过程中，行政监督部门应当听取被投诉人的陈述和申辩，必要时可通知投诉人和被投诉人进行质证。

第十七条：行政监督部门负责处理投诉的人员应当严格遵守保密规定，对于在投诉处理过程中所接触到的国家秘密、商业秘密应当予以保密，也不得将投诉事项透露给与投诉无关的其他单位和个人。

第十八条：行政监督部门处理投诉，有权查阅、复制有关文件、资料，调查有关情况，相关单位和人员应当予以配合。必要时，行政监督部门可以责令暂停招标投标活动。对行政监督部门依法进行的调查，投诉人、被投诉人以及评标委员会成员等与投诉事项有关的当事人应当予以配合，如实提供有关资料及情况，不得拒绝、隐匿或者伪报。

上述规定的主要意思是，行政监督部门处理投诉应当履行法定程序。不履行上面这些程序要求的，处理投诉的行政行为无效。

25. 投诉处理决定有哪些种类？

问 行政机关经过调查取证，应依法作出投诉处理决定。请问：当行政机关查清事实后，可以做出哪些投诉处理决定？

答 《工程建设项目招标投标活动投诉处理办法》第二十条规定："行政监督部门应当根据调查和取证情况，对投诉事项进行审查，按照下列规定作出处理决定：（一）投诉缺乏事实根据或者法律依据的，或者投诉人捏造事实、伪造材料或者以非法手段取得证明材料进行投诉的，驳回投诉；（二）投诉情况属实，招标投标活动确实存在违法行为的，依据《招标投标法》《招标投标法实施条例》及其他有关法规、规章作出处罚。"

对于投诉不属实，行政监督部门应当作出驳回投诉的行政处理决定；如果投诉属实，认定具有法律依据或事实依据，则证明招标投标活动确实存在不符合法律、行政法规规定的行为，那么行政监督部门应当首先认定投诉属实，并依据法律法规的规定，结合不同投诉事项以及招标投标活动当前所处的阶段和环节，依法作出招标无效、投标无效、评标结果无效、中标无效、修改资格预审文件或者招标文件、重新招标、重新评标、重新确定中标人等处理决定。

26. 行政监督部门处理投诉案件能否直接确定中标人？

问 行政监督部门处理投诉认定招标人确定中标人错误时，能否直接确定其他中标候选人为中标人？

答 招标投标是招标人和投标人通过要约邀请—要约—承诺的方式达成交易的民事活动，相关权利义务应由双方当事人享有、行使，包括定标权应由招标人自主行使，招标人也可以委托他人定标，这一点在《招标投标法》第四十条、第四十五条以及《招标投标法实施条例》第五十五条中均有体现。

尽管根据《招标投标法》第七条规定，招标投标活动及其当事人应当接受依法实施的监督；有关行政监督部门依法对招标投标活动是否严格执行《招标投标法》实施监督，并依法查处违法行为，但这里的监督必须"依法实施"，不能成为变相的行政干预。对不属于行政监督管理范围内，而应由招标投标活动当事人自主决定的事项，行政监督部门不得凭借其行政权力代为作出决定或违法进行干预，否则就是越权或滥用职权。

因此，招标投标行政监督部门有权受理投诉，发现存在违法行为时有权要求当事人纠正并可作出行政处罚，但是如果代替招标人决定中标人、发布中标结果公告，就属于《行政诉讼法》规定的超越职权的行政行为，依法应予撤销。

27. 投诉处理决定书有什么要求？

问 投诉处理决定书是投诉处理活动中非常重要的法律文书，法律对其形式和内容有什么具体要求？

答 《工程建设项目招标投标活动投诉处理办法》第二十二条规定："投诉处理决定应当包括下列主要内容：（一）投诉人和被投诉人的名称、住址；（二）投诉人的投诉事项及主张；（三）被投诉人的答辩及请求；（四）调查认定的基本事实；（五）行政监督部门的处理意见及依据。"第二十九条规定："对于性质恶劣、情节严重的投诉事项，行政监督部门可以将投诉处理结果在有关媒体上公布，接受舆论和公众监督。"据此，行政监督部门作出的投诉处理决定书，其形式和内容应满足上述规定。

28. 投标人故意捏造事实向有关行政监督主管部门投诉是否需承担哪些法律责任？

问 A 公司作为投标人在 B 公司的某工程建设项目中投标，后该工程项目被 C 公司中标，A 公司恶意捏造 C 公司行贿 B 公司的招标代理机构的事实向有关行政监督主管部门投诉，A 公司需承担何种法律责任？

答 行政监督部门应驳回其投诉，给他人造成损失的还需承担赔偿责任。

《招标投标法实施条例》第六十一条第二款规定："投诉人捏造事实、伪造材料或者以非法手段取得证明材料进行投诉的，行政监督部门应当予以驳回。"第七十七条规定："投标人或者其他利害关系人捏造事实、伪造材料或者以非法手段取得证明材料进行投诉，给他人造成损失的，依法承担赔偿责任。"投标人捏造事实、伪造材料等方式投诉的，行政监督部门驳回投诉，给他人造成损失的还需承担赔偿责任。

29. 当事人对投诉处理决定不服有哪些法律救济手段？

问 招标投标活动的当事人，不管是投诉人还是被投诉人，因为投诉处理决定对其利益有影响，对投诉处理决定不服的，还可以采取哪些法律救济手段维护自己的权益？

答 对投诉处理决定不服的，还可以依法申请行政复议、提起行政诉讼，要求行政复议机关、人民法院纠正错误的投诉处理决定，来维护自己的权益。

行政复议是指公民、法人或者其他组织认为行政机关所作出的具体行政行为违法或侵害其合法权益，依法向主管行政机关提出复查该具体行政行为的申请，由行政复议机关依照法定程序对被申请的行政行为的合法性和合理性进行审查，并作出行政复议决定的一种法律制度，兼具行政监督、行政救济和行政司法行为的属性。

行政诉讼，是指公民、法人或者其他组织认为行使国家行政权的机关和组织及其工作人员所实施的具体行政行为，侵犯了其合法权益，依法向人民法院起诉，人民法院在当事人及其他诉讼参与人的参加下，依法对被诉具体行政行为是否合法进行审查并作出裁判，从而解决行政争议的制度。也就是平常所说的"民告官"。行政复议与行政诉讼是两种不同性质的监督，前者是行政监督、后者是司法监督，且各有所长，不能互相取代。由当事人选择救济途径，对于招标投标投诉处理决定不服的，当事人可以直接提起行政诉讼，也可以选择复议救济途径之后，仍不服的，再提起行政诉讼。《行政诉讼法》第四十五条规定："公民、法人或者其他组织不服复议决定的，可以在收到复议决定书之日起十五日内向人民法院提起诉讼。复议机关逾期不作决定的，申请人可以在复议期满之日起十五日内向人民法院提起诉讼。法律另有规定的除外。"

因此，行政复议、行政诉讼都是招标人、投标人或其他利害关系人等招标投标活动的当事人对投诉处理决定不服时，享有的法律救济权利，当事人可酌情选择。